21世纪新闻与传播学系列教材

News Editing

新闻编辑学新编

邓利平 著

北京大学出版社
PEKING UNIVERSITY PRESS

图书在版编目(CIP)数据

新闻编辑学新编/邓利平著.—北京:北京大学出版社,2010.10
(21世纪新闻与传播学系列教材)
ISBN 978-7-301-17928-4

Ⅰ.①新…　Ⅱ.①邓…　Ⅲ.①新闻编辑-高等学校-教材　Ⅳ.①G213

中国版本图书馆CIP数据核字(2010)第197110号

书　　名:新闻编辑学新编
著作责任者:邓利平　著
责 任 编 辑:徐少燕
标 准 书 号:ISBN 978-7-301-17928-4/G·2975
出 版 发 行:北京大学出版社
地　　址:北京市海淀区成府路205号　100871
网　　址:http://www.pup.cn
电　　话:邮购部62752015　发行部62750672　编辑部62765016/62753121
　　　　　出版部62754962
电 子 邮 箱:ss@pup.pku.edu.cn
印　刷　者:北京鑫海金澳胶印有限公司
经　销　者:新华书店
　　　　　730毫米×980毫米　16开本　24.5印张　427千字　插页2
　　　　　2010年10月第1版　2011年11月第2次印刷
定　　价:43.00元

人民日报
RENMIN RIBAO
2009年10月
3
中央军委主席胡锦涛签署通令
嘉奖国庆受阅部队全体指战员
长城内外红旗招展 大江南北歌声飞扬
各地群众喜庆新中国六十华诞
中 国 60 华 诞
就印尼发生特大地震灾害
胡锦涛向苏西洛总统致慰问电
胡锦涛《在庆祝中华人民共和国成立60周年大会上的讲话》单行本出版
胡锦涛国庆讲话令人鼓舞催人奋进
各族干部群众对未来充满信心
周永康看望慰问首都国庆安保工作人员时强调
以我们的辛勤努力和卓有成效的工作为全国人民欢庆新中国成立60周年提供安全保障
普天同庆 万众欢腾
中华人民共和国大事记（上）

彩图 1　色彩都用在了左半版

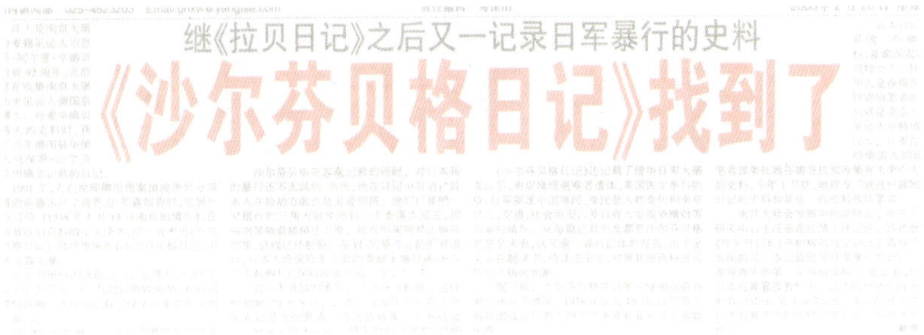
继《拉贝日记》之后又一记录日军暴行的史料
《沙尔芬贝格日记》找到了

彩图 2　严肃的新闻内容用了红色标题

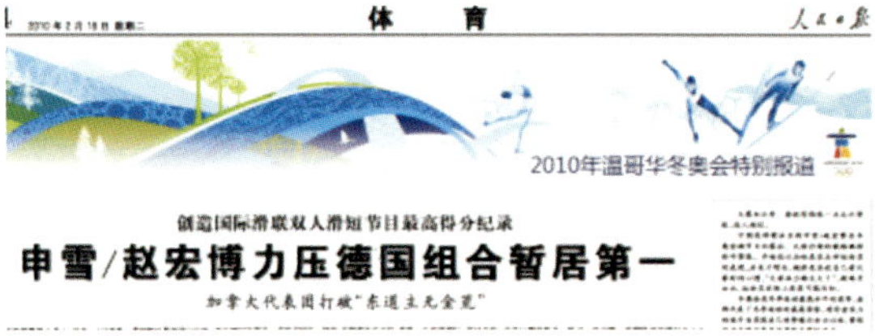

彩图 3　报眉装饰

彩图 4　《广州日报》2010 年 1 月 1 日《全景亚运》版面装饰

扬子晚报

文娱·声色

老将新丁 蓄势待发

盘点娱乐圈 10大"潜力股"

彩图 **5** 版面色彩装饰不当

焦点新闻

EXPO 2010 SHANGHAI CHINA

上海世博会，打开人类文明一扇窗

彩图 **6** 版面图片的处理

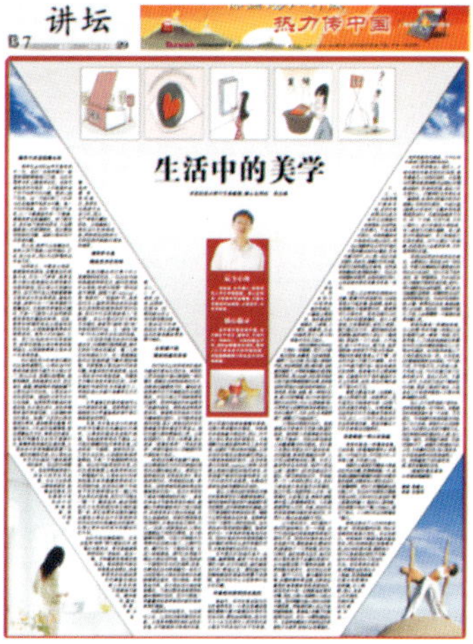
讲坛

热力传中国

生活中的美学

彩图 **7** 版面图片的处理

彩图 8 《南风窗》2010 年第 3 期封面

彩图 9 《中国新闻周刊》2010 年第 6 期封面

彩图 10 《半月谈》2010 年第 2 期封面

目　录

第一章　绪　论

第一节　新闻编辑的演变发展

一、新闻编辑工作的对象

我国当代新闻学研究的前辈、改革开放后新闻理论的开拓者甘惜分教授，在他统领主编的国内第一部权威的《新闻学大辞典》中，对编辑的概念是这样解释的："新闻传播和出版机构中以他人原稿材料为对象，从事组织、审读、选择、加工、编排等使之适应传播目的的专业工作；从事这种专业工作的人员。"《新华词典》对编辑的解释是："在书籍、报刊的出版过程中，对稿件资料进行整理、修改、加工等工作；也指新闻出版机构中担任上述工作的人员。"由此可见，专业性的词典和大众化的词典对编辑概念的解释基本相同，都分别指出了编辑的内涵性质和职业称谓。

新闻编辑学隶属于新闻学，是新闻学的重要分支和组成部分，主要研究新闻编辑工作的规律和方法。新闻学本身是庞大的学科体系，包括新闻理论、新闻业务、新闻历史、新闻交叉学科几大部分，各部分都有自己的若干分支。如新闻业务包括新闻采访、新闻写作、新闻编辑、新闻评论、新闻摄影、播音主持等方面。如果按媒体的特征来分，有报纸、广播、电视、网络等不同的业务，都有自己的主要研究内容。整个新闻传播活动需要多方面的配合完成，新闻采集和编辑是互为依靠、最为需要的两大业务的重要部分，甚至可以说编辑是新闻传播运作的中枢，所有新闻传播机构的业务指挥部门，通常都以"编辑部"来命名，统领、整合整个新闻传播活动的开展，并设立"总编辑"的职位，作为全面负责新闻业务的最高负责人。

因此，新闻编辑也有自己独立的学科体系，其学科构成从广义上来说有编辑理论、编辑业务、编辑史三部分。编辑理论主要是阐述编辑理论问题，如编辑的指导思想，编辑工作的特点、任务，编辑人员的修养、意识、能力，编辑与受众的关系，编辑队伍的建设，编辑工作与社会政治、经济、文化的关系，编辑与其他学科的关系，以及中外编辑的比较等等。编辑业务是指新闻传播的活动和过程，包括新闻业务的议程设置、报道策划、选择稿件、修改稿件、制作标题、撰写言论、组织版面、设计栏目、联系社会大众等等，是新闻传播活动重要而关键的环节。编辑史是对编辑活动的纵向研究，包括编辑活动的产生、发展，编辑在新闻发展史上的作用，编辑史料的收集、整理、分析，总结实践经验、提供借鉴之处等。

由于编辑的实践性非常强，日常工作便是具体的编辑业务活动，因此通常所说的编辑学大都是指狭义性的，即指的是编辑业务，以编辑业务作为主要内容，而将相关的编辑理论、编辑历史贯穿其间。有关新闻编辑学的著述，基本上都是这样的研究范式。因为随着科学技术日新月异的发展和社会生活急剧变化的现实，广大受众对新闻信息的需求以及消遣娱乐的享受与日俱增，媒体是为受众服务的，以满足受众的需求为自己赖以生存与发展的立足点。这便使得新闻传播工作经常处在变动之中，编辑工作者在具体的实践活动中，随时都在创造出新的经验，需要不断地总结、研究、吸取，指导编辑活动开展得更好，以适应时代的发展。离开了对编辑业务的研究，就可能使编辑研究脱离实践，变得隔靴搔痒而不能指导实际工作。

二、新闻编辑的由来演变

编辑业务在我国可谓源远流长，相传代表着中华文化最古老的经典“诗、书、礼、易、乐、春秋”这几部著作，是由两千多年前的春秋战国时期的孔子编撰而成的。① “诗”即《诗经》，是我国最早的诗歌总集，孔子从三千多首诗歌中选编成三百零五篇；“书”即《书经》（又称《尚书》），写的是商朝、周朝初期的一些重要事件；“礼”即《礼记》，是儒家的政治思想，主张用贵族等级制的社会规范和道德规范维持统治；“易”即《易经》（又称《周易》），经文部分是占卦、阴阳的内容；“乐”即《乐经》，论述音乐等艺术的本质、特征、功能和艺术创作、欣赏主客体的关系，因秦国焚书而失传；“春秋”即《春秋》，根据鲁国史官编撰的240多年的“春秋”史书加以整理修订而成，是我国最早的编年体史书。今天我们常说的“春秋笔法”，即作者将主观态度隐藏于客观的表述当中的文笔曲折而意含褒贬的文字，就是源于“仲尼厄而著春秋”。如孔子在《春秋》记载的“齐崔抒弑其君光”事件。这里没有直接说崔抒犯上作乱不对，但用了“弑”君而不是“杀”君，就大不一样，流露了孔子的看法，是不赞同造反的。因为“弑”是以下犯上，表明崔抒是造反杀了国君“光”。如果用“杀”字，那么，杀的可以是好人，也可以是坏

① 《庄子・天运》：“丘治《诗》、《书》、《礼》、《易》、《乐》、《春秋》六经。”

人,就看不出孔子的褒贬态度了。由此来看,孔子称得上是我国早期最著名的编辑家。

由于在古代没有独立的编辑业务,"编辑"一词在古文献中很少出现。在历史上的不同时期,编辑的含义也不等,但大体上有整理、修补、汇编、校勘等意。"编辑"一词较早见于《魏书·李琰传》中的"修撰国史,前后再居史职,无所编辑",这里指的是对史实资料的整理。初唐的李延寿所撰的《南史·刘苞传》中,记载刘苞"少好学,能属文。家有旧书,例皆残蠹,手自编辑,筐箧盈满",这里的编辑则是修补之意,是指刘苞将被虫子咬坏的书籍再动手修补好。盛唐时期颜真卿在《〈干禄字书〉序》里说的"不撰庸虚,久思编辑",宋雍熙三年(公元986年)提到的"翰林学士宋白上《文苑英华》……遂令编辑,上取菁华"等处的"编辑"一词,已有了类似今天的选择、汇编、校勘之意了。

古代没有独立的新闻事业,也就没有相应的专门的新闻编辑业务。即便唐宋时期出现的中国古代报纸邸报,也没有真正意义上的新闻编辑工作。到了19世纪前期,西方传教士来我国办起了近代报刊,标志着我国近代新闻事业的诞生。由于报纸规模小,报纸内部没有什么分工,从业者身兼多职,既是记者、编辑,又是广告员、发行人,编辑工作基本上是和采访、写作、评论、发行等合为一体的,如最早的《察世俗每月统记传》,就是由英国传教士马礼逊承担编务。后来民族报业兴起,维新派报刊的代表《时务报》也主要是梁启超一人操持所有的宣传报道内容。20世纪初社会急剧变动,人们对信息的需求愈加迫切。随着报纸的时效性增强、内容增多、报社规模的扩大,报纸的采写、编排、广告、发行也分工细化,以提高工作效率,于是编辑业务逐渐独立出来。辛亥革命前后,我国报纸借鉴日本、欧美的报社设置,也设主笔、访员、编辑等职位,"编辑"一词开始在我国广泛地使用,其名义及学术地位便确立起来。到五四时期,我国的新闻编辑业务已经变得很成熟了,基本上与世界同行并驾齐驱。可见,近代报纸出现以后,报纸内部的分工有一个逐渐发展演变的过程。

三、新闻编辑的研究发展

新闻学从其他学科中独立出来后,采写、编评、发行等门类分别确立,报人也逐渐开始有意识地表达关于编辑工作的观点、理论。一百多年前,我国最早的日报《循环日报》的创办者王韬,提出编辑要知识广博,对稿件采用应"慎加避选"。特别是担任报纸的主笔"非绝伦超群者不得预其列",并且要品德高尚、持论公平,不得"挟私计人,自快其忿"。这些观点非常正确。

戊戌变法时期,我国报界巨子梁启超也是较早地注意到这方面的人。1901

年 12 月 24 日他在主办的《清议报》上发表的文章中，提出办好报纸的四条标准："宗旨定而高"、"思想新而正"、"材料富而当"、"报事确而速"[①]，这些要求都很正确，可以说直接与编辑相关，通过编辑工作在报纸上表现出来。梁启超还提出"宣传十法"：忠告、向导、浸润、煽动、强聒、见大、主一、旁通、下逮、变骇。梁启超这些观点在今天仍有现实意义，特别是宣传法中的"浸润"，即潜移默化、循循善诱，一直为学界所津津乐道。

辛亥革命时期，著名的资产阶级革命派报人郑贯公，曾提出办好报纸的十大建议，其中所述的"讴歌戏本不能不撰"、"文字不能不浅白"、"门类不能不清楚"、"校对不能不小心"、"图画不可不多刊"等几条，都是针对编辑业务的。

1918 年 10 月，北京大学在我国成立了第一家新闻学研究会，开创了我国新闻学研究的先河。新闻学研究会同时培训学员，迈出了中国新闻教育的第一步。我国新闻学理论研究的开山奠基人徐宝璜，在他主讲的新闻学课程里，设有"新闻之编辑"一章教程，专门讲授这些内容：对于舆论的引导与把关，"编辑应默察国民多数对于各重要事之舆论，取其正当者，著论立说，代为发表之"；对于编辑方针与原则，"编辑应用最经济之手段，以少数浅明之字，发表极其充实之意见，切不可用古奥难明之字或许多学理上的术语，以自炫学问"；对于栏目的设置，"新闻栏中，专登新闻；社论栏中，始发意见，彼此毫不相混"；对于标题的制作，"以事实为根据，以诚实为标准"，"切不可用含糊之字"。1919 年 2 月，徐宝璜为学员增开了"报纸编辑"课程，这意味着"新闻编辑"学科在我国诞生。

1933 年郭步陶出版的《编辑与评论》著作，有较突出的学术价值，其在新闻编辑方面，提出编辑要具有独特的学养和对社会心理的研究，对事物应有透彻的观察。编辑的要务在于做好"重要新闻的剪编"，同时要铲除"偏私意见"。在技术方面他提出：其一，辨别新闻有无价值；其二，确定新闻不带褒贬予夺意义；其三，以读者关注人数多少来确定新闻的等次。在 20 世纪三四十年代出版的诸多新闻学理论著作中，大都有"新闻编辑"的专章或专节。1934 年曹用先著《新闻学》，也专门设有"新闻之编辑"、"新闻之标题"、"新闻纸之插图"三章。这些都表明，我国新闻学者已自觉地对编辑进行理论研究，用以指导新闻编辑的实践。

新中国成立以后，在相当长的一段时间里，由于众所周知的原因，我国整个新闻学的研究几乎处于停顿状态，新闻编辑自然也没有学术成果。改革开放以

① 梁启超：《本馆第一百册祝辞并论报馆之责任及本馆之经历》，《清议报》1901 年 12 月 24 日。

后,新闻学和其他社会学科一样迎来了新生,新闻编辑也为学者们关注。1982年6月,中国人民大学新闻系郑兴东等撰著的《报纸编辑学》出版,这是新中国成立以来的第一本新闻编辑学方面的教材,它系统讲述了报纸编辑工作的基本学理、方法和特性,按报纸编辑工作的流程对稿件的选择、修改、标题制作、版面安排、报道组织等业务的各个环节进行分析。这本教材不仅对国内报纸的新闻编辑有重要的指导意义,对国内整个编辑领域(包括图书编辑、广播电视编辑)的研究来说,也是开风气之先的。1984年6月,上海复旦大学新闻系叶春华撰写的《报纸编辑》出版,内容除概述编辑工作、修养、编辑方针之外,集中论述了组稿、选稿、改稿、制题、组版等报纸编辑的业务问题。这两本教材成为新时期新闻编辑学的奠基之作。迄今,新闻编辑方面的专门著述已有不少,虽有不同侧面的开拓,但它们的理论前提与研究体例,基本上是建立在郑兴东、叶春华二人的编辑理论基础之上的。本书在体例及某些观点上,也多受到二位前辈的启发。

第二节 新闻编辑工作的内容

一、新闻编辑工作的现状

编辑工作向来是新闻出版的核心与灵魂,它曾伴随报纸主宰着新闻传播的历程。当前新闻传播迅速发展,传播形态出现多样化,报纸、广播、电视以及网络、手机等新媒体崛起,新闻市场的竞争越发加剧。在新的历史时期,编辑工作面临着更多的挑战。

1. 编辑工作的新环境。我国正由计划经济逐步向市场经济转变,社会的转型使得各群体、个体的利益趋向多元化。公众对新闻的需求与日激增,需要各种信息作为更好地从事生产经营、社会交往及个人生活、学习、娱乐的重要决策依据。社会对信息的需求,呈现出受众的差异性加大与细分的特点,这些都促进了大众传媒类型的多样化。例如就报纸媒体来说,眼下的机关报、都市报、晨报、晚报、专业报、服务报等各种类型的报纸竞相争艳,版面从十几版至百多版不等,读者群日益细分。社会的变革带来许多新情况、新问题,如观念变革、企业改制以及人事、工资、医疗、教育、住房等各方面的变化,也使新闻传播的内容趋于复杂。社会的快速发展使得新知识层出不穷,对于编辑来说,需要不断地更新知识结构。近年来电子新闻媒介的迅速崛起,使得报纸必须不断寻找和发挥自己的优势,才能应付其形成的强大冲击。全国目前有各类报纸两千多家,不少城市出现了多家功能定位近似或相同的报纸“同室操戈”的现象。

传媒种类与数量的递增,导致新闻市场竞争日益激烈。媒体的编辑还面对着现代科技发展的新环境，当前记者、编辑都告别了纸和笔，采写、编排、签发等多个环节都在电脑上进行。现代科技改善了工作条件，使编辑们能够更好地开发新闻信息资源，并使编辑工作流程更加合理、高效。特别是互联网的普及，编辑利用联网数据库发掘各类新闻资料，最大限度地利用信息资源，编辑的业务得到很大的改进。编辑可在电脑上随意对图片进行缩放、剪裁及加工；可设计制作各种图表；改变标题与正文的字体、字号、空间；彩色印刷使报纸五彩斑斓；新技术使广播的声音更动听、电视画面更优美。这些都使媒体的形象大为改观，表现形式更为丰富，推进了编辑业务的创新，从报道的策划组织到稿件的修改、版面的设计、栏目的编排、节目的播出，方式更多、技巧更高，编辑面临的挑战也更多。

2. 编辑工作的发展。新闻编辑流程在电脑上运作后工作效率大大提高，这一流程本身的运转也更加合理，为报纸等传统媒体提供了新的发展空间，报纸网络版就是它的延伸拓展。现在已经有越来越多的报纸在互联网上建立自己的网站、视频，还有一些报纸推出了手机版。报纸网络版与其印刷版相比具有信息量更大、时效性更强、可跨国界传播、廉价、读者选择性大等优势。新一代的网络报纸已不再是纸质报纸的简单翻版，它们不受出版时间的限制，随时更新和补充信息，读者可以从其庞大的资料库中获取背景材料，并可与编辑进行双向交流。报纸编辑工作在网络媒介诞生后，进一步地表现出两种趋势：一是对各类传统新闻媒介编辑业务的融会和整合，即把报纸的文字、图片、版面编辑方式和广播的音频编辑、电视的音频与视频编辑相融合，同时根据网络的传播特点进行整合，形成多媒体传播模式。二是编辑业务与新闻信息采集的一体化趋势，因为在网络传播模式中受众也是传者，他们在进行传播活动时也集信息的采写、编辑和发布于一身。即使在专业化的网络传播媒介中，由于网络传播追求时效性、讲求互动性的特点，也在促使新闻采集与编辑一体化。目前，除了编辑新闻稿和设计新闻网页外，网络编辑还兼做部分采访或全部的新闻发布工作。这些都表明编辑工作有了更大的发展空间。

二、新闻编辑工作的内容

（一）编辑工作的范畴

新闻媒体的编辑部的最高负责人是总编辑，由正副总编辑和一些重要编辑部门的负责人组成的编委会，是编辑部最高领导机构。编辑部下辖各专业部门，如人民日报社有总编室、评论部、经济部、科教文部、国内政治部、理论部、群工部、国际部、文艺部、记者部等。有的报社专业部直接负责版面编辑工作，如总编室编辑要闻版、经济部编辑经济新闻等，其人员在家是编辑，外出是记者，又称“采编合一”。也有的报社专门设版面主编，不采访而只负责编辑工作，专业部的记者只采写不做编辑，又叫“采编分离”。还有的报社混合采用上述两种模式，对时效性强的要闻版、时事版等实行“采编分离”，对时效性相对较弱、报道深度要求较高的专版实行“采编合一”。

编辑部总编室除了负责要闻版面、栏目的编辑，还负有协调其他各新闻业务部门矛盾的责任。总编辑与编委会对各专业部和各版(栏)的领导以及对各部门的协调，主要通过编前会制度来落实，即在每期内容组版或播出前由值班总编辑、编委或总编室主任主持各专业部门负责人参加的总协调会。各版主编在编前会上汇报下期版面、栏目编排的设想，各部门沟通，对可能出现的问题及时安排解决，对近期的重要报道选题进行落实和部署。

编辑工作的主要任务是设计和编辑内容，包括策划、编稿和组版(播出)三部分。策划指新闻的整体设计和新闻报道的策划与组织；编稿指选择稿件、修改稿件和制作标题；组版指配置设计版面或栏目内容。编辑工作是一项由众多环节组成的系统工程，不同的岗位与业务职能使编辑工作具有多种类型，编辑是其中的核心部分，主要可从以下这些方面看：

从管辖范围和责任大小来看，可分为总编辑、编辑部主任、版面(栏目)主编、版式编辑、一般编辑、校对等。总编辑：编辑部门总负责人，主要职能是设计媒体方案，指导下属工作，对编辑部工作中出现的问题进行裁决，对重要稿件、主要标题、大样清样进行审读、签发。编辑部主任：下属各具体新闻部门的负责人，主要职能是拟定本部门报道规划，并组织和调控报道；审读、挑选、修改、签发本部门所辖内容的稿件，并分类提供给有关版面(栏目)的主编。版面(栏目)主编：负责设计、组拼新闻版及专版(栏目)的编辑，主要职能是设计版面的内容与形式，选择和修改稿件、标题，设计版面、栏目。有的报纸设有专门设计版面的编辑，版面主编只负责编辑内容。版式编辑：也叫美术编辑，负责图片编辑与版面编排，主要职能是根据版面主编提供的稿件，对版面进行设计。有的报纸还设一个高于版式编辑位置的“版面总监”，对所有版面进行前期的总体设计和长期监控。一般编辑：协助编辑部主任和版面(栏目)主编工作、担负一定范围的稿件编辑任务，主要职能是审读、初选和修改稿件、制作标题。校对：专职的校对人员，主要职能是根据原稿或定本核对校样，保证出版、播出的质量。

从业务程序来看，有日班编辑、夜班编辑、内务编辑等。日班编辑：组织日常新闻报道，主要工作包括策划报道、布置采访、联系作者及处理、修改和提供新闻稿件等。夜班编辑：上夜班，负责每天新闻最后的发排工作，主要职能是处理日班编辑的稿件，确定报道新闻的内容，对版面（栏目）的内容进行配置，修改标题、设计版面等。内务编辑：也叫“编务”，负责编辑部内部业务事宜，其主要工作是搜集、整理和研究内部情况，汇集编写各种资料，出版内部新闻刊物交流业务，培训通讯员等。

从具体工作内容来看，可分为政治编辑、经济编辑、文教编辑、体育编辑、美术编辑等等。

（二）编辑工作的流程

编辑工作的流程既包括广义的宏观编辑决策，也包括狭义的微观具体操作。

宏观方面即编辑的统筹决策。首先是以总编辑为首的编委会在调查受众需求和媒介市场的基础上，根据媒体的编辑方针设计出版方案，如对媒体的规模结构、风格特色、版面（栏目）分工、人员配置等做出具体规划。其后各专业部门负责人或版面（栏目）主编策划当前的报道，包括选题范围、重点，确定报道规模与进程、发稿计划、表现形式以及报道力量的配置等。

微观方面即编辑的具体业务。在宏观的编辑决策程序后，将策划方案落实到编辑个体，工作进入具体操作阶段。其业务流程是选择稿件、修改稿件、制作标题、配置稿件、编排版面（栏目）到校对和签发清样。一般情形下的编辑工作流程，就是指这种狭义的具体操作过程。不管宏观的流程还是微观的流程，编辑工作都应注重信息反馈，自觉接受各方面的意见和建议，将新闻工作做得锦上添花。

二、媒体的定位与设计

（一）媒体的定位

定位，就是把事物放在适当的位置并做出某种评价。定位说在市场营销学中很流行，这种理论认为，企业应根据消费者对某种产品的重视程度，给产品确定市场地位，即为产品制造特色，树立特殊形象以满足消费者的需求。市场定位理论突出“消费者导向”原则，追求经济效益取向，企业围绕获取利润的最大化运作。

媒体的定位可以借鉴市场定位理论中一些适用的内容，但不能完全套用。因为新闻媒体属于精神产品而非普通的物质产品，它还具有政治属性，需要重视社会效益。新闻传媒的生产要满足受众的消费需求，但它在传递信息的同时还要承担起舆论引导的职责，不能像企业那样一味奉行“消费者导向”的原则，唯经济利益马首是瞻，否则最终也会损害到媒体自身。西方新闻界从崇尚自由主义的新闻理论两百余年，到二战以后转变为主张社会责任论，也说明了市场定位这种理论不完全适合新闻行业，而只能是有选择性地借鉴。因此，媒体的定位就是从既要满足受众的需求，也要发挥社会作用的目的出发，恰当地把自己安置在一个合适的位置上，实质上就是要处理好受众定位和功能定位问题。

1. 受众定位，即媒体满足受众的需求。经济和科技的发展，使得过去那种一家新闻媒体可以覆盖整个社会的年代已经过去了，新闻传播进入了由“大众”到“小众”的时期。面对丰富的媒介市场，受众对媒体的选择余地十分广阔，不同的经济地位、文化素养、兴趣爱好、年龄层次、职业群体的读者，对媒体的需求不同，会选择性地订阅、购买、收听收看，从众多的新闻媒体中选出他所喜爱的新闻。那么，媒体也必须相应的有所选择、有所放弃，确定适合自己的目标受众。受众定位，就是要善于发现哪些信息需求尚未得到充分满足，还有待开垦其沃土，从而为媒体创造符合市场需求的受众群体，以便针对这种需求做好产品决策。如读者或观众人数的多寡、年龄结构、职业结构、文化程度、收入水平以及对媒体的消费心理和行为等，都是制约媒体定位的要素。

2. 功能定位，即媒体发挥的社会作用。针对不同受众群体的媒体功能不尽相同。如报纸，有主要承担宣传职能的机关报，有面向市民生活提供服务的晚报，有专门介绍某类实用信息的专业报。每种报纸的功能定位都要以受众需求为基础，如党政干部需要及时了解方针政策及各相关行业的最新变动等信息，普通百姓需要获知诸多生活娱乐方面的信息等。还要考虑办报者的目的，如机关报的功能主要是宣传自己的方针政策、指导实际工作，首要目的不是赚取利润。而都市报主要是为适合大众口味，争取报业市场竞争中的优势，其主要功能是为居民提供广泛的信息服务，追求发行量和广告资源，获取良好的经济效益。

受众定位和功能定位两者联系密切，后者在前者的基础上考察受众的需求、结合媒体的角色期待而确定，它是受众的需求与媒体人的企望相结合的产物。而前者也需要借助于后者才能对传媒的生产具有指导意义，受众定位决定为谁办传媒，功能定位决定传媒给受众提供什么。我国既往的传媒工作重视社会效益而忽视经济效益，而市场经济下的竞争使编辑工作与经营管理联系起来，常常要两者兼顾。如要办一张报纸实现盈利，要考虑广告收入大于报纸的成本，确定某个版是增刊还是停办，也要看这个版对广告有多少吸引力。许多报纸在策划一些重大报道活动时需要增刊，也要看能获得多少广告，这是编辑工作在进入市场经济后出现的新现象。

（二）媒体的设计

媒体的设计是一项复杂的系统工程，主体力量是总编辑、编委会成员、部门负责人等实施策划活动的领导，采编人员、管理人员、社会各界人士包括受众等是辅助力量。这是一项集体创造，包括阐述媒体的编辑方针、整体规模和内部结

构、各个部分的详细设计。这里,我们以报纸为例来简要叙述,其通常有三个阶段①:

1. 前期准备。从策划意图到方案设计前的准备阶段,主要任务是调查新闻市场与报纸内部情况,细分读者与广告市场,寻找报纸的生存与发展空间。

第一要掌握外部情况,即了解与报纸的生存和发展环境直接有关的信息:读者的年龄、性别、职业、文化、消费习惯等;主管机构对报纸的政策、法规、管理条例,对新闻报道的态度和意向等;竞争对手的现状与动向、其在新闻传播方面的经验教训等;相关产业如新闻纸张、通讯设备等对报纸的规模、手段、效果产生影响的产业。第二要了解内部情况,即与报纸发展直接相关的内部环境信息,包括报纸的经济实力如固定资产、技术设备、技术力量等;采编人员的业务素质、身体状况等;经营人员的管理水平等等。这些情况的掌握可通过读者抽样调查、外出走访座谈讨论、公开征集建议、内部集思广益等方式,为方案的设计准备有效的资料。

2. 设计阶段。将前面收集的资料进行分析、整理,在此基础上形成未来报纸的蓝图。首先是确定目标读者,根据掌握的各方面的读者情况将其划分为不同的群体,以便形成不同需求组合的版面内容,特别是设计出众多各具风格特色的专版。然后是具体拟订方案优选,这里有几个环节:将收集到的各种信息去粗取精、鉴别筛选,通过权衡比较做出最佳选择;以系统观点把握报纸的整体结构与整体形象,充分运用创造性思维,考虑报纸的总体构架如要闻版与其他新闻版、专刊的结构、各版及栏目的版式、出版频率等形成合理的排列组合;协调各方意见,照顾各方因素,及时发现问题并解决,选择最佳方案促成大家认识上的一致,使设计方案能为大家普遍认同。

具体的内容,是将报纸的定性和定量综合起来考虑,包括新闻版与专刊在整张报纸中所占的比重,如版面总量的多少、新闻版与专刊的位置及见报频率、各个版面组成部分如栏目的设计等报纸的整体规模和内部结构。局部设计包括各个版组及各版的读者定位和编辑思想;各版的名称、报道范围和重点;各版的主要专栏名称、内容、篇幅、体裁、风格;各版的广告所占篇幅、位置及类型;各版的版式特色,包括版式结构如分栏、标题的字体字号使用、图片的编排、色彩及线条的运用规则等。局部是整体的一部分,其风格要与报纸整体定位相一致,各版的设计既要相互协调也应根据各自的定位和内容有所差异,共同构成报纸整体风格。

---

① 参见蔡雯:《新闻编辑学》,中国人民大学出版社 2006 年版,第 64—104 页。

3. 试刊观察。一家报纸出版发行，总是先要试刊，然后才公开大范围向读者发行。可面向社会试刊，也可在内部进行小范围传阅。在这一阶段设计团队着重指挥运作、修正与完善方案。

一是对内容有所选择。报纸的内容多，有的专版专刊多达几十种，不可能将所有内容都拿出来试刊，只能将方案中的部分内容出版。根据试刊的时间、人员、财力等条件，通常选择方案中最重要的部分，这些内容的效果如何关系到整张报纸的成败。二是适当把握试刊的时间。如在突发性事件或重大活动期间要避免，因为在这种时期读者的注意力已被牢牢吸引住了，没有什么人会对一家陌生的报纸感兴趣。试刊出版多少次根据报纸的具体条件和目标而定，发现问题及时修正。新办报纸出版的次数肯定要更多一些，以便全面检验各部分的设计是否可行、定位是否合适。三是广泛征集意见，形成最后的方案。这个阶段主要是广泛收集试刊后各方面的反应，对各方反馈的意见、建议进行整理、分析，取其合理部分，认真总结经验，全面做出修正、调整，确定下来最终的也是最好的出版方案。

媒体的设计是编辑人员最宏观的业务操作。在正式出版后，编辑也还会不时根据客观需要做局部的调整。报纸的出版本身就是一个随着报纸的生产、发行，不断接受信息反馈、实现报纸最优化的过程。编辑日常的组织策划报道，从某方面来讲也是一种设计，特别是改版。

第三节 新闻编辑工作的特点

编辑工作多种多样。由于不同媒体的传播途径相异，信息载体有别，诉诸受众的感官方式也不完全相同，因而新闻编辑与非新闻类的编辑相比，有其显著特征。

新闻编辑不同于图书编辑。书籍是以一定的读者为对象的非连续的专业出版物，书籍编辑工作要求图书所阐述的观点、科学文化知识和资料具有相对的稳定性、系统性，如一本教材可以使用多年，经典著作长期流传。而新闻编辑则要求每天报道的内容都是新的，以最新变动的事实为主。新闻编辑也不同于期刊编辑，综合性的期刊、专业性的期刊周期比报纸出版时间长，内容包罗万象，通常不以传播新闻为主。而新闻媒体以报道信息为主要传播内容，以文字、图像或声音、流动的画面为主要传播符号，讲求时效性、真实性。即便是新闻性的期刊，如我国的《瞭望周刊》、《中国新闻周刊》、《南风窗》等，在内容、形式与时效性上，也与日报不同。报纸还有版面语言的特殊表现手段，可以通过对稿件在版面上的不同编排,不动声色地传达出编辑的喜怒哀乐,表现出特殊的传播效果。在新闻领域内部,也有报纸、广播、电视、网络的不同特点,各自的编辑会有某些差异,但也有共同之处。

一、编辑是新闻传播的组织者

一家媒体的新闻报道业务,主要由采编两大系统承担。如果将一次传播活动的过程(如一次报纸的出版)比做建造一座新闻大厦的话,记者是为建造这座大厦提供原材料的,编辑是建造这座大厦的组织者。原材料的质量如何固然重要,是保证建筑大厦质量高低的前提条件,而组织者的设计、指挥、协调对原材料功能的发挥程度和建筑工艺的总体水平具有决定性的作用。材料再好,如果组织者的能力平平甚至低下,可能延误大厦的完工,也可能使大厦不结实甚至成为“豆腐渣工程”。因此,编辑组织水平的高低,是新闻传播活动成败的关键因素。编辑作为组织者应做好以下几点工作。

(一)制定编辑方针

所谓编辑方针,是指根据实际状况对媒体的内容和形式所作的总体设计,是编辑在新闻传播工作中应遵循的基本准则。中外媒体概莫能外,都有自己的编辑方针,都在编辑方针的指导下,确定媒体风格和报道范围、取舍稿件、修改配置、编排刊播等等。

世界最著名的美国《纽约时报》的编辑方针是:“本报的基本任务,不在供火车乘客消遣浏览,而在对五十年后的历史学家负责。本报与其他报业不同,本报刊载重要的原始资料,我们决不允许在历史过程中注入毒素。”这是强调新闻报道的真实性、重要性、权威性。当然,其声称的“决不允许注入毒素”只是主观愿望,一定时期的好与坏、有毒与否,价值判断会有所不同,要经实践的检验、历史的考察才能证实。

英国《泰晤士报》的编辑方针为:“宁可让一条可疑的新闻延缓 24 小时发表。”这是强调该报新闻报道的真实性,以突出其严肃性来区别于一般的娱乐性的媒体。

20 世纪三四十年代我国民营报纸《大公报》的编辑方针简称“四不”方针,为“不党、不私、不卖、不盲”。“四不”方针非常著名,《大公报》循此办报,成为闻名遐迩的报纸。

制定编辑方针是一项系统工程,需要考虑多方面的因素,主要着眼于这几个方面:

媒体的宗旨。生活中人们都会有一定的宗旨,即自己的某种理想、目标,然后朝着这个方向迈进。媒体的宗旨,就是在传播活动中媒体的主导思想、努力方向。各类媒体的宗旨不相一致,有的还差异较大。如有的重在宣传指导,有的强调信息沟通,有的追求文化知识,有的提供娱乐消闲,有的介绍专业技术等等,重在解决“为什么”的问题。因此,编辑方针要围绕媒体的宗旨来确定,而不能脱离它甚至与之不符。

媒体的水准。媒体的受众是谁,是高端人群还是普通百姓,是行业领域还是社会大众,这些都决定了媒体的水准是阳春白雪还是下里巴人,是制定编辑方针的重要依据。媒体应当了解受众的社会阶层、文化水准、兴趣爱好。受众对象不同,媒体的水准不尽相同,如《光明日报》的读者对象主要是“科学技术界、教育界、学术理论界、文化界、医药卫生界、体育界的广大知识分子和干部”,而《中国少年报》的读者对象主要是“小学四、五年级学生,兼顾小学三年级和初中一年级学生”。拉郎配或乱点鸳鸯谱,必然导致媒体的败北。

媒体的风格。媒体都要追求自己的风格,显示自己的个性特点,以区别于其他媒体而存在。个性就是优势,就像马克思所说的“风格就是人”,是他人识别自身的显著标志。每家媒体要有自己的个性特征才能和别的媒体区别开来,给受众留下印象,在新闻竞争市场上占有一席之地。一家媒体没有自己的风格特点,就会失去竞争的优势。媒体的风格既要通过内容来表现,也要通过形式来展示。如报纸版面形式的个性特征,《人民日报》庄重大方、《光明日报》朴素平实、《中国青年报》生动活泼、《中国少年报》天真烂漫、《解放军报》整齐划一等,往往就是指这些报纸的版面形式风格。

编辑方针确定后应保持相对的稳定性,不可朝令夕改、变化无常。但它不是一成不变的,也应随着社会的发展变化而调整、变革,以适应时代生活的要求。如我国在计划经济时期,新闻媒体的编辑方针强调新闻的指导性、宣传性,注重新闻报道的政治功能,媒体间是没有任何竞争的。改革开放以后我国逐渐转入市场经济体制,新闻媒体也成为市场中的一员,要参与到竞争中去,再抱残守缺就会遭市场淘汰。因此各家新闻媒体的编辑方针做出相当大的调整,有的甚至重新制定。即便在近些年,我国新闻媒体的编辑方针也在根据社会的发展形势、新闻市场的变化状况而适时加以调整,往往还向社会公布。如 2009 年 12 月 31 日,《人民日报》在第 1 版宣布的新年改革:

致 读 者

2010 年 1 月起,本报周一至周五每天的版面由 20 版扩至 24 版;周六、周日版面不变,每天仍为 8 版。

本报这次扩版，是2009年7月1日实施扩版的延续，目的在于更深入地贯彻胡锦涛总书记在人民日报社考察工作时的重要讲话精神，提高舆论引导能力、增强国内国际传播能力，也是为了更好地贯彻“三贴近”，丰富报道内容，创新报道方式，顺应时代发展要求和广大读者期待。

这次扩版的同时将对版面结构进行适当调整，形成四个相对集中的板块，进一步增强报纸的整体感，更好地发挥党报作用，方便读者阅读。其中，第1—6版为要闻板块，第9—15版为国内新闻板块，第17—20版为周刊及专版板块，第21—23版为国际新闻板块。此外，第7版为理论版，第24版为副刊。扩版后，每天增加1个要闻版、1个国际新闻版；每周增加1个观点版、1个新兴媒体版；周刊和副刊的版面也有所增加。

本报将以这次扩版为契机，进一步扩大容量，提高质量，增创新特色，办出新水平，更好履行“宣传党的主张、弘扬社会正气、通达社情民意、引导社会热点、疏导公众情绪、搞好舆论监督”的职责，让党放心，让人民满意。

扩版后，本报价格不变。

人民日报编辑部

（二）制订报道计划和当好记者参谋

新闻是对已发生的事实的报道，即事实发生在前，新闻报道在后，就此而言新闻传播带有一定的被动性。如果新闻传播活动严格地循规蹈矩，新闻报道就可能是守株待兔、等米下锅的局面，这显然不利于新闻传播事业的发展。因此各家媒体都是未雨绸缪，事先做好一定的部署，制订出近期与中长期的报道计划，这是编辑有节奏地开展报道工作。编辑方针只是方向性、全局性及原则性的规定，对各个时期的报道内容、形式还需要通过报道计划来加以具体化。如一个月、一个季度等综合报道计划和某一个方面的专题报道计划，把编辑方针贯彻到各项具体的报道工作中去。

一般情况下编辑是按部就班、有条不紊地按照报道计划开展新闻报道活动，但还要根据客观实际的形势变化，随时进行必要的调整。如一起严重的突发性事件发生，成为社会关注的热点，媒体需要立即展开大规模的报道，必须当机立断，迅速改变原有的某些报道的内容、数量、方法等。这也是编辑常常经历的事情，如汶川大地震、甲流袭击等重大事件。

与此同时，编辑应当好记者的参谋。在日常的新闻报道工作中，特别是一些大的战役报道，编辑应随时了解情况，尽可能地为记者提供力所能及的帮助，如线索、资料、合作者等。在新闻竞争日趋激烈的今天，记者也愿意与编辑沟通情况,听取建议。因为编辑与记者的工作性质不同,更习惯于从整体的角度来看问题,往往可帮助记者找到更有价值的选题和更好的报道角度。编辑和记者都是同一条战壕的战友,理应互相帮助、合作,不仅共同完成每一次报道任务,而且应努力锦上添花。

二、编辑是新闻传播的把关人

传播学中的"把关人"概念,是传播学理论的先行者之一库尔特·卢因提出的,主要是指信息在传递的过程中,必须经过某些"检查区"或"门区"才能传播出去,负责这些"检查区"或"门区"的人就是"把关人",他们有权利且有责任对进入传播过程中的信息进行评价、取舍、增删、修改,把关人同时也是传播者。

广义上来看新闻信息传播的把关人,实际上就是指新闻传播机构。狭义地讲是通过记者、编辑来实现的,如施拉姆所说:"在信息网中到处都设有把关人。其中包括记者,他们确定一场法庭审讯、一件事故或者一次政治示威中究竟有哪些事实应该加以报道;包括编辑,他们确定通讯社发布的新闻中哪些应该刊登,哪些应该抛弃……"从记者与编辑的分工来看,记者是新闻信息的收集人,新闻信息经过此道"门区"最终流向编辑,到底什么样的信息提供给受众,还要由编辑来最后决定。

因此,编辑是实际意义的把关人,对新闻信息操有"生杀予夺"的大权。编辑可以向受众输送新鲜的、健康的"正品",也可以向社会输送陈旧的、有误的"次品"。媒体要完成什么样的任务,达到什么样的目的,最终要靠编辑来完成。编辑处于媒体出版的最后环节,各种问题和差错都集中到这里来了。记者的稿件中出了差错还有编辑把关,而编辑的后面就是广大的受众,错误闯过这一关,就难以挽回了。如同足球队的比赛,己方球员失误球丢了,还可以补救,并有机会将球夺回来。而守门员的失误,则会铸成无法弥补的大错。所以,编辑处于新闻传播的总把关位置,意义特殊,作用突出。

具体来讲,编辑处在把关人的地位主要是把好这样的几个关口:

1. 把好政治关。新闻事业属于上层建筑,多家媒体都代表着各种集团的利益,在对客观事实的报道中往往融进了主观态度,背后关联着政治。马克思指出:"作为确定的人,现实的人,你就有规定,就有使命,就有任务,至于你是否意识到这一点,那都是无所谓的。"[①]编辑的"规定"、"使命"、"任务"是贯彻编辑方针,它通过具体行为来实现。编辑在新闻传播活动的过程中担当"把关人"的角

① 《马克思恩格斯全集》第3卷,人民出版社1960年版,第328—329页。

色，其职业行为与社会升降沉浮相连。一篇新闻报道在媒体上特别是电子媒体上是转瞬即逝的，但对社会的影响往往不可估量，稍有不慎可能产生不良影响，甚至会引起严重的后果。如一次在非洲的尼日利亚举行"世界小姐"选美大赛时，该国一家报纸发表的一篇新闻言论，导致了当地穆斯林和基督徒之间持续的大规模流血冲突，死200多人，伤600多人。[①] 由媒体引发的这一事件表明，新闻工作特别是编辑关系到大千世界芸芸众生，与整个社会生活息息相关。编辑的政治关没有把好，不仅会损坏媒体的声誉，也会给社会带来危害。

2. 把好事实关。新闻产生于真实传播，真实性也是新闻事业赖以生存的基石，新闻要把完全真实、新鲜、可靠的事实提供给受众，不能有丝毫的夸大、缩小、歪曲甚至颠倒黑白，否则会动摇新闻传播的根基。不论是记者的采集还是其他新闻的提供者，由于种种原因，有时会导致某些新闻出现不真实的情形，编辑既然"把关"，大到新闻的整体事实，小到新闻的个别细节，都要严查真实性，履行好"一夫当关，万夫莫开"的职责，避免不真实的信息蒙混过关。

3. 把好知识关。向公众宣传知识，是新闻媒体的功能之一。现在的报纸、电台、电视台都设有许多介绍各种知识的版面、栏目，特别是网络上的各种链接，使得各种知识无穷无尽。一些娱乐性的新闻、节目或有的严肃性的新闻有时也包含一些知识性的内容。媒体上的这些知识应该是科学的、健康的，有利于开阔受众的视野，丰富他们的精神生活，引导他们的审美活动向健康的方向发展。当前鱼目混珠，沉渣泛起，一些伪科学、封建迷信、落后的东西往往混杂其间甚至大行其道，编辑要把好知识关，避免这类不健康的东西登上版面、节目而贻害受众。当年媒体热衷宣传的"耳朵认字"、"意念发功"等所谓"人体特异功能"，以及"水变油"、"永动机"等产生的社会危害，就是深刻的教训。

4. 把好技术关。所谓技术，这里一方面指新闻报道中文字性的语法、修辞、逻辑等（从某种角度讲也是一种知识）要正确，编辑要把好关，对其中出现的差错要纠正过来。另一方面也指要遵守版面编排、节目播出中的"行规禁忌"，避免出现技术性的错误。如版面编排中的并题、逆转、轻重不匀、图文不一，电视节目中的声画错位、衔接失衡等技术性的差错。

三、编辑是新闻的再创作者

对新闻的"素材"与"作品"的概念来说，编辑与记者的理解、评价是不同的。从记者的角度来讲，素材是采访所得的资料，对材料进行取舍、加工完成的报道

① 详见2002年11月下旬国内外媒体有关"选美引发尼日利亚宗教冲突"的报道。

就是作品。从编辑方面来看,手中的稿件不管来自何方,是记者的还是通讯社的或是通讯员的,它们都是素材,是半成品。编辑还要对它们选择、修改,制作一个恰当的标题,再通过各种编排手段,制作为版面或节目诉诸社会公众,才成为新闻作品。就是说,受众读到的报纸,听到的广播,看到的电视,已经不是记者采写的原始形态的稿件,而是经过了编辑对稿件加工的"再创作"。编辑对新闻的再创作主要表现在以下几个方面:

1. 通过再创作突出稿件的长处。要刊播的稿件总是有某方面的价值,否则编辑不会将之入选。但不少稿件往往是内容好,却在形式表现方面欠缺,会妨碍受众对新闻的理解与接受。如主题被冗长的叙述冲淡,或结构组织松散,或运用题材失衡,或报道角度不当等等,这些消极的因素掩盖了稿件中有价值的东西,照直刊播会被受众所忽略,发挥不了应有的效果。编辑通过对稿件的精心修改,扬长避短,充分突出稿件中有价值的地方,消除稿件中的消极部分,在编排中制作出色的标题,在版面或节目中突出,使稿件增光添彩,刊播后能产生好的影响,争取好的效益。可以说,媒体刊播的所有稿件都是经过了编辑的再创作而成的。

2. 通过再创作搭建与受众的桥梁。作者写稿是想和受众分享新闻信息或表达某种情感,这种新闻信息或情感是经过编辑的选择而同意刊播的。由于作者受本身视野、环境、信息等局限,有时候并不一定了解受众到底喜欢些什么东西,因而所写的有些可能不适合受众的需要。如有些受众想知道或者需要知道的只谈了一点,而不需要的则写了很多。这样,在受众与作者之间,或者说受众与媒体之间可能存在一点隔阂。编辑统揽全局,接触稿件多,信息灵通一些,"眼观六路,耳听八方",并且通过受众反馈的渠道,对受众的要求和心理有比较多的了解。因此,在对稿件的再创作中就能较好地把受众需要的予以表现,或者把作者想表达又未能很好表达出来的内容,通过再创作予以突出(例如在标题上),引起受众的关注。就是说,编辑采取各种手法,使作者发出的信息能引起受众注意,便于其理解与接受,无形中也拉近了媒体与受众的关系,增添了受众对媒体的信任感。这样,通过编辑的再创作,在作者与受众之间、媒体与受众之间搭起了沟通情感的桥梁。

3. 通过再创作反映社会生活全景。无论是记者还是其他人采写的稿件,都是单篇的、零散的,只能摄取生活中的一朵浪花、一个侧面。任何人的能力再大也只是"散兵游勇",无法在新闻稿件中穷尽社会的方方面面,受众只能从中了解到现实变动的一些镜头。编辑的再创作,通过对稿件的组合、编排,可以把这些分散的稿件整合起来,使它们成为一种互有联系的整体。这样,受众从报纸上、从广播电视中看到的就不只是现实生活中零散的镜头,而是一幅绚丽多彩的完整生活画面。如北京奥运会，记者每天使出浑身解数，也只能采访几场比赛，而每天的比赛却有多个项目的几十场！编辑将各个记者的分散采访汇集起来，将它们编排成一个统一的版面或一档完整的节目，受众就可以看到完整的全天比赛情况。

四、编辑是新闻媒体的发言人

媒体不仅要对发生的各种新闻进行报道，对现实生活中的许多问题也应表明自己的态度和立场，如2009年发生的云南“躲猫猫”事件、杭州“飙车案”、湖北“邓玉娇”案。尤其是对一些重大的政治问题、原则问题，赞成什么、反对什么，提倡什么、限制什么，都应“发言”，借以引导舆论，不可置之不理或含糊其辞。如西藏“3·14”骚乱、新疆“7·5”暴行、美国向台出售先进武器等严重事件，我国各类媒体都表示出愤怒的谴责与批判。

媒体对新闻事件发表意见，有的可以通过记者或其他人撰写的稿件表达出来，但主要还是由作为把关人的编辑来进行的，通常是直接的发言和间接的发言两种方式。

编辑的直接发言，就是媒体上刊播的各种评论，这是最鲜明的表态手段。如社论、评论员文章、短评、编者按、编后等，直截了当地表明对新闻事件的立场态度，引导受众正确地认识事物及其发展变化，如上面提到的新闻事件，国内媒体大都刊播过各种评论。

编辑的间接发言，形式非常广泛。从大的方面来讲，编辑对什么稿件选用与否，其实就是一种广义的间接发言。如来稿对现实生活中的一些现象有所褒贬，编辑采用了，就表明了一种态度。狭义的间接发言，在新闻的表现上运用得更为普遍。标题和版面安排，就是特有的间接发言方式。标题有对新闻提示、评价的作用，其提示、评价就表现了对新闻的某种态度，引导受众更好地领会新闻内涵。标题的字号大小、厚薄、长短，是一种间接评价的手段。版面安排更显示出编辑的直接评价，把什么稿件安排在重要位置，什么稿件安排在次要位置，各种编排手段如线条、图像、字体、字号、色彩的运用，都显示出编辑的一种倾向性，从而影响读者对该新闻的理解。同一篇稿件，位置不同，标题不同，编排手段不同，体现的价值都不同。一篇稿件是否配言论、图片或色彩，也可从中窥见编辑对它的情感态度。编辑还可改变原稿对新闻事实的评价。如一篇稿件对某事写得很长很仔细，表明作者对这个事实的重视，可编辑在修改中将它删繁就简甚至处理成简讯，或是改变了它的体裁形式（如将通讯改为消息），也表现出编辑对这篇稿件的看法。

第四节 新闻编辑的修养及其意识

从上述编辑的特点可看出编辑在新闻工作中的重要性,同时也表明了编辑需要具备较高的修养与丰富的意识,才能使新闻传播工作锦上添花。

一、编辑的修养

修养,是“指人的政治思想、道德品质和知识技能等方面经过锻炼和培养锻炼达到一定的水平。也指逐渐养成在对人处事方面的正确态度”①。大众传媒肩负着促进社会精神文明建设、引导大众生活向健康方向发展的重任,编辑作为新闻传播的灵魂,其修养就显得重要而迫切,主要包括业务、学识、情操、品德等方面。

(一)高尚的人生观与理想

生活中每个人都会有对人生的态度、目的、价值、理想以及个人同社会的关系的根本看法,这就是人生观。编辑的人生观与理想,决定着新闻传播活动中的取向,支配着编辑对现实变动的理解及审美趣味,做出值不值得传播的判断,或考虑采取何种方式去传播。编辑是传播主体,在新闻实践中需要有明确的审美理想去支配他的传播框架,在其一系列的传播活动中都贯穿着对社会变动的体验,这种体验影响着他所选择的新闻的真善美程度。新闻真善美的多少,会影响到受众的审美趣味高低,也会影响到受众的人生态度。这些与编辑的世界观是联系着的。

编辑具有什么样的人生观与审美理想才适应新闻工作?简言之就是对社会的强烈的责任心,即编辑对其行为活动所产生的社会作用和意义应承担的责任,稍有疏忽就可能产生消极影响。如前面提到的在尼日利亚举行“世界小姐”选美大赛期间,该国报纸因发表不恰当的新闻言论导致种族流血冲突的触目惊心的严重灾难。“先天下之忧而忧,后天下之乐而乐”,这是古人抱有社会责任感的心迹表白,它也可以作为今天新闻编辑工作的座右铭。当前,我国人民正在为创建一个富强、文明、民主的新中国而不懈地奋斗,在这场惊天动地的宏伟实践中,需要大批富有社会责任感和历史责任感的新闻传播者为现代化建设摇旗呐喊、擂鼓助阵。一个心胸狭隘、没有责任感与使命意识的人决担当不起新闻传播的历史重任。只有在对社会强烈的责任心的感召下,新闻编辑的内在激情才能

① 夏征农主编:《辞海》,上海辞书出版社 2002 年版,第 1914 页。

汹涌澎湃，迸发而出，威武不能屈，富贵不能淫，鞭策着他洞察社会变迁、评说时代风云，以自己敏锐的观察力去捕捉生活中周围人物身上具有的代表性的特征，揭示出他们心灵深处的感情变化，编辑出高质量的“开启民智，向导国民”、为广大受众喜闻乐见的新闻作品。

（二）良好的职业道德

道德是编辑修养的重要因素，它表现为自觉的道德意识、道德信念及道德行为和情感与思想、意志等构成的比较稳定的精神状态。职业道德受人生观的制约，属于其内在的精神范畴。由于新闻编辑处在社会环境的“瞭望哨”位置，除了同社会其他成员一样应具有刚正不阿、诚实笃信、坚忍不拔、兢兢业业、廉洁自律等品德外，还需要有追求真理、维护公正、仗义执言的情操，特别是奉献精神更值得倡导。在人的所有品德因素中，奉献精神是内在美的最高境界。君不见岁月沧桑，世事变幻，正是无数志士仁人的奉献，不断推动着社会前进的步伐；正是许多新闻工作者的奉献，促进了新闻事业的发展。因此，优良的职业道德，是编辑成为“一个高尚的人，一个纯粹的人，一个有道德的人，一个脱离了低级趣味的人”的基础条件，也是不辱使命地做好传播工作的必备修养，同时也是抵制有偿新闻等不正之风的有力武器。

我国近代报业诞生以来，新闻事业的发展经历了一个多世纪的风风雨雨，绝大部分新闻工作者有着良好的职业道德传统。一百年前梁启超就对报人办好报纸提出几点希望：要自重自爱；要志存高洁；要敬业不克如初。这可视作是中国新闻界中较早提出的道德修养要求，对今天仍然具有启示意义。当前，某些新闻工作者职业道德滑坡，通过传播的内容以及行为活动表现出来，如搞有偿新闻、低俗新闻、索要“封口费”等，引起受众的不满，影响了媒体的声誉。中华全国新闻工作者协会在1991年制定通过了《中国新闻工作者职业道德准则》，1994年和1997年分别进行了两次修订。2009年11月27日，新闻工作者协会第七届理事会第二次全体会议公布了第三次修订的内容，全文2100多字共分为七部分。《准则》的内容，就是对整个新闻界的从业者提出需遵守的职业道德规范，值得认真学习记取，兹录其要点如下：

——全心全意为人民服务：忠于党、忠于祖国、忠于人民，把体现党的主张与反映人民心声统一起来，把坚持正确导向与通达社情民意统一起来，把坚持正面宣传为主与加强和改进舆论监督统一起来，发挥党和政府联系人民群众的桥梁纽带作用；

——坚持正确舆论导向：坚持团结稳定鼓劲、正面宣传为主，唱响主旋律，不断巩固和壮大积极健康向上的舆论；

——坚持新闻真实性原则:把真实作为新闻的生命,坚持深入调查研究,报道做到真实、准确、全面、客观;

——发扬优良作风:树立正确的世界观、人生观、价值观,加强品德修养,提高综合素质,抵制不良风气,接受社会监督;

——坚持改革创新:遵循新闻传播规律,提高舆论引导能力,创新观念、创新内容、创新形式、创新方法、创新手段,做到体现时代性、把握规律性、富于创造性;

——遵纪守法:增强法治观念,遵守宪法和法律法规,遵守党的新闻工作纪律,维护国家利益和安全,保守国家秘密;

——促进国际新闻同行的交流与合作:努力培养世界眼光和国际视野,积极搭建中国与世界交流沟通的桥梁。

(三)广博丰富的知识

新闻传播囊括了天地间的世事兴衰,悲欢离合,四季更替,虫鸟鸣啾等现实的种种变动,是一部现实生活的"百科全书",编辑需要具备渊博的学识,才能编撰好它,这是编辑必备的修养要素。知识贫乏、学问浅薄、孤陋寡闻、缺乏文化修养的人,精神生活必定枯燥乃至枯竭,是编辑不好这部现实的"百科全书"的。何况,在自然科学和社会科学迅猛发展的今天,世界已进入知识经济时代,学识修养就更显得重要。知识经济的基本特征就是知识不断创新,高新技术迅速产业化,谁拥有的知识多,谁就能占领科技与经济发展的制高点称雄世界。新闻传播业处在知识经济前沿,面临着前所未有的机遇与挑战,学习新知识,掌握新知识,运用新知识,创造新知识,对新闻工作者来说较之以往更加迫切,这是编辑内在的必然要求。

首先,要重视学习,善于学习,更新知识,拓宽视野,用新知识充实自己、完善自己,才便于利用新知识去解决新闻实践中遇到的新问题,更真实、准确、全面、生动地反映现实生活的发展变化,编辑出高质量的、受人欢迎的新闻报道。其次,要有丰富的知识储备和合理的知识结构,既是新闻传播业的行家,也努力成为博学多才的"杂家"。所谓"杂"只是相对而言,是指知识面的宽广。"书到用时方恨少",学习永无止境,知识从无多余,"学习,学习,再学习"是编辑永远的口号。美国一位资深新闻编辑霍华德说得好:"无论怎样深奥的知识,藏在编辑头脑中,会有一天在编辑桌上应用到它。"诸如大众传播学、社会心理学、美学、语言学、修辞学、逻辑学、系统科学、法学等等,这些学科与新闻传播密切相关。编辑虽说不能成为这些学科的专家,但都应当涉猎、学习。知识广泛、渊博,有助于编辑增强对新闻的敏感性和判断力,在纷繁复杂的大千世界发现有价值的变动，更好地分辨社会的真善美与假丑恶，在认识事物、反映生活的过程中避免绝对化和片面化，尽量杜绝差错。如 2009 年 4 月 2 日，南京某报刊载了这样一篇稿件：

女儿给爸爸发“儿童币”工资

本报讯　愚人节到了。昨天中午，本报通讯员南京的钱先生被他女儿整了。

昨天下午钱先生的女儿放学回家，进门就神秘地说，老爸你辛苦了，给你发个红包，感谢几年来对我的养育之恩，你就收下吧。说着拿出一个红包给了钱先生。钱先生很激动，心想女儿懂事了，知道送老爸礼物了，也不知道是什么东西。等打开红包，钱先生慌了，原来红包里是红通通的百元大钞，一共 1000 块钱！女儿才上小学，哪里来这么多钱？看到老爸这么紧张，女儿哈哈大笑，说骗你的，是假钱。今天是愚人节，跟爸爸开个玩笑。

钱先生把钱拿出来一看，原来是儿童游戏币，但做工十分精良，样式完全是人民币的样式，然而是“儿童玩具银行”出品的。看着女儿的得意劲，钱先生哭笑不得。

图片 1-1　可乱真的儿童币

如果编辑具备一点法律知识，就会知道这篇稿件的内容违反了相关的法规。国务院颁发的《中华人民共和国人民币管理条例》中第三十一条明确规定“禁止伪造、变造人民币”；第三十二条要求“发现他人持有伪造、变造的人民币的，应当立即向公安机关报告”。这则新闻照片中的所谓“儿童币”，明显是对人民币的变造,编辑不仅不应当选用稿件,相反应当及时向警方报告。

(四) 熟练的业务技能

编辑的新闻业务应当比记者更胜出一筹,新闻业务的采写编评十八般武艺,编辑都应该熟练掌握,这是编辑的基本功,否则怎么能去处理记者采写的稿件?编辑工作的每一个环节都与此密切关联。就选稿来说,具有熟练的业务,才能慧眼识珠选出质量上乘的稿件。就修改稿件来说,新闻体裁多种多样,有消息、通讯、摄影、评论、杂文等,编辑首先要有驾驭这些体裁的表现方法,才能在提笔修改稿件时得心应手。倘若编辑的新闻写作本身不过关,修改时必然捉襟见肘、力不从心,不仅稿件中的差错发现不了,甚至有可能越改越糟,新闻刊播后会贻笑大方。

修改稿件显示编辑新闻写作水平的能力,配置稿件、制作标题、版面安排的技巧等,也都需要编辑熟练的业务。同样的新闻材料、内容、主题,编辑技能不同,在标题的制作、版面的编排上往往就可见高下之分,效果也会不同。特别是在目前新闻竞争激烈、独家新闻愈见难得、新闻同质化现象比较普遍的情况下,编辑对新闻的"再创作"即后期包装,就显得越来越重要。在竞争中显示出自己的特色,需要编辑精湛的业务为依托。如有一次新华社发了一篇通稿,内容是中美双方就知识产权问题进行磋商,通过谈判最后达成了一致意见。许多媒体都采用新华社的通稿报道了这一新闻,不少媒体制作的标题都是《中美知识产权磋商达成一致》,这本身也没有错。《中国青年报》虽然也用了这样的主标题,但在它的基础上加了一个引题《中美贸易战开火前夕 双方同偃旗息鼓》,这就使标题显得特别,让人知道了这次谈判的艰难,并且是双方都作了妥协才取得了双赢。显然,《中国青年报》编辑制作的标题,在业务上就高于其他媒体一筹。

(五) 严谨的工作作风

编辑处在总把关的位置,责任非常重大,严谨认真、一丝不苟的工作作风是必不可少的修养,来不得半点的马虎大意,稍有疏忽或不慎,差错就有可能从编辑的眼皮底下溜过去。在报纸或其他媒体上出现的错误,或多或少与编辑有关。有的差错可能是编辑的知识欠缺所致,有的则是粗心马虎,没有完全认真仔细地对稿件进行分析造成。前面谈到编辑主要是把好政治关、事实关、知识关、技术关,每一篇稿件都应当从这几方面去考量。一般来讲,如果稿件有较明显的差错在选稿的时候就被发现而淘汰了,不少入选稿往往也有一些差错隐藏在字里行间或某个不起眼的细节里,需要编辑在修改稿件时细察才能发现。如 2010 年 2 月 12 日广东某报的一篇报道中有这样一句话:"今年 1 月,来三亚旅游观光的外国游客比去年同期增加了 43%,其中美国、日本、韩国、香港、台湾的游客增加幅度尤为明显。”这里把香港和台湾也归到“外国”中去,是不正确的。类似这种差错混杂在表述中,编辑稍不留神就溜过去了。

有的稿件不仅修改好了,为完全保证其真实性,还应向有关部门或个人核实一下稿件中的某些关键因素,有的纰漏往往就是缺少了这个环节导致的(详见第四章稿件修改中“特别需要核实的稿件”部分)。历年出笼的假新闻,诚然责任首先是作者的捕风捉影、道听途说甚至是肆意编造,但不少也与编辑的工作作风不严谨有关。如《上海晨报》刊发的这篇稿件:

上海将建300层、容10万人的摩天大楼

上海将建造一座可容纳10万人、高达1121米、300层的摩天大厦。这将是全球最高的摩天大厦,比现时全球最高、位于马来西亚首都吉隆坡452米的双子塔大厦还高出一倍多。

这座被命名为“比欧尼克塔”的钢筋混凝土建筑,是西班牙建筑师皮奥斯的杰作。该摩天大厦估计造价高达150亿美元(约1170多亿人民币),完成全部工程要15年。大厦底层呈车轮状,内设酒店、写字楼、公园、戏院、医院、大型购物商场及停车场。整幢大厦共有368部电梯,从最底层到最高层,不用2分钟即可到达。至于大厦内的用水和能源,则会利用92条垂直的管道输送。大厦地基上会有一个人工湖,以吸收任何底层震动所引起的摇摆。大楼设计者曾经同上海市市长徐匡迪及城市规划官员会晤,并讨论有关构思,他们除了表示感兴趣外,还成立了研究小组评估可能的兴建位置,以及如何从公众和政府方面筹措资金。

稿件的内容颇能吸引读者的眼球,并随即为国内多家媒体转载。然而时任上海市市长的徐匡迪很快在全国“两会”上公开澄清事实:“上海没有建造300层大楼的计划,我也没有接见什么外国专家代表团。”其实,据知情者披露,这只是欧美建筑商的设想而已,他们屡次向上海有关方面推销各种方案,但都还没有得到中方的认可。上海这家报纸的编辑如果对这篇稿件的态度认真一点,向市政府有关部门询问一下,便可知道消息的真伪,不会让这篇假新闻出笼。

二、编辑的意识

意识,是指客观世界在人的头脑中的主观映象。在哲学上,意识和思维有时候是同义词,前者范围更广泛一些。在心理学上,意识一般指自觉的心理活动,即人对客观世界的自觉的心理活动。编辑的意识,是指编辑在业务过程中随时

随地的心理活动,它支配着编辑的行为取向,贯穿编辑的新闻活动过程的始终。编辑应当具备的意识主要有以下一些:

1. 受众意识。受众意识就是以受众为本位的指导思想意识。“对报纸来说,读者的存在是当然的前提。”①从新闻传播的产生、发展来看,报纸、广播、电视、互联网都是因受众的需要而产生、发展的。马克思指出:“没有生产,就没有消费,但是,没有消费,也就没有生产。”②早在1956年4月1日《人民日报》在改版《致读者》中也说:“尽量满足读者的多方面要求,这是我们的天职。”过去在“左”的思想束缚下,“读者需要论”受到批判,媒体以自己为本位一味强调灌输、指导,对受众惯于指手画脚,结果越来越远离受众。因此,受众意识是编辑实践中的首要意识。

有了受众意识,编辑才能使传播内容广泛,真正让新闻媒体“飞入寻常百姓家”。知道公众关心什么、希望什么,新闻媒体才能迅速反映出来。从历史经验到现实运转,从国内发展到国外波动,从普通群众到专家领导,从娱乐消闲到战场硝烟,从花木走兽到茫茫太空,涉及社会现实生活与大自然变迁的方方面面的新闻,编辑都尽收眼底及时编发,以贴近普通百姓的衣食住行、就业升学、福利医疗、恋爱婚姻、兴趣爱好、休闲娱乐等日常生活与切身利益;并且,在表达形式上更生动多样,以生动的叙述、风趣的描绘、优美的标题、新奇的版面、现场的直播、别致的栏目,令受众一见倾心、一听钟情。

有了受众意识,编辑也会更注重受众的反馈,以更好地亲近受众,体现热心服务于大众的宗旨。许多报纸、电台、电视台都不时自己组织或委托有关机构,进行各种规模不同的调查,并根据反馈意见调整自己的编辑方针、报道内容与形式,有的甚至搞“点题报道”,让受众“点菜吃饭”。特别是在改版或扩版时,征求受众意见,倾听多数受众的喜好来决定。这些都与编辑审时度势的受众意识密切相关。

2. 审美意识。改革开放三十多年带来生产力的发展,物质丰富了,但在转型时期中,各种文化冲突也引起一些沉渣泛起。拜金主义、道德滑坡、权欲膨胀等不正之风蔓延,真与假、善与恶、美与丑往往鱼目混珠,令人难以分辨。大众传媒承担着传播精神文明的职责,也是美育的阵地,理应在满足受众需要的前提下,影响受众的审美观念,引导他们的审美活动向健康方向发展,激励他们“按美的规律”去创造美的生活。作为新闻传播把关人的编辑,自身就要有审美意

---

① 〔日〕和田洋一:《新闻学概论》,中国新闻出版社1985年版,第108页。
② 《马克思恩格斯全集》第46卷上册,人民出版社1979年版,第28页。

识，编辑出优良的新闻作品以飨受众。

随着文化水平的不断提高，人民群众的精神世界变得日益丰富起来，也愈发在各个方面都追求美。对新闻也不例外，以前那种单靠罗列事实、堆砌数字、语言刻板、结构老套的报道已不能让受众满意，他们需要令人愉悦的描述，或提供优美如画的图像，或道出亲切动听的语调，在轻松的氛围中接受新闻信息及各种知识。这也同样呼唤新闻传播工作者要有审美意识、审美修养，才便于采写、编排及播出能激起受众产生美感的新闻作品，正如贺拉斯所说："他写的东西应给人以快感，同时对生活有帮助。……既劝谕读者，又使他喜欢，才能符合众望。"[①]由于审美不能也不是强制灌输，只能是感染熏陶，如春风化雨潜移默化，新闻传播者需在审美意识指导下进行审美实践，为受众奉献美的作品，满足受众的审美需求并影响受众的审美取向。因此，审美意识对编辑而言是不可缺少的，对编辑的实践活动很重要。事实上，当前一些受到大众好评的新闻媒体，都是渗透着编辑的审美理想、审美情趣，从而发挥着较好的社会效益。中宣部每年都要表彰一些新闻界的"精神文明示范单位"，就表明了对新闻审美实践的肯定与褒扬。

3. 竞争意识。市场经济的显著特征就是竞争。新闻事业的发展离不开竞争，西方从19世纪中期大众化报纸兴起后竞争就越来越激烈。我国新闻传媒过去躺在计划经济体制下吃皇粮，优哉游哉，无所谓竞争。市场经济的建立迫使报纸、广播、电视转向市场，新闻传播者必须要有竞争意识，否则报纸没有销路，广播缺乏听众，电视失去观众，必然遭遇被淘汰的命运。竞争带来了新闻行业的升降沉浮，带来了新闻事业的勃勃生气。当前可以说竞争意识已经在新闻传播工作者的头脑中牢牢树立，不光是不同性质的纸质媒体与电子媒体之间进行着激烈的竞争，同一性质的纸质媒体或电子媒体内部，也都展开了火热的竞争，给新闻消费市场带来了活力与生机。党报与非党报，全国性报纸与地方性报纸，行业报纸与消闲报纸，综合电台（电视）与专业台（电视），同一家媒体的各个部门，也都无一不处在竞争之中。

竞争使新闻事业气象万千，形成万马奔腾的局面。竞争意识在编辑的宏观上的表现，便是时时具有创新意识，不囿于已有框框、模式，不是用单向思维而是以发散思维、反向思维、超前思维等去看待发生的各种新闻事件，方兴未艾的"新闻策划热"，就是编辑竞争意识的创新实践。对发生的同一事实，编辑设计出不同的报道方案、报道角度、报道形式，力争引起社会的反响，赢得受众的青睐。竞争意识在微观上的体现，便是在稿件修改、制作标题、版面（栏目）编排中

① 〔古罗马〕贺拉斯：《诗艺》，人民文学出版社1962年版，第155页。

的标新立异,以自己的独特风格去吸引受众。

4. 干预意识。这主要是指编辑勇于干预现实生活、伸张正义的意识,支持记者对消极现象的揭露,在媒体上热情开展舆论监督,通过媒体对现实中消极的、污浊的现象进行揭露,给社会、个人警醒告诫,抑制不良的行为活动的蔓延,推动社会前进。社会实践中,大量消极的活动如弄虚作假、贪污腐败、以权谋私、徇情枉法等都是面目可憎的,也都有一个共同特点:见不得人,偷偷摸摸,鬼鬼祟祟,不敢登大雅之堂而策谋于密室,不敢见大庭广众而混迹于巷尾。编辑和记者一道把它们的嘴脸暴露在光天化日之下,即刻会掀起舆论谴责之势,体现出舆论监督的威力。

就我国监督体系来讲,有立法的、司法的、党内的、行政的和社会的几种监督。前四种监督虽然有强制力和约束力,但主要是追惩于后,加上有些人对信息有控制、加工、处理权,本身又不受监督,往往使有些违法乱纪者有恃无恐,但是他们也害怕新闻舆论监督。新闻舆论监督是社会监督最有效的形式,它虽没有前几种监督的强制性,却有无可比拟的优势:广泛性——社会各阶层、社团组织和全体公民都是监督对象,没有特定性而无处不在;及时性——消极的活动刚露"马脚"即被媒体揭露出来,会引起司法、行政等监督部门的注意和介入;公开性——"不怕上告,就怕见报",新闻媒体的曝光使行丑者原形毕露,声名狼藉,即使未受到法律制裁,也是权威、荣誉一扫而光,难以承受精神压力。

因此,新闻舆论监督既可以征伐丑陋于后,更可以防微杜渐于前,具有其他监督所不及的作用。例如,2009 年发生的云南"躲猫猫"事件、杭州"飙车案"等,经全国新闻媒体连续揭露报道,司法部门迅速介入,最终惩治了责任者。某种程度上可以说,编辑干预现实的意识,引领新闻传媒对社会起着导航预警的作用,犹如站在船桅的哨兵,一俟发现浊浪、暗礁、冰山等就发出警报、避免社会这条航行的大船发生危险,顺利驶向目的地。倘若编辑没有干预意识,只知道在媒体上唱赞歌,后果将会是严重的。正如有的学者所指出的,新闻传媒"不敲警钟是危险的,它不仅完全丧失环境监视功能,而且会使大众忽视客观环境中可能存在的危险,造成一切平安无事的错觉,从而成为麻痹大众的工具"①。那么,编辑主导的新闻媒体也就"异化"了。

当然,编辑干预现实的意识更多的是建设性的,是本着促进解决问题的愿望进行策划、选稿、编排,通过揭露问题来引起社会各方重视,使问题得到妥善处理

① 郑兴东:《新闻传播的客体属性与传播心理》,载中国人民大学新闻学院编:《新闻传播学术报告会论文集》,中国人民大学出版社 1997 年版。

解决。此外还有同情性的干预，即对弱者或遭遇不幸者寄以同情、关注，在媒体上吁请大家伸出援助之手，共献爱心，以营造博爱的社会氛围，为社会解困，为国家分忧。

5. 法律意识。市场经济是法制经济，它要求人们的一切行为都必须符合法制规章。我国要由长期的“人治”转变为法治，顺利建设市场经济，首先要向全社会进行普及法律的教育，在这方面，新闻媒体有着特殊的作用。编辑必须具备法律意识，并在新闻传播实践中表现出来：

一是大力宣传各种法规知识。每逢某项法规出台，编辑都要及时在媒体上开展宣传报道，请法律专家释疑解答。日常报道不时选择典型案例剖析，让受众受到教育，提高认识。除了专门的法制媒体外，其他媒体的编辑也应开辟法制报道的专栏、节目、专刊，提供长期向公众进行法制宣传的园地。中央电视台每天中午的《午间说法》节目，每次结合一个新近的不同案例，请法律专家评析，向观众宣传某方面的法律，一直很有影响，受到社会广泛欢迎。

二是自身法律知识的增加。随着国家法制的不断完善，公民的法制意识也不断增强，不少人在受到侵害时，知道拿起法律的武器来维护自身的合法权益。近年常常因一些报道引起新闻诉讼，媒体走上法庭成为被告。这种情形迫使编辑要知法守法，在法律范围内选编稿件，特别是对批评性稿件要强调核查，以免严重失实惹出麻烦，招致新闻官司，有损所在媒体以及自身的名誉。编辑自身具有法律意识，一方面使自己对新闻的传播不至于违反法律，另一方面可以运用法律武器来保护自己的正当权利。《工人日报》曾经发表过一篇题为《深圳百万劳工的呼唤》的批评报道，其中被批评的当事人状告《工人日报》“侵害了名誉权”，当地法院判该报败诉。《工人日报》不服，向最高人民检察院申诉，经高检院仔细调查，支持《工人日报》并由高检院向法院抗诉，使法院重新审理此案。这件事充分表明，如果《工人日报》没有法律意识或法律意识不强，服从了先前法院的判决，只能自认倒霉吃哑巴亏。

6. 求知意识。市场经济体制的建设、国际文化交流的扩大以及当今知识经济时代的来临，形成了新闻传播工作者全新的文化背景，从内容对象、工作方式、技术手段以及主体素质等都发生了变化，编辑如果仅仅靠原有的知识结构、工作经验去从事新闻传播工作，“匆忙地解决那些自己都知道还没有完全掌握的问题”①，显然是心有余而力不足。为了在竞争中立于不败之地，编辑要有学习的紧迫感和求知意识。

① 《马克思恩格斯全集》第37卷，人民出版社1971年版，第319页。

首先是扩大学习知识、学科的领域。不光是学习一些经典理论、中央的政策方针及专业知识，更应加大涉猎其他相近或相关学科的知识，诸如传播学、宣传学、社会心理学、系统科学、美学、法学、伦理学、经济学及其他一些学科的学习，各种书籍尤其是新学科书籍都应摆上案头。有的还可结合实践和借用相关学科知识来进行学术研究，上升到理论层面，用以指导实际工作。有条件的编辑，还可以通过参加各种讲座或培训班、进修班的学习等来提高知识层次。其次是向实践学习。计划体制下那种闭门办媒体的日子已一去不复返了，市场经济千变万化，错综复杂，编辑要适应这种变化，必须切实深入实际，到市场中去直接体验，按市场规律进行新闻传播，才能在竞争中立于不败之地。例如，编辑学习别的媒体运作的好经验，创自己的新路子；在各种策划中直接调研，不断完善最佳方案；倾听有关专家学者的建议、收集受众反馈意见等等。这些方法都是编辑在新闻实践中常用的。最后是兴学习现代化技术之风。电脑的运用，传播新器材的出现，使新闻业务的空间拓宽了，形成了一些新采写编排手段与方式。如熟练运用电脑，不只是提高效率，更在于社会化电脑网络的储存、交流装置和检索系统有利于编辑从中搜集处理背景资料、图片等，进行有深度、广度的编辑，使新闻报道增值，有时直接从网上截取某些新鲜的材料及时编辑，争取时效。①

7. 创新意识。创新是一个民族、国家发展的核心，只有不断创新才能保证源源不断的动力以推动向前。在编辑的理论和操作层面上，同样需要创新意识，其本质就是"创造动机、创造兴趣、创造情感和创造意志"。创造动机是创新活动的动力因素，它能推动和激励编辑主体发动和维持编辑过程中的创造性活动；创造兴趣是创新活动成功的助推剂，它能推动和促使编辑主体积极寻求有价值的、新奇的、能产生社会效应的事物；创造情感是引起、推进乃至完成创新活动的心理因素，有了正确的创造情感才能促使创新成功；创造意志是编辑主体创新过程中克服重重困难的坚强毅力和不屈精神，它是创新活动成功的保证。②

培养创新意识需要要有批判的眼光。批判主义者认为，存在的即可疑的。怀疑是创新的前提，全盘接受别人的观点和经验，创新无从谈起。编辑还应有超前思维，不断调整现在的思维方法，在已有知识、经验的基础上展开创造性的思维。有了创新意识，编辑的主观能动性能更好地体现。具体到编辑的业务活动中，创新意识突出表现在宏观和微观两个方面。宏观上，编辑要围绕媒体的性质、宗旨和特点，结合媒体的发展方向，科学合理地策划选题、栏目设置、报道比

---

① 参见邓利平：《审美视野中的新闻传播》，新华出版社 2002 年版，第 363—372 页。

② 参见周庆海：《现代期刊编辑创新意识探索》，《黑龙江金融》2008 年第 12 期。

例等，使媒体紧跟时代，发挥优势，体现特色，真实全面地反映社会现实以及发展趋势。微观上，在编辑具体稿件的过程中善于发现问题、解决问题，通过比较、鉴别作出正确判断，加工与编排好稿件，刊播后获得良好效应，使媒体能在激烈的竞争中立于不败之地。

上述新闻编辑意识的表现，有的并非截然分开，而是互相交织关联的。这些意识符合解放思想、实事求是的精神，与市场经济下社会现实的丰富性也是吻合的，它们为促进新闻事业的繁荣发展发挥着极大的作用。

第五节　新闻媒体的互动

一、媒体互动的必由之路

媒体的互动，主要是指报纸与广播、电视、网络优势互补，它拓展了编辑的业务，是编辑发挥新闻传播效果更好的一种传播方式。以电视与报纸的互动为例，许多电视台的读报、评报节目如中央电视台的《马斌读报》、凤凰卫视的《有报天天读》、江苏教育电视台的《教育新报》、南京电视台的《听我韶韶》等，都是做得比较出色的。

21 世纪，随着计算机及无线宽带的进一步普及与应用、网络电视的开播以及博客的大量涌现，我国网民急剧攀升，据中国互联网络信息中心（CNNIC）2010 年 1 月 15 日发布的统计调查报告显示，我国网民总人数已达 3.48 亿，位居世界第一位。在重大新闻的报道中，网络正在扮演着越来越重要的角色，手机报纸、手机短信、手机广播电视等新兴媒体也积极成为媒体报道中的生力军，传统媒体受到了冲击，市场份额被瓜分。网络特有的双向交互、实时传送、内容丰富、多媒体、个性化、全球传播等特点，更是吸引了越来越多的受众，受众正在被新兴媒体分流。有数据表明，过去 35 岁以下的市民读报者中至少有 10% 以上的因接触网络而不再看报了。“中国新闻奖”评选从 2006 年起首次将网络媒体作为评奖对象，特设了“网络新闻评论”、“网络新闻专题”、“网络新闻名专栏”项目，表明网络新闻传播的地位与作用得到了学界的高度重视。互联网给传统媒体带来很大冲击，也带来了挑战。

从新闻传播业务来讲，网络的优势在于新闻更快、表现形式多样。通过网络这个信息容量巨大的平台，传受双方交流方便，有利于各利益相关方的沟通，实现社会效益和经济效益双赢。网络还可以进行“微内容”的经营，提供最广泛的个性化服务。但网站在现行的管理制度下采访权受限，采编人员结构年轻、素质不高，所传播的新闻更多带“寄生性”的弱点，且可信度不高。据《中国互联网络信息资源数量调查报告》显示,我国有近百万个网站,信息容量巨大造成信息的无序化,受众稳定性也难以保证。目前传统媒体仍具有明显的优势,如报业集中了新闻业界的精英人才,其数量和质量均高于其他媒体。报纸具有丰富的信息处理经验,并在长期的运营过程中积累了厚实的无形资产,如公信力和影响力、品牌优势与强大的发行市场。资深记者训练有素的深度报道和分析性文章以及在新闻产品上的原创能力,也是其他媒体所不及的。现实社会是统一性和多样性的结合体,仍需要有一个平台来引导人们的目光聚焦,而报纸关注的许多问题也正是大部分人共同关心的问题,这让读者持有一种心理依赖,报纸悠久的物理形态也给人一种感观上的惯性。这些都是报纸对于人们深深的烙印。当然,报纸传播的单向性、表现的局限性、响应的滞后性等也会影响它的发展。

因此,报纸与其他媒体特别是网络的优势互补,是报业发展的必然,也给编辑提供了新的平台。《全国报纸出版业"十一五"发展纲要(2006—2010年)》中讲道:"发展数字报业。数字内容生产、传播和增值服务能力普遍提高,数字内容产品和信息增值服务收入显著增加。形成一批在多元传播格局中取得竞争优势的品牌报业机构。……多媒体的主营业务信息网络平台普遍建点,科技进步成为报业经济增长主要拉动力量。"《全国报纸出版业"十一五"发展纲要》的系列计划之一,是大力发展数字报业,广泛利用各种数字内容显示终端和传播技术,发展"网络报"、"手机报"、"电子报纸"等多种数字网络出版形式,促进报纸与互联网站互利互惠、融合发展,以传统纸介质报纸为基础,数字化、网络化内容产品和信息增值服务产品齐头并进的内容产品发展格局。[①] 事实上,一些有远见的报纸已积极进行报网互动,纷纷将建立有影响的门户网站作为自己的发展重点,各类报纸与网络之间的融合不断深入,互取优势嫁接,报网一体化成了报纸发展的趋势。

二、报网互动的优势及特点

报网互动突破了报纸传播的时空,网站也有了坚实的内容依托。报网互动的特点是明显的:

1. 传播的简单快捷。同一篇记者采写、编辑处理的稿件,报纸印刷版要经截稿时间、拼版出软版、晒PS版及印刷打包、转运投递送达订户手上,最快也在早上6—7时。从网上发布则只是瞬间点击鼠标。对突发性、递进式的事件,网

① 参见新闻出版总署报刊司副司长王国庆的谈话,http:// finance. sina. com. cn/hy/20060804/12282793165. shtml。

络优势就更为凸现。网上直播更是可以做到实时实景,如人民网、中青在线、光明网等网站基本实现24小时滚动更新新闻,每条新闻后面都有具体的更新时间,读者可及时地了解到世界各地发生的变动。

2. 传播的无穷无尽。互联网的海量储存提供了有效利用和深度利用信息量的条件,报纸网站内的搜索链接,使许多原来选择了而版面又刊登不了的稿件有了出路,编辑还可以将以往或持续多日的新闻报道进行更加有条理地组织,不受时空限制地使用文字、图片、视频、动画等重放和回顾新闻事件。网络的传播内容,也因与报纸共享有了题材来源以及质量保证。

3. 传播的多种多样。媒体不同,承载信息的方式也不同,编辑则可以集文字、声音、图像、视频等符号系统于一体,还可以利用计算机技术生成平面和三维、多维和立体动画、虚拟空间等,实现新闻信息的整合、重构和各种信息形态的相互转换,受众的感受比接受平面媒体更逼真。有的报纸记者采访还带了摄像机,在网上推出文字稿同时附加视频信号,读者更有真实感。

4. 传播的互动扩展。报纸与读者的互动一直被作为贴近性的要素被强调,互动方式从过去的"读者来信"、"读者座谈会"、"读者调查"演进到"热线电话"、"手机短信报料"等,总有时间差与局限,网上的BBS、博客、跟帖、音视频交流等手段的应用,拓展了报纸互动的时效性,而这些互动也因报纸的素材而丰富、生动。报纸过去举办大型评选活动时多采用读者填写选票寄回报社,再由人工统计。现在同时开通网上和短信投票系统节省人力物力,影响力更涉及报纸以外的网民,互动效果更佳。

5. 传播的议题容库。报网互动不只是网站、报纸的编辑简单地互做对方内容的"搬运工",还可从对方获得某些议题资源。报纸编辑可从网络海量的资料中寻觅线索策划某些专题报道,如根据许多历史事件、特殊日子的资料进行周期性的报道策划,根据某时段网络民意策划选题视角等。如近年云南的"躲猫猫"事件、杭州的"飙车案"、湖北的"邓玉娇案"等等,几乎都先是网络民意沸腾,报纸等主流媒体的编辑迅速跟进,发展成轰动全国的媒介事件。报纸编辑也可从自己关注的问题中,设置某个议题吸引网民参与,如《人民日报》的编辑不定期地把人民网的"强国论坛"上的帖子搬到报上引起读者关注。在重大事件、重要活动中,都可互从对方的信息中寻找议题素材,互相呼应。近年的全国"两会"期间,《人民日报》都引起广大网民的高度关注,点击率直线上升,互动热烈。这些都使报纸与网络的新闻生产链条拉长,新闻价值得到提升。

6. 传播的全民参与。网络时代读者参与办报真正有了更广泛的基础和可能,编辑可通过网上论坛了解读者对报纸的反馈改进,可从热心网民中筛选出志愿者直接参与新闻的采编活动,还可从网站统计分析系统查看稿件点击数量的变化及规律,使编辑工作更有针对性。还可开放某一时段的报纸编辑部视频,对正在忙碌的编辑开放时段,让网民了解报纸的编辑运作,使报纸与读者的关系更加紧密等等。美国《威斯康星州日报》为激发读者对报纸的兴趣,每天定稿前开通报纸的网络投票系统,由网民来选择头版稿件,登录网站从备选稿中选出自己满意的来放在次日报纸头版上,这些都拉近了读者和报纸的距离。

7. 传播的广泛整合。报纸和网站两个编辑部可以有效地整合资源,使报网全方位、全天候地紧密合作。这种整合可理解为报网合一,报即是网,网即是报。如报纸的理论版可以来主持网站的评论频道;稿件发布、资料库、话题征集、读者反馈等可在网络平台实现;摄影记者在网上建稿件库,见报的图片稿后面可附注"更多图片请见记者博客";突发性新闻赶不上报纸截稿可先于网站发消息,后在报纸上刊载详尽报道等等。这些报道与读者及时的互动、反馈、补充部分,编辑也能刊发在次日的报纸上,使读者从报网的互动中更充分地了解事件的发生与发展。

现阶段我国的报网互动发展不平衡,省级以上的报纸几乎都有自己的网站,内容都比较丰富,但大多数地市报纸的网络版只是报纸内容的简单重复,有的网络版也不能及时更新,有的报纸甚至还没有电子版,就更谈不上什么报网互动了。

国内外一些报网互动都有比较成功的做法。一是在互联网上设立独立网站如人民网、中青在线等,以母报内容为主不断扩张新的信息,构成了跨媒体的信息平台。二是多家报纸联合经营一个新闻网站,将报纸信息源的整体规模优势与互联网的信息综合集成能力相结合,内容相对独立,形成一个链接各报刊网站的通道,把报刊信息进行综合分类与加工整理。新华报业、文新传媒、北青网等采用这种模式。

三、报网互动的主要方面

西方的报网互动起步要早一些,其模式有可供借鉴之处,主要有以下几个方面:

1. 内容的互动:西方的大报网站在提供新闻和信息方面,拥有品牌、团队和体系的报纸都很具竞争优势。如《纽约时报》、《华尔街日报》、《今日美国报》等品牌报纸,其网络内容的营运模式是将内容打包向其他网站或媒体销售,用户浏览及数据库查询都要收费,许多网站都主要依赖于它们的高质量与个性化的信息来进行运作。

2. 形式的互动:报纸网络版与印刷版是同一系列的产品,选择新闻的标准、分析事物的角度以及风格特色等大体一致,合力打造统一的品牌形象。如《纽约时报》一贯秉承“档案记录报”的庄重风格，网络版的版面以蓝色为主色调，各页面主要采用白底黑字，穿插橙色、墨绿色等小色块作为补色，给人以大方明快之感。网站的头条新闻和重要图片几乎每半个小时更新一次，与其他大报网站相比其图片和广告量明显较少，体现了严肃大报的新闻价值诉求。

3. 团队的互动：报社的印刷版和网络版密切合作，两个团队合作一起报道新闻。传统媒体的记者经常使用网站查找可以深入挖掘的新闻线索，探寻如何利用网络使传统新闻报道更加完整全面。如《华尔街日报》网络编辑和记者都负责为读者提供最新信息，利用报纸和道琼斯的资源密切合作，该报驻世界各地的采编人员每天提供上千篇稿件支持着该报的网络版。

4. 广告的互动：世界报纸的总发行量在下降，广告低增长，但网络广告市场却发展迅速。《纽约时报》的网络广告和印刷广告联手经营，为吸引报纸客户上网，凡购买印刷版广告位的客户可折扣购买网上广告位，网络版的广告收入有许多来自印刷版分类广告，这让客户在印刷版和网络版享有同样的推广宣传机会而较有吸引力。报纸利用网络为传统业务作廉价的宣传，印刷版的销量也因此有所上升。美国报业协会认为，网络版广告市场将是平面媒体今后的主要出路。

报网互动在不断演进中。技术在发展，网民在增加，新闻传播工作在不断创新。不论是报纸编辑还是网络编辑，都处在新闻传播的枢纽，是新闻运作的灵魂，其编辑工作理念也都相通，两者的联手、合作，将会使报网互动的明天更精彩。

下面是《人民日报》、《光明日报》、《中国青年报》和《扬子晚报》所属网站的截图，这几家媒体的报网互动做得较好。

图片 1-2　人民网

图片 1-3 光明网

图片 1-4 中青在线

扬子晚报网
2010年2月12日 星期五
新闻|社会|娱乐|理财|婚嫁|亲子|美食|健康|汽车|商城|论坛|视频|数独|投融资
民生|时评|体育|教育|时尚|旅游|数码|房产|鉴宝|游戏|博客|播客|拍客|电子报
特别链接：中国江苏网 新华报业网 扬子晚报网
2010扬子晚报暖冬大行动
·南京获2014年青奥会举办权
·“我的2009博客大赛”拟获奖作品公示
·关注2010年春运
江苏春运启动应急预案 出省高速通道基本打通
新闻 热点 民生 社会 时评 财经 国内 国际 娱乐 体育
·央行上调人民币存款准备金率0.5个百分点
·全省高速公路通而不畅 宁通高速等已结冰
·江苏1月份物价涨0.7% 食品涨衣服交通类跌
·江苏2010年普通高校体育专业招生办法出台
·电话里被喊“舅子” 原是朋友遭绑架机智求救
·记者帮助山东孝子回家“救”父
·央视虎年春节晚会最终节目单
·中方敦促美取消奥巴马会见达赖错误决定
·江苏未发现生产使用隐匿陈年“毒奶粉”现象
·“酒驾”一次交强险保费上浮不超30%
·南京1月房价比上月涨0.4% 涨幅8个月来最低
·雪地打滑轿车栽进河中 遇难妈妈紧搂孩子
·南京城昨20万人扫雪 撒盐420吨
·扬子“随手拍”有奖征集春节图片
·河南省委书记卢展工讲述应聘被拒详情
·国家计生委原司长陈胜利因贪污获刑12年
2010江苏·秦淮灯会点灯
婚嫁 more
应采儿试婚纱年初一嫁陈小春
虎年第一天，国内娱乐圈将迎来第一对喜结连理的明星夫妻——陈小春和相恋三
·澳数学家发明“爱情公式”轻松计算情侣适婚年龄
亲子 more
童言稚语：另类解释
查看学生们这次的语文试卷，发现有一位同学的名词解释给出答案很有意思。题目
·【育儿经】读懂儿子的睡前暗语
扬子晚报电子版
扬子要闻
扬子焦点
中国热点
南京城事

图片 1-5　扬子晚报网

第二章 新闻报道策划

第一节 新闻策划的价值

一、新闻策划的理解与渊源

所谓新闻策划，是指媒体为了一定的目标和效果，最大限度地利用新闻资源，将所产生的新颖独特、有社会价值或个人价值的构思变为具体的新闻报道活动过程，简单地说，就是围绕新闻报道业务所展开的一系列有创新表现的谋划与实施活动。新闻策划的核心是指媒体对已经占有的新闻线索、资源进行角度新、立意好、选材精、挖掘深的设计，通过激发创意制订出可行的报道计划，使新闻报道达到一定的规模，增强新闻吸引力与感染力，扩大媒体的社会影响。

近年来随着我国经济的快速发展，新闻事业也蒸蒸日上，同时新闻市场的竞争也日趋激烈，带动着新闻业务水平的不断提高。形成这种趋势的影响因素很多，如市场经济的逐步建立、民主政治理念的深入等宏观因素与传媒政策的不断微调等中观因素，而影响最直接的应当还是一些微观因素，如传媒经营观念的转变、媒体传播技术水平的提高、新闻机构内部人事制度的改革等。在微观因素所构成的因果链上，体现观念与物质结合的“新闻策划”行为，无疑是备受关注的一环。目前，多种形式的新闻策划，已经成为推动所有大众媒体竞争实力提高的显性手段。

虽然对新闻策划的学术讨论方兴未艾，但从业务实践来看，它并不是近些年业界的原创性发明，其新闻实践在19世纪中叶西方大众化报纸诞生时就出现了。大众化报纸盛行标志着当时的报业竞争加剧，如何寻找或创造吸引人的新闻事件，包括自然发生与被制造的新闻事件，成为报纸打开销路的法宝，策划就成了新闻的来源之一。如19世纪末普利策的《世界报》与赫斯特的《新闻报》竞争引发的“黄色新闻”浪潮、赫斯特的报纸煽动“美西战争”事件等，都是早期新闻策划的鼻祖。《纽约时报》围绕泰坦尼克号沉船事件所组织的报道，堪称西方早期突发事件报道策划的成功范例。1912年4月14日午夜，载有2200多人的英国“泰坦尼克”号客轮在纽芬兰海域撞上巨大浮冰后沉没。该报在收到美联社的简短电文后立即着手多方面的报道准备，包括查找乘客名单、搜集以往海难资料、说服无线电发明者马可尼作为“线人”到营救船上访问无线电报务员、让记者充当马可尼的助手获得机会采访到达纽约港的部分幸存者、架设直通报社的专用电话线等。16日出版的该报中有15版（共24版）是关于“泰坦尼克”号海难的报道，内容之厚实、动作之迅速，其他报纸不能相比。[①]《纽约时报》关于这一事件报道组织与策划的及时与详细，为以后类似灾难事件的报道留下了许多成功经验。为推进公益事业和公共利益并赢得受众的信赖，西方媒介进行过许多新闻事件的策划，如著名报人普利策为自由女神铜像的安置策划过募捐活动。

在19世纪后期，我国的近代报纸也出现过报道筹划的踪影。如《申报》关于“杨乃武与小白菜”冤案的报道轰动社会，时间跨度几年，有始有终，报道组织得比较好。20世纪三四十年代，我国的民营报纸也有过不少救助社会的公益性新闻事件策划，如邹韬奋办《生活》周刊与《大众生活》时，多次发起为东北抗日义勇军募捐并开展报道，同时也扩大了报刊的影响。《大公报》、《文汇报》等，也都进行过类似的策划报道。即便是当时的国共两党的报纸，也在自觉或不自觉地有着这样的实践。如1942年延安《解放日报》的改版，在中国共产党的新闻史上意义重大，整个改版的过程从某方面来讲也是精心筹划与设计的一次新闻业务策划。

新中国建立以后，由于报纸强调宣传作用，突出发挥“宣传、组织与鼓动”的工具职能，报纸时常打破“刺激——反应”的惯常采编模式，由被动状态进入主动状态，所用的材料都为宣传报道服务。传播活动中的“主题先行”观点，实质上就是一种不自觉的新闻宣传业务策划的理论要求。改革开放初期，晚报的流行不仅意味着党报单一品种的改变，而且培育了报人一种新的办报理念，即对新闻信息的需求更为殷切。为了同综合性的机关报相区别，策划理念开始自觉进入报人的大脑。但作为新闻策划的重要内容，这一阶段媒体对潜在新闻资源的开掘工作，还没有引起足够的注意。至20世纪90年代进入市场经济的竞争阶段，新闻策划的元素组合日渐复杂，媒体报道新闻的自觉程度、规模、强度、全息性等增加，新闻策划成为新闻市场生存不可取代的手段和策略。

在理论认识方面，20世纪60年代西方出现的“议程设置”理论，较早揭示了媒体具有干预生活、影响舆论的选题策划的能动性，新闻选题策划正是设置公众讨论议程的经常手段。从某方面来讲，新闻传播的“议程设置”与“新闻策划”是

---

① 〔美〕埃德温·埃默里：《美国新闻史》，新华出版社1982年版，第377—378页。

相似甚至相同的。关于新闻事件策划的理念,美国传播学者丹尼尔·J. 布尔斯廷在 20 世纪 60 年代初出版的《形象》(*The Image*)一书中所提出的"伪新闻事件"(pseudo-events)和现实之间关系的模糊性(本来并无这一事实存在,但制造出来后它就变成实体的存在)观点①,应当视为同类话题研究的一种理论渊源。尽管我们所讨论的新闻事件策划比"伪新闻事件"概念有着更复杂的内涵,但在具体的业务活动中,应当说两者实际上没有什么本质差别。

二、策划体现媒体的个性与优势

近年来在对新闻业务的相关研究中,"同题竞争"的概念频繁出现。其实,新闻报道内容的同素材、同主题等新闻资源的有限性并不是现在的产物,在计划经济时期就是普遍现象,不过当时这一原本存在的问题并没有引起人们的注意。在当前的市场经济中,媒体的管理定位使得各自的发展有了较大的空间,求新、求异的受众也加速孕育出新闻竞争的职业理念,将同题资源的有限性问题推到了媒体的面前。于是,一方面合理利用媒体空间拓展自己的优势,张扬新闻报道特有的全息性、厚重性、深刻性等媒体所共有的个性,另一方面最大限度挖掘与利用新闻资源,摆脱素材同题带来的同质化,尽量体现自己的个性。这两点因素都促使媒体的新闻策划方兴未艾,业界的实践也证明,必须随时进行新闻业务报道策划,否则将失去竞争的先机。

有了精心的策划,各类媒介都能够为报道内容量的增加与质的提升提供潜在的空间。同时可以从内涵与外延上拓展这种弹性空间的,除了网络外当属报纸。报纸的版面扩增扩充了外延,除了新闻出版秩序监管的政策性规定带来某些约束与限制外,适应新闻策划需要的潜力是广播与电视媒介难以比拟的,因为后者要受非灵活性的时间因素限制。常规情况下,供读者选择的信息超市式的报纸分叠、多版组处理,以及重大活动与节庆、特别事件时的增版、特刊与号外等这些外延式扩张手段,是报纸与广播电视以及报纸之间竞争的一种必然选择。新闻策划的目标之一就是形成量的规模,版面扩增的相对自由正是报纸的个性与优势所在。所以,新闻业务策划的实施,可以充分挖掘媒体的个性与优势。

以报纸为例,报纸普遍地增版、扩版始于报业逐步走向市场的 20 世纪 90 年代。为了成功地走向市场,包括选题、表现形式、规模效应、建构形象等一系列新闻策划大量出现,其中晚报尤为突出,经常开展一些公益与救助性的常规与非常规新闻活动策划。《扬子晚报》、《钱江晚报》等一批通过强势策划而获得读者认

---

① 吴恕:《激荡与调和》(增订本),第 71 页。

可的新生代晚报，突破传统的办报思路与理念，将报道思想定位在同市民衣食住行等日常生活密切相关、适用性强的各类新闻与信息方面。90年代后期出现的都市报，一创刊就意味着与策划同行，由此引发了报业间更为激烈的竞争。除了采取内容精化的内涵发展策略之外，大幅扩版成为报纸的重要经营手段，日常版数为五六十版，遇有特别事件、重大活动时报纸版数更是过百。

进入21世纪以来，一系列重大活动与事件的报道如"9·11"袭击、加入WTO、伊拉克战争、抗击"非典"、汶川地震、北京奥运会、新中国成立60周年大庆等，许多媒体都借助业务策划写下了浓墨重彩之笔。配合规模效应，版面成倍扩张，不少报纸的特刊超过100版，个性与优势最大限度凸显出来，"厚报"已经成为报纸经营的重要策略。同电视报道这些活动相比，报纸在现场感、直观性、迅捷性方面虽然欠缺，但在提供大容量的超市陈列式信息、报道的层次感与形成大规模、高密度、多方位传播方式上，策划成功的报纸都表现得抢眼突出。

三、策划寻求差异化的竞争

新闻同质化问题早在计划经济时期就很严重，是因为缺乏价值多元化的环境与竞争的氛围，媒体与受众也没有意识到要改变它。经济体制的转换与思想观念的松绑，使人们对新闻的单一作用感到不满，媒体的政治神圣感减弱，除了政治生活，人们的其他方面更需要媒体的供给。不同类型的晚报或创办或复刊，城市电台、电视台增加频道，以偏重社会新闻的"软性"靠近市民，注重贴近性、服务性，同质化问题有所缓解。20世纪90年代后期都市报纷纷创办，其办报思路、风格与内容雷同，随后各地电台、电视台"民生新闻"栏目纷纷设置，新闻同质化问题又突出起来。"同质化"指不同区域或同一区域的某些媒体之间内容的重复与相似，从媒体的理念（生活服务性综合性报纸、广播电视）、受众群的框定（市民社会中下层）、版面的设置与处理（杂志化、分叠、多版组、大标题、大照片的视觉冲击）、报道内容（信息量、贴近性、趣味性、舆论监督、助危济困、娱乐性）到市场管理与经营，媒体之间的差异很小。

区域性的同质化在大都市的媒体比较突出，尤其在报纸之间重复性更加明显。以南京为例，不仅在都市报如《扬子晚报》、《现代快报》、《南京晨报》、《金陵晚报》、《江南时报》等出现较大比例的雷同，彼此之间版面设置也是大同小异（本市新闻、省内新闻、国内新闻、国际新闻、社会新闻、文化、体育、证券、健康、热线与舆论监督），共性淹没了个性。即使党报如《新华日报》、《南京日报》的多次改版与不断强化"三贴近"的理念，在某些软新闻的选择上也同都市报相似，使得同质的问题突出。各地的媒体也存在相似的情况。某些报纸因为内容高度趋同,报纸消费的价格弹性过大,读者对报纸价格过分敏感,报价细微变化也能改变报业市场的格局。

因此,媒体良性发展的关键还在于谋求差异化的竞争。地域性媒体所独享的本地新闻资源很有限,重大新闻又必然被媒体共享,国际新闻只能依赖新华社通稿与因特网,这些因素对摆脱内容同质化构成直接的阻力,但如果每家报纸都精心组织与策划,对有限的新闻资源依据各自条件挖潜利用,积极寻找隐性的常态新闻资源,内容趋同的高比率将有所降低。对市场竞争中个性化运作比较成功的媒体进行分析会发现,对于价值显著的新闻资源,无论哪家媒体都很难独家拥有,除非付费买断。是否挖潜利用这些新闻资源的区别在于点子、角度,也就是策划。独家新闻难求,但独家视点可求。今日对于新闻报道,受众关注的层面和角度与以往有所不同,他们更加关心事情进展的详细过程,并希望自己能够参与其中。所以,除了在第一时间抢到独家新闻外,独家视点、独家整合与呈现共有材料的思路与方法同样重要,尤其在国际与国内重大时政新闻方面。通过对已知事实信息的重新安排来"独家"交代,特别注意已知事实背后为受众所不知的事件成因、道理和走势,新闻报道策划可以部分地实现这些目标。

策划的另一层要义还在于理性对待"漏报",不过分强调全面覆盖,而去挖掘那些可以转化为独有的东西。如果补漏,就补出新意,《南方周末》在这方面表现较突出。一些掷地有声的新闻资源都被其他媒体多次经营过,但该报往往还能够精耕细作。如 2002 年大连"5 · 7"空难的独家调查报道即为一例。空难发生的第二天,《南方周末》就开始了探询事件真相的调查。在全国众多媒体中,独家采访到张丕林家属的只有《南方周末》,这也成为后来独家报道的核心部分。空难 7 个月后,新华社公布了事故调查得出的原因:购买 7 份保险的大连旅客张丕林用纵火的方式制造了这次空难。但空难是如何发生的?空难的原因是如何认定的?这些问题媒体一直没有涉及。在权威结论公布后,《南方周末》适时刊出两个版面的独家调查,围绕事故是如何调查的、认为张丕林作案的依据是什么、结论为何如此简单等问题作了翔实的补缺式报道,引起了受众的广泛关注。

四、塑造媒体的公众形象

媒体的公众形象,是指社会公众对媒体所刊播的内容能否体现对人的尊敬、对人的同情与关怀以及对社会的不公平、不正义现象而抗争的媒体行为的总体印象和评价。如媒体揭露违法乱纪行径、为失业者提供就业机会与途径的信息、替陷于困境中的重病患者或失学者寻求社会援助、为失散亲人的家庭发起寻亲行动、联手政府职能部门为百姓解决生活中的具体困难、为普通人实现一个普通的愿望牵线搭桥、关注民工的合法权益等等，都是媒体上出现频率较高的策划选题。它们无论以公益性见长，还是满足被救助者的愿望或要求，其对生存状态的人文关怀与高度介入，已经使得这些报道超越了传统的新闻价值标准，赋予了媒体塑造自身公众形象的功能。

大众媒体作为各种类型话语的有效承载者，需要塑造自身的形象，而公众利益代言人的期待无疑是其中必不可少的一项。《焦点访谈》的成就以及在全国观众中所铸就的不可取代的地位，说明了在政府权力部分异化、市场经济局部无序的环境下，民众所需要的是什么样的媒介话语。眼下，媒体虽然自称是公益主体的身份，但事实上已是市场利益的主体，而且许多媒体已经以企业法人的身份进行登记，它需要有值得受众信赖的品牌形象，提高知名度与美誉度。现代企业的一些公关意识在媒体走向市场的初期就已经自觉或不自觉地渗透到了一些报纸、广播电视的业务理念之中。受众面对内容相似相近的诸多媒体时，是凭着自己的印象和评价进行选择的，说明传媒已和一般的商品一样进入了品牌竞争阶段。企业树立品牌的重要手段之一，是通过各种策略与途径建立企业形象识别系统（CIS）并将其传播给公众，获得他们的认同、喜爱和信赖。媒体的公众形象是其识别系统的核心内容之一，其形象识别系统包括了理念识别、行为识别和视觉识别。理念识别涉及媒体的精神、信条、目标或座右铭等，它是媒体文化的浓缩；行为识别主要指媒体工作人员作为职业人的行为活动，是其理念的外在表现；视觉识别包括媒体的诸多外在标志，如报纸版面、网站页面的外貌风格，它们对受众都显示出自己的独特个性。媒体策划的各种公益与服务性的活动应该是行为识别的一项重要内容，良好的新闻策划是媒体建立自身形象识别系统的重要途径。媒体在公众心目中的地位，很大程度上取决于它和普通人实际生活的距离。媒体就救助、公益与服务的选题进行经常性策划，是缩短这种距离的有效手段之一。

早在20世纪90年代，一些媒体就开展了有助于建立良好的公众形象的新闻策划活动。如《今晚报》策划“帮苏联妇女特卡乔娃寻找母亲”的行动，《钱江晚报》组织“在同一片阳光下”为盲童复明寻医问药的献爱心活动，深圳特区报社为改善老区办学条件多次派记者深入湖南宁乡县采访而唤起特区人捐助活动，上海《青年报》发起“好心人，请抱一抱孤儿”的活动等等。这些选题策划与思路为后来的新闻策划提供了创新的蓝本，对类似话题的关注被很多媒体延续至今。90年代后期，伴随大量都市报与电视城市生活频道的问世，带有公共关系性质的新闻策划更见频繁。包括党报在内，各类媒体都把塑造公众形象当作新闻策划的一个主要目标，致力于通过一次次贴近普通人生活状态的报道策划，保持和维护自己的形象和声誉。

五、新闻策划与宣传报道

我国媒体在计划经济和市场经济条件下都承担着制度性的职责，即宣传、组织与指导，区别仅在于履行这些职责的艺术水平的高低。市场经济所培植的自由选择意识与权利使媒体更注重受众的需要，更讲求宣传与劝服的策略。

新闻与宣传有本质的区别。新闻报道是叙述事实，主要功能是传播信息，宣传是陈述主张与观点，主要功能是传播观点；新闻的价值取决于它满足受众需要的程度，宣传的价值着眼于思想意图在宣传对象身上实现的程度；新闻讲时效，宣传讲时宜。两者理论上可以泾渭分明，但在实践中要把新闻报道同思想宣传当作完全不同的两种行为区别开来很难，因为事实一旦被他人描述就不再是独立的自在体，文本化的事实总是游走在传达某种观点与传递事物变动的两种功能之间，这就是常说的事实观点一体化。其二，宣传离不开事实，用事实说明观点，事实与观点统一。新闻报道同样用事实说话，而且强调这个“话”是事实能够说得了的。所以，没有一家媒体仅仅是为了传达信息而光说事实。报道与宣传的区分，目的在于利用新闻作有效的宣传，宣传既要有宣传味，更要有新闻味。就媒体的宣传而言，为宣传而进行的策划同为新闻而进行的策划没有本质的区别，或者说两者可互为利用。

任何时期传媒的新闻业务，都包含了不同程度的宣传，也融进了编辑的预先计划。所以，很难说哪家媒体真正突破了固有报道与宣传理念分开的采编行为。新闻策划现象其实在计划经济时代就已存在，至少在宣传某些重大事项而进行的一些报道上的组织与安排，已经具备了“策划”的某些特质。如“报道计划”就反映了编辑对未来行动的设计和安排，寻求报道宣传的主动性。所不同的是“报道计划”不够重视受众的全面性需求与反馈，对新闻素材的挖掘总体上不深，在报道运行中缺乏“应变”的灵活性等。所以，这一概念在新闻改革的新形势下逐渐为“报道策划”这个流行术语所替代。此外，体现精心组织设计与谋划统筹特征的新闻策划，同媒体日常报道的富有题材或认识新意的单篇新闻是有区别的。出于任何目的的新闻策划除了在内容、形式或手段上以“新”而卓然不群外，它还必须有“规模”上的诸多参数，如向纵深推进或向广度拓展的向度性规模、报道持续的时间与占有一定版面的数量性规模等等。

宣传与策划的关系好比目的与手段的关系，宣传不一定要策划，但有效的宣传离不开各个环节的精心筹划，策划的目的不是为了策划本身，而是作为成功宣传的手段而存在。关于新闻策划的“不真不假”性，台湾学者吴恕在分析“伪新闻事件"时也给予近似的解释:它不是自然发生的事件,而是经过设计、安排才存在的。它和事实之间的关系是模糊的,因为它是刻意制造出来的,但是,制造出来以后,它又变成了一项事实。安排它的目的,是为了达到宣传的目的。① 这一观点能很好地说明我国"大跃进"时期媒体所造就的"高产'卫星'"、"钢铁神话"、"跑步进入共产主义"等议题设置的浪潮。这些配合政治形势的规模性宣传,在稿件的组织与编发、材料的"活用"、事件状态的人为性等方面,其实就是"报道策划"。只是在事实是否反映现象和本质的统一问题上,其结果更多的是不合理的宣传性现象。

第二节 新闻策划的类型

一、新闻策划与新闻业务策划

对"新闻策划"一词,学界曾有过争议,主要是就"新闻事件策划"引起的。非议者认为,按照新闻理论观点,新闻是新近发生的事实报道,媒体如何报道这一事实可以谋划,而新闻本身无法策划,这是由事实的非随意性决定的。人为制造出适合于媒体报道事件的策划,属于公共关系活动行为而非新闻。新闻报道只可强调通过选题规划,设计报道进程、时机与规模,选择获取信息的方式与报道呈现的形式等具体的业务手段,因此应当叫新闻业务策划才正确。倘若先有"制造"行为后有事实的出现,与新闻事实的客观性是背道而驰的。新闻机构虽然具有较强的能动性,但这种能动性不是体现为某一具体的社会角色的直接扮演者,而是已经发生或存在的新闻信息的发现、收集、组织报道者,主观因素介入的策划容易影响新闻事件的公正性、客观性。事实在先新闻在后的顺序如果可以根据需要人为颠倒,新闻的认定标准就变得模糊。

肯定者则认为,作为一种社会组织,新闻机构除了承担政治思想的宣传与议题设置职能外,还要承担维护自身组织的职能,从事一些同新闻机构的性质基本吻合的社会活动策划,即新闻事件策划。而且,由于新闻事件策划的目的是要报道所策划出来的事件以影响舆论,因此,新闻事件策划本身也包含着报道策划的因素。从新闻实践的需要出发,问题的关键并不是新闻事件策划行为是否合理,而是为新闻事件策划设置什么样的理性价值判断体系。当然,新闻事件策划不违背事物本身发展的规律,不是无中生有地去制造新闻,而是对在萌芽中或发展中的客观事物的一种因势利导,它或者抓住了事物发展的重要时机,或者顺应了

① 吴恕:《激荡与调和》(增订本),第71页。

社会的意志和愿望，由采编人员主观能动性的充分发挥改变或创造了外在条件，引起了事物由量到质的变化，由隐性向显性状态转变，就成为值得报道的新闻事件。

尽管对新闻策划的理解存在分歧，但业界却在乐此不疲地实践着。具体操作中包括几点要素：崭新的创意、对现有新闻资源的有效开发和优化配置、效果与目标一致。判断的标准主要是看报道的主题是否新颖独特，是否体现了个人的思维品质，是否产生良好的社会效果。新颖独特是指相对于他人而言别出心裁具有不可取代性，个人思维品质是个人创造性思维所体现的独特价值，社会效果是指对社会的进步具有重要意义。从上述要素的层面上看，它至少有以下几种含义：

第一，新闻媒介策划。这是指包括媒介定位、版面（栏目）设置、报道组织方式、深度开掘新闻资源等方面内容的新闻业务策划，并包含了媒介自身经营与管理事项的谋划，如发行促销、媒体形象塑造等非常规活动。比如，媒体的整体及各个组成部分内容与形式的重新定位、设计与优化。在不同的操作层次上，它又有不同的理解。宏观上，强调媒体的编辑方针如受众对象、文化水准、风格特色的合理设定，媒体的整体规模与内部结构如版面（栏目）总量构成、版面（栏目）的分工与组合形态，以及各个局部如版组与分叠、版中专栏或是节目的各栏目板块构成等。许多新创媒体的改版或扩版，在更多的意义上都体现这一层策划的含义。如第一章第一节中提到的《人民日报》宣布2010年改革内容的《致读者》。

第二，新闻报道策划。这是新闻采编人员按照一定的目的所进行的选题规划与谋划，设计报道的进程、时机与规模，选择获取信息的方式，确立报道呈现的形式如发稿计划、具体的发稿方式（集中式、系列式、组合式、连续式）等，以此实现最大限度地反映新闻的社会价值。实践中，采编人员都把新闻策划理解为新闻报道策划，因为新闻事实一发生或者某种现象业已存在，媒体以什么样的规模与力度给予关注都是报道策划的应有之意。成功的策划因素介入的报道可以提升新闻的传播价值，特别是在面对相同新闻题材竞争的场合，新闻报道策划具有不可替代的地位。

下面是一个关于国家公务员考试的一般性的新闻报道策划方案：

1. 报道范围和重点。以国家公务员招考的计划、职位人数、招考部门及招考对象、各省市报考者的热情程度和报考人数为重点。

2. 报道的规模进程。奔赴各省市对报名现场、报名者进行采访，集中力量在主流城市采访报道，分派人员到其他中小城市进行采访报道；了解大众对于此次招考的看法；最后是新闻评论，评论员根据报考的情况进行评论。整个报道过程将持续几天。

3. 报道的发稿计划。以各地报考情况为当天头版头条，最好配图片。之后跟进报道的内容可排在二版或三版，视情况而定也不排除将相关内容排头版。新闻评论可随跟进报道之后，或排在同一版。

4. 报道采用的形式。以消息和评论为主，采取集中式和连续式相结合的报道方式。

第三，新闻事件策划。它表现为在事实发生前或尚处在不显著的隐性状态时，采编人员主动介入促成事件发生或使现象显性化，实现事实变动或增加显著性。这是媒体不满足于守株待兔、等米下锅式地报道新闻，而是主动出击成为新闻事件的参与者、组织者，亦即新闻资源的开发者和新闻事件的策划者。如前面第一节中提到的《今晚报》、《青年报》等的策划。当然，新闻事件策划要遵循真实性原则，真实性原则主要关注新闻事实是不是一种客观存在，就是说只要是发生的事件，不论是自然的还是人为的，当它具备了新闻价值通常就可以报道，哪怕这件事会惹来非议。况且，媒体所报道的许多新闻事件的背后都有着不同身份的策划者，如各种会议、活动。其他角色策划的事件可以成为新闻，媒体所介入的事件也同样可称为新闻。只是，新闻事件的策划不能违反客观事物发展的规律，否则会弄巧成拙，造成不良的后果（详见后面第四节中的“杨丽娟事件”、“砸空调机”等例）。

二、新闻业务策划的类型

新闻业务策划的采编范畴，主要指新闻报道策划，兼及符合新闻价值要求的事件策划。新闻活动中存在着纷繁多样的形态，围绕报道环节的一系列策划行为占有突出的地位，根据不同的标准，可以将新闻报道策划进行不同类型的归纳：

按策划对象的内容不同，主要可分为以下几种：事件性的策划，如前面提到的《今晚报》、《青年报》等的策划活动；服务性的策划，如许多报纸在大学生毕业时开辟的《招聘信息》、《人才供需专场洽谈会》等版面以及春运期间设置的《列车票情表》栏目；公益性的策划，如媒体经常发起组织的各种社会慈善捐赠活动；主题性的策划，如中央电视台一年一度的“感动中国”十佳人物评选颁奖晚会。

按报道主体在新闻发生过程中的不同作用，可分为独立型报道策划和连动型报道策划。前者指策划者不介入客体中，单纯谋划新闻事件如何被有效传播的行为本身，不影响新闻事件的构成因素，媒体尊重而不是干涉新闻事件发生的随机性，具体讲就是对已发生的新闻如何来报道的筹划。后者则属于“介入性新闻报道”的策划，新闻传播者本身是事件的当事人之一，报道者身兼双重角色，报道策划与其他社会活动策划产生互为连动的关系。此种情况下，新闻报道策划部分具有“新闻事件策划”的含义，媒介是否可以报道这些活动，应根据新闻选择的标准与社会效果进行把关。

按报道客体发生的状态分类，有可预见性报道策划和非预见性报道策划。前者是指能够提前获知的事件性新闻和非事件性新闻的报道策划，此类策划可以提前精心组织与安排，如奥运会举办、重要会议召开、大型工程奠基或结束以及日食、月食、流星雨的发生等。后者是指对无法预见的突发事件的报道策划，这类新闻的策划一般在事件发生之后快速做出，如对各种自然灾害或意外事故的发生做出报道的安排。

按报道策划的运行时态分，可分为周期性报道策划和非周期性报道策划。周期性报道策划的客体对象具有周期或间隔重复出现的特点，是常规性的策划，如六一、国庆、元旦、春运、广交会等。非周期性报道策划的对象不具重复出现的规律性，根据宣传与报道需要进行，如突发性的天灾人祸、某些活动的开展结束等。

按时间跨度来分有全程性策划和阶段性策划（亦可称战略性策划与战役性策划）。前者如对北京奥运会的报道，从开始到结束的整个报道筹划，一些重要会议如两会的报道过程亦相同。后者是整个全程报道中的某个环节，对报道这个部分做出的细致安排。

按新闻策划的利益主体分，有以政治主体利益为中心的宣传报道策划，如开展的某项学习贯彻活动、报告团的宣讲会等；以传媒自身利益为中心的新闻策划，如一些媒体开展的“××报（台）社区行”、“×× 报（台）送福到家”等活动，借此扩大媒体的影响，博得更多的受众；传媒与企业利益共享的宣传策划，如媒体和企业联合举办一些公益活动，企业通过媒体扩大了影响，媒体也获得企业的赞助回报；以社会公共利益为中心的新闻策划，如前面谈到的媒体组织的“慈善捐赠”献爱心、为大学毕业生举办专场招聘会等活动。

按策划的内容，有事件新闻策划、主题新闻策划、单题新闻策划、系列新闻策划等等。

当然，采取任何单一标准所做出的策划分类，都难以涵盖不同层次、不同侧重点的所有新闻报道策划形态，而使用多个标准划分时，又会出现内容交叉重叠的情况，而且有的也很难归类。这正是新闻策划的理论探讨与总结众说纷纭甚至出现某些分歧的主要原因。但在新闻业界，新闻报道的策划实践则一直在进行，没有因学界的争论而停止。下面是《中国教育报·现代校长周刊》的一个策划方案：

致 作 者

亲爱的朋友，如果哪一天你想成为本报的作者，我们将非常欢迎，并为你这快乐的想法而高兴。能够成为真诚交流的朋友，说明我们志趣相投、今生有缘。为了加深这份缘，我们愿为你提些小小的建议，仅供你参考。

1. 研究你感兴趣的报纸，这种研究要具体到版面和栏目，因为每个版面和栏目的定位都是不一样的。知己知彼，方能百战不殆。多研究报纸版面，研究版上的每个栏目，了解其定位和文章风格，能提高投稿命中率，有事半功倍之效！

2. 找到符合你的版面和栏目，仔细揣摩已见报的文章，这不是说见报的文章就一定好，对入门者来说，这种揣摩可以找到一个便捷的路径。

3. 给邮箱投稿时，文件名很重要，不妨标出你文章的题目和要投的栏目名，这样会让编辑一目了然。因为邮箱每天来稿是海量的，不显眼很快就被淹掉了。

4. 投稿之前，把稿子校对一遍，确定没有错字病句等低级错误，这样也是对编辑的尊重。

5. 有机会多和编辑沟通和交流，不要觉得人家很遥远，在网络时代，你就是世界的中心。

6. 多看报纸，多思考你每天的工作，因为这里面有很多时新的话题和故事，找到一个好话题就成功了一半。

另外，我们也发现很多作者其实很积极很勤奋，文字水平也不算差，可就是写不出像样的东西。问题在哪里呢？主要在于你光顾着走路没有抬头看方向，没有找人问问路。比如，和文友交流，和编辑交流等。

7. 大家可以相信：我们不会埋没任何一篇有价值的稿子！报纸发表后，如果长时间收不到样报和稿费，尽管来电询问，这是我们的分内之事。

对个人来说，写作带来的成就感，是其他事情难以比拟的。对我们的教育来说，也需要更多善于思考和写作的教师、校长。

衷心祝愿大家都能成为《中国教育报》的铁杆作者。

补充说明：

2009 年　我们建起这个群。

2010 年　我们准备把这个群打造成一个高品质的教育管理论坛。

这里没有“我们”和“你们”之分，编辑、校长，以及所有对学校管理感兴趣的作者，都是这个群的当家人！

关于改造本群的几点想法，写出来，一是听大家意见，二是抛砖引玉：

1. 所有群友实名制，在《校长周刊》发表过作品或者愿向本刊投稿的校长、老师都可以加入。

2. 我们邀请几位作者朋友做管理员，或者所有群友轮值该岗位。

3. 本群和报纸版面互动，让本群的声音多出现在《校长周刊》的版面上。

4. 以群为基础，组织一些交流活动，比如，举办论坛或者参观学校等等。

当然，也请记住把你发现的值得深入交流的话题告诉我们，以便我们集群“众”之智慧，长大家之本领。

《中国教育报·现代校长周刊》编辑部
2010年1月27日

三、报道策划与价值共享

价值共享，即某种行为或现象所包含的利益价值或思想精神价值等能给社会多数人带来益处，能满足多数人的社会性需要。媒体是社会的公器，新闻策划应体现价值共享，不但单纯传播已发生的事件或现象的有关信息，还承担监视与协调社会的职责，承担社会价值生发器的功能。虽然人所属社会阶层的差别，有可能导致同一事物对不同等级与阶层的群体或个体产生不同的价值关系，但在谋求社会向着公平与正义、真善美协调的这一理性目标方面，政府、公众、媒体三者之间是可以达到社会价值共享的。

价值共享的新闻题材一般包含着“重要性”或“接近性”特质，这种重要性或接近性，直接地体现为选题同多数人物质或精神利益存在高度相关，或选题同国家政治与经济利益、社会公共利益、社会公共道德与社会文化环境建设等密切关联。如自然环境与社会环境对公众生存状况产生重要影响的事实，关系国计民生的重大决策，违法乱纪的行为现象，经济发展和社会进步的重大动向，人民群众中的新风尚、新举措等等，这些事实所涉及的具体方面很多，如当前国内外重大政治、经济、文化、科技的新动向，国家关于政治、经济的重大政策、精神、会议，战争与灾害，突发事故，文体赛事，严重扰乱市场秩序的活动，影响恶劣的公共权力腐败行为，体现崇高社会道德与敬业尽职的典型，体现人文关怀的社会公益活动与救助，重大建设成就，重要纪念与节庆活动……对这些事件做规模性与深度挖潜，能够充分增进社会价值的实现与分享。① 其主要题材有：

① 参见邓利平主编：《报纸业务新理念探析》，兰州大学出版社2005年版，第18—20页。

重要会议。“两会”、专题会等都是以重要政策的提出、制定、调整、执行、监督等环节为主题的，策划报道好这些会议，使得两头满意是媒体发挥宣传职能的重头戏。如会内会外结合、会上精神与背景资料结合、官方视角与民众视角结合、单一主题与多个话题结合、版面编排与报道多样结合、版面规模与持续时间规模结合等策划思路。凡是和人民生活密切有关的内容，尽量通过具体的人物使其感性化；通过会议本身的点滴线索开掘出与会议无关的新闻；对同题的上次会议制定、布置的一些政策措施的落实情况进行追踪等等。会议报道策划中有趋同化的倾向。如对十七大的宣传报道，各类媒体都分成三阶段：第一阶段是“迎接”，内容是各行业取得的成就以及开拓进取的典型。第二阶段集中报道大会的内容，形成宣传强势。此阶段报道在贴近实际的切入点、背景材料运用、开辟会议热点焦点专版、重视采用评论、消息、通讯、访谈、图片、征文等多种手法与言论形式等方面相似多于差异。第三阶段是把大会的精神宣传引向深入，报道各地学习与领会、贯彻与实践会议的情况。因此，避免策划的同质化问题是编辑应考虑的。

历史纪念。重大历史事件和重要纪念日，因其显著的政治意义或其他社会意义而具有社会共享性特征。媒体根据自身的优势，对一些重大历史事件开展组织宣传与策划报道，在主题的深挖与拓展、形式的新颖多样、单篇或系列作品的构思、时间与版面的规模效应等方面，一个个历史事件经编辑的报道策划，可成为每一阶段社会舆论关注的热点话题。如加入 WTO、“神舟”上天、北京奥运会、十一届三中全会 30 周年、五四运动 90 周年、新中国成立 60 周年等重要历史性事件，经过各家传媒编辑的议程设置与报道策划，都成为每一阶段社会舆论关注的热点话题，宣传与报道达到了应有的效果。

侵权行为。维护不同社会主体的合法权益，是媒体实现社会价值的最直接途径。对种种以弱势人群为主要侵害对象的侵害行为与事件介入与干预，已成为所有媒体编辑自觉的、经常性的策划选题。通过全方位的维权形成双赢，部分被损害者的利益得到了维护，媒体良好的公众形象也得以塑造。在现实生活中，许多人都会或多或少地受到这样或那样的侵权，因此涉及有关侵权的报道，很能引起受众的共鸣。无论是中央媒体还是地方媒体的编辑，都比较关注这方面发生的事件。如每到岁末年终，都积极主动联合劳动监察部门或其他相关部门，帮助民工讨薪，披露恶意拖欠的行径，为农民保护自己的权益建言，为政府抗击拖欠问题献策，并通过时间与版面安排的规模效应引发社会舆论，促成问题的局部解决，显示了编辑组织策划的特殊意义。

突发事件。不论是天灾还是人祸，突发性事件都有着很高的新闻价值，它造成的生命财产损失使其具有显著的社会警示意义。重大突发事件同社会生活的稳定呈强相关的联系，如一些突发事件同有关部门的不作为或钱权交易直接相关，而颁布的某些宣传政策与即时性的纪律限制了组织策划作用的发挥，所以媒体对突发事件报道的自由空间往往有限。但媒体仍可灵活、理性地行使话语权，在常规新闻报道方式不能有力干预时，斗智斗勇、锲而不舍的非常规手段就会介入。及时向社会披露事件真相，让责任人受到应有的惩处，避免类似的事件再次发生，维护人民群众的生命和财产安全，是及时、客观报道突发事件的理由与价值所在。许多个案表明，只要本着为人民负责的高度责任感，理智地辨析纪律约束的合理性，充分考虑事件报道后可能产生的种种影响，积极有为的策划是经得起历史检验的。突发事件的报道一般从即时性报道开始，告知事件简单信息，然后组织追踪式的报道，以求对事件整个过程以及与事件相关的问题给予详细展示，有时还对性质类似的事件进行集中陈列，增强报道的张力。近几年来媒体集中报道策划的若干重大突发事件，如、"9・11"恐怖事件、伊拉克战争、"5・12"汶川地震、甲流袭击、杭州飙车案等等，都采取了事件渐进披露与深层分析相结合的追踪式报道思路。将突发事件的新闻性与分析说理结合，已成为当前媒体策划的一种常见形式。

民生新闻。社会实践既有波澜壮阔的拼搏场景，也有充满诗情画意的日常生活。在新闻报道的壮美画卷里，平凡人的生活小事虽不能成为主色调，但它符合普通人的生活经验与感受，在闲恬的心态下阅读会使焦虑和疲惫的心得到抚慰，这方面《中青报》的"冰点"报道开展较早，堪称典范。况且，强调宣传工作的"三贴近"就包含着关心凡人小事。"群众是真正的英雄"，现实中普通人身上也不乏各种崇高与优美的形态，其报道策划内容异常丰富，除了日常生活中表现出的勤劳、创造、刚毅、高洁、豪气、友情、聪慧、爱恋、亲善等品质外，折射生活变化色彩与水平改善的春节、体现假日经济特征的"黄金周"、各种特定人群的节日以及具有周期性的特定活动日期等，都有媒体追求共享价值所特别关注的新闻事实。正如罗丹所说："美到处都有，对于我们的眼睛，不是缺少美，而是缺少发现。"[①]由于这些选题的时令性强，具有周期性特点，媒体介入策划也较集中。如何做到"年年岁岁'话'不同，此报彼报'事'相异"，应是各家传媒的谋划着力点，而不应仅仅满足于这些程式化的选题本身。如《南京日报》曾开展"党报酷暑'三贴近'新闻实践活动"，主题之一是《盛夏走进百姓家》。报道选择了一些家境不好而能以平和心态安然度夏的百姓家庭作为报道对象，诱导人们避开高温之下的烦躁。像《盛夏里，他们的日子清贫而安然》、《我家的"空调"

① 〔美〕罗丹口述、葛塞尔记：《罗丹艺术论》，人民美术出版社1978年版，第62页。

是老井》、《李人喜家葡萄园里的酷暑生活》、《我用读书来降温》等，讲述普通人的琐事，读了这样的报道如同饮了清凉的饮料，会使急躁的心慢慢平静下来。

第三节　新闻报道策划常用形式

一、新闻报道策划常用形式

组合性报道，多指同类信息、事实或主题相关的资料的集中编排，是深度报道的一种策划方式，可以通过以往资料的再利用或报道的回放手段变单项的、零散的信息为规模性的、集中性的信息汇总，以丰富的信息吸引受众。组合性报道可以运用于多种题材报道的策划中，常见的是国际时事、重大节日、重要活动、重大灾祸等题材的报道策划，大多通过同类组合、相反组合、相关组合、系列组合、追踪组合等有内在逻辑关系的不同组合形式，尽可能实现独家“制作”。

系列性报道，指运用多种体裁对典型性问题、现象、人物或事件进行不同侧面、不同层次的报道。它同样由多篇稿件组成，与组合性报道的区别在于，前者要求每单篇稿件的角度与视点都不同，从不同的方位来观照同一对象，相互补充，而后者则没有这一明确要求，只是多种有关联的信息与资料在版面手段上呈现出的一体化。系列性报道有聚焦的特点，侧重透视性，强调以一种理性智慧透析与社会发展、人性本义、精神涵化等关系至为密切的人事、物象，质疑、探询核心所在。系列报道的采写编工程较大，能成为系列报道的对象应“价”有所值，素材可以不要求显著性但要经得起“敲打”，否则有凑篇幅之嫌。报道的各个部分要保持有机的联系，遵循同样的价值原则，在同一目标下运作。

体验性报道，指新闻报道者不仅是目击事实，还应进行角色调换，成为被报道对象中的一员，以被报道对象的身份去观察和发现新闻。角色转换与“深入下去”、“到现场”、“暗访”等目击方式虽有关联，但不是一个概念。严格来说，“体验性报道”与“参与式报道”、“目击新闻”有一些角色上的差异。它可以开掘文字报道的潜在优势，提供阅读者从容的节奏和想象的空间；注重记者的亲身感受与经历及为外人所不知的独特体验并由此获得新的感受；语言比较细致，细节、场景、情感、心理等再现性的语言元素较多，受众依据这些元素可以再构出“原来如此”的新闻图景，获得一种属于自己经验范围内的满足。提倡体验性报道可以提高记者的责任心和职业意识，有些媒体把开展体验性报道当作新闻意识与理念变革的重要手段。新闻无处不在，很多可以构成新闻的东西就是我们生活的组成部分，但隔行如隔山的现实分工与个体精力的有限性使我们感觉不到新闻资源的富裕，体验性报道可以部分弥补这种缺憾。与公众直接接触的行业，人们不熟悉的新兴行业，冷僻独特的行业，特定的人群如艾滋病患者、乞丐、保姆等，经常被当作报道策划的话题，既有新闻价值，也有一定的社会认知价值。但体验的触角不可能触及社会生活的所有领域，某些职业的特殊性如司法审判、军事与保密、政府高层官员等需经特别认定，道德法律禁止的谋生方式以及某些职业的高度专业化，都限制了体验性报道作用的发挥。

连续性报道，指紧跟事件或问题的发展变化进行追踪，连续发出报道，反映全过程，取得及时、深入的报道效果。它多用于突发事件的报道策划，也用于关注行踪的报道场合。每篇稿件或每轮报道都没有把事情说满，留有空间；每篇报道构成系列过程中一个环节与另一环节之间紧密衔接，所有环节构成了事件或行踪的动态进程。其特点一是文体的自由性，根据需要可只选择一种体裁，也可以选择多种体裁。二是及时跟进的连续性，注意交代前一报道发表时没有的旧情况、原因或动机，或是前篇报道发表以来事态的新变化、对事态的议论与参与，将事件的详尽过程快速而详细地表现出来。三是开放性，报道展开后便具有记者与受众一同参与、关注的特征。四是主攻性，连续性报道虽然体现出随着事件的发展而做出被动记录的特征，但更多的是记者的预测、见识、眼力与社会责任感的强力支配。批评监督性质的话题是运用连续性报道最多的地方，因为对不合法或不合理事件的准确与全面把握需要有一个渐进的过程，其间有很多阻力，问题披露之后的处理也需要一段时间。

在报道策划的呈现形式中，除了上述几种常见的类型，还有受众参与式、多媒介介入式等等，不一而足，只是理论上的一些大致归纳。媒体的实际运用要灵活得多，并不受一些理论观点的约束。如《中国教育报》在新年到来之际的一期《茶座》专栏的策划，向读者组稿就很自由：

值得一说的新年祝福

年底了，在辞旧迎新的喜庆氛围中，很多校长都在向辛劳了一年的教师们表示敬意和祝福，或发短信，或写贺卡，或登门看望，或组织活动……当教师们感受到校长的这份情意并为之感动时，我们敢说，学校工作在新的一年也就有了一个好的开始。

在祝福与被祝福的过程中，无论你是校长还是教师，一定铭记了某些让人惊喜的创意、值得叙说的故事、令人难忘的细节以及暖人心灵的情感，我们期待与您分享这份快乐和感动，也期待这种分享能够增添我们的职业幸福感。

来稿标题自拟，篇幅不超过1500字，请在2010年1月13日之前发送至邮箱 zhangyj-xzq@163.com，逾期不候。

二、新文体样态的策划选择

近年来出现的新闻文体明显呈现多样化的特征，编辑在新闻报道策划中可灵活运用。产生这一现象是受众、生活、媒体三者之间深刻互动的结果：受众希望对生活有更全面的认识与理解，以及生活本身的复杂性与社会价值多元化现实，促使媒体不断寻找新的表达形式来更合适地承载被反映的生活内容，而生活的“自在”性并不能阻止其越来越深刻地面临与经受媒体所建构的“生活模式”与“生活信念”的影响，媒介生存竞争压力加剧以及从业者职业素质与理念的变化，也使得媒体不断丰富与挖掘新颖的记录方式，三者的合力推动媒体在新的层面创新。另一方面，文体新形式的涌现也是新闻实践向外借鉴经验与开掘传统文体资源共同作用的结果，既注重翻新与继续利用旧有的体裁，又采借西方的报道形式。如美国出现的精确新闻、解释性新闻，前者有赖于社会学的定量研究成熟导致人们对社会认识方式的某种改变，后者则反映民众面对社会显著的变动和文化价值渴求大众媒介给予合理的解释。又如“新新闻主义”，将文学创作的批评功能嫁接到新闻记录方式上，新闻不仅表事，借着“忧思”的精神内核也成为表意的方式。

“有些报道被说成是‘想象的’，这并不是因为作者歪曲了事实，而是因为作者带有一种要使它们丰富完整而不是干巴巴枯燥无味的态度去表现它。例如，揭示出事实周围的景象、音响和感觉，以艺术家的态度通过将这些事实与其他历史事实、社会和文学事实相比较。这样做，并没有使真实性减少，相反，却使事实变得更加深刻和丰满”①，这是丹·韦克菲尔德对新文体的善意辩护。其实任何一种文体都是人们面对现实的一种选择而非刻意的标新立异。每一种文体所提供的框架成为人们感知事物的一种比较偏好的方式，但不是唯一的方式，如消息更侧重于价值因素中的新鲜、重要，而通讯偏重借助情感与理性结合的手段更深更全面地介入。完全区别当前媒体上的多种文体之间的差异已经很难做到，说明它们各自遵循的规则只有相对性意义，因为越接近真实地认知生活时，采取的认知手段就越需要复合化。如倡导用统计的手段分析社会的精确性新闻，随机抽样也有它的弱点。大特写与报告文学、通讯、新闻调查等之间也并非泾渭分明。

① 转引自〔美〕约翰·霍洛韦尔：《非虚构小说的写作》，春风文艺出版社1988年版，第71页。

如通讯的消息化,突出新闻事实的硬件要素,减少叙述与情感抒发,不再以篇幅长短论,而是回归于事实本身被发掘的程度。特别是评论信息化注重从过去单纯说理,讲究论点、论据、论证、理论、驳论等,转向提供大容量的信息。不少小言论或时评专栏针砭时弊的文章说理透彻、剖析深邃,一个重要的立足点就是信息资料丰富,不无所凭依、无的放矢地空发议论。单一的传统言论栏目被不同视点的版块所取代,时评版将它们统一起来,形成各式言论的规模,时评已经成为某些媒体有特色的招牌。此外时评门槛降低,观点只要有新意,不问作者的身份,民众已参与到时评员与观察家的行列。近年在报道策划中流行的新样态新闻文体主要有几类:

数字新闻。以数字或图表为主要表现形式,并体现一定社会价值与新闻价值的信息传播形式。单从以数字手段来表达新闻信息的特点看,它也被称为精确新闻。但从学理上分析,两者之间并不完全等同。新闻中的"数字"一般不强调应由媒介人员通过实证手段获得,特别是关于国家与社会发展的统计数字,只能由政府职能部门提供,媒介的作用只是选择数字、理解与分析数字,挖掘其间潜藏的不易被一般人发现的新闻价值。而精确新闻有着更丰富的内涵,它要求从业者在采访与报道的过程中,应用社会学方法和行为科学方法去观察、分析和了解社会事件,以便对所报道的内容提供科学的实证。社会实验的方法包括舆论调查、内容分析、现场实验等,特别强调运用计算机对数据进行分析和处理,这样做不仅能够向公众准确报道某一现象产生的原因,而且能够预测其发展方向。运用数据报道是精确新闻的核心品质之一,此外精确新闻还强调系统的观察,注意观察或被报道对象的足够代表性,摆脱新闻来源的控制,探讨深藏的而非显露的对社会进步、人性发展至关重要的问题。

重视从数字中挖掘新闻是会议报道改革的思路之一。近年来每逢召开重大会议,不少编辑都会开辟"会议与数字新闻"一类的专版,将会议报告中的数字进行巧妙处理,使其摆脱抽象性,注重从普通人看得见、摸得着的角度说数字的内涵,说明数字同人们生活的密切关系。数字新闻除了展示成绩之外,在深刻透视社会问题上可以更有所作为。这也是数字新闻成就深度报道目标的主要努力方向。有些话题的报道必须依靠数字才能说明问题的严重性,如立案调查的官员腐败、非法经营等,但在严格意义上它们不属于数字新闻,更不是精确新闻,因为数字不是组织报道的主要手段,在报道中处于印证主题的从属地位。数字新闻靠数字说话,数字可以作为骨干材料,表述新闻事件发生、发展的基本事实,也可以用做背景材料,交代新闻事件的历史状况。精确新闻除数字报道外,如上所述还涉及形形色色的社会现象调查,为了达到数字对社会话题与问题传达的更佳效果,有的编辑还有创意地为精确新闻专栏配上幽默的漫画,让数据不再枯燥,通过生动形象的画面语言将无价值的社会现象撕破给读者看。如《北京青年报》的"精确新闻"专版,就经常由"老杜"根据报道内容配一些新闻漫画,生动活泼。

大特写。大特写是伴随报纸周末版现象出现的。它汲取了特写的突出个性,在表现方法上强调再现或放大新闻的局部与片段,不追求全过程,只抓住有意义、有特征、有感染力的局部或瞬间加以放大,是对作者敏感性、文学性意识的一种考验,既要形象化地再现事件的细部状况,还需要将其戏剧化,设置色彩与悬念。大特写与一般特写的区别在于注重大问题、大空间、大视野、大新闻、大主题,对素材进行深度与广度的开掘,以长篇幅应对信息的密集。一般特写则只要求有重点、细节、场面,力图以细部来写照整体。大特写与通讯也有某些相同的特质,但又不是传统意义上的通讯。两者的相同之处在于能够报道某一新闻事实的全貌或全过程;重视对细节与情节的展开;能够广泛运用多种表现手法;完整地阐发新闻的诸种要素。它们的区别一是时效性,大特写最初刊载于周末版,其时效性不可能太强。在满足新闻价值的几个要素上,除了时效性,大特写是最能充分实现新闻价值的体裁之一。通讯虽没有消息的快速品质,但比大特写的时效性强。二是深度上,大特写作为深度报道的一种形式以深挖新闻题材为重点,主要处理"为什么"和"如何",通讯对新闻题材开掘总体上没有如此高的要求,题内之意充分表达即可,可在较广阔的范围内进行,而大特写必须选择社会的热点问题、重大题材,范围相对小一些。三是表达方式,通讯的叙述、描写成分较多,议论、抒情少,大特写可包含较多的议论成分,借以透视本质。

大特写与"新新闻主义"也有某些近似点。如在报道思想上都强调社会问题和普通人不合理的生活经历,深挖社会生活的本质,以强烈的情感与直接体验去揭示事实的真相,并发掘其中被遮盖的意义,主体意识强烈。写作手法上两者都采用活泼的文学描写和叙事技巧,大量运用小说的某些手法,如心理活动独白、细节来表现人物,增强作品的感染力和可读性。新新闻主义报道形式产生于美国20世纪60年代"反文化"思潮中,它挑战传统的新闻报道手法,即客观报道及"倒金字塔结构"形式,认为"倒金字塔结构"以一种武断的、人为的方式强迫人们接受报道者认可的"重要事实",减弱人们对"不重要事实"的注意力,限制了人们的思考和批评意识。M.迪克斯坦说:"根据某些事实在本质上比另一些事实更加崇高这一推断,《纽约时报》就能全神贯注于全国政治和国际政治,而对在国内将它团团包围的都市世界不屑一顾。"[1]新新闻主义以时代道德困境目击者的角色出现,不重视时间、地点、事件等要素,以高强度的感情介入作品,对颓废与混乱深怀忧思,意欲成为走出困境的引领者。在写作手法方面,它打破了小说、戏剧、自传、新闻报道所设定的界限,自由地嫁接技巧,惯用戏剧性场面来描写事件,加强人物对话的成分、人的行为细节如姿势、习惯性动作,以内心独白来显示人物的思想和态度,主观情感浓烈,提倡虚构的"合成人物"。它把新闻写作完全文学化了,超越了新闻报道提供事实这一重要功能,因此不能为新闻实践普遍接受,在20世纪70年代衰落,我国并未在真正意义上出现过这一文体。

应当注意的是,大特写所要开掘的应当是严肃的社会问题,它为理性与人文精神鸣锣开道,不应该是培养庸俗阅读习惯的土壤;它追求严肃精神与高尚信仰的冲击与震撼,而不是对琐屑、无聊、猎奇话题虚张声势的渲染。目前在都市报上的"大特写",有的是关于形形色色的阴暗交易话题,尤其是各类被扭曲的婚姻与性的题材,学者对此多有批评。无论事件的新闻价值多大,作为富有社会影响力的文体,追求社会共享价值应该是大特写的第一选择。

解释与调查性报道。解释性报道、调查性报道是深度报道的基本形式,是对客观主义报道的一种匡正。解释性报道不仅要提供纯新闻事实,还要把消息来源提供的各种事实和看法加以整理,并提供帮助受众理解新闻的事件背景和来龙去脉的材料。解释性报道要具备"解惑"新闻六要素的品质,有深度分析的特征。杰克·海敦指出:"解释性报道是一种作解释或者作分析的报道,它是一种加有背景,给新闻揭示更深一层意义的报道。"[2]卡尔·林兹云特诺姆则认为:"所谓解释性报道,就是在新闻事件中补充新的事实,即'历史性的、环境性的、简历性的、数据性的、反应性的'事实,这样就能使正在发生的新闻事件更加明白易懂。"[3]它的特点是突出阐述"为什么",注重交代复杂的背景及内涵,借事实的叙述而作新闻式评析,但又不是完全的新闻评论。解释性报道中的观点要多于新闻事实,并反映出解释性新闻的因果、对未来的展望、对新闻人物所作的判断、提出解决的方案、对消息来源的评论等。

政治、经济、科技、自然等领域中同人们生活关系密切的现象是解释性报道最经常的主题。我国"神舟"飞船上天,各种媒体对此都给予了多方位的报道,除了各种欢庆的动态性报道外,在不涉及泄露国家科技秘密的前提下,一些报道

---

① 〔美〕M.迪克斯坦:《伊甸园之门》,上海外语教育出版社1985年版,第131页。

② 〔美〕杰克·海敦:《怎样当好新闻记者》,新华出版社1980年版,第211页。

③ 刘明华:《西方新闻采访与写作》,中国人民大学出版社1993年版,第81页。

围绕太空飞行的技术及有关生活环境问题,展示了人们在事件进程中看不见或难以理解的内容。霍亨伯格认为在从事解释性报道时必须使自己成为专家,运用调查、测验及研究等方法,对足以构成新闻的观念及事件作纵横的比较与探讨,用数字及证据说明这种观念及事件产生的背景与影响。[①] 解释性报道可以通过运用知识、资料分析与专家意见,也可以使用记者深入调研分析的手段,针对一些让人比较困惑的社会现象进行调研与分析,做出有说服力的解释。

调查性报道是解释性报道的特殊形式,向人们揭示被行为主体隐藏的事实真相。美国学者认为,调查性报道是"报道那些被掩盖的信息……是一种对国家官员行为的调查,调查的对象也包括腐化的政治家、政治组织、公司企业、慈善机构和外交机构以及经济领域中的欺骗活动","是一种更为详尽、更带有分析性、更要花费时间的报道",这种报道"聚焦于不义、丑闻或违法活动"[②]。日本的学者也认为调查性报道不是依赖当局发表的材料来写,而是记者进行调查,逼近真相;不像独家新闻那样只依靠到手的单个秘密材料,而是通过调查采访揭示事件的整个情况。其题材是现在的、日常生活中被无视、被忽略的事物,即使被片断地报道过也没有深入发掘,而它要彻底调查、探查。[③] 它以客观新闻为线索,对新闻来源是主动追查而不是等待,以人性的良知牵引着调查艰涩的过程,有着一些基本品质,如深沉的焦虑与关切,坚毅有力,详细而公正地调查而非虚张声势和预测,系统的特质与持久的时间,在多向的线索上开掘,并有熟悉的政策法律知识,有很强的观察细节与分析能力等等。

近年我国调查性新闻比较流行,在很大程度上是现实中有太多的只有靠新闻舆论渠道才能解决的不正常现象或问题所成就的。这些问题已经无法用"支流"、"少数"、"个别"一类不痛不痒的定性描述方式去界定其程度或严重性,三农问题、缺乏民主、非法占用土地、建筑质量低劣、截留挪用专项资金、官员以权谋私、司法腐败、学界腐败、经营中的欺诈、劣质食品制造、文体商业的黑幕、教育乱收费、娱乐休闲业的肮脏交易、婚姻情感中坑蒙拐骗、虚报政绩、隐瞒重大伤害事故、侵害民工合法利益、破坏生态、黑恶势力横行……各个领域都存在着问题等待媒体去干预。

---

① 参见李茂政:《当代新闻学》,正中书局1987年版,第239页。

② 〔美〕密苏里新闻学院写作组:《新闻写作教程》,新华出版社1986年版,第384页。

③ 刘明华:《西方新闻采访与写作》,第102页。

第四节 新闻报道策划避免畸变

一、新闻报道策划的误区

新闻报道策划的选题,所考虑的价值要素必须符合新闻的基本价值属性即真实性、时新性、重要性、接近性、趣味性等,这是确立选题的最一般要求。但这只是价值形态的浅层问题,深层次的价值形态分析还涉及选题的社会价值与积极意义。“摆宴3800桌,用料52吨,以150口大铁锅做饭,宴请世界各地宾客6万人”,这是媒体报道某地的一个村在村文化广场摆设“大盆菜”盛宴时的场面,以冲击吉尼斯世界纪录,并没有社会价值。类似以申报吉尼斯为目的的新闻报道并不少见,如几百斤的“月饼王”、几米长的“羊毛衫”、“鞋子王”等,这样的新闻只是替商家扬名,并会使另一些人产生“刷新纪录”上媒体露脸的冲动,带来攀比炒作的负效应。

从理论上说,策划选题最有价值的是谋求双重价值的各自取值尽可能大。一个好的选题不仅可以从新闻价值方面满足多数人的需求,更重要的是它能建设性地干预社会生活、政治生活、经济生活和文化生活,帮助政府了解政策执行中的问题、揭示公共权力行使中存在的交易行为、披露社会生活中的违法乱纪,通过舆论手段产生压力推动现状的改变。高水平的策划选题甚至可以协助政府完善政策、有效开展工作。相反,有些策划远离社会的中心话语,回避敏感的、棘手的现实问题,致力于生活万象的边缘化点点滴滴,这是新闻策划背后潜藏的阻碍其作为竞争手段进一步发挥作用的原因之一。

1. 新闻本质变异。就新闻策划的选题而言,在本质上是通过媒介“创造”或“放大”未被关注的话题,使之成为社会讨论的热点,加深公众的认识或引起舆论声援。同一选题的价值有时候可能在不同的利益主体间不能共享,如对公众有用的某些媒介话语,政府并不主张甚至排斥,或者对媒体有益的,而政府或公众并不认可等。新闻报道策划是把外在规模与尺度上较小的事件在宣传上做足,使它所包含的积极的一面得到最大限度的放大,它比常规的报道具有更强的选择性、鼓动性和更明确的宣传目标。对于负面信息的报道策划,如果过于追求民众的情绪有可能走入误区。一是涉及政策与民众利益冲突的题材,过于强调民众的利益而忽视政策的相对稳定性的一面,忽视政府在现阶段能否解决问题的可能性,将民众情绪引发出来会扩大矛盾。对此从有利于解决矛盾的角度看,策划的重点应是将矛盾分散为宜。如对政策自身的因素进行客观辨析,以科学的态度审查该政策体现的利益分配精神值得肯定与需要调整的地方,切忌轻易整体否定，否则政策的严肃性将受到一定的影响。此外，关注政府为解决问题已做的工作，为其进一步努力提供舆论鼓励，因为最终解决问题还是政府，媒体只是扮演监督角色。二是涉及民事案件与司法行为批评的题材，误区表现为违背司法原则，武断地替弱势一方的权利主张制造有利舆论，在事实认定上进行超越司法程序的报道，或者媒体先行断案，给案件定性，直接影响司法威严与独立审判原则的执行。

当新闻报道策划成为一种引发社会关注与舆论的特别手段时，它已不仅仅是新闻学的领域，还应该带有社会性的价值审视眼光，不为纯粹个体现象或仅仅满足少数人需求而进行选题策划。否则，媒体就有可能沦为满足个别人利益的工具。即使个体现象能满足新闻价值构成的某些条件，它的社会共享价值也不大。过多的这种报道策划是对媒体资源的浪费，也是一种隐性的炒作行为，新闻策划中的此种选题并不罕见。如武汉一家报纸接到一位少妇想当人体模特的求助，报纸不惜人力与版面进行了一系列的策划与报道：由报社联系影楼圆了少妇的模特之梦；不仅消息、通讯互相配合，还把少妇请到编辑部接听热线，让读者参与讨论。这种报道除了作为茶余饭后的闲谈，是没有什么社会意义的。再如，2009 年是中国农历的牛年，各家媒体为迎接新年的到来进行了各种各样的报道策划。扬州一家媒体也作了一个版面的策划，并在第 1 版上进行推荐（见图片 2-1），但却是错误的，一位叫张天锡的读者就此发文讽刺道：

扬州晚报测出牛年宜大婚

> 历史文化名城扬州是一座名副其实的文化名城，其文化底蕴极其丰厚，近日扬州市委机关报扬州日报旗下的扬州晚报按其科学发展观预测出“牛年宜大婚”的结论，算出牛年有利结婚的生肖和该生肖的婚庆吉祥月份，更具体准确测算出了牛年三百六十五天中的一百零五个“结婚吉日”。为了让地球村里打算结婚的男女分享这一科研成果把握好“吉日”时机，扬州晚报将这一科研成果列表公布在 2009 年 1 月 16 日 T12 版上供读者诸君查阅。[①]

很明显，报纸进行这样的策划是剑走偏锋，走入了误区。干什么事要择取“黄道吉日”，带有浓厚的迷信色彩，是过去封建时代的愚昧做法。社会已发展到 21 世纪，再如此抱残守缺只是一种倒退。媒体本身是现代文明的载体，理应大力传播科学，破除迷信，公开地宣扬封建迷信思想是不应该的，只会为年轻人“结婚扎堆”推波助澜，强化一些人的封建意识。而且，这种策划本来就是一种反科学的错误做法，打着“科学发展观”的旗号，就更显得荒唐了。

---

① http://xys4.dxiong.com/xys/ebooks/others/science/dajia10/yangzhouwanbao.txt。

T12

结婚吧

牛年宜大婚

相亲会报名如火如荼

"非诚勿扰"期待更多帅哥

牛年有利结婚的生肖

扬州婚庆礼仪公司推荐榜

红尘有约

牛年结婚吉日一览表

图片 2-1

2．缺乏共享价值。有的策划缺乏社会价值共享，没有广泛的社会性。在追求新闻价值与社会共享价值之间出现冲突时，常规性的报道与策划性的报道两者选择的标准应该有所不同。对于前者，不一定苛求它的社会价值，而对于后者，不能仅仅满足于它的新闻价值。媒体对种种商业炒作或自我宣传的“新奇”举措的热捧，如开出天价的求职推荐或招聘、形形色色的所谓挑战体能与生命极限、变性人的婚恋、畸变的消费现象、百万富翁征婚等，都是仅注重满足新闻价值的某些要求而忽视社会价值的表现。这些只是社会生活的细流，无论策划的初衷为何，其存在都不值得引起社会舆论的关注。南京一家报纸曾以“同题集中”的方式在“财富”专刊的两个版面陈列所谓的“极品房”：一个版面上集纳了动辄上千万一套的豪华别墅信息；另一版列举斗富者的天价家装，每平方米平均花费过万元，件件精器与材料一一列出。显然，这样的极品房对普通百姓来说是可望而不可即的，这种策划只是对财富支配行为的异化的喝彩，没有社会价值共享，是失误的。

媒体可以而且应当介入日常的生活，关键在于某些日常生活状态值不值得大众媒体通过规模效应去干预，引起众人关注，因为个体利益的追求方式并不总是代表普遍的社会生活样式。新闻策划既要讲求新闻价值，也应该体现蕴含理性的社会价值。在目前公众都希望利用作为稀缺资源的大众媒介而获得或维护个人利益的特定社会环境下，依据一般的社会公平原则，即在不损害利益相关者的正当利益前提下实行弱者优先救济，媒介更应该注重雪中送炭的新闻事实。

3．社会意义含糊。一些新闻事实由于自身所蕴含的社会意义的有限性，在得到适当程度的媒体关注时，它的价值的释放可能会达到最大值。但过多地配置新闻资源，小题大做，追求卖点，人为左右新闻事件，结果导致与事实的规模和尺度极不相称的报道形式过大、被包裹的内容微小，在这种反差之中，社会意义就很小甚至没有。

强调选题尽可能注重价值的社会共享，并不意味着完全排斥关注个别现象，只是说明如果媒体对个别的、偶然的现象给予超常关注，它的理由不应是仅仅为了追求市场效果，以哗众取宠的方式提醒受众“个体的存在”。媒体关注必须出于人文关怀的自然流露，出于对多数人利益与需求合理性的尊重。个体现象应具有社会价值潜藏的意义，成为一种社会问题的表征，或者说，偶然现象不是孤立地存在，它链接着深刻的社会道德、文化、秩序等背景。即对个别现象的关注在理性上具有示范与引导的意义，那么这些选题策划才是可行的。同样是媒体机构组织或介入集体婚礼的策划，立足点不同，所产生的社会价值相去甚远。某年国庆节期间,上海一家报纸同婚庆公司联手,策划并报道了不同套系的空中豪华婚礼,以此反映独生子女一代年轻人的消费观和价值观,那就是能挣钱、会花钱、享受生活、乐于尝试。而天津《今晚报》曾组织的集体婚礼,则把支援希望工程作为活动的主题,婚礼简朴、大方、隆重,倡导社会新风,新婚夫妇除了自愿向希望工程捐款外,不再花其他的婚礼费用。此次活动捐资10万元,为遭受严重水灾的黑龙江铁力市建立了一所希望小学。该活动赢得了其他新闻媒体与社会的广泛赞扬。

4. 预设方向偏颇。策划一个报道首先要考虑的是为什么会关注此话题,通过这个策划要达到什么目的。策划是否注意结果如何,相当于是否重视人们的工作效果,其数值等于人们工作的目标方向乘以工作效率。目标即价值选择,是一个矢量,有方向性。方向错了,工作效率越高,损失越大。如果一开始预设的策划方向有偏颇,即便过程顺利,最终也会造成不良后果,闹得沸沸扬扬的“杨丽娟事件”便是如此:兰州女青年杨丽娟是香港影星刘德华的狂热崇拜者,非常想到香港拜见朝思暮想的偶像。兰州的几家媒体得知此事,联合起来共同策划了一个“圆梦行动”,要助杨丽娟实现梦想。在媒体的帮助下,杨丽娟举家赴港,圆了见刘德华的梦。但杨丽娟深陷其中不能自拔,结果使杨父在香港跳海自杀,落了个家破人亡。可以说,媒体“圆梦行动”的策划方向就有偏颇,策划在很大程度上是为了自己有“独家”的跟踪报道,博得部分受众的眼球,但最终却是酿出了一出家庭悲剧。

二、避免新闻事件策划的异化

随着新闻市场竞争的日益加剧,策划新闻事件对提升报纸的形象与质量会显示其不可替代的作用。由策划事件衍生的独特内容,可以成为“独家新闻”。但策划本来只是一种手段,应靠理性运用这种手段来达到提高竞争力的目的。在手段与目的之间,手段为目的服务的从属关系是很明确的。如果策划企图超越这个从属位置而成为目的自身,那么策划就变成一种异化了的手段,或者说是策划的异化。

策划可以开掘潜在的新闻资源,但并非任何新闻资源都可以策划。能否策划须同时考虑两个因素:一是价值合理性与合法性兼备,二是新闻事实的隐性状态有待开掘但不等于闭门造车设置议题。违背两者或其中之一,就是为策划而策划,这种策划会失去积极意义。例如,西北某报曾连续几天编发了一组稿件:《当150个小姐被收容》、《三陪小姐最后的陈述》、《艾滋干预:为小姐服务》等,报道中流露出作者试图为三陪小姐“正名”或鸣不平的所谓“新思维”:三陪娱乐服务地方经济发展,服务人性,服务商业,安定社会;对政府采取的打击、取缔色情服务措施不以为然;以调侃的方式为三陪小姐“打游击”出主意,化整为零,由城市转移到远郊。因其内容严重违反有关规定,新闻出版主管部门吊销了该报的刊号。这种报道的所谓“新视角”,于法于理都不能提倡。

以策划新闻事件为手段制造骗局,更是使策划异化,违背了新闻的真实性原则,只是“伪新闻事件”。在南京曾发生这样的事:几台“双菱”空调机在繁华的街头被人用铁锤当众砸毁,砸的同时旁边有人手持“双菱空调,质量低劣,投诉无门,砸毁有理”的标语。“怒砸”空调事件引起了多家媒体的报道。然而,这一新闻事件的策划竟出自南京某报的记者钱某。事件起因为:陈某以 27 万元在本市某商场购买了 84 台“双菱”空调机,在安装使用后,陈某以空调有噪音等质量问题为由怀疑为假冒产品,未付一半多余款。经销售公司技术人员全面检查,确认有 6 台系安装条件不佳导致噪音偏大。公司提出维修,陈某要求全部退货并索赔 30 万元,后又索赔 210 万元,双菱公司主张通过司法途径解决遭陈某拒绝。钱某得知此事后主动介入,通过媒体报道给公司施加压力、当街砸空调、电话通知新闻媒体现场采访等。钱某还以发稿打点为由先索取 1.2 万元“好处费”,索赔成功后陈某再支付他 5 万元。后来警方破获了该起损害商品信誉案,有关人员被移送检察机关。这种做法将新闻策划变成私人非法牟利的工具,玷污了新闻工作者的形象,也玷污了新闻策划的名声。

社会生活日益复杂化,传统的新闻报道理念有些已经难以适应与指导媒体实践,实践创新经常走在理论归纳的前面就是明证。在宣传与新闻两者不能截然分开的现实条件下,对新闻事件的策划时而有之,关键是看事实基础与实际结果如何。在给予新闻事件策划必要与合理的空间时,应避免带有浓厚商业色彩的所谓“主题活动”策划:媒体提出一个动议,动议本身只是弘扬某种精神的象征性标签,如“重走××之路”、“重访××之地”、“××××行”等,并无多少实质性的意义,无非拉来某个商家共同举办,双方各得其所,对受众来说并无所得。这种“新闻”的策划行为应该避免,因为它背离了公益性宗旨,浪费了公众和国家的稀缺资源。失误的策划有时不仅会弄巧成拙,还会铸下无法弥补的大错。如在汶川抗震救灾期间,重庆一家报纸在 2008 年 5 月 19 日这天策划了一期“汶川抗震救灾”。在全国上下都极力支援汶川抗震救灾期间,报纸策划这样的主题是顺应天时之举,问题是策划的具体内容却大错特错。汶川大地震造成了数万生灵涂炭,灾情极为惨痛,亿万民众都为之掬一把悲伤的泪水。中央政府专门规定 5 月 19 日至 21 日三天为全国哀悼日,在这三天里停止一切娱乐活动,凭吊亡灵。而该报策划的“特刊”,第一版是两个近乎全裸的喜笑颜开的女子,报纸内页的图片也是女模特在废墟上搔首弄姿。这样的内容格调低下不说，更是与当时全国悲痛的哀悼氛围背道而驰。报纸一出来，立刻遭到读者的愤怒谴责，新闻出版部门也很快对这家报纸做出了严肃处理，停止其出版并吊销了刊号。一次错误的策划给报纸带来了灭顶之灾，这样的教训是要牢牢记取的。

第三章　新闻稿件的选择

第一节　稿件选择的必要性

一、稿件来源

农民种庄稼先要筛选良种，这是秋天丰收的前提，正所谓好种出好粮。编辑对新闻稿件进行选择，这是出版媒体的质量保证，所谓好稿出好报（台）。选择稿件是编辑最基础性的工作，中外任何一家媒体概莫能外。

大千世界，每天发生变动的信息浩如烟海，数量庞大的新闻稿件经过通讯社、互联网、记者、通讯员、自由撰稿人、市民等渠道源源不断地传送到编辑部，敲打着新闻媒体的大门，期待着能与受众见面。

具体来讲，新闻媒体的稿件来源有如下一些渠道：

1. 本报（台）记者采写的稿件；
2. 通讯社的新闻稿件；
3. 通讯员的稿件；
4. 约请报社（台）外的稿件；
5. 受众自发的稿件；
6. 各类转载稿件；
7. 各类简报、宣传品、文件资料。

第一类是媒体选用的主体稿件，它们构成媒体刊播内容的最主要部分。第二类稿件也占媒体选用量的相当篇幅，特别是国内国际时事新闻，各家媒体都要及时借助通讯社的“消息总汇”。第三类是与媒体有联系的一些单位从事文宣的人采写的稿件，在计划经济时期采用较多。第四类主要是约请社会上的相关专家或专业人士就一些特定的问题撰写的稿件。第五类稿件来自社会大众的投稿、征文或向媒体的“报料”。第六类稿件包括兄弟媒体、网络等刊播的内容。最后一类来自各单位、部门的各种资料，编辑从中筛选发现。

二、稿件选择的必要性

来自上述方面的稿件，内容广泛，包罗万象，既涉及客观世界的各种变动，也隐含着各种不同的立场、态度和审美情趣。而新闻媒体又代表着各种各样的利益集团，从各自的新闻理念、编辑方针、对象需求来对稿件进行选择，以产生经济效益和发挥社会功能，体现出某种舆论导向。由此来看，作为"把关人"的编辑对稿件的选择，既是一种被动性的选择，也是一种强制性的选择。曾任《纽约时报》编辑部主任的埃德温·詹姆斯说过："我们每天收到 100 万字的新闻，而只能用 12.5 万字……这是一个选择的过程。"施拉姆更直截了当地指出：媒体的职责是"广泛、迅速而方便地提供信息……从社会上所能获取的一切信息中选择它们愿意广为发布的内容。它们对这些内容进行加工与扩大以提供给广大的传播对象……筛选艺术也许是它们运转中最为重要的组成部分"①。

媒体是一个封闭系统，版面篇幅或播出时段相对固定，纵使一再扩版或播出时间延长，仍然容纳不下无穷无尽的新闻信息。受此限制，编辑也不能不舍弃其中部分甚至大量的稿件，要从众多的良莠不齐的稿件中选择出质量上乘的、能满足受众在生活、工作、学习、娱乐等方面需求，也能达到某种舆论引导的稿件，以适于新闻市场竞争的环境。稿件选择的工作做好了，紧接其后的稿件修改、标题制作、版面（节目）编排方能顺利地跟进。由此而言，编辑对稿件的选择，也可说是一种需要性的选择。

此外，各家媒体的受众对象、任务目的不尽相同，各自的风格特色也有差异，都希望自己所传播的内容，既满足受众的需求，又能尽可能实现自己的传播目的，也需要有侧重点地来选择稿件。从这点来看，媒体对稿件的选择，又是一种主动性的选择，即从众多的来稿中选出最能体现出自己媒体特色的稿件。

稿件的选择没有统一固定的标准模式，中外学界与业界都提出过一些标准，各种见解不一而足。如美国一位学者提出了十条意见：有关杰出人物与社会闲人的事；稀罕的事；对本地和本国有巨大影响的事；有关钱财的事；不平的事；惨案；会影响一般性后果的事；能影响人的情绪的事；为多数人关心的事；各种新发现、新成就。美国一家媒体对稿件的要求也是十条：离婚；卷逃；遇灾害；意外事故；成为暴发户；被捕；偷邻居妻子；自杀；私奔；其他。显然，前者的意见属于学院派的，比较正规、严肃，表现出有影响的大报等主流媒体的选稿标准，后者的取向追求娱乐、消遣，属于大众化小报媒体的选稿要求。可见，西方也存在着严肃性的

① 〔美〕施拉姆等：《传播学概论》，新华出版社 1984 年版，第 161 页。

媒体与娱乐性媒体的两极，它们选稿的价值取向，也有着较大差异。

第二节 稿件的真实性

一、高度认识新闻的真实性

（一）完全真实是新闻稿件的本质灵魂

真，一般指真理或真实，它独立于人的主观之外，具有不依存于人的意识、意志的客观必然性，是客观事物及其自身的变化、发展规律。科学家们以毕生精力苦心探究的，就是追求客观事物的本质和规律性，在卷帙浩繁的著作中所阐发的，也正是对这种本质和规律性的认识。

新闻传播的天职是反映客观事物的变化，是现实的直接再现，它体现在所报道内容的真实之中。因此，真实性是新闻的价值所在，失实或弄虚作假，不只是引起受众的反感、鄙视，还可能产生各种严重的后果。新闻传播的诞生，就是在满足人们对真实信息的需求之上，并据此存在与发展。早期欧洲手抄新闻报告的商情、船期信息等是真实的，才会有人购买，近代新闻事业才能据此发展起来。新闻从文学中分离、独立出来，就在于是真实传播而不是虚构。否则，与文学混同始终不可能有"新闻"这一学科。新闻事业的使命，就是要对这充满复杂变幻的现实社会跟踪反映，将事物的运动、发展作淋漓尽致的"同构传播"，以让偏于社会一隅的"井蛙"式的个体乃至群体，突破和超越原有的束缚，放眼到浩瀚宇宙的五彩斑斓中去，广人之视听，新人之知识，及时了解自身生存环境的变迁。从而，面对新情况，重新认识现实世界，制定或修正下一步行动的蓝图，去实现理想目标。

新闻在社会实践中所发挥的功能，都是建立在新闻真实之上的。对新闻的社会认识作用来说，只有真实的报道，才能让人正确地认识客观世界，更好地去创造美好的未来。新闻的真实要求不能出现任何虚构。苏联名记者波列夫曾写过一篇关于一位模范的通讯，文章刊出后同事们常常开这位模范的玩笑："梳梳头吧！"弄得他哭笑不得。原来，通讯中有他脱下帽子对着镜子梳头发的情节，而他却是个秃头，头发从何梳起？波列夫想当然地给人物添上这样一个生活细节，结果弄成新闻史上的一个笑话。可见新闻的真实来不得半点想象或虚构，否则将损害新闻的声誉，也会影响作者及被报道者的声誉。新闻事业在社会上的地位正是依靠真实的力量，新闻失去真实就失去本质。列宁曾说过："我们应当说真话，因为这是我们的力量所在"，报纸"要向公众作全面介绍，阐明真相，不吹嘘,不胡夸,也绝不散布谣言和传播见不得人的小道消息"[1]。罗曼·罗兰也说过:"真实的东西才是最美的。它不会使人失望,只能使人对未来充满信心。"新闻只有真实才能感染人、打动人、征服人,掩盖真相或随意编造的新闻报道,即使能骗人一时,但一旦真相大白必为人唾弃遗臭万年,中外新闻史上都不乏这样的例子。

(二) 严格区别新闻与艺术

新闻和艺术都强调客观真实性,但二者在形态上却大相径庭,有着不可逾越的本质差别鸿沟。

第一,新闻与艺术的真实性基础不同。艺术是间接反映现实,它对现实生活采用的通常是以貌取神手段,"艺术的真实非即历史上的真实……创作可以缀合、抒写,只要逼真,不必实有其事也"[2]。它源于生活又高于生活,把生活的真实当作跳板,由此去进行虚构、概括,达到典型化的高度。只要有丁点事因,尽可据此天马行空,展开想象的翅膀,追求生活的理想,其塑造的形象有其说而未必有其实,集中而强烈地表现出社会生活的本质和规律,这是艺术的真实。新闻的真实性是其生命,新闻事业自诞生那天起,使命就是实录客观事物的变化发展。新闻所叙述的人物、事件、原因、结果、时间、地点,包括每一个细节都是客观实在的,可查可访,经得起严格的检验,完全可信。新闻再现事实即生活的真实,绝不能因某个细小环节的疏忽而让受众认为"有假"。如果报道脱离这种真实性去想象或虚构,哪怕是极其细微的一点,也会动摇受众的信任感。"客里空"之所以一再受到新闻界的批判,原因正在于此。

第二,新闻与艺术创造的典型和形式不同,两者的本质意义有根本区别。文艺中的典型是把现实生活中不典型或不够典型的素材,经提炼、概括、集中,使之成为具有高度典型性的形象,如鲁迅所说:"所写的事迹,大抵有一点见过或听说的缘由,但决不会全用这事实,只是采取一端,加以改造,或生发开去,到足以几乎完全发表我的意见为止。人物模特也一样,没有专用过一个人,往往嘴在浙江,脸在北京,衣服在山西,是一个拼凑起来的角色。"[3]文学在创造典型的过程中特别强调想象和虚构的作用,可以"燕山雪花大如席",可以"白发三千丈",创造出比实际生活更高的艺术形象来。新闻报道的典型则不然,其材料须直接反映出事物的个性和变化过程,原样反映出对社会、人生的认识态度。新闻的真实

① 《列宁全集》第11卷,人民出版社1987年版,第333、204页。
② 《给徐懋庸》,《鲁迅全集》第10卷,人民文学出版社1981年版。
③ 《南腔北调集》,《鲁迅全集》第4卷,人民文学出版社1981年版,第393页。

性原则完全排除任何虚构,它所反映出的是生活的直接原样,对真实的材料进行提炼和概括,是为了更好地体现典型对现实的指导性。图像新闻有各种剪辑加工,也不会失去这种完全来自现场的客观情景。

第三,新闻与艺术的感染效应也不同。从心理上看,艺术欣赏的心理感受过程比较复杂,通过对作品的观照进入审美,或唤起遥远的记忆,或引发消逝的思绪而牵动自己的情感。在这样的过程中受众只是与艺术形象进行思想情感的交流和体验,达到主客体间的心理和谐。而新闻的审视要简单些,它所表现的人和事具有直观性,受众直接地感受到新闻事实本身的真善美,但不一定与自己的情绪和心理联系起来。比如看完一场电影或话剧,观众可能会为其中的某些情节、人物所感动,但同时也会意识到这些情节、人物只是虚构,除了赞叹艺术家巧妙的创作和精湛的表演外,难以对其中虚构的人物、事件本身表示出真切关注的情感。新闻的典型则是活生生的素材,是体现时代精神、激动人心的事实,受众对新闻中的真人真事深信不疑,产生自然而然的亲切感、信任感,具有巨大的说服力和教育作用,并可以直接交流或学习。如刘胡兰、黄继光、雷锋、焦裕禄、孔繁森等经新闻媒体广泛报道的先进人物,多少年过去了还为人敬重。

(三)新闻失实的负效应

受众对新闻的信任,建立在接受信息时对真的追求上,新闻失真,会造成受众的心理变异,心理结构失调,破坏对新闻所持有的相信心态。新闻多次失真,必然导致受众对新闻媒体态度冷淡,对广播新闻充耳不闻,对图像报道视而不见。即便后来报道的事实千真万确,也不易被人所接受,人们从小就耳熟能详的童话故事"狼来了",讲的就是这个道理。因为传播的信息失实,甚至会造成人命关天乃至难以想象的亡国后果,这并非危言耸听,也是有案可稽的。战国时期周幽王"烽火戏诸侯",谎报重大军情,最终就闹了个自己身首异处、国家也被消灭的悲剧。

即便在当代,失实的新闻也屡见不鲜,造成不良的后果。如在 2009 年的年终闹得沸沸扬扬的"农夫山泉有毒事件":新闻媒体在 2009 年 11 月中旬报道"农夫山泉"饮料含有砷毒,影响人的身体健康。新闻报道当即在社会上引起强烈反响,"农夫山泉"这一享誉国内外的民族品牌饮料立刻遭到严重打击,仿佛要重蹈此前三鹿奶粉"三聚氰胺"丑闻的覆辙。虽然最终证明这一新闻报道是不真实的,还了"农夫山泉"的清白,但毕竟刚开始的新闻报道使这家著名的民营企业陷入到一场信誉危机之中,几乎掉进万劫不复的深渊。类似失实的新闻还有"亨氏米粉事件"[①]。如果说这种新闻还主要是给企业带来麻烦,而有的失实新闻的危害则直接引起人心浮动,影响到社会安定。如"广州毒蔬菜事件":2006年6月上旬,广州媒体报道民间绿色和平组织发布的"广州几大超市蔬菜农药检测报告",称超市所售蔬菜和水果超过85%含有农药残留,25%含非法农药残留,有的剧毒残留甚至超过国家标准40倍!消息在社会上引起强烈反响,市民们愤慨地质问:连正规大超市都没有保证,以后还能到哪儿去买菜?后经广州市食品安全办公室公布权威的检测结果否定了绿色和平组织的报告,并公布了农业部对广州市蔬菜农药残留监测没有发现超标的最新检测结果,市民才趋于平静。

新闻失实将造成受众的逆反心理,这种心理定势会使人对新闻从期待的状态导向冷淡的情绪,对新闻予以排斥,或者是以一种与新闻报道事实相悖的心理去看待新闻,得出与新闻主旨截然相反的看法,"正面新闻负面看,负面新闻反面观",正如《红楼梦》中的一副对联:"假作真时真亦假,无为有处有还无。""文革"中这种新闻传播现象最为突出,新闻报道表扬哪儿"形势大好",有心人则揣摩那里一定很糟糕。这种教训一定要牢牢记取。

二、推敲稿件的不真实性情形

稿件是否真实,除了要看新闻"五要素"是否俱全,还要着重看新闻的发生是否符合客观事实本身的逻辑发展,即善于发现稿件的不真实因素,主要可从以下几点去考察。

1. 是否拼凑:稿件中所写的事实可能存在,但它们是不同的人或不同的单位、地区在不同的时间、地点做出的,而稿件把它集中在一个人或一个单位、一个地区的作用上。如新闻报道某濒临破产企业起死回生后兴旺发达,全是在讲由于某一个人的行为活动所致,将所有人做出的贡献集中到了一个人的头上。这样的稿件内容显然是拼凑出的。

2. 是否表象:稿件中提到的事实或结论是存在的,但只是个别的表面现象,甚至是一种假象,并不能代表事物的本质。就是说,某种事物的现象与本质并不一致,或事实的发生并不符合事物本身的逻辑发展。如一篇稿件说某官员不住分配的新楼房,是因为其品格高尚。其实是这位官员住惯了环境幽雅、宽敞的有

---

① 2006年3月中旬,媒体报道了一条新闻:亨氏婴儿营养米粉中发现有未经政府批准的非法转基因成分。此消息后在消费者中引起了恐慌,纷纷到商场退货,亨氏米粉很快在多个城市失去市场。后经香港及内地两家机构检测确认其产品不含转基因成分,国家相关权威部门也出面为其"恢复名誉",消费者才被安抚下来。

庭院与地板的平房,不愿爬楼和坐电梯。再看2009年5月22日某报上的一篇稿件:

4000干部冒雨扫街

据报道,20日,安徽蚌埠数千机关干部冒雨扫街。政府称这是以实际行动倡导市民保护环境。

当天9时,蚌埠市阴雨绵绵。在淮河路和胜利路上,随处可见扫街的机关干部,还有检查组在督察。

蚌埠市委党校一名干部说,他们负责280米路段,"党校大部分干部都来了,几天前市直机关单位开动员会,并发了文件"。市委党校参加扫街行动的干部,每人都挂着写有"文明大行动,环境大整治"字样的胸牌。他们一手打伞,一手清扫。

蚌埠市直机关工作委员会下发的文件显示,此次蚌埠市直机关共组织4000名干部,分别于5月20日和27日8时30分至11时30分,参与淮河路与胜利路环境整治工作,每次每条路安排1000人。文件中还对62个单位承担的路段进行了划分,并要求干部自带钢丝球、刷子等工具。

机关干部集体扫街在当地引发广泛争议,一些市民认为,此举有"作秀"和"错位"之嫌。对此,蚌埠市文明办副主任贾清斌说,蚌埠正在争创国家文明城市,举办此次活动,是希望通过干部的带头作用,形成环境大整治的氛围。

这篇稿件中的事实也是一种表象,在本质上是不真实的。因为社会是有分工的,城市街道的卫生、整洁,有市容局、环卫、城管等单位专门管理、整治,机关干部同样也是有分工的。4000名机关干部集体出动,冒雨扫大街,是在不务正业,越俎代庖。尤其20日是星期三,是法定的工作日而非节假日,假如有群众去这些机关办事怎么办?谁来接待、处理?岂非是弃政府的法定职能如敝屣?可见,4000名机关干部集体冒雨扫大街,与民生民利都无关,只是一种假象,是有关政府的沽名钓誉行为。

3. 是否孤证:稿件在反映全局情况时,援引的例证是孤立的个别事例,缺乏普遍的代表性,只根据孤立的事例就得出与全局不相符合的结论。如报道某省"十一"假期游客如云,各地都普遍比往年同期大幅度增加。但稿件中只以该省的一个城市为例,没有其他一些地区的情况。那么,稿件报道的"全省"情况就是不真实的。

4. 是否偏颇:主要有两种情况:一种是稿件在表现事物的因果关系时,无视形成某种结果的多种原因，抹杀事物发展中其他因素的作用，片面地夸大其中一个因素。如某个企业的辉煌业绩，是由于实行了制度建设、人才引进、技术改造、精简机构、工资改革等综合管理的方法取得的，而稿件中只突出了其中某个因素的作用。另一种情况是确实发生了某个事实，但稿件只顾及了事实的一端而忽视了另一端，或者说事实的背后潜伏着某种隐患。事实虽然真实，但显得有偏颇。如2009年5月13日某报上的一篇稿件：

“最美女医生”打着点滴看病

本报讯　泰州高港一名女医生自己扎着针，打着点滴，还全神贯注地为病人看病。前天，前去看病的市民感动之余，用手机拍下照片后发到网上，并取名“史上最美的女医生”。

昨天，市民包先生告诉记者，前天下午他来到当地高港中医喉科医院看病，眼前的一幕让他呆住了，只见一位四十岁上下的女医生，左手打着点滴，右手正帮一位小患者查看喉咙，询问病情，开处方，整个过程一丝不苟，全然忘记自己也是一个患者。感动之余，他便将该女医生“雷人”的一幕用手机拍了下来，并在当晚以“史上最美的女医生”为题，发到了当地论坛网上。见下图（图片3-1）。

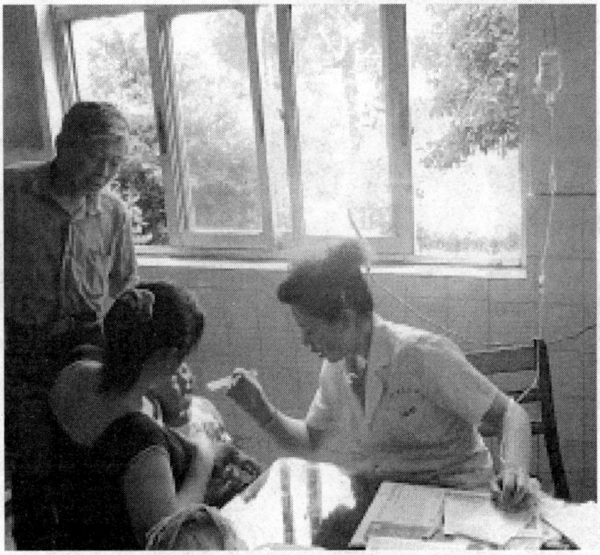

图片3-1　女医生打着点滴看病

显然,这篇稿件是有偏颇的,只看到了女医生带病坚持工作,虽然这种精神确实不错,但是却没有想到:女医生带病出诊,是否会给他人带来传染?况且,医生有病精神状态本来就不好,是否会造成误诊、产生更大的危害?此外,医生有病不让休息带病上岗,也表明这家医院管理不善。因此,稿件中反映的事实非但不值得提倡、赞赏,反而应质疑与批评。

5. 是否导演:事实并不是按照事物本身的逻辑自然而然地发生,而是一种"为新闻"而"新闻"。具体来讲,新闻的人为痕迹明显,是经导演、摆布出的事实。上面提到的新闻的表象问题,有的在实质上也可说就是一种导演出的新闻。如上面讲的《4000 干部冒雨扫街》。这类稿件多见于一些新闻照片,稍加分析便不难辨别得出。如下面这幅《"以身做桥"让学生过河》的图片报道(图片 3-2)。照片的主题是要赞扬老师爱护学生的精神。可我们看,画面中的水并不深,距离也很短,如果老师站在水里把学生抱着递一下,更方便和省力,有必要趴在水里让学生从背上走过去吗?可照片偏偏要将简单的事情弄得复杂,反而让人看出是摄影者导演拍照的,可谓弄巧成拙。一幅包头空难的"黑匣子"出水新闻照片同样如此:潜水员千辛万苦从深水中寻找到飞机的"黑匣子",可他居然站在不到腰深的水中(见图片 3-3)!这种摆拍的痕迹是明显的。

图片 3-2 "以身做桥"让学生过河

图片 3-3　包头空难黑匣子出水

6. 是否虚构：稿件的内容道听途说甚至无中生有、杜撰编造，完全不符合实际情况，或者不符合科学，或者情节过于戏剧化。历年的"十大假新闻"，几乎都是这样的报道。有的虚构的新闻，凭常识很容易马上判断出，如 2009 年 11 月 25 日某报这则报道：

日欲造 800 层摩天巨塔

美国有 527 米高的芝加哥西尔斯大厦，加拿大有 553 米高的多伦多 CN 电视塔，阿联酋迪拜市正在建造一座高达 807 米的世界最高楼。然而这些摩天大楼和日本大成建筑公司蓝图中的"X-Seed 4000"摩天巨塔相比，却全都是"小巫见大巫"。这座楼将高达 4000 米，超过富士山，800 层高可居住 100 万人。

显然，这种报道假得离谱，让人想起了“人有多大胆，地有多大产”的荒诞年代。至于有媒体登出这样的“新闻”：日本科学家欲造“太空电梯，用3.6万公里缆绳连接卫星，人人可坐‘天梯’上太空”，就更是天方夜谭了。

有的虚构的新闻，内容吸引人，主题很积极，乍看也觉得没什么破绽。但假的就是假的，编造的东西总会露出马脚，只要认真细致地加以分析，善于察疑，还是会发现其中的不实之处。如下面这篇曾经获得过“好新闻奖”的稿件。

钱被风刮跑以后

1月20日，长春，北风刮得很猛，我骑着自行车，只顾低头，往前紧蹬。临近和平大路口，把一个边走路边低头数钱的农民老大爷撞了个趔趄，他手中的一把人民币“哗啦”一声掉在地上。我慌忙跳下车，想赶紧把钱给老大爷拾起来，可是已经来不及了，散落在地上的钱已被呼呼的北风刮了起来，纷纷向四处飞扬。正在这时，只见过往行人都不约而同地向钱飘走的方向跑去，有的还高喊着：“钱跑了，快抢啊！”霎时间，整个路口喧腾起来。

这突如其来的情况，使老人大为吃惊，随后便焦急地拍着大腿说：“风刮人又抢，这可怎么得了，钱可又要没了。”我本想安慰老人几句，说什么好呢。

没过多久，风似乎有些小了，“抢钱”的人们从四面八方陆续朝老人走来，把“抢”来的钱都一一交在老人的手里，老人喜出望外，不停地向众人点着头。

人们聚集在老人的周围，一再关切地要老人把钱数数。看得出来，老人有点情面难却，便用微颤的手数了起来，旁边还有人帮着数数。数完，只见老人略为迟疑了一下，接着又数了一遍。还是26张。老人抬头用疑问的目光瞅着围在四周的人们，并自言自语地说：“不对——”老人的话还没说完，一个戴红领巾的小学生抢着喊开了：“谁还没有把钱交来!”老人忙接着说：“不是少了而是多了。”“怎么会多呢？是你记错了吧?”有人诧异地问。“没错，我在家数得清清楚楚，明明是25张，都是5元一张的。”人们不解地互相对视着。那个小学生又喊开了：“谁又多送了?!”话音刚落，只见一个中年妇女不好意思地说：“是我的，我拿着一张5元的钱，准备到商店买东西，刚才光顾着帮老大爷‘抢钱’了，竟忘了自己手里还拿着钱，一起都交给了这位老大爷。”说完，人群中爆发出一阵欢快爽朗的笑声。

我沉重的心情一下子变得轻松了。

乍看这篇稿件的主题不错，表现的是新人新事新风尚，这似乎是一种永恒的新闻报道题材，而且文章短小精悍、生动活泼，结构跌宕起伏。可是我们还要从新闻报道的特点去考察它的真实性状况。认真分析，其实不难发现它的几点破绽。一是时间要素含糊：事情发生在“1 月 20 日”的何时？上午、下午、清晨、傍晚？这是不清楚的。二是有前后矛盾之处：按稿件所写，老农在城里大街边走边数钱，并不是在商店里数钱或摊点购物时数钱，显然，数钱的目的是弄清楚自己所带钱数，否则没必要这样做。这一动作表明，此时老人对自己所带的钱数尚不十分清楚。可是本文在另一处却说，老人早在家里已把钱数得清清楚楚而且在钱被风刮跑之后，仍能一口说清楚钱的总数及每张的面值。显然，两处的叙述是相互矛盾的。这不能不使人产生疑惑。另外，这篇稿件对新闻要素的表述也比较模糊，如一个真名实姓的人也没有。三是有不合情理的地方：一开始就认定边走路边低头数钱的人是“农民”老大爷，何以见得？第四，通常是在银行存钱取款或在某处买东西时才数钱，哪有在大街上边走边旁若无人地拿着一叠钱的，何况是进城的老农？此外，那位妇女去商店买东西，手里捏着钱在外面走也有违情理。这些都是很值得人怀疑的。事后经调查发现，它果然是一篇编造的假新闻。

第三节　稿件的新闻价值

稿件的新闻价值分析，主要还是从传统的新闻价值因素出发进行衡量。

一、稿件的时新性

（一）新闻内容的新

内容新鲜，是选择新闻稿的先决条件。新闻所报道的事物是过去没有的、罕见的、稀有的，或者是它过去曾经闪现过、存在过，但现在又有了新的变化、新的发展、新的形态。诚如清朝学者李渔所指出的那样：“新也者，天下事物之美称也。”新闻最显著的特征就是新，向受传者报告各种新动向、新事物、新成就、新创造、新风尚、新经验、新人物、新问题等等。这是新闻的活力，也是新闻事业赖以生存的条件与优势。

新闻正因为内容新鲜，所以同历史严格地区分开来。二者的联系，只能说新闻是明天的历史，历史是昨天的新闻。新闻记录的是刚刚发生的、富有新意的事实，历史记录的是早已发生的、少有新意的事实。正如蔡元培为徐宝璜的《新闻学》作序中所说:“史所记不嫌其旧;而新闻所记,则愈新愈善。”[①]人们对新闻的青睐,正是基于它内容新颖,向社会传达各种新鲜的信息,满足人们对新颖事物的好奇心、需求欲以及对他们所带来的种种启迪、思考,将新闻当作他们采取下一步行动,制定或者修改、调整行动指南的参考依据,否则,他们就看历史书、教科书去了。传播司空见惯的东西“似曾相识燕归来”,甚至充塞一些大话、套话,对受众就没有吸引力,这便是为什么有的报纸乍看厚厚一沓,可读者偏说“今天的报纸没什么新闻”的原因。

对新闻内容之新的要求,与日常生活中的某些趣味相似。比如我们走进某个房间,或者置身于某处环境,对那里陈放的习以为常的东西会熟视无睹,而那里一旦添加或是换了新的东西,必然会吸引我们的注意力,对其品头论足。从心理学上看,人们之所以对新的东西感兴趣,在于新的事物大都反常,它们脱离事物原有运动的顺时针轨道,打破了旧事物的局限与平衡,给人一种意外、惊奇,吸引人对之进行观照。从这点来讲,“人咬狗”的新闻观有一定的道理。事物的变动越反常,新闻所报道的内容越新鲜,也就越能引人注意。西方的“狗咬人不是新闻,人咬狗才是新闻”的观点,正是强调新闻的这种反常性,即新闻内容的新颖、突兀。新闻稿件中内容的“新”,主要包括以下几个方面:

新的动态。动态即事物的变动、变化、发展方向、趋势等,是新闻传播最为普遍的活动,媒体每天都传播着大量动态新闻。这里所说的新的动态具有社会实践创造的内涵,包括各个领域有意义的活动。如政治领域的民主选举、党代会、人代会、领导人视察、出访;经济动态如工业、农业、交通、金融、市政建设、外贸出口、展销会、洽谈会等各种经济活动;国际动态如中外合作、各种协商、战争与和平等;科学实验如卫星发射、科技发明、高新成果等;文艺新闻、体育比赛每天都有,向着更快、更高、更强的方向迈进……总之,每天发生在政治、经济、军事、文化、科技、文教、卫生、体育等各个领域的变动层出不穷,它们是新闻传播最为普遍的活动与主体内容。

新的成就。社会实践中的新成就体现出人的自由创造的本质力量。报道各方面如政治、经济、文化、科技、军事、教育、体育等领域的新成就,是社会实践创造的集中展示,可以鼓舞民众,提高民族的自尊心、自信心,从而创造出更多更好的物质,把社会生活推向更高的境界。近年我国经济建设蒸蒸日上,一日千里。就交通来说,航空线不断增开,铁路越修越多,高速公路飞速发展,桥梁不出几日即建成一座……新成就是社会实践创造的最显著标志,无穷无尽,也给新闻传播

① 徐宝璜:《新闻学》,载徐宝璜等:《新闻文存》,中国新闻出版社1987年版。

提供永不枯竭的素材。

新的经验。经验是人类的创造的总结，人们在生活中不断碰到新的矛盾，又在不断探索解决的方法，新矛盾的解决就产生了新的经验。新的经验是社会创造的内容之一，它给人启迪，让人借鉴、学习，开阔视野，促进实践活动中的创造追求尽善尽美，实现美的目标。经验作为精神财富被更多的人所掌握，便会转化为巨大的物质力量推动社会前进。我国新闻事业注重指导性，对各项工作中新经验的报道是指导性的具体体现之一。历史上传播许多重要的经验对夺取政权、巩固政权、建设国家起过持久、深远的作用。改革开放中人民群众在实践中创造的种种新经验，仍然是新闻传播的重要方面。

新的人物。新闻人物含义广泛，各个领域都有，如歌星、影星、体育明星、获奖者、名流、官员等，因其在新闻媒介上频频露面为人所熟悉，都可称作新闻人物。这里并非指一般的新闻人物，而是指具有新思想、新道德、新风尚、新创造、新事迹的卓有成就者，特别是先进典型人物，既属于新闻人物的行列，更是其中的突出代表。

新的问题。社会实践中不断出现新的问题、矛盾，人们又在不断探索解决的方法。人类社会就是在不断出现问题、解决矛盾的过程中，螺旋式地向前发展的。

新的奇幻。自然界运动的种种奇妙变异的新闻，如流星雨、日食月食、海市蜃楼等。新闻传播的内容囊括了世间万事万物的变化发展，同样也就包含了要对自然世界的变动进行反映。

可见，新闻报道内容的"新"是异常丰富的。

（二）新闻时间的新

对新闻时间新的要求，可以从几方面来看。一是与上述内容的新相连，二者重合，即新闻在发生的第一时间迅速报道，这是最具刊播新意的事实。马克思说得好，对新闻来说"时间就是一切"①。恩格斯也强调过："搁得越久，就越失掉现实性。"②广播、电视、网络的实况转播，就最新了。倘若内容虽有新意，但拖延了几天甚至是一段时间后才予以传播，这在时间上已形同"马后炮"，就大大降低了它的价值。迟来的报道，对受众来讲虽然仍是第一次知道新闻信息，却总让人有如鱼刺卡在喉咙般地不愉快。如某年春节前夕，几位"法轮功"痴迷者在天安门广场上制造了自焚事件，境外的新闻媒体即时作了报道，炒得沸沸扬扬，而国

① 《马克思恩格斯全集》第29卷，人民出版社1972年版，第383页。
② 《马克思恩格斯全集》第28卷，人民出版社1973年版，第532页。

内一周后才披露，这种“雨后伞”式的报道，其价值显然已大打折扣。1985 年我国著名数学家华罗庚去世，大陆媒体居然过了一月才报道，难怪香港媒体奚落讽刺说：大陆新闻似乎回到了“驿邮”时代。

二是有的事实已发生或存在了，因为种种缘由一直没有机会公开发布，或未及时发现，若干年后经人发掘出来，只要有个新闻由头，也能给人以新鲜感，在时间上也不能说不新。2009 年 10 月 31 日，中国航天事业的奠基人、“导弹之父”钱学森去世，各种新闻媒体都报道了这一噩耗。与此同时，许多媒体还用大量的篇幅，披露了钱学森在 20 世纪 50 年代初如何受到美国军方的迫害，怎样冲破阻力回到新中国参加建设、领导创建了我国的航天事业等等。这些事实虽然早就存在，不少却是首次报道出来公之于世。那么，钱学森的这些经历，报道出来仍然是新闻，不能说这些报道的内容在时间上没有新意，是在讲“陈芝麻烂谷子”，否认它是新闻。同理，2009 年岁末和 2010 年初考古发现的河南安阳曹操墓的报道也是这样。曹操墓在 1800 多年前就已存在了，年代久远，并非是新近变动产生的。这类新闻过去一直不为人所知，新近发现报道，在时间上也是新的，对今人来说，没有理由说它们是“旧闻”。

第三，有的新闻报道讲的是某种渐进性的事态，如对某种现象的总结、某种风气的形成、某种事态的发展或某种事物还在变化或反复之中的报道，它们都没有明显确定的日期变动标志，特别是一些通讯报道常见。如 2010 年 1 月 10 日新华社播发的《坚定沉着战狂澜》的长篇通讯，反映的是中国政府如何团结带领全国人民应对国际金融危机冲击的不凡历程，其时间跨度一年多，并且这种克服金融危机的战斗还在继续。这种对事态的描述虽然是过去式的，受众仍然受到鼓舞、激励与启发。

此外，还有的新闻报道是预报必将发生的大事（如我国“嫦娥二号”卫星将于 2010 年底发射执行探月试验，“嫦娥三号”将于 2013 年前发射实现落月探测，见图片 3-4）、趣事（如什么时候将发生日食、月食或流星雨）、趋势（如我国到 21 世纪中期的发展状况展望）等等，这些新闻事实还未出现，虽然在时间上“超前”，但它们有着严谨的科学依据，必将在新闻报道后的某个时间点上发生。因此，这类新闻只要报道的根据成立、理由充足，依然是具有时效性价值的新闻。如 2010 年 1 月 15 日发生的“千年难遇”的日环食，各家媒体在此前好几天就抢先给予了预报造势，让受众提前做好观测欣赏的准备。

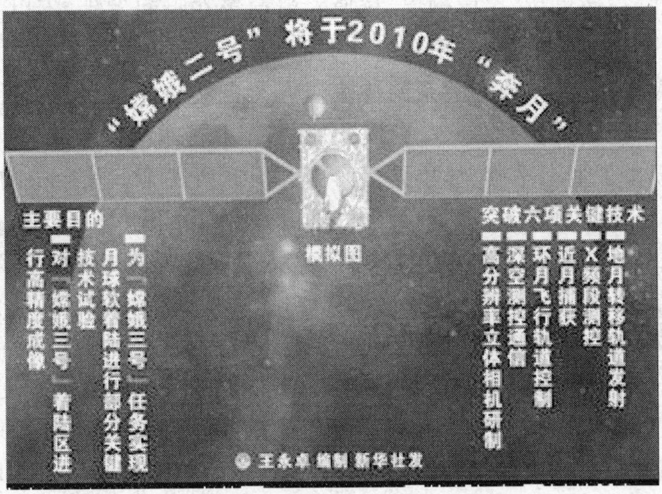

图片 3-4　新华社预报“嫦娥二号”发射时间、任务

二、稿件的重要性

重要性是构成稿件新闻价值的关键因素之一，主要是指所报道的内容对社会所产生的影响性而言。稿件内容涉及的社会领域、社会成员越广泛，其影响的程度会越深刻，也越显示出它的重要性。即要着重考量新闻稿件与受众的关联程度，会在多大范围内引人关注，与多少人的利益或兴趣相关。

“凡同多数人利益相关，为多数人所关注的事实，被认为有社会意义，也就有重要性。”①如稿件内容关系到国家民族的政治经济利益，关系到社会瞩目的热点问题，关系到普通百姓的民生大计，诸如就业、医疗、住房、教育、物价、安全等等，通常都能引起广大受众的普遍重视，有的甚至超越疆界波及国际。如我国的党代会、人代会的召开，在这些会上要制定未来一段时期我国政治、经济、科技、国防、外交、民生、文化、台海等全方位发展的具体路线、方针、政策，不仅关系到每个人的切身利益，而且还牵涉到世界形势的走势变化，令全球瞩目。2010 年 1 月 11 日，我国成功进行了反弹道导弹的成功试验，这一事件标志着我国的国防实力提升，表明我们有能力保护国家的安全和核心利益，这样的新闻就显得相当重要，也引起了国际社会对我国防空力量的高度关注，许多国家都对此都进行了报道。

突发性的事件与重要性也相关。事情的突如其来未曾料到，特别是地震洪

① 童兵：《理论新闻传播学导论》，中国人民大学出版社 2000 年版，第 51 页。

水、瓦斯爆炸、交通事故、房屋倒塌、核原料泄漏等在瞬间发生,不以人的意志为转移。突发性新闻的重要,在于它的冲突性、刺激性特点。冲突性的主要表现是人与自然、人与社会、人与人关系的冲突。人与自然的冲突表现为乱砍滥伐、植被毁坏使得水土流失、耕地减少、荒漠化加剧;工业污水废气排放污染了水质、空气,这些都损害了生态平衡,气象异常而扩大了地质灾害。社会中的冲突是"人与人或群体与群体之间为了某种目标或价值观念而互相斗争、压制、破坏以至消灭对方的方式与过程"①。冲突在规模上有个人之间和集团之间的冲突,性质上有政治、经济、文化、种族等冲突,方式上有口角、拳向、械斗、战争等,都会对人的感知、情绪造成刺激。各种自然灾害、人间悲剧会迅速刺激人的感知神经并引起人们的强烈关注。新闻对人刺激的强弱,与事态的性质、涉及对象的多少、地缘的远近、心理的异同关系密切,成正比关系。事态越严重或涉及对象越多等,刺激性就越强。冲毁几座房屋、伤亡几十人的暴雨,与夺去几万人生命、上百万难民失去家园的"5·12"汶川地震相比,后者的刺激强度显然远大于前者,新闻也就越显重要。

有些事件在它发生时已表现出对社会的巨大影响,而有些事件的影响要过一段时期才能显示出来,在考量新闻的重要性时不仅要看到前者,还要看到后者。对于前者编辑容易觉察,因为这种影响在新闻中往往有所表述(如上面提到的我国反导弹导弹拦截试验成功),而对于后者则容易忽略,因为新闻所写的事物的社会影响还未完全显露,对此尚无足够的表述,但这类事物往往经传播后也可能引起社会关注。比如某些新生事物开始时的发展尚不甚明朗,但可能预示着发展方向,对未来社会的某方面可能产生影响。2010 年春节前铁道部推出购票实名制的新闻便如此。这种办法虽然繁琐、给旅客出行带来不便,但就缓解坐火车一票难求的矛盾可能会有帮助,在某种程度上可防止"黄牛党"与售票人员的后门关系。不过,实行购票实名制的办法能否彻底解决普通百姓买火车票难的问题,还有待进一步观察。

当然,新闻的重要性只是相对的。有的稿件的内容对某些群体的受众来说显得重要,对另一些受众可能并不重要。如关于高考改革的新闻报道,考生及其家长就觉得非常重要,十分关注,而对于与此无关者来说,就不感到如何重要而特意去关注了。

三、稿件的接近性

稿件的接近性主要包括两方面的内涵,它有时候甚至和重要性重合。

---

① 郑杭生主编:《社会学概论新编》,中国人民大学出版社 1987 年版,第 156 页。

一是指空间上的接近，即地理的接近性。新闻的发生地与传播地的距离跟新闻价值的大小基本成正比关系，两者距离越近，则新闻价值越高。社会发展的实践与经验都表明，人们对周围事物变动的关心，远胜于遥远地区的事物变动。因为人们应付环境、改造环境总是先从近处开始，周围的环境与人们工作、生活、学习的关系最为密切。人们总是先将周围的环境熟悉了、掌握了，而后再一步一步地逐渐向外延伸、拓展。如果连周围的环境都不了解，就贸然前行，就很有可能摔跟头或是走弯路。这也是受众更青睐本地新闻的一个重要原因，他们需要新闻，接触新闻，不管是自觉的还是不自觉的，与为了在下一步应付环境的活动中，寻求抉择的参考依据总是密切相关。所以，各个地方的新闻媒体在通常情况下都是以报道当地的新闻为主、外地的新闻为辅。因而都市报总是当地新闻占据大量版面，地方电台、电视台的黄金时段播出的新闻也主要是当地百姓身边发生的事。

二是指心理上的接近，即情感的接近性。新闻虽然发生在异地，即便很遥远，但如果与受众在心理上的距离接近，也具有新闻价值。因为如果人们对某种事物在心理上没有什么距离感的话，在情感上就比较容易引起共鸣，饶有兴味地去关注。一些发生在异国他乡的新闻，只要在政治上、经济上或文化上、情感上等方面与我们有某种联系，就能吸引我们去了解、认识。2010 年 1 月 15 日，中美洲国家海地发生强烈地震，瞬间数万生灵涂炭（包括 8 名中国维和官兵）。这样的新闻立刻引起广大中国民众的关注。因为中国经历了 2008 年汶川大地震的严重灾难，伤痛的记忆难以忘却，他国遭遇到类似的悲剧，很快会打开记忆的闸门，心理上便很接近，为大洋彼岸的不幸者掬一把同情的泪水。况且，同情弱者，对遇到不幸的人报以怜悯，也向来是一种普世的人道主义情怀。所以，类似的灾难新闻，没有意识形态、国家民族的界限，在任何地方都有接近性，能引发受众情感上的共鸣。

心理即情感上的接近因素较多，如民族的、阶层的、群体的、文化的、职业的、兴趣的、年龄的、性别的等因素。其中，民族的因素所占比重最大。民族是“人们在历史上形成的一个有共同语言、共同地域、共同经历生活以及表现于共同文化的共同心理素质的稳定的共同体”①。由于民族的长期共同生活条件、历史文化传统形成的共同心理素质，使同一民族在生活方式、风俗习惯、趣味爱好、思想观念上有共同性，对于与本民族相关的事实，不论空间距离如何都是关注的。如在国外举行的体育竞技比赛上，中国选手获得冠军我国民众欢呼雀跃；姚明在大洋彼岸的美国 NBA 火箭队打球，每一场比赛国内媒体都详尽报道，而 2010 年姚

---

① 《斯大林全集》第 2 卷，人民出版社 1979 年版，第 294 页。

明因伤病回国,火箭队的输赢国内受众就不怎么关心了。这些都是民族因素使然。一些凡人小事如下岗职工的艰辛、走失孩童与家人的重逢等新闻并不惊天动地却仍受读者欢迎,就在于它们与广大普通读者的心理是接近的。正因为有心理上的接近,有各类适合不同的读者、听众、观众的报纸、电台、电视台争相斗妍,才促进了新闻事业的繁荣。

四、稿件的显著性

稿件的显著性,指新闻内容具有令人关注的特质,即稿件中的人物、事件、时间、空间等具有知名度,是大家耳熟能详的。如发生在天安门、中山陵、长城、泰山等知名地方的同类新闻,受众会特别关注。尤其是公众熟悉的名人,他们与普通百姓相比,通常有较高的社会地位,或有非一般人所具有的才华或品质精神等,其言行举止天然地引人注目。

就新闻涉及的人物来讲,主要有这么几种:一类是政府官员。他们在社会生活中极具话语权,官位越高其行为就越为人关注。因为官员是代表公众行使权利,他们的活动常常并不只是个人行为,他们的言行举止要在众目睽睽之下受到监督。有的话普通百姓能说,官员就不能说;有的事一般人可以做,官员就不能做。如发生在 2009 年“你是替党说话还是替老百姓说话”的新闻,这句话如果出自普通民众口中,大概谁也不会去注意,可从河南郑州粮食局的官员嘴里说出来,顷刻间就成了大家关注的新闻,受到公众的批评谴责。

一类是社会名人,如著名的英模、科学家、企业家、艺术家、作家等名流,他们因为在某方面做出了突出的贡献,经媒体报道后广为人知,使公众关心他们的言行,有的还成为学习的榜样。这类人物既有健在的名人如袁隆平、刘翔、成龙等,也包括逝去的历史名人如鲁迅、雷锋、钱学森等。只要发掘到他们过去鲜为人知的事迹,也是报道的题材。另外,这些社会名人不光是指那些正面人物,也包括臭名昭著的黑社会头目、恐怖首领、大毒枭等反面对象。如恐怖组织“基地”的最大头目本·拉登,“9·11”事件后就几乎销声匿迹,每每透露出半点信息,都成为全世界关注的焦点。

一类是娱乐界明星,诸如影星、歌星、导演、教练、“选秀”红人、网络红人、体坛夙将、世界冠军等等。这些人物因频频亮相媒体而为广大受众所熟悉,发生在他们身上的事,即便非常普通,也具有显著性而令人瞩目。如香港演员陈冠希的“艳照门”风波,演绎发酵了一年之久依然成为人们茶余饭后的谈资;姚明的妻子叶莉怀孕,小孩还没有出世大家就已经在网络上发动起来讨论着取一个什么样的名字;赵本山在春节晚会上演什么节目、会率哪几个弟子参加演出,许多人提前几个月就兴趣盎然地胡乱猜测;等等。娱乐界明星们的所有动态,似乎永远能给大家带来乐此不疲的娱乐消遣话题。

当然,这也并不是说普通人不能成为新闻报道的主角,只是他们需做出不平凡的事才具有显著性,如见义勇为、拾金不昧等,这类事如果发生在上述几类名人身上,就更具有新闻的显著性了。

五、稿件的趣味性

稿件的趣味性,简单讲就是对奇闻趣事的报道,稿件的内容能使人感到有趣或好奇。它不强调重要性,只要新闻令人兴趣盎然、带来轻松愉快即可。“兴趣性是事实能够成为新闻事实特别重要的价值属性,因为它是开启新闻发现、选择活动和接收、接受活动的重‘阀门’。”[①]具有趣味性的新闻通常没有空间的隔阂,也没有国家种族的藩篱,具有普世性的特点。“趣味无争辩”的观点在“左”的时期受到批判,认为是宣扬资产阶级的腐朽东西。一味强调新闻的思想性、指导性、宣传性,会使得新闻报道高高在上,充塞着枯燥的说教而脱离群众。作为大众传媒,其内容是否有趣是诱发受众关注的重要因素,使人产生兴趣传媒才能发挥效应。否则,“你可以写下最崇高的哲学思想,但是如果没有人来读它,那有什么用处?”[②]新闻同样如此。

把新闻放到人类广阔的社会文化背景中来看,趣味性可激发各类受众相似乃至相同的心理感受,是不同社会、民族、阶层、集团、地区、国家的受众情感交流的桥梁。诚然,在一个价值观念多元化的世界,不同的社会、民族、群体要受到各自属性、利益的制约,各自的思想意志和情感规定着他们的行为动机、目的和手段,对事物的变化亦是见仁见智。一些新闻在这个地区、这个民族受欢迎,而在另外的地区、民族被排斥,这很自然。然而,各种民族、集团、群体等又都不会也不可能脱离整个社会而存在,始终都烙有社会性的印记,各自的属性只是全部社会性中的一种。社会性包括一种共同的具有普遍意义的整体属性,即人类的整体共同性。“口之于味也,有同耆焉;耳之于声也,有同听焉;目之于色也,有同美焉。”[③]各种不同的属性除了以其自身特殊的质的规定性相互区别外,同时也因其所寓含的共同的质相互统一和联系,辩证地统一于现实社会中。这样,大家对许多变动的新闻信息,也就有共同感兴趣的一面。马克思、恩格斯早在《共产

---

① 杨保军:《新闻理论教程》,中国人民大学出版社 2005 年版,第 121 页。
② 〔美〕威·安·斯旺伯格:《普利策传》,新华出版社 1989 年版,第 80 页。
③ 《孟子》,山西古籍出版社 1999 年版,第 173 页。

党宣言》中就指出："过去那种地方和民族的自给自足和闭关自守状态，被各民族的各方面的互相依赖所代替了。物质的生产是如此，精神的生产也是如此。各民族的精神产品成了公共财产。"这指的是文学的共同性可以起到沟通人民之间的思想感情的作用，作为反映社会真情实景的新闻，更应该起到这种作用，"无争辩"的趣味性就是桥梁。对报道自然界的新闻来说，奇妙的流星雨、日食月食、海市蜃楼，春天的生机勃发、夏季的枝繁叶茂、秋日的果实累累、隆冬的雪花飞舞，以及蓝天的飞鸟展翅、林间的走兽喧闹、江河的鱼群畅游、山野的花开花落……无论斗转星移的变迁还是沧海桑田的涌动，都蕴藏着诱人的新闻，一经报道都趣味横生。

社会生活中发生的有趣味的事实更是形形色色、层出不穷，媒体的报道给普通受众带来消遣愉悦。往往有些司空见惯的现象人们可能熟视无睹，可一旦由媒体报道出来却显得有趣。南京《扬子晚报》从 2009 年 11 月起，每天都有一个《南京城市 · 我新闻》的版面，其中《我拍我新闻》栏目专门刊登老百姓在日常生活中记录的有趣现象，如 2009 年 11 月 18 日的一幅照片中的"什么宾馆"的招牌就令人捧腹（图片 3-5）：

图片 3-5 "什么宾馆"的招牌很醒目

人类社会愈是向前发展，民族间、国家间的交往愈是频繁，互相了解学习、共同进行人类物质文明和精神文明创造的要求也会越迫切。当前全球经济一体化的发展就表明了这一点。从社会终归要不断走向"大同"的长远观点来看，这种精神交流以及实践创造上的共同要求，是民族关系、国家关系发展的潮流。新闻是对社会生活最真实、直接的反映，将各种变动充分地报道出来，在民族间、国家间的各种交往活动中起着增进了解、缩小分歧、发展友谊的特殊作用。因此，新闻传播应当开阔视野，广泛选材，多报道具有趣味性的新闻，增进人民之间的思想感情交流。

当然，新闻的趣味性是以新闻的真实性、科学性、健康性为前提，趣味性不是单纯的猎奇、刺激，那些打着趣味性的旗号兜售封建迷信、伪科学或低俗的东西的做法，是要进行抵制的，以免误导受众。如《扬子晚报》2009 年 8 月 22 日在《国际新闻》版刊登的一篇报道：

“我 11 岁曾是二战飞行员”

美一男孩自称“前世”驾机被日军击落，离奇故事将拍成好莱坞电影

大约 60 多年前，一名叫做詹姆斯·M. 胡斯顿的 21 岁美国海军飞行员在太平洋上执行任务时，飞机被日军炮火击中而坠毁；11 年前，一名叫做詹姆斯·雷宁格的美国路易斯安那州男孩降临到了人世，然而这名男童的种种古怪行径让他的父母相信，他的“前生”很可能正是那名在太平洋战场上阵亡的美军二战飞行员。

链接　　“前世记忆”儿童不止一个

英国格拉斯哥市 9 岁男童卡梅伦·兰姆就曾告诉父母，他“前世”曾在距格拉斯哥 160 英里外的巴拉岛上的一座白房子里生活过。2006 年，卡梅伦的父母还带着 6 岁的卡梅伦到巴拉岛去寻找他“前世的家”。此外，1995 年，英国达拉谟郡彼德利市 3 岁男童亚当·库克告诉母亲帕特，他曾死于一场飞机坠毁中，有一次母亲帕特还开车带他路过了他的“死亡地点”。帕特上网调查后，发现在那个地点坠机死亡的人是一名叫做赛利尔·乔·巴顿的二战飞行员。帕特购买了一本关于二战阵亡飞行员巴顿的传记，当亚当看到新书封面上的巴顿照片时，他竟立即对母亲说：“妈妈，那就是我。”

这篇稿件的内容有一定的“趣味性”，但哪里是什么新闻，明显是在宣扬所谓“人世轮回”之类的封建迷信的东西，根本就没有真实性可言。它堂而皇之地出现在发行量大并有影响的都市报上，是很不应该的。

第四节　稿件的社会效果与媒体特色

一、稿件的社会效果衡量

新闻既反映客观现实的变动，也融进了传播者一定的主观情感，会对受众的思想、行为产生某些影响。因此，新闻稿件的选择在考量新闻价值的同时，还要

注意其社会效果,即要对稿件发表后可能产生的政治、经济、法律、文化、道德等各方面的社会影响进行“未雨绸缪”的评估。有些国家专门制定了《新闻法》,有些国家的新闻团体有成文或不成文的道德规范作为自律。

从新闻报道效果的性质来看,既有对社会产生良性影响的积极效果,也有对社会产生消极影响的不利效果,还有对社会既无明显的积极意义也无明显的不利影响的中性效果。新闻事实是客观存在,是不以人的意志为转移的。事实一旦发生,会与人发生各种各样的关系,对人的生产实践、生活学习产生影响。而人们对于事实的考量是基于对事实的价值判断而言:

一种是正面的。这类事实的变动体现出人类社会实践的进步、发展,鲜明地显示了人的本质。它表现出人的行为活动合乎人的实践的规律性、目的性,诸如人在生产实践、生活学习中表现出的革新、创造、勇敢、勤奋、欢乐、崇高、正义、廉洁、公正、亲善、成功等等,这些积极的、健康的实践活动,不仅维系着社会的生存,更是推动着社会的进步。这类新闻报道通常能发挥出正面的积极效应。

一种是负面的。这类事实是人与人、人与社会、人与自然的关系发生冲突、失衡、不和谐的变动,表现出的是非人性的特质,压抑人的生命能力自由发展。如各种灾害、事故以及现实中的虚假、贪婪、霸道、荒淫、卑劣、畸形、落后、愚昧等等不合乎人的实践的规律性、目的性的行为活动。这些消极的、病态的现象,威胁着社会的生存,阻碍着社会的发展。这类新闻报道有可能产生某些消极的影响。

还有中性的。这类事实对人的生活、劳动没有什么功利价值,如一些奇闻轶事、明星琐事等只是人们饭后茶余的谈资。这类新闻报道大都没有什么积极意义或不利影响。

有一点是应当注意的,事实的正面或负面,与新闻报道后产生的效果是积极还是消极并不能构成直接关系。如负面新闻的传播既可能产生不好的影响,也可能发挥出正面的效应。如天灾人祸、社会矛盾等事实本身是负面的,但不能说报道这些新闻的社会效果就是负面的。新闻只是反映事实的一种信息,只要报道这些事情的态度是正确的、积极的,有可能激励人们来改变这些不利因素,那么它的社会效果就可能是正面的而不是负面的。认为负面新闻的报道必然会产生负面效果而予以压制,这种做法掩盖了事实,也损害了公众的知情权,只会使人在社会实践中处于盲目的状态,这在过去“左”的路线时期已有沉痛的教训。

相反,有的新闻虽然报道的是正面事实,却可能起到消极影响。如有的案例报道警方机智勇敢地破获大案、要案,其中一些侦破过程写得很具体详细,这样的新闻内容是正面的,表现“天网恢恢,疏而不漏”的主题,但也有可能会使类似的罪犯在未来的作案中吸取经验,变得更狡猾,这就起了负面作用。有的报道写领导批示、开现场会解决问题,意在表扬其工作负责。但这种做法却给人疑问:是否这位领导太爱揽权?或者其下属都是官僚或无能,大小事都要一把手拍板,制度何在?可见,新闻传播的影响与效果并非绝对地限于事实本身的好与坏,如何认识与表现、传播的环境以及受众方面的原因等,都与之有关系。[①]

新闻的社会效果有的是短期便能观察到的显性效果,如北京奥运会的开幕式、新中国成立60周年的阅兵式,我国观众在阅听这些新闻的同时,无不为中国取得的巨大成就而欢欣鼓舞。也有往往要经历一个较长时期才能觉察的隐性效果,同样要兼顾。当然,新闻的社会效果是在传播之后才产生的,只能对其进行预测,主要是以社会规范如法律、政策、道德为判断依据。一般来看,可从这几方面着眼,可着重考虑稿件内容是否有利于受众正确认识社会,是否有利于受众身心愉悦,是否有利于弘扬法规和公德,是否有利于矛盾问题的解决等方面。如下面这篇稿件:

赶在09年9月9日结婚吧

南京民政部门将开展预约登记领证

本报讯 “天长地久”是中国人对爱情和婚姻的至高追求,带“9”的日期,因为与“久”谐音而成为喜结良缘的好日子。2009年9月9日这个有三个“9”的日子,正成为青年男女追捧的登记结婚佳期。记者昨日从南京各区民政局了解到,电话咨询当天领取结婚证的新人已经过千,鼓楼、白下、建邺和雨花台四个区民政局已确定开展预约登记。

“我想咨询下……”记者昨天下午致电白下区民政局婚姻登记处,话还没说完,工作人员就问:“是要预约9月9日结婚吧?”她告诉记者,最近一段时间,每天都有几十个电话来咨询当天领证结婚的事。而在下关区民政局婚姻登记处,记者了解到,打电话和上门来咨询9月9日领证的新人相当多。“至少有几百人,从目前的咨询情况来看,估计当天一定会排长队,建议市民提前预约,现在已经可以预约了。”下关区民政局相关负责人介绍说。

预约该如何办理?南京市民政局福利事务处有关人士表示,只要双方带着两人的户口簿和身份证,提前来到登记处进行预审,把填表、签字、照相这些手续办好,9月9日当天就可以直接领走结婚证了。

这篇稿件似乎有一定的趣味性,反映了老百姓的民间风俗,也属于服务性新闻的范畴。但其表现出的主题是不积极的,稿件刻意突出三个“9”相连的所谓

① 邓利平:《负面新闻传播的多维视野》,新华出版社2001年版,第8页。

"黄道吉日",透出一股封建迷信的味道。结婚是两情相悦、水到渠成的事,媒体作为传播精神文明的载体,应当倡导移风易俗、鼓励年轻人婚事新办。公开鼓动他们赶快择取"良辰"扎堆结婚,是一种不科学的态度,也会给相关部门造成某些不必要的麻烦。所以,这样的新闻报道,效果是消极的。

有的新闻看似是在正面报道什么、宣传什么、提倡什么,但其实质则有可能起着消极的作用,应当认真分析其效果到底怎样,如前面曾提到的《"最美女医生"打着点滴看病》。再如以下报道:

> 本报讯　近日,广东东莞几位家长带着就读幼儿园的孩子给老师行跪拜礼表示感恩。一开始,先是小朋友和家长、老师一起向孔子像鞠躬。随后,老师端坐一旁,3名小朋友一起向老师行跪拜礼(见图片3-6)。

图片3-6　孩子给老师行"跪礼"

这条新闻中的事实,似乎是通过这样的报道来倡导尊师重教的风尚,但这是一种不好的示范作用。拜师磕头是旧的习俗、封建的“师道尊严”,早在新文化运动及“五四”时期就被破除,为历史所淘汰了。今天,教师与学生在人格上是平等的,对老师表示尊敬,鞠个躬就行了,向小孩灌输这种封建礼教,影响是不好的。

类似的不少新闻,是真实的,也具有新闻价值,但并非“拾到篮子都是菜”,需要认真分析其报道的效果,许多新闻还要结合社会现实思考。一些看起来是中性的新闻,也应顾及现实环境,避免产生负面的作用。如这样一篇稿件:

幼儿圣诞派对 1288 元一场

本报讯 精致的别墅,温暖的壁炉,闪烁的圣诞树,绚丽的烟花,孩子们身着晚礼服,学跳宫廷舞,品尝西式大餐,还有圣诞老人现场派送礼物……不过这场看似童话世界的完美派对,每个孩子要付出 1288 元的高价。昨天,在句容的边城别墅,一向有天价幼儿园之称的南京恒海国际幼儿园又出惊人之举,推出昂贵的“皇家圣诞派对”,一切都模仿西方的宫廷宴会,称这是为培养孩子的贵族气质。

在这个派对现场,所有的孩子都要求身穿礼服。记者看到,一群两三岁的孩子也身穿珠光宝气的晚礼服,有的学跳宫廷舞,有的展示才艺,玩得不亦乐乎。恒海幼儿园的外籍老师们则扮成圣诞老人和孩子一起游戏,用英文交流。

花这么多钱来参加这样一个派对,值吗?“贵族教育”管用吗?一位女儿才 2 岁多的妈妈告诉记者,主要是想让孩子感受一下西方圣诞节的氛围,了解点社交礼仪,虽然孩子还小,参加这种活动应该还是有点潜移默化的作用,对培养孩子贵族气质也有帮助。记者了解到,来参加的家庭不少就是恒海的学员,也就是能交得起一年 10 万学费的家庭,那么支付 1288 元的入场券也不是难事。到场的孩子还被要求每人用零花钱买一份礼物送给家庭困难的孩子。恒海国际总裁靳海燕说,这是为培养孩子的爱心。

记者了解到,恒海幼儿园每年圣诞节前都会举办一次豪华圣诞派对,价格也在逐年上涨,这种做法引来了不少质疑。不过靳海燕称,他们针对的人群的确有这种需要,也有消费的能力,明年可能还会推出高达万元的超豪华派对。

稿件中讲到的事实,似乎无可非议,家庭经济条件好的,各方面的消费高一些,旁人不说指三道四。问题是这种晚会的主旨是“培养孩子的贵族气质”,这便是消极的因素了。当今社会人人生而平等,“贵族高人一等”的观念早已被扫进历史的垃圾堆,再将这种发霉的封建观念向小孩灌输,“培养”孩子的不平等意识,不值得提倡。记者在字里行间带着欣赏的口吻,这是不妥的。再结合现实环境来看,目前正是社会的转型期,贫富悬殊的现象突出,有的人为挥霍一掷千金,有的人为温饱艰难度日,国家正在为努力缩小这种差距而奋斗。在这样的状况下,一些贫困者看了这样的新闻报道,可能会产生某种不平衡感。类似的新闻报道不少,诸如《一老板耗资千万娶儿媳》、《一桌“满汉全席”吃掉36万》等,都可能带来消极的影响。

一些于社会具有明显危害性质的新闻,世界各国根据长期的新闻实践经验都明确地禁止刊登。在联合国新闻自由会议上通过的《国际新闻自由公约草案》,就对不许传播的内容作了相关规定,它们具有全球范围的普适性:

(1) 为国家安全应守秘密的事项。

(2) 意图煽动他人以暴力变动政府制度或扰乱治安的。

(3) 意图煽惑人民犯罪的。

(4) 发表不洁、有害于青年的文字,或供青年阅读的出版物。

(5) 妨碍法庭审判的公正进行的。

(6) 侵犯著作权及艺术权的。

(7) 意图毁损他人的名誉,或有害他人而无益于公众的,无论其毁损者为自然人或法人都相同。

(8) 违反因由职业上、契约关系或其他法律关系而产生的法律责任的,包括泄露因职业上或官方资格而获得的机密消息。

(9) 有意欺骗的。

(10) 有计划地传播足以损害人民或国家友好关系的虚构或曲解新闻的。

我国目前虽还未制定《新闻法》,但根据我国的《宪法》、《刑法》、《民法》以及其他法令的规定,至少以下这些方面的内容是禁止刊播的:煽动推翻国家政权体制的;煽动抗拒国家法律、法令的实施的;煽动闹事的;散布谣言、欺骗公众的;捏造并散布虚假的事实来损害他人人格、破坏他人名誉的;用侮辱性的言词来公然贬低他人人格、名誉的;违反国家保密法规,泄露国家机密的;教唆他人犯罪或违背社会公德的;描写淫秽或露骨宣扬色情形象的;未经本人同意公布其私人生活方面信息侵犯隐私的。

2009年4月,国家新闻出版总署对6家媒体通报批评,责令它们公开道歉,并将编造假新闻的人员列入不良从业记录名单，限制其从事新闻采编工作[①]，就是因为它们刊载的新闻不仅不实，而且在社会上造成了不良的后果。更严重的，是第二章中提到的一家报社，因策划报道失误造成的恶劣影响，被吊销刊号停止出版。这些教训都应吸取。

二、媒体风格特色的考虑

各家媒体的受众定位和功能定位不同，出版时间等方面也不同，这决定了各家媒体的风格、特色、方针有所差异。编辑在选择稿件时，除了上述的从新闻价值和社会效果两方面的考量外，还要从稿件是否适合本报（台）的风格特点这方面来进行取舍。如就报纸来说，日报与周报、机关报与都市报、全国性的报纸与地方性的报纸、综合性的报纸与专业性的报纸、老年人的报纸与青年人的报纸等等，都会坚持各自选稿的侧重点，以此来体现自己报纸的个性特征。个性就是事物的优势，就是区别于他物的特征。报纸没有自己的个性，就体现不出自己的优势，难以适应读者的特殊要求，也就会失去了单独存在的理由。

例如，2010 年 1 月 10 日，新华社播发了长篇通讯《坚定沉着战狂澜》，从沉着果断决策、深入调查研究、心系民生疾苦、推动国际合作、着眼长远发展等 5 个方面，运用大量事实和生动笔触，全面反映中国政府如何团结带领全国各族人民应对国际金融危机冲击的不凡历程。次日，各地党委机关报都选择了这篇通讯，而都市报则许多都没有选，或者有的只登了个标题，或作简讯处理。如《扬子晚报》只作了一百来字的简介和提示“详见今日《新华日报》”。

有的思想性、指导性强的稿件在党报机关报上必须刊登，而在都市报上则不一定采用；一则趣味性十足的社会新闻，在都市报上可以大登特登，却不一定适合在权威性、指导性强的报纸上报道；一条时效性强的动态新闻应在日报及时登载，而在周报上刊发就失去了时效性；城市电视台的当地“民生新闻”大行其道，中央电视台的新闻节目则放眼全国及世界风云；等等。我国在推行社会主义市场经济体制建设后，各种媒体获得了极大发展，受众选择媒体的空间越来越大，媒体间的竞争也随之加剧。在这种情况下，新闻稿的选用强调具有本报（台）特色就显得尤为重要，在编辑实践中尤其要重视这一点。许多媒体除了重要新闻外，通讯社电讯稿的采用量减少，自采稿件的使用量增多，就是坚持自己媒体特

---

① 《刊虚假新闻 6 报章被通报》，《联合早报》2009 年 4 月 16 日。其中提到的媒体及新闻为《京华时报》刊载的《招商银行投资永隆浮亏百亿港元》；《新快报》转载的《孙中山又成了韩国人》；《东方早报》刊载的《六大救市措施》；《民营经济报》刊载的《哈药集团生产假药》；《青岛早报》及《华西都市报》刊载的《中国舰艇索马里护航遭外国潜艇跟踪》等。

色的一个明显表现。

正是依据读者定位和功能定位的不同,各家媒体在选择稿件时存在的侧重点的差异,方才有了新闻园地的百花齐放。风格特色各异的报纸、广播、电视在新闻市场上争相斗艳,靠自己的独特风采立足于世,也满足了不同受众的广泛需求。倘若众多媒体不分彼此,大家的内容雷同,就会出现"千报一面"的现象,陷入到文革时期的"小报抄大报,大报抄梁效"的局面,而这正是我国新闻史上的一段不能忘却的沉痛教训。

第五节　选稿注意与失误纠偏

一、几点注意事项

对稿件的选择不仅直接关系到媒体的质量,也会对记者、作者产生影响,他们可据此判断媒体对稿件的偏好和要求。在选稿中注意到几点问题,将会使工作进行得更为顺利些。

(一) 认真分析稿件

许多作者(包括记者和自发投稿者)为新闻稿件的采写付出了艰辛的劳动,他们的作品是其心血的结晶。不论他们动机怎样,是为名还是为利;不论内容如何,价值上乘还是一般;不论形式好坏,表达生动还是枯燥,毕竟,在客观上是支持了媒体的出版工作,要让大家来分享发生的新闻或自己阐述的意见。因此,编辑应"将心比心"地"投桃报李",对每篇稿件都要怀着一片丹心,热情地审阅,做到沙里淘金。特别要注意以下几点:

1. 不要因为稿件够了就放弃其他未审稿。有的版面或栏目的稿件够用了,就对余下没有审阅的稿件置之不理,不再进行选择,这就有可能使有价值的稿件被漏掉。一切好稿,都是在看完所有的稿件之后才能最后定夺,宛如淘金,正如唐诗所云:"千淘万漉虽辛苦,吹尽狂沙始到金。"

2. 不要因为作者不知名而轻视其稿。选稿追求"名人效应"固然不错,但也不要因此而忽略众多普通人的稿件。芸芸大众当中藏龙卧虎,只要稿件有价值应一视同仁,不能以名家为瞻。况且,名家也是从当初的不出名一步步成名的,如前面提到的江苏作家陈登科,就是编辑的慧眼识珠。陈登科抗日战争时期才十几岁,一次他写了一篇目睹日军扫荡抓人的新闻稿投往新四军的《盐阜大众报》,不足一百字的稿件就有三分之一的错字。编辑没有嫌弃而是作了修改并将其发表,还在以后指导他。这对陈登科是极大的鼓舞,使他从此走上写作的道路,成为中国现代文学史上的著名作家。

3. 不要因为稿件长而放弃其中有用之处。有的稿件写得冗长啰嗦、沉闷枯燥,或主题不突出、枝蔓横生,看得人头昏眼花,兴趣索然,会影响编辑的审阅情绪。但也不要就此放弃不管,或许稿件中的某一部分或细节有亮点,有刊播的价值,应耐心地坚持看完才能最终决定。

(二) 适当顾及平衡

汇集到新闻媒体的稿件来自不同地区、单位部门、群体个体,内容包罗万象、形形色色。媒体对各个方面都应当兼顾,注意平衡报道。

1. 注意中心与非中心报道的适当平衡:各家媒体在许多时候都有自己的报道中心、重点,围绕这个中心、重点来优先选择一些类型的稿件。如某个时期国计民生的热点、公众关注的话题、世界发生的大事等。但也不要因此而忽略其他方面的稿件,所谓红花还要绿叶来扶持,重点也是在非重点的衬托下凸显出来的。好比一条主干河流,有其他一些支流陪衬才显出大河的磅礴气势。

2. 注意各种内容多样报道的适当平衡:一家媒体宛若一部百科全书,社会领域的政治、经济、文化、教育、科技、体育、卫生、军事、法律、宗教、习俗风尚、日常生活等等以及自然界运动的种种变异的题材,都应考虑适当兼顾,让受众见识到世界变化的多姿多彩,了解到社会生活与自然世界的丰富多彩、变化万千,足不出户而尽知天下事。即便是某一行业,也存在内容的多样性。如教育领域的报道题材,从类别上来讲,有德育、智育、体育、美育;从性质上来讲,有政治思想教育、课堂知识教育、实验技术教育;从层次上来讲,有高等教育、中等教育、小学教育、幼儿教育;从某一层次如高校来讲,有研究生教育、本科生教育、专科生教育;等等。

3. 注意各个地区部门报道的适当平衡:由于社会发展的不平衡,新闻传播也常常出现不平衡的现象。一般来讲,经济与文化发达的地区、部门的新闻多,对这些地区、部门进行报道多也属正常,但也不要因此而忽略对欠发达地区与部门的报道,要避免新闻中的“嫌贫爱富”倾向。如果长期在媒体上见不到后者的踪影,不利于受众全面地了解国情现实。近年来的国际新闻报道就表现出不平衡的现象:占人口少数的发达国家的新闻多,占人口多数的发展中国家的新闻少。这种不平衡的状况,应通过选稿的平衡来改变。

4. 注意正面新闻与负面新闻的适当平衡:大千世界,万事万物都在按照自己的规律及方式运转,存在着无穷无尽的矛盾现象,自然与社会是辩证地美丑相形、福祸相倚地运动、发展,世界如雨果所言是“恶与善并存,黑暗与光明相关”①。只要现实社会是稳定的,那么人们的积极实践便是主流,新闻报道多表

① 〔法〕雨果:《克伦威尔序言》,伍蠡甫、蒋孔阳主编:《西方文论选》上卷,上海译文出版社 1979 年版,第 183 页。

现人民群众波澜壮阔的创造、惊天动地的业绩自是题中之意。但也不要忽视甚至毫不顾及与之相对的另一面，即现实变化中背离实践规律性、目的性的消极落后现象。社会本身是一个充满矛盾的复合体，选择稿件只有从两方面把握，才能让受众较为全面地认识社会，从而更好地改造社会，推进社会发展。因此在选稿中必须坚持辩证法，既要突出主流方面的光明、美好、积极等活动，也要反映支流方面的黑暗、丑陋、消极现象，这样展示给受众的现实图景才是比较完整的而不只是局部的，新闻传播的宗旨才能真正地体现出来。既优先选择真善美的新闻，也兼顾那些披露假恶丑的稿件，两方面的报道相结合，有助于受众全面认识复杂的现实社会，避免出现舆论引导的偏颇。

（三）充分利用稿件

无论来自何方的新闻稿件，都是一种宝贵的新闻信息资源，应最大限度地开发利用。在选择好刊播所用的稿件后，对其余的稿件也应尽可能地发掘它们是否还有潜在的价值。比如，有的稿件因时机或环境原因不能立即采用，可看看是否有备用的可能；有的反映的问题尖锐或敏感而不宜公开刊播的稿件，可看看是否有作为内参上报的价值，使其在一定范围内产生影响；有的稿件反映的矛盾问题，可看看是否有必要转交有关部门处理使之能得到关注甚至解决；有的稿件中是否还隐藏着其他有价值的线索，可以进一步补充采访；等等。总之，应当珍惜所有的新闻信息资源，充分利用稿件的一点一滴，这也有利于鼓励作者向新闻媒体投稿的积极性。

同时，新闻媒体还可以公布举报电话与信箱，鼓励受众举报假新闻和造假者。事实证明，这种方式不仅能加大社会各界对新闻从业人员及新闻媒体的有效监督，也能使新闻工作者及媒体严格要求自己，促进媒体业本身的健康、可持续发展。

二、关于差错的纠正

（一）为什么要纠错

"人非圣贤，孰能无过？"任何人都难免有这样或那样的过错。在新闻实践中亦然，无论是记者还是编辑，出现差错是难免的，不论是事实上的还是技术上的，不论是直接的还是间接的，不论是受众发现的还是自己检查的，不论何种情况，一旦发现都应勇于纠偏进行更正。媒体上出现的差错，总是和编辑工作有关，有的可能就涉及选择稿件。特别是当前新闻市场竞争加剧，报纸的版面与广播电视的频道多，用稿量大，又要抢时效，往往会因对稿件未及认真分析、修改、编排而导致差错出现，进行纠错也是在编辑这个环节。纠错的原因和意义如下所述：

1. 体现媒体的公信力。公信力是大众媒体的生命,及时对发生的差错进行更正,表现出媒体对公众负责任的精神。实际上,一家媒体出现失误特别是较大的差错,想蒙混过关甚至掩盖几乎是不可能的,这样做只会错上加错。今天媒体间的竞争化格局,使得新闻真相在不同媒体的报道中互相印证,自己有了失误不吭声,也会被别的媒体映衬出。况且,群众的眼睛是雪亮的,他们的认知水平和追寻真相的能力都在提高,辅之以发达的网络,白纸黑字的差错是无地可遁的。有时受众提出的常常是一些细节如某个词语不准确、某张照片不适当等问题,这在有些媒体看来或者不值一提,或者轻描淡写地在内部提醒一下。但从制度的严格角度而言,这些细节差错背后显示的是媒体理念的问题。如在司法机关没有确定嫌疑人是否有罪之前就称之为"歹徒"、"罪犯",显然有悖于"以人为本"的人文理念。襟怀坦白,不怕丢面子而勇于道歉,努力回归新闻真实,磊落地展示出一种自我反省、自我约束、自我评价、自我善后的状态,不仅是对受众负责的态度,也是新闻理念的外延,更契合了现代新闻专业主义的核心。如《新民晚报》向读者发表的一篇《致读者》就体现了这种精神(见图片3-7)。

2. 督促从业者提高修养。记者、编辑按照媒体道德标准和业务要求在新闻实践中进行的活动,如有不足、疏漏、差错,通过媒体内部与外部的检验,在媒体上公开指出来,有助于形成新闻从业人员的职业习惯和责任意识,是对采编员工的一种自我加压,对受众的一种承诺。如《新京报》的系列更正栏目,已经形成一套卓有成效的运作机制,在报社内部逐渐形成了一种敬畏感。编辑、记者每天打开报纸,往往先读二版的"更正与说明"等栏目,看看有没有被曝光。它事实上已成为锤炼从业人员严谨作风的"安检门"。该报曾刊一则更正:"在对梁启超之子梁思礼的采访中,《仇袁、和袁、倒袁》一文提及蔡锷在梁启超先生组织的'反对袁世凯称帝'活动中'被刺杀'的陈述有误。蔡锷将军在'倒袁'胜利后,因为积劳成疾,赴日本就医,不治逝世。该文发生的常识性错误,虽然与梁启超先生儿子的记忆有误有关,但记者、编辑不加核实而原话照登,有违本报'负责报道一切'的理念。"这样的更正不单单是纠错,而是再度提醒了媒体从业人员必须坚守"对报道中的每一个字负责"的媒体理念。①

3. 保障受众的表达权。如今,公民权利意识的觉醒和勃兴,已经融入社会的方方面面,这些基本权利包括知情权、表达权、参与权和监督权。这些权利落实到公共传媒领域,除了要迅速、真实、全面地公开新闻信息,还有媒体和受众之间的制度性的沟通互动,形成一种"开门办报"的格局,保障受众的参与权、表达

① 王爱军:《认错纠错应当成为媒体的基本品质》,《新闻实践》2009年第9期。

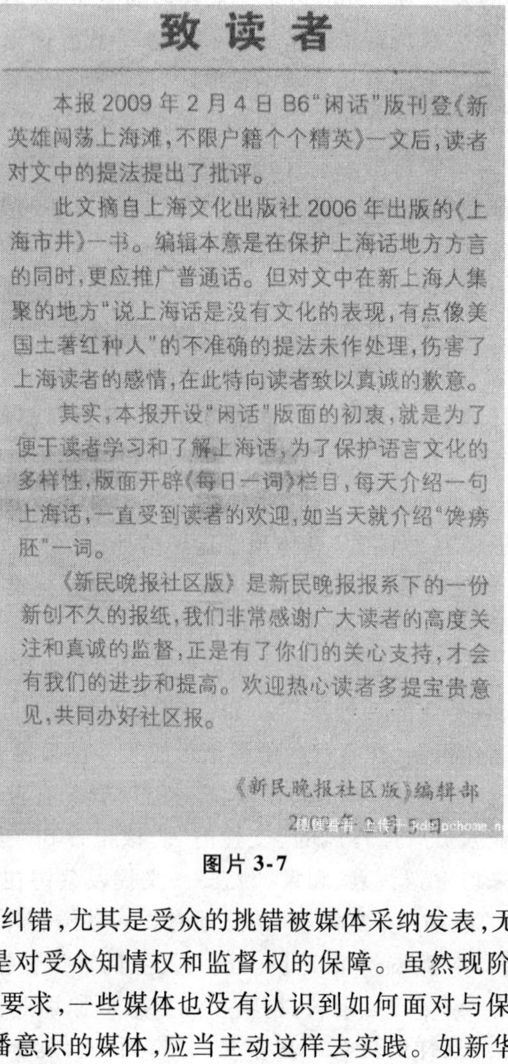

致读者

本报2009年2月4日B6"闲话"版刊登《新英雄闯荡上海滩，不限户籍个个精英》一文后，读者对文中的提法提出了批评。

此文摘自上海文化出版社2006年出版的《上海市井》一书。编辑本意是在保护上海话地方方言的同时，更应推广普通话。但对文中在新上海人集聚的地方"说上海话是没有文化的表现，有点像美国土著红种人"的不准确的提法未作处理，伤害了上海读者的感情，在此特向读者致以真诚的歉意。

其实，本报开设"闲话"版面的初衷，就是为了便于读者学习和了解上海话，为了保护语言文化的多样性，版面开辟《每日一词》栏目，每天介绍一句上海话，一直受到读者的欢迎，如当天就介绍"馋痨胚"一词。

《新民晚报社区版》是新民晚报报系下的一份新创不久的报纸，我们非常感谢广大读者的高度关注和真诚的监督，正是有了你们的关心支持，才会有我们的进步和提高。欢迎热心读者多提宝贵意见，共同办好社区报。

《新民晚报社区版》编辑部

图片 3-7

权。媒体公开认错纠错，尤其是受众的挑错被媒体采纳发表，无疑是在保障受众的表达权，同时也是对受众知情权和监督权的保障。虽然现阶段法律没有规定媒体这样的义务和要求，一些媒体也没有认识到如何面对与保障公众的这些权利，但具有现代传播意识的媒体，应当主动这样去实践。如新华网的公开纠错热线，在这方面就做得很好：

新华网纠错热线

新华网是新华通讯社主办的国家重点新闻网站，每天24小时不间断地播发新闻信息，同时使用中、英文等6种语言。新华网实行严格的编审制度，欢迎海内外网友对新华网播发的文字、图片、音视频稿件内容批评和指正，如发现政治性、事实性、技术性差错和版权方面的问题及不良信息，请及时与我们联系，向我们举报。

本网纠错、举报热线：(010)63070950
节假日及每日22时以后：(010)63070925

4. 缓解后续的被动麻烦。不管是主动的还是被动的，由于媒体对自己的过失公开进行了纠正，一方面向社会表示了知错改错、挽回影响的决心，在舆论上赢得了一定的主动。另一方面，也使得当事人由于报道出现的差错而遭受的伤害减少到了最低程度，往往能取得当事人的谅解，可缓解可能引起的麻烦。即便因此而发生后续纠纷乃至作为被告对簿公堂，在新闻诉讼中也可在一定程度上减轻部分责任。《新京报》的"更正和说明"栏目，就刊登过这样一则检讨的短稿：

5月20日A11版《表演吞剑刺破肚皮》一文，受伤的秦老师是男士而非女士，且事故原因并非表演吞剑所致，而是秦老师在魔术彩排中发生意外被电锯所伤。造成如此重大的事实出入，是由于记者未去现场采访，也未采访当事人，而是听信目击者一方之言所致。对于本报记者因为采访作风问题而导致报道失实，本报向当事人和广大读者致歉。同时，本报将对当事记者进行严肃处理，并认真改进采编工作。

正因为有了这样的主动更正、公开致歉和严肃问责，报纸出现的差错很快取得了当事人的谅解。

（二）怎样表现纠错

刊播的内容中出现失误情况，有的是因采访对象提供的材料不准确，有的是因稿件作者本身的疏忽，有的是因编辑在修改稿件或编排过程中出现的失误。本着实事求是的精神，什么地方有错就什么地方检讨，不回避，不夸大，不缩小，通常采用下面几种方式：

一种是临时性的纠错方式，即媒体对于某一有误的具体内容进行纠正。其主要形式有"来函照登"、"更正声明"、"更正与致歉"等形式，主要就当时涉及的人名、地名、单位、职务、数据、概念、观点以及文字语法等各种差错进行纠正。目前，这种形式在全国各类媒体中较为常见。如2009年10月11日，新华社以《教育大计 教师为本》为题，全文刊发了温家宝9月4日在北京市第三十五中学的听课感受和在座谈会上的讲话。新闻稿件中温家宝总理对所听5堂课的感受都作了详细讲述，文中提到："对学生的回答，老师应因势利导，问他看过多少种岩石，知道名字吗？老师就可以讲岩石的分类：沉积岩、岩浆岩、火山岩。"稿件播发后的第二天，温总理写信给新华社更正说："贵社昨天播发我的《教育大计，教师为本》一文，其中岩石学的分类，应为沉积岩、岩浆岩（也可称为火成岩）、变质岩。”新华社当即在10月12日连同温总理的手迹予以播发（图片3-8），这几句朴实而真挚的更正话语，得到广大受众的好评，在互联网上广泛流传。

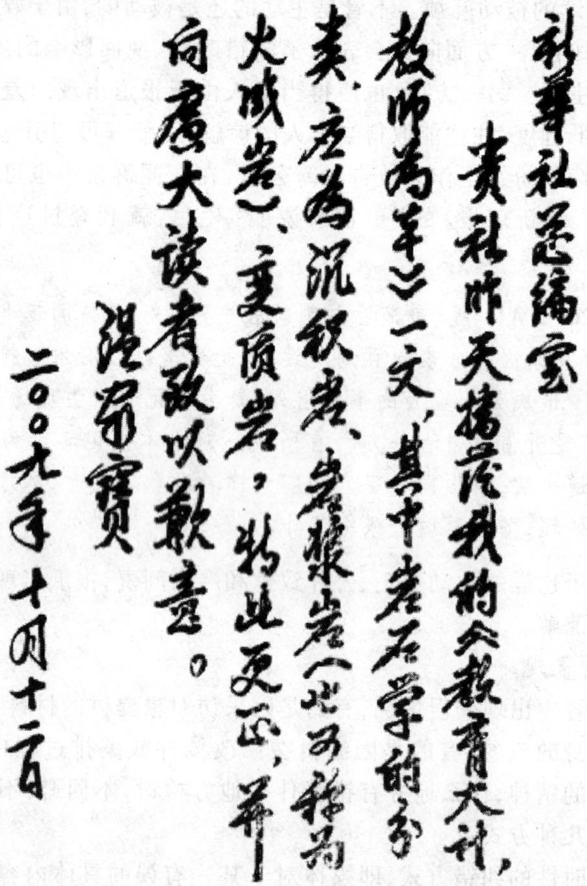
新华社总编室：
贵社昨天播发我的《教育大计，教师为本》一文，其中岩石学的分类，应为沉积岩、岩浆岩（也可称为火成岩）、变质岩，特此更正，并向广大读者致以歉意。
温家宝
二〇〇九年十月十二日

图片3-8　媒体刊载的温家宝致歉手迹

第二种是专门设置固定的栏目定期纠错，一些报纸在固定的版面某处就有“更正专栏”、“编读往来”、“读者来信”、“编者的话”之类，刊登各种差错并道歉。如《南方周末》在第二版不固定的位置上设“有错即改”栏目，刊登发现并更正这个错误的读者姓名及其单位。大名鼎鼎的美国《纽约时报》，也有一个“更正专栏”。特别值得一提的是，《新京报》从2003年11月11日创刊的第二天起，就在第二版的左侧位置开辟了“更正与说明”专栏，里面还有“事实纠错”、“文字更正”子栏目，对该报前一天或近日出现的事实错误和重要文字差错进行更正，对报道中一些价值理念和操作方式上的不妥之处进行纠正，并“就以上错误和疏漏向广大读者和相关单位、人士致歉”。如该报更正栏目发表的一位大学生来信，题为《称呼当事人应保持价值中立》，信中说：“昨日《新京报》对一名男子挟持人质的系列报道中，犯罪嫌疑人的称呼多次变换，我认为对不明身份的人最好别使用‘歹徒’和‘劫匪’的称呼。在警方未给出案件的结论之前，如果用‘不明身份的男子’的称呼会更准确。”这表明了记者用语的差错，编辑也没有发现。该栏目设置专业编辑，公布挑错热线，安排专人收集读者来电来函“挑错”，同时聘请几名专业人士担任社外审读，专门挑出当日见报差错。[①]《新京报》的这种纠错的方法与经验，值得学习。

第三种是媒体的专门检讨。一些较有社会影响与关注度的报道，被证实为严重失实甚至根本错误，或者对新闻报道的失误所作的一般性的更正，尚不足以概括记者在采写新闻或编辑的稿件处理上的重大疏失，那么，媒体就此专门郑重其事地向社会作出公开检讨，否则“不足以平民愤”，这是一种严厉的自我批评。如《南方都市报》的一则公开检讨：“本报2月22日A24版刊发的体育评论《弄他！弄他！》一文，对重庆及重庆个别单位进行了不恰当的调侃式评论，对重庆城市形象及市民形象造成伤害。特向重庆市民、所涉单位及本报读者郑重致歉。”[②]中央电视台《新闻联播》栏目组2009年6月9日在央视网上发布了一则检讨：

> 6月7日，《新闻联播》播出新闻《高考第一天 考场内外贴心服务》，内容为高考第一天社会各界为保证高考考生有一个良好的应考状态所做的各种努力。节目当中的街头画面当中出现了一年前的过期资料画面，画面中出现了一辆公交车，横幅上写“距2008奥运会开幕还有63天”，引起了广大观众和网民的质疑和批评。
>
> 《新闻联播》栏目对此进行了详细调查，现就具体情况说明如下：
>
> 这条新闻是各地方台传送的高考画面汇编而成，其中误编的新闻画面采用自江西电视台上传的新闻《江西南昌：交警部门为高考考生提供便利做好服务》。当天，江西电视台准备拍摄一条南昌交警专门为高考开辟临时停车绿色通道的新闻，在节目制作过程中，江西台记者进行了实地采访，但由于在完成大部分画面拍摄后，南昌下起了阵雨，同时因为传送新闻时间紧张，记者商请南昌市交警部门的通讯员协助补充部分画面。在交警通讯

① 王爱军：《认错纠错应当成为媒体的基本品质》，《新闻实践》2009年第9期。

② 《〈南方都市报〉回应评论事件　今天登报向重庆道歉》，《重庆晨报》2008年2月27日。

员将画面送来后，江西台值班编辑未能发现此画面为去年高考时拍摄的资料画面，将其直接编入新闻中并上传到中央电视台。当天下午约有20多个地方台陆续传来了大量相关新闻，制作时间很紧，《新闻联播》栏目的编辑也未能发现画面中的问题，在没有对画面细致把关的情况下，节目在《新闻联播》中播出。

节目播出后，观众和网友纷纷通过各种渠道提出质疑和批评，我们在此表示由衷的感谢，并就这一不该出现的失误向广大观众道歉，对相关责任人，我们将依据台里相关规定进行处理，并引以为鉴。在以后的报道中，我们将会尽力确保播出的每一个新闻画面都准确无误，做到忙中不乱，做好、做精节目，不辜负广大观众的厚爱。

中央电视台的《新闻联播》节目影响大，以权威性而闻名中外，这则检讨详细地说明了播出的有误新闻的来龙去脉，郑重地向全国的亿万观众公开检讨，这种勇气是可嘉的。受众是媒体的上帝，媒体对受众表示谦卑，特别是出现重大失误，深刻地反省理所当然。如果面对明显的差错置之不理甚至百般狡辩、文过饰非，最终必定被受众所抛弃。

第四章 新闻稿件的修改

第一节 修改新闻稿件的语言要求

一、绝对性修改与相对性修改

（一）稿件质量的层次分类

修改稿件是选择稿件的延续，是对入选稿件的一次全面的再检验。入选稿只是从新闻的主题、内容、事实等大处去看具有意义，但并不等于就符合发表的要求，大部分甚至是全部都有待于进一步修改后才能刊播，本报（台）记者的稿件也是如此。即使是选用通讯社编发的稿件或转载其他媒体的稿件，相当部分仍需由编辑进行修改。总之，在编辑眼里，无论什么样的稿件都只是原料、半成品，要发表必须进行"再创作"，大至稿件的事实、观点，小至稿件的文字、标点等，都需精心提炼、加工，方能成为编辑意义上的"成品"。

编辑在选择稿件时是从新闻价值、社会效果、媒体特色等方面来综合考虑的。首先是从稿件的内容出发，兼顾表现形式。不论在什么情况下，内容总是第一位的，表现形式是第二位的。只要内容可取，表现形式再差编辑也会将之完善。编辑对稿件的修改，就是赋予其最佳形式，保证稿件的质量。不少稿件来自四面八方，作者的水平参差不齐，其质量差别也是明显的。如果对所有的新闻稿件按其质量来衡量的话，可以划分为这样一些不同的层次类别：

（1）内容好，形式好；

（2）内容好，形式一般；

（3）内容好，形式较差；

（4）内容一般，形式好；

（5）内容一般，形式一般；

（6）内容一般，形式差；

（7）内容不好，形式好；

（8）内容不好，形式一般；

(9) 内容不好,形式也差。

第1类稿件是最理想的,编辑无须费神便能刊出,但这类稿件毕竟不多。第2类稿件编辑适当作些修改就可以刊播;第3类稿件因其内容可取,编辑要花费相当的精力修改。第4到第6类稿件会适当选一部分备用,编辑也要在上面费些功夫修改,而第7到第9类稿件通常不会入选,编辑一般不假思索就将之淘汰了。

(二) 绝对性修改与相对性修改

编辑对稿件的修改有两种情况:一种是绝对性修改,一种是相对性修改。

绝对性修改是一种无条件的修改,主要是指稿件在思想内容、基本事实或材料运用、文字表述等方面有某些欠缺,必须经修改后才能发表。比如稿件中个别观点不正确,引用事实有误或辞章修饰上有毛病等,这些差错都要在修改环节中消灭,以保证新闻的质量。无论哪家报纸或广播电视,都要进行绝对性的修改,否则就会出现谬误,产生误导,失去优良的品质而不受欢迎。

相对性修改是依据时间、地点条件而转移的修改,主要是指稿件本身在思想、事实、辞章等方面都没什么毛病,只是鉴于媒体的某些特定要求,如根据媒体的特点需要突出某一部分,删去某一部分,或者从报纸的版面或电台、电视台的栏目要求出发作适当的精简、扩充、合并、分篇等等。这种修改不是改正错误,只是为了适应媒体的特定要求。因为每种媒体的风格特色不同,对稿件的要求也不同,这种媒体认为是需要修改的,在另一种媒体则认为不需修改。修改的要求也不尽相同。即使同一家媒体,由于每天的版面或栏目情况不同,同一篇稿件今天和明天的修改也可能不完全一样。这种修改同样是媒体质量、特色的保证。

绝对性修改和相对性修改,对每一家媒体来说都是必不可少的。修改稿件是一种艰苦的劳动。南北朝时期的文艺理论家刘勰就感叹过:"改章难于造篇,易字艰于代句。"[①]修改自己的作品尚且如此之难,更何况修改别人的作品呢?编辑既要"揣摩"作者的心态、思路,又得面对受众的要求,还要考虑社会的审美时尚,这种修改就更难了。但不管怎么难,作为编辑,只能也必须是知难而上,尽心地"按美的规律"(马克思语)去修改,将稿件修改得内容美与形式美统一、实用性与审美性统一,融传播信息、引导舆论、介绍知识、服务娱乐等为一体,满足最大多数受众的需求。

有一副对联写的是"蓬头垢面来,白面书生去",形容理发师的高超技艺。用它来形容编辑对稿件的修改,也是适合的。因为正是编辑的辛劳与奉献、智慧

① 刘勰:《文心雕龙·附会》。

与精神，使得那些"蓬头垢面"的稿件，经编辑的"再创作"后变成锦簇花团在传媒园地争芳斗艳，使受众在获得信息与知识的同时，也获得了美的享受。

二、修改新闻稿件的语言要求

新闻类稿件的修改与其他非新闻类稿件的修改，既有相同之处，也有不同之处。相同之处在于都要注意以下这些问题：内容是否正确；主题是否突出；叙述是否清楚；条理是否分明；语句是否通顺；行文是否生动；标点是否准确；字词是否有误；等等。

新闻类稿件的修改与其他非新闻类稿件的修改又有显著的不同。新闻是对新近发生的事实的报道，首先要求稿件内容必须具有新闻价值，稿件中的时间、地点、人物、事件、原因、结果等要绝对真实、准确，不能有丝毫虚构、夸大、缩小。即便对事实发表的议论，也要符合客观事实本来的面目。特别是新闻语言有其自身的特点，是编辑在修改中应把握的。

（一）新闻语言的客观性

这是新闻语言的一个最为突出的特点。马克思说："语言是思想的直接现实……它们只是现实生活的表现。"[①]新闻事实是客观存在的，表现它的语言也必须具有客观存在的特质，它应该像真理般公正、朴素，像行云流水般自然、和谐。具体来讲，新闻语言的客观性要求，就是以公正、准确、淳朴的语言来报道新闻，而不是以夸张、想象乃至吹嘘的语言来渲染事实，这样才能达到其"桃李不言，下自成蹊"之境界，给读者以美感。

这就意味着新闻稿件中多用动词、名词而少用形容词、副词。因为就一般的语言表述情况来说，动词、名词是纪实的，具有客观性，而形容词、副词带抒情性，具有主观色彩。新闻事实是不以人的意志为转移的客观存在，用带感情色彩的语言来表述，哪怕主观意图是从善意出发，也有美化甚至弄虚作假之嫌。即便艺术表现重视主观性，但同样也强调表现对象外在的客观性特质，一味强加主观性意志，美也会"错位"为丑。这里有个例子：有位封建遗老不学无术却又爱附和高雅，有一次他花重金买来一尊从古代墓穴中挖出来的扬蹄腾跃的青铜奔马，高兴得很。但是他觉得它陈旧，看上去似乎铜锈斑斑，太不好看了，便使劲儿用砂纸擦去铜锈，青铜马变得金黄铮亮，分外耀目。他邀请了一些亲朋好友来观赏，有的人看了啧啧称赞，说很漂亮，内行看了则大为摇头，认为这奔马擦得金光闪闪固然漂亮，但却丧失了古拙的美，像是从翻砂模子里倒出来的，丧失了原有的

---

① 《马克思恩格斯全集》第3卷，人民出版社1971年版，第525页。

品味，是弄巧成拙。①

这里不妨引用一段美国一本新闻书中关于新闻用语客观与否的对比：

A. 不正确用语：他因跳窗自杀而死。
　　正确用语：他因自窗口跳下致死。

B. 不正确用语：见证人作了伪证。
　　正确用语：检察官说见证人作了伪证。

C. 不正确用语：他十分称职。
　　正确用语：他是哈佛大学的毕业生，有十年工作经验。

D. 不正确用语：他们准备了一些极其精彩的余兴节目。
　　正确用语：他们准备了一些余兴节目。

不难看出，上面的"不正确用语"多与用了形容词、副词有关，而它们又都带有主观评判的色彩。我国一些新闻稿件中常见滥用形容词、副词，如"大力开展……"、"积极引导……"、"进一步搞好……"等等。用语的不客观在于作者的某些误区，他们不完全懂得新闻必须用事实来说话的道理，认为新闻就是宣传，既然是宣传就要发一通议论，讲一番道理。这种主观性的语言强加给受众，必然让人生厌。

当然，强调新闻语言的客观性，也并不完全排除使用带感情色彩的词语。根据新闻主体的不同或处在不同的场合，选择不同感情色彩的词语往往能更好地表现出事物的本质特征。如新闻中关于表述某人的生命终结可以用多种语言："死了"、"伏法"、"上西天"、"下地狱"、"见阎王"、"归天"、"升天"、"作古"、"逝世"、"去世"、"辞世"、"谢世"、"牺牲"、"献身"、"殉职"、"遇难"等等，虽然它们的理性意义是相同的，表示的是同一事实，但带有褒贬、中性的不同感情色彩，有积极与消极或中性之分，用在不同的新闻人物身上效果不同，而且还不能错用。好比一块布料，其物理属性不变、用途不变，但它在裁缝师的手中，可以根据不同的顾客，缝制成不同样式的服装，表达出不同的审美情趣来。

（二）新闻语言的具体性

新闻报道的是所发生的事实，必须用具体的语言来描述，要"言之有物"，表达出真切实在的内容来，才能让人感受到它的大小、长短或是快慢、疾徐、进退等等，捕捉到事物可感的形状、面貌、变化，便于受众对新闻做出某种肯定的或否定的或中性的评析。

---

① 庄志民：《审美心理奥秘》，上海人民出版社1983年版，第113页。

况且，事实本身就是具体存在的事物，不管新闻内容多么美妙、主题多么重要，终究要建立在对事实的叙述之上。巴甫洛夫说得好："无论鸟翼是多么完美，但如果不凭借事实，它是永远不会飞翔高空的。事实就是科学家的空气，你们如果不凭借事实，永远也不可能飞腾起来。"①倘若新闻语言笼统、空泛或抽象、含糊，只会令人无从捉摸、不得要旨。比如有篇新闻报道某地重视"科学是第一生产力"，掀起"学科学，用科学"热潮。这种主题是好的，但新闻中不少地方都是"他们从科学的实际出发，认真地贯彻全国科学大会精神，使全市科技战线出现了朝气蓬勃的新局面"等话语，这就显得空洞抽象，如同隔雾观花，受众并不能从中得到实在的信息，也就形不成完整的印象。其实，根据记者的采访素材，可作这样的修改："记者在采访中发现，市长的办公室的墙上贴着科学技术讲座的日程表，办公桌上放着科技情报资料。"这样具体的描绘，才能给人留下这个地方的领导确实是重视科学的印象。

普利策提出新闻要"准确、准确、再准确"，实际上是要求用客观、具体的语言来状物叙事，符合事实本来面目。但具体不一定等同于准确，有些失实的新闻其语言也是具体的，但不是客观地反映而是走形的描述。如某位身怀六甲的女职工路经黄浦江边，看见有人在水中挣扎，急忙下去拉住落水者手臂将其救上岸。事迹本身感人，可稿件中将孕妇"下河救人"写成"跳河救人"，就失却了客观性、准确性。因此，具体必须和客观相连才能完全真实、准确。美国名记者莫林指出："一篇理想的新闻报道，应该把读者带到现场，使他能看到、感觉到当时所发生的一切。"只有用具体的语言来描述，才能达到莫林所期望的境界。空洞的、概念化的陈述只能给人抽象的认识，诸如"极大的鼓舞"、"深刻的教育"、"在……基础上"、"在……精神鼓舞下"、"为了贯彻……精神（方针）"等就是如此，是劝服不了人的。

要求新闻语言具体绝非事无巨细，那样会显得过于繁琐。有时候新闻的某些地方并不一定要具体到每一细节。如大街上有人行窃，周围几十人袖手旁观，新闻中只需写"几十名围观者"即可；新闻在描述某人"微胖"或"略瘦"等形象时也没必要具体到他的实际重量；一些案件报道中残忍凶杀、色情污秽等也只需笼统交代，展示细节反给人"视觉污染"或"听觉污染"之嫌。纪晓岚说得好："文质相扶，点染在所不免。若字字摭实，有同史笔，实有难于措笔之时。"②

（三）新闻语言的通俗性

大众传媒面对的是全社会不同文化程度的读者，只有通俗化才能使报道内

① 《巴甫洛夫选集》，科学出版社 1955 年版，第 32 页。
② 纪昀：《文心雕龙评》，载于忠善编选：《历代文人论文学》，文化艺术出版社 1985 年版，第 220 页。

容为更多的读者看懂。这就要求编辑使用现代汉语和普通话语言为行文标准，少用甚至防止用文言、方言、生僻字词以及行业术语，以减少读者的阅读困难。新闻语言的通俗性既是新闻传播的内在法则之一，也符合普通受众的审美要求。尤其是文字报道更为强调新闻语言的通俗，即使报纸的主要读者群文化水平比较高，也会有专业知识程度方面的差异，并且也不排除文化水平低的读者群。

从我国报纸的发展轨迹来看，其内容与形式也是往通俗化方向发展。从邸报到小报、京报，到向社会公开发行；读者对象从官员到知识分子，最后面向普通民众；语言从文言文到清末民初的半文半白，到五四时期白话文新闻的普及，都表明了报纸逐渐发展为普及性的读物，主要面向社会迅速传递信息，而非专门性的出版物。同时，也表明了新闻语言通俗化的特点，对一般事实的描述无须浓墨重彩，更不要曲笔晦涩而是力求通俗晓畅、朴素自然，给人一种亲切感。

一是新闻语言以现代汉语为行文标准，这自五四新文化运动以来普通大众早已熟谙，也是书面语言的审美基础，最适合一般人领悟。尽量避免文言文、行话、俚语，个别地方非用不可时编辑最好注释。对必须出现的一些专业术语也应适当解释或以大家都熟悉的同义词替代。二是新闻语言以普通话为行文标准，这是全国乃至世界华人都通用的语言，并且是联合国采用的几大用语之一。我国的《国家通用语言文字法》颁布实施已有多年，所谓“国家通用语言文字”，就是指普通话和规范汉字。大众传媒是最广泛、有力的推广工具，更有责任和义务以普通话行文为标准，让各地受众都能清楚地意会其内容，达到情感上的交流。三是新闻中多用简单句少用复合句。简单句一般较易于快捷地理解领会，而复合句通常意思较复杂，尤其是数个分句叠加的复合句不易使人读懂。“欧化式”的倒装句也不宜用，不适合中国受众的视听习惯。

当然，通俗性不是低级性、粗俗性。有的娱乐类报纸为取悦部分读者，用语庸俗或粗野，有的电台“热线”节目主持人话语轻佻流俗，或嗲声嗲气。此类语言并非通俗而是媚俗，媚俗的语言产生不了美感，只能一时刺激人的感官。

（四）新闻语言的简洁性

简洁也称洗练，是指极其简短和集中地表现内容构思的方式。对新闻来说，语言简洁是基本要求之一。简洁不仅是一种艺术技巧而且是美的结晶，它让人在最短时间内观照对象，萌发兴味。人们常说的“文约而事丰”，“言犹尽而意无穷”之类，都是指写文章用简洁精练的语言来表达丰富的内容。中外著名文人无一不强调语言的简洁，如契诃夫的“简洁是天才的姊妹”，刘勰的“文以简洁为能，不以繁缛为巧”，苏东坡的“意尽而言止者，天下之至言也”，鲁迅的“浪费他人的时间，无异于谋财害命”等等，并且身体力行。如王之涣的“白日依山尽，黄河入海流”，十个字便尽展黄河的壮阔景象和雄浑气势；王安石的“春风又绿江南岸”，七个字便描绘出大好鲜活、美丽如画的江南春光图。

新闻报道每天都要告知人们频频变动的新鲜事。当今世界社会飞速发展，时事变幻无穷，每时每刻发生的事实浩如烟海。新鲜事是如此之多，报纸纵然一再扩版，广播、电视纵然不断增加波段与频道也是杯水车薪，只能反映信息世界的沧海一粟。要想向受众多报道新闻就应言简意赅，删繁就简。短小精悍的报道让受众在匆忙之中即可获得信息，无需在冗长的篇幅中去寻觅。新闻洋洋洒洒容易横生枝蔓，淹没有价值的事实。况且，繁琐冗长的叙述宛如将人引入迷宫。《墨子闲诂》中有则故事：“子禽问曰：‘多言有益乎？’墨子曰：‘虾蟆蛙蝇，日夜而鸣，舌干擗，然而不听。今鹤鸡时而鸣，天下振动。多言何益？唯其言之时也。’”这也指出了“言不在多，贵在有用”的道理。

需要注意的是，新闻语言的简洁性只是要求，并非一概而论。新闻若是一味地求简而词不达意，让人费心思去揣摩、猜测，是难为受众，这不是简洁而是苟简。某些重大的新闻事件或是社会热点、难点问题等，涉及方面多，个中因素复杂，不是三言两语就能说清楚的，新闻报道需要多费点口舌也在情理之中，也是必需的。钱大昕指出：“文有繁有简。繁者不可简之使少，犹之简者不可使之增多。左氏之繁胜于公、谷之简；《史记》、《汉书》，互有繁简。谓文未有繁而能工者，非通论也。”①其观点富有辩证性，表明繁与简都不是衡量语言好坏的标准，而应根据内容的不同来决定，这点也是编辑应掌握的。

（五）新闻语言的时代性

新闻反映现实变化、追踪世事发展，其语言应具有时代气息。各个时期不同的政治环境、经济形势、文化活动、科技面貌等各方面的社会状况，影响和制约着人们的思想观念、道德水准，会对人的用语产生直接影响，总会出现一些适应于这个特定时代的话语。新闻语言站立于时代的潮头，体现着这个时期生活的审美信息。倘若把新闻用语比作密密的树林，沿着林中小径探幽，会发现它时而整洁平坦，时而坎坷不平，时而清风拂面，时而林涛震响，新闻“语林”中的变换，向人们展示着一幅幅多彩的历史画面。“今天的新闻是明天的历史”，不仅是指内容也包括语言，新中国成立60年来就演绎着几大段鲜明的时代场景：

20世纪五六十年代体现时代色彩的报刊词语有土改、镇压反革命、抗美援朝、三反五反、公私合营、农业合作化、总路线、人民公社、三面红旗、除四害、超英赶美、大跃进、放卫星、反右、四清、投机倒把……在六七十年代“文化大革命”中

---

① 钱大昕：《与友人书》，载于忠善编选：《历代文人论文学》，第214页。

盛行的新闻用语有红卫兵、红宝书、红太阳、红心、万岁、阶级斗争、大字报、大批判、走资派、封资修、黑帮、工宣队、革委会、样板戏、斗批改、反潮流……步入改革开放，新闻反映现实的语言更让人目不暇接：四人帮、拨乱反正、三中全会、一国两制、特区、四化、五讲四美、开发区、下海、跳槽、市场经济、大腕、大款、追星族、打白条、打工妹、打假、普法、主持人、卡拉 OK、炒股、彩票、环保、托福、影星、歌星、减肥、减负、知识经济、高速公路、电脑、绿色食品、下岗、GDP…… 迈进 21 世纪，新闻中的新生语言依旧源源不断：手机、上网、刷卡、二奶、黑哨、韩流、反恐、克隆、海归、选秀、全球通、私家车、“三个代表”、和谐社会、科学发展观、金融海啸、蜗居、低碳、“被 × ×”……

新闻语言的变化，形象地记录了社会发展变迁的历程，显示了它所包含的丰富的历史内涵，给人提供了解社会变革、参与社会交往的活力。语言就像河流，经常处于流动状态，新闻语言就是航行在这条河流上的帆船，随着河水的流动行进，不断给人带来时代信息，刷新人们的观念。语言有其地域性，但在信息交流中会互相借用，在新闻中体现得尤其明显。改革开放以来，我国新闻报道对来自境外的一些词汇，或直接采用或适当变用。如打的、中巴、迪斯科、吉尼斯、反导条约、人权、因特网、艾滋病、VCD、NBA、IT、WTO 等。有时候一些尘封多年的词语也会在新闻中恢复，如新中国建立以后消失了的先生、小姐、太太、老板、保姆、失业、人力车、黑社会、恭喜发财等语言又重现，这也是生活的变化所致。

因此，编辑有义务推广那些健康的、流行的新生语言，给人带来审美信息，同时领书面语言风气之先。所谓流行语，就是在当前社会交流中常用的和能恰当地达意的语言，它在一定的时空中风行，有的保留下来成为语言家族的宠儿，有的则随着时过境迁而被淡忘和消失。20 世纪 80 年代中期曾有人对媒体上运用的“彩电”、“空调”等词有非议，诘问：“难道电视机本身从里到外都是彩色的？”“空调是什么意思？”可是经新闻媒体的推广，“彩电”、“空调”等词的含义早已妇孺皆知，固定下来成为常用词。

当然，新闻语言的时代性并不意味着对新出现的语言都采取“拿来主义”。一些任意生造、不合规范或只在某一范围内的人所会意的新语，新闻中应避免使用。就某些流行语来说，有的被称为“社会方言”，只有特定的人群能明白，不能成为多数人所采用或理解的书面语，眼下一些网络语言或“哇噻”、“帅呆”之类便是如此，搬上媒体既不雅也会让一般人不解，反而会引起语言的混乱，受众会发出“看不懂”、“听不懂”的感慨，这也是编辑要注意的。

修改新闻类稿件的方法多种多样，概括起来讲主要有修正、精简、补阙、改写几种。修改一篇稿件往往并不就是单纯使用一种方法，而常常是几种方法交叉结合运用。为了叙述方便,下面将它们一一介绍。

第二节 修正内容

客观事实第一,新闻报道第二。离开事实就没有新闻,新闻是事实所派生的,新闻中表达的观点也是由事实衍生的。因此,报道的任何事实都必须完全符合事实原貌,不夸大,不缩小。新闻表现出的任何观点,也要与客观事实完全相符,不曲解事实,不文过饰非。

一、内容差错的修正

内容差错的修正,就是改正稿件中的不正确的写法。修正的范围包括稿件中的事实、观点、语法、修辞、逻辑等各个方面,其目的是要消灭这些差错,使稿件的事实准确,观点正确,文字通顺,客观、公正、真实、生动地反映现实的变动。

(一) 事实差错的修正

事实的修正包括内容和表述两个方面。事实的内容错了,必然会造成报道的不真实、不准确;事实的表述不当,同样会使得事实模糊乃至歪曲。因而,对事实的修正应达到以下要求:真实、准确、科学、统一、清楚。

1. 真实。真实是新闻的生命。新闻稿件与一般稿件最大的不同就在于它是对事实客观、真实的再现。它不仅要忠实于事实的概貌、事实的发展,而且还必须忠实于事实的细节。编辑在选择稿件时,由于时间匆忙往往对新闻稿件只是粗略浏览,大致判断稿件有无新闻价值、能否采用。即使对入选稿件也是从大处着眼,不可能对稿件中涉及的所有事实、细节等一一详细分析、核查。因而在修改稿件时,判断新闻稿件中所有内容的真实与否,是修正的首要一环。

稿件中出现的不真实成分有种种原因,既有作者的主观原因,也有客观环境的原因,具体表现形式也各不相同。要完全保证稿件的真实性,就要善于分析、鉴别,找到并消除稿件中的不真实因素。关于如何分析与鉴别稿件的真实性,这在上一章的“稿件的选择”中已有论述,不再赘述。但要提及的是,修改稿件时对事实的修正,仍可运用上一章所谈到的某些分析方法,并且编辑还要倍加认真、仔细。因为经过选择后入选的稿件,一般来讲很少有完全都是虚假内容的,其中掺入的不真实成分,大都表现为有真有假、真真假假或者是形真而实假。有的表现明显,更多的都比较隐蔽,需要编辑精心琢磨,有时甚至是反复推敲才能找出谬误予以修正,有时甚至有可能推导出整篇新闻失实。

2. 准确。准确有两方面的含义,即事实成分的准确和语言表述的准确。

事实成分的准确,是指稿件中写到的所有事实的构成因素,诸如“五要素”中的时间、地点、人物、事件、原因,以及数字、计量、引语、图表等,无论是现实的还是历史的,都要完全准确无误,不能出现任何差错。如果新闻报道没有如实反映出事情原貌,就会损害新闻的真实性、准确性,难以成为人们正确地采取行动的可靠的参考依据,也不可能成为明日可信的历史。

检查事实成分,特别要注意细节上的准确性。细节因其不甚显眼,往往容易被忽略。以往发现的差错不少都是出在细节上,像人名、地名、机构名称、动作形态等,都要格外留心。如汉字中有许多字同音不同形,或形状相似,稍不留心就会有误。例如,“吕叔湘”写成“吕淑湘”,“钱其琛”写成“钱其深”,“沁阳县”写成“泌阳县”,“耒阳县”写成“来阳县”等。有的公司名称中带有“省”“市”字样,有的则不带,有的公司是省名在前,市名在后,而有的公司却是市名在前,省名在后(如杭州浙江飞鱼办公机器技术公司),这些都要细致检查对照,不能混淆含糊。尤其是在一些行为动作的描写中,如果只考虑其生动性,不推敲是否合乎情理,也会造成不准确。如在一篇关于一位空军试飞员事迹的报道中,写了这样一个细节:

> 借助原来的冲力急速向前滑翔……飞机恢复了平衡,一个俯冲,安全着地了。

这里就有错误。“俯冲”是指飞机在空中头往下大幅度急速下降,而在降落时“俯冲”必出事故无疑,即使是垂直起降的飞机,也是拉平才能着地。这种不准确的描述就需要修正。

其次,要注意“夹带”的错误。有的差错往往和正确的混杂在一起,不仔细检查容易被忽视。例如:

> 来自山西、河南、四川、贵州、宁夏等省的代表热烈讨论了温家宝总理作的政府工作报告。

这里显然有不准确的地方,因为宁夏与山西、河南、四川、贵州不一样,最高行政称谓是自治区而不是省。再如一篇报道中有这样的话:

> 艺术家们尽展才华,在钮章上雕琢出龙、凤、龟、虎、牛、羊等走兽。

龙、凤是传说中的飞行动物,这里把它们归到“走兽”中去,也是不正确的。类似这种差错都混杂在看似正确的表述中,需要认真检查。

此外,还要注意变动。事物会随着时间的转移而出现新变化,事物变化了,再沿用过去的说法就不合适。如我国行政区域的划分近年来随着经济发展就常有变动,像撤县设市或变更为区等行政区域的新变化,稿件中都应作相应的变动。机构名称的改变、人的职务变化就更频繁了,这些都要注意检查。尤其是国际上一些国家的名称改换、领导人的变动更要及时修正,以免引起不必要的外交纠纷。如有一年某国的国防部长来我国访问。此前该部长是副部长,是来我国前才升为正部长的,但在他到达我国当天一家大报上仍然表述的是"×国国防部副部长应邀来我国访问",这样的差错就造成了不良影响。

稿件中使用的词语要根据具体事物、具体情况,恰当地表现出报道对象的性质、神态、形状、情感来,用词恰如其分。语言是信息的载体,是思想的外壳,表述不当就不能反映出客观事物的真貌,有时还会造成政治差错。编辑在检查时要注意以下几点:

(1) 检查用字。"无错不成报","无错不成书",社会上流传着的这些说法首先是针对错别字说的,一字之差概念就会完全不同,像"人大"两字颠倒,成了"大人",意思大相径庭。错字往往还会造成重大错误。例如,有篇稿件报道某国一位新总统上台执政,他宣布:"各政党……可以在这些机构之外和业务时间参加政治活动。"这里把"业余时间"错成"业务时间",意思正好相反。错别字大都是同音字或形似字,下面的字就常被错用(括号内的为正确字):

做(作)为、座(坐)落、部份(分)、璀灿(璨)、参予(与)、寒喧(暄)、干躁(燥)、分岐(歧)、辩(辨)别、猾(滑)头、签(鉴)于、欢渡(度)、给于(予)、病入膏盲(肓)、精减(简)机构、残(惨)无人道、鬼鬼崇崇(祟)、道路毕(笔)直等等。还有诸如蓝兰、圆园、彩采、嘴咀、复覆、像象、椿桩、母毋、刺剌、麻庥、己已巳、的地得、戊戎戍等字,都容易被混用,编辑需注意加以区分。

(2) 检查语法。语法主要是看话说得对不对、通不通。写文章跟平时说话还有所不同,说话有具体的语言环境,没说清楚可以马上修正、补充,有的话缺少某些句子成分,对方也能听懂。写文章则要求每一句话都要意思明确、结构清楚,让人一看就明白。稿件中出现语法差错是经常性的、常见的,会妨碍读者对内容的正确领会。因此,检查语法是编辑改稿的一个重要任务,主要是看词与词之间关系是否搭配得当,是否缺少句子成分及是否有歧义句等。现代汉语的遣词造句及词语之间的搭配关系是有规律的。搭配得当,句子就通顺,晓畅明白;搭配不当,就会出现"拉郎配"现象,词与词之间的关系就不和谐。例如下面两句:

例1　作为非洲国家的全天候朋友,他宣布:中国政府准备减免非洲国家的债务。

例2 代表们所到之处,都受到当地群众的热烈欢迎。

前一句话按照语法分析,“他”是“非洲国家的全天候朋友”,因为“他”紧靠“全天候朋友”后面,这两个词是同位语。这就不合适,应该是中国政府作为“非洲国家的全天候朋友”才正确。那么这就需要将词序调整为“他宣布:作为非洲国家的全天候朋友,中国政府准备减免非洲国家的债务。”或者是“他宣布:中国政府作为非洲国家的全天候朋友,准备减免非洲国家的债务。”

后一句中的“所到之处”,是“所到的地方”之意。那么,上半句就是“代表们所到的地方”,“地方”充当了主语,“地方”“受到……欢迎”显然不通。而改为“代表们每到一处”,以“代表们”做主语,句子就通顺了。

(3) 检查逻辑。这是要看稿件是否写得条理清晰,前后顺畅,没有矛盾,合乎逻辑。例如有一篇报道中有这么一句话:

洛杉矶招聘了一些改过自新的罪犯当警察,对维护当地社会治安起到了较好的作用。

“改过自新”已表明重新做人了,再称之为“罪犯”就自相矛盾。改为“改过自新者”就没有问题了。再比如,有篇消息的导语是这样的:

公元前53年的一千古之谜今天终于有了答案:汉代罗马战俘城经史学家们在甘肃考古发掘,展现在世人面前。

这里一开始的“公元前53年的一千古之谜”就不合逻辑。“千古之谜”只是对今人而言,并不是在“公元前53年”就有了。应将“公元前53年”移到后面,“一千古之谜今天终于有了答案:公元前53年的汉代罗马战俘城,经……”就正确了。或者改为:“公元前53年留下的一千古之谜今天终于有了答案……”,也合乎逻辑。

(4) 检查修辞。运用修辞手法是为了把文章写得生动、形象,更吸引人。有的作者写稿时为达到这一目的,常常过分追求辞藻华丽,以增添文采。然而,“雕琢太甚,则伤其全,经营过深,则失其本”①,反而会造成表述含混甚至不准确。检查修辞差错着重要注意以下几点:

第一,词义色彩是否恰当。汉语中有一部分词语除了基本词义外,还有一定的感情色彩。前面曾讲过,同样写“死”,可用“死了”、“心脏停止了跳动”、“病逝”、“殉职”、“一命呜呼”等带有各种不同感情色彩的表述。文学作品中还常采

① 王若虚:《滹南诗话》。

用一些委婉词如“谢世”、“作古”、“仙游”、“远行”、“撒手”等。新闻报道在写“死”时往往也采用一些修辞来表述，但要注意其中感情色彩的得当，同时又要注意对事物进行准确的表达。如有篇报道写一位优秀的山村教师去世：

昨天清晨4点21分，××离开了他辛勤耕耘几十年的讲台，去作永久的远行。

这里的“远行”不确切，有歧义，与讣告新闻的风格不相符。

第二，检查词义是否理解错误。这方面的表现主要是有的稿件没有把握住一些成语、典故等的本义，而是望文生义或主观臆断地信手使用，不仅不生动，而且会造成表述的错误。例如一条消息中写道：

在这次人才交流会上，教育成了“热门”，应聘者趋之若鹜。

鹜者，鸭子也，趋之若鹜，形容像鸭子般成群而往，是含贬义的，以此指人们对教育事业的热爱精神显然不妥当。有的稿件喜欢用“豆蔻年华”来形容青年时代的男男女女，也是误解了“豆蔻年华”的本来意义。“豆蔻”这个词比喻年龄的用法早见于唐代文学家杜牧的诗：“娉娉袅袅十三余，豆蔻梢头二月初”[①]，是对十三余岁的少年女子而言。以后人们便用“豆蔻”来指代十几岁天真烂漫的少女，这个词是不能用来形容少年男子和其他年龄段的男女青年的。

第三，检查修饰语是否失却“分寸感”。有的人受广告语言和文学语言的影响，感到实事求是地叙事、状物“不够生动”，喜欢有意地“妙笔生花”。例如，动不动就用“著名的”、“深刻地”、“极大的”、“最”、“很”等词语“锦上添花”，虚泛夸张，结果却是失去了新闻语言表述要准确的特征，这是编辑要留神修正的。

3. 科学。这是指稿件中所涉及的各种知识必须正确，不能违背科学。新闻报道往往涉及自然科学和社会科学方面的一些知识，尤其是在知识经济时代，新学科层出不穷，新知识一日千里，这对于那些并非是有关学科的专家的作者来说，涉及这方面的事实就容易发生差错。编辑修改稿件时就有责任加以修正，以符合科学常识。

例如，有篇报道在谈到艾滋病时说：

艾滋病传染的途径是性爱泛滥，只要杜绝不正常的性爱，就可防止这种可怕的瘟疫。

这里的说法就不甚正确。性爱泛滥的确是传播艾滋病的重要原因，但不是

① 杜牧：《樊川集·赠别》。

唯一的原因,如血液感染(针头注射)、输血感染、母体感染等也是其传播的途径。还有一篇稿件在写卫星定点成功的消息时说:“卫星向着漫漫的宇宙深处飞去。”卫星定点成功,标志着发射成功,卫星与地球是同步运行的。如果“向……飞去”恰恰说明定点不成功,卫星发射失败。因此,这种说法既矛盾又违背科学。

当然,编辑有时对稿件涉及的某些知识会不了解或不完全了解,遇此情况则更应小心,要查阅有关资料,或找有关专家咨询,把问题完全弄清楚,再行修改。例如,有篇稿件的背景材料写黄河流入黄海,把大量的泥沙冲进海里,所以黄海的水是黄的。编辑如果对此内容不熟悉,查查地图或工具书就知道:黄河的入海口是渤海而不是黄海,黄海的水只是近海岸的水是黄的,出海不远水就是湛蓝的了,与黄河泥沙毫无关系。弄懂以后,也就好作修改。有时会遇到对某种问题有争论而还无定论的说法,编辑可以把几种主要的说法如实作简要的说明,而不去偏袒某种说法,这样做既比较公允,也比较准确。

4. 统一。稿件中关于事实的表述应该统一。这里所说的统一包含两层意思。一是指一篇稿件或一组稿件中同一地方、同一姓名、同一职务以及计量单位、译名、数字等写法要前后一致。比如公元纪年是通用阿拉伯数字(如2010年2月1日),就不要采用汉字(如二零一零年二月一日)。二是某些表述方式要和全国规定的或通用的方式相一致。比如译名应按全国通用的译法。计量单位应按照国务院发布的《关于在我国统一实行法定计量单位的命令》中所规定的单位书写。如长度中的公尺、公分、公厘,正确用法应为米、厘米、毫米;重量中的市斤、容积中的公升,应为公斤(或克)和升等。

另外,统一还要求这一篇报道与本报已有的同类报道在观点方面应大体一致,同时这一篇报道本身的各相关部分也要和谐统一,而不是前后矛盾,使人产生疑惑。例如,有一篇叫《“打架王”找上好姑娘》的稿件,写人称“打架王”的青年小张在众人的教育下改正恶习,他“埋头学习、工作,半年后他的技术和其他青工相同,并成了两个班组争夺的对象……当年小张被评为先进工作者,又加入了团组织”。这表明“打架王”已得到了人们的好评、信赖。但稿件接下去写小张在谈恋爱时,“众人向姑娘提出警告:他进过公安局”。这里与前面写小张已痛改前非、得到人们信任的内容显然有矛盾。而稿件在后面则又写到小张在与姑娘交往中得到尊重与信赖,“大家也都夸奖‘这小伙子变好了’”。这就让人不理解,怎么“众人”一会儿唱红脸,一会儿唱黑脸,反复无常?写法前后不统一,令读者不知所措,需要进行修正,以符合人物性格发展的轨迹。

5. 清楚。稿件中的事实、情节要清楚,让人一看就明白无误。各种事实成分都必须交代清晰，不能有残缺、含混，让人去猜疑。

（1）时间、数字是否清楚。经济报道中经常写到生产的增减，这就常常涉及时间与数字，有的稿件往往在这方面显得含混。例如：

2009年的产量比2008年前增长3倍。

这里的“2008年前”到底指哪一年？这就不清楚，“增长3倍”也就没有着落。有的稿件把增加的“倍”与“番”混淆，也是错误的。比如基数是2，它的三倍是6，而三番则是16，完全不能等同。一些稿件经常使用“今年以来”的说法，也是不通的。“今年以来”就包括从今年元月1号算起至今，到底是什么时候，一定要清楚。如果稿件中写的事是5月份发生的，就不能说“今年以来”，说“今年5月份以来”才清楚。此外，年份要写全，诸如99年、10年等要写1999年、2010年，否则有可能因不清楚而产生歧义，如“10年”误为“十年”。

（2）标点是否混用。国家语言文字工作委员会和新闻出版总署修订发布的《中华人民共和国国家标准标点符号用法》（附录一）规定的标点符号有16种，再加上斜线号、隐讳号、虚缺号等其他几种也不过20来种。《现代汉语通用字表》所收入的汉字达7000个。应当说标点并不比汉字更难掌握，但稿件中的标点差错率往往较高，影响人们对内容的正确领会。标点混用、不清楚的主要有这么几种：逗号泛用，常常是一逗到底，等到了段落结尾才用一个句号；乱用顿号，如“三、四米”、“十七、八岁”，这里的顿号都不该用，否则就分别是“三米”和“四米”、“十七岁”和“八岁”的意思，而不是表示“三四米”、“十七八岁”的概数了；书名号与引号混淆不清，文艺晚会、体育比赛、展览会，甚至培训班、证书、学科等都加书名号，而明明是作品或出版物的名称，却用引号；间隔号与小数点、顿号不分，如“5·26”案件写成“5.26”案件，“司马义·艾买提”写成“司马义. 艾买提”或“司马义、艾买提”，“1.4亿”写成“1·4亿”或“1、4亿”等。这几种标点的混用情况都要仔细检查，修正。

（3）简称是否通用。稿件中运用的简称一定要以众所周知、全国通用为好，否则读者不易看懂。像“人大常委会”、“纪检委”、“外长”等简称大家都明白，可以使用，而像下面句子中的简称则让人迷惑不解：“新闻出版署表奖优秀记者”；“温总理在北京会见了法国防长”。上述的“表奖”、“防长”分别是指表彰奖励、国防部长，其简称显然让人难以明白。稿中所有简称都应是已定型了的、人们熟悉的。将作者生造的简称传播出去，势必会造成语言混乱。

（4）地名是否确切。除了极少数大家耳熟能详的地名如“兰考”、“黄山”、“敦煌”等可直接出现在稿中以外，一般地名对省报来说，稿件中第一次出现的乡、村应交代所属县，对全国性报纸来说，第一次出现的地区、市、县都应加所属省(自治区)的名称。因为有重名的县和同音县，而乡名、村名重复的和同音的就更多了。不写清楚省名、县名，读者不知这些地方到底在何处，连查找也困难。像新疆和吉林都有“天池”，也都是著名的旅游胜地，不写清楚读者便会产生误解。有的地名甚至和国外的相同，如黑龙江有“上甘岭”，朝鲜也有“上甘岭”。

此外，有的稿件中只出现“李厂长”、“张主任”之类的称呼也不确切，应写出完整姓名。再有像“大家认为”、“有人说”、“不久前”等说法也含混，应尽量交代清楚具体的人及时间。

(二) 观点差错的修正

选定的稿件一般来讲在原则问题上不会有什么差错，但在表述某些具体的观点或提法上则可能含有不恰当、不正确的地方，也需要对其进行修改，这也是内容修正的另一方面。

1. 观点差错的表现形式

稿件中观点与提法的不恰当，其表现形式大致可分为两类：

(1) 稿中的观点差错是直接陈述出来的。这类差错虽然无碍于重大问题和原则性问题，但也会对读者产生不良影响，甚至影响到某些政策的顺利实施、贯彻。例如有篇稿件中有这样的话：

> 县政府认真落实政策，努力减轻农民不合理的负担。

这里体现出的观点就不妥当。农民的不合理的负担不是减轻的问题，而是应该去掉的问题。稿件中那样表述，容易让人产生误解，似乎农民的不合理的负担只是政府要减轻一些，但还得要负担某些不合理的部分。这样的观点所产生的效果显然是不好的。再比如有篇稿件中写到：

> 《山西文学》坚持正确办刊方向，不搞增刊，不卖刊号，以健康的内容奉献社会。

这里，把“不搞增刊”也看作是“坚持正确办刊方向”的观点也值得推敲，因为其潜台词无疑是：“搞增刊是偏离正确办刊方向的”，这不符合有关出版法规。我国《期刊管理暂行办法》中专门有关于“出版增刊”的内容：期刊如有必要出增刊，可报新闻出版署(局)审批，按有关要求办理。[①]因此刊物出增刊，只要内容健康，质量有保证，是完全可以的。许多报刊在遇重大节日或重大活动时都出增刊，受到读者的广泛欢迎，效果也是好的。出不出增刊，要视实际情况而定，不能

① 参见《期刊出版法规政策须知》，人民出版社 1995 年版，第 21—22 页。

对“不搞增刊”这种做法就轻率地肯定与褒扬。

(2) 稿件中的观点差错是间接表现出来的。这类差错是作者在叙事状物的过程中，通过字里行间流露出来。比如某报有篇报道，写某个城市的市政建设、市容环境在领导关心下发生了新的变化，其中有这样的描述：

××市长早上一起床，先上街，全城转一圈，哪儿的灯不亮，哪儿有垃圾，他都知道。每次从北京开会回来，下飞机后不回家，先在路上转，对市里的每个角落的状况一清二楚。市政工程管理处处长说：“晚上施工，市领导在现场干到1点多。他能做，我们做不到，说不过去。”

市长关注城市环境与建设自然是好事，体现出为人民服务的精神。但是作为一个城市的主要负责人，更应该抓的是全局，是大政方针。什么都事必躬亲，连施工也要到现场陪到深夜，这种方式是不是就好？做事总有一个限度，列宁说过：“只要再走一步，仿佛是向同一方向迈的一小步，真理便会变成谬误。”①那位市长过分投入到本应是下属的工作中去，很可能反而会使那里的主管部门不能各司其职，其表现出的思想是值得推敲的，这种写法并没有表现出那位市长的现代素质，反倒显得有些过时。

再比如，有篇稿件写已伏法的国内最大的枪支走私团伙首领张子强的犯罪事实，里面有部分内容写到他的妻子：

结婚之初，她从来都不曾想过要协助丈夫犯罪，只不过对丈夫的那些经历有着极其浓厚的兴趣而已。有时候，罗艳芳会帮助丈夫对他的过去进行检讨，不是检讨他是否应该那样做，或者那样做是否合理，而是检讨他的做法之中存在着哪些缺点及不足，或者按照他们的话说是“瑕疵”吧，也就是说，张子强所做下的案子，得意的好，不那么完美的也好，在罗艳芳的眼中，全都存在着“瑕疵”，完全可以做得更好。

这里罗艳芳助纣为虐、与张子强共同犯罪已昭然若揭，应予以批判才是。但作者的叙述仿佛是在为罗艳芳开脱，她的犯罪心理、犯罪行为只是“检讨”张子强犯罪的“瑕疵”，她的出谋划策使张子强的犯罪“完全可以做得更好”。稿件对罗艳芳是以介绍甚至欣赏的笔调来写的，它表现出的这种思想感情显然是不正确的。

由此可见，在修正稿件的观点时，既要注意到直接陈述出来的错误，也要注意到字里行间间接流露出来的错误，这样才能彻底消灭差错，保证稿件在观点上

---

① 《列宁选集》第4卷，人民出版社1995年版，第211页。

的正确性。

2. 观点差错的表现方面

稿件中常见的在观点上的一些差错,主要表现在以下几个方面:

(1) 偏离政策。这类差错往往是由于作者对所报道的事实中的某些部分理解不正确或不全面,所持的态度、情感、看法有偏颇而造成的。比如前面提到的"县政府认真落实政策,努力减轻农民不合理的负担",就不符合中央的"三农"政策,中央一贯强调的是不准向农民乱摊派、乱收费。农民的负担有些是国家规定的,是合理的,不合理的并不是减轻而是要清除。

(2) 片面看法。这类差错的主要表现是,在报道某一事物时,不恰当地突出矛盾的一方,或者为了强调矛盾的一方,忽略甚至否定矛盾的另一方。如有篇稿件写道:近几年来某市有多家污染严重的企业迁出城区移往郊县,从而减少了城区的污染,改善了城市环境。这里看似好事,城市减少了污染,居民生活环境得到改善。但从另一方面来看,"污染源"并没有真正消除,只不过从城市移到了农村,同样会危害到郊区群众,同时也会影响到自身的发展。如果这些企业在搬迁的同时又进行了技术改造,减轻甚至是消除了污染,那才是真正解决矛盾。有的报道在写典型人物时也有这方面的毛病,只写成绩,回避缺点与问题,往往还把缺点也写成优点,如把专横武断说成有主见敢拍板,用贬低周围的人的方法来凸出所谓先进人物等。这种写法反而会影响被报道对象。有的劳模针对这种情况就说:"报纸报道我一次,我的威信就下降一次。"因此,在修改稿件时要以全面、客观、公正的态度,以辩证的眼光来看事物,在肯定成绩的同时,也要说明成绩背后的原因,以及还存在着什么不足,这样才能使稿件在观点方面表现正确,读者也能真正地接受。

(3) 媚俗倾向。这方面表现为有的作者在稿件中掺入一些内容格调低下的描述,以迎合一部分读者的低级趣味。其内容主要表现有:不尊重女性,在报道女性的形象时在艳闻、绯闻方面大做文章,甚至有露骨、煽情的描述;不尊重隐私,将别人隐秘的情感世界任意公开暴露到人们面前;案件报道血腥,在叙述抢劫、强奸、凶杀过程中,展示暴力的场面或残忍的手段;追逐奇异事件,喜欢渲染光怪陆离之处,有时甚至加入迷信色彩,好像越荒诞越有趣;羡慕奢侈,对富豪、大款们的"能挣会花"过度热情,仰慕其一掷千金的高消费生活方式;胡乱吹捧,无原则地在某些小有名气乃至不知名的人物前面冠以"著名的"、"优秀的"字眼,或捧之为"星"、"大师";调侃卖弄,对一些名流的矫揉造作、无病呻吟之举竭力突出,有时还夹杂一些方言、港台话或外文故弄玄虚;等等。上述媚俗内容应该说有一定的消费市场,社会上的确有少数人审美趣味低下,喜欢欣赏格调不高的东西。但是,新闻媒体毕竟是传播精神文明的阵地,要以正确的舆论引导人,以优秀的作品鼓舞人,担负着引导读者的审美活动向健康方向发展的职责。所以编辑在修改稿件时要修正媚俗的倾向,保证内容的健康。

(4) 媒体审判。所谓“媒体审判”,是指法院对案件进行判决前,媒体就对案件擅自作出评判。案例报道是法制报道的一个重要方面,有的稿件往往在法院对案件审理前就抢先评断,这是不对的。按照我国的《刑事诉讼法》和《民事诉讼法》的规定,诉讼程序不是“有罪推定”和“无罪推定”,而是“以事实为根据,以法律为准绳”。法院根据调查属实的证据,通过公开审理、控辩双方的辩论情况,依法对被告人进行判决,它不受报道的约束。但由于新闻传播面向社会,它对案件的报道与评议能产生重大影响,形成一种舆论力量,会对一些尚未查清或有争论的案件的审理、判决形成干扰。因而稿件中要避免出现“媒体审判”。案例报道只能客观介绍案情,不要轻率发表评论,认定某人是否有罪,以防引起新闻官司。

(5) 言词过激。有的稿件,尤其是批评、揭露性稿件,由于激动或愤懑,语言会显得偏激,分寸掌握不当,编辑在修改时需要进行修正。有些话其实只是个别老百姓的一时怨言,而且是过激之辞,如果发表出去,只会使人灰心丧气,还会被别有用心的人利用。类似的过头话大都出现在一些揭露社会不正之风、腐败现象的稿件中,编辑需要讲究策略和表现艺术,恰当地处理,既要表现出事物的性质,又要冷静地掌握好事物性质的界限,勿感情用事失却分寸感,造成消极的影响。

综上所述,修正稿件的目的,就是要改正稿件中事实的不真实、不准确、不科学、不统一、不清楚,以及在思想、观点上的不正确。

二、修正的方法

发现上述差错的方法主要有以下几种:

1. 分析法

分析法就是通过对稿件所叙述的事实和叙述方法、写作条件等进行逻辑分析,发现其中的差错,从而予以校正。分析可以从几方面入手,首先可从稿件所写的内容来分析,如果稿件出现以下一些现象,就需认真加以识别:

(1) 违反常识。常识就是那些比较浅显的、经常运用的并且大家都熟悉的知识,报道中的事件或人物有不合乎常识的,真实性就值得怀疑。比如有篇稿件在报道某地的变化时写道:

> 几年以后,这儿成了一个美丽多姿的广场,四周新楼幢幢,高压线密如

蛛网,几条整洁宽敞的大街从广场通向四面八方。

稍加分析,这里就有违反常识的地方:一方面高压线输电路的走向是一项重要的技术问题,如果纵横交错“密如蛛网”,后果不堪设想;另一方面在人来人往的广场上空,也不会有高压线穿过,更不用说密集的了。再比如有篇稿件中说“1933 年希特勒军队入侵波兰”。众所周知,希特勒是 1934 年上台当首相,1939 年侵略波兰的。这里的常识错误也显而易见。

(2) 不合情理。这方面的表现多半是夸大其词,违反事物发展的一般规律,使人不可相信。如有一篇写一位“神童”的稿件,说他“七八岁就能全部认识《新华字典》里的字”。我们知道,《新华字典》里有八千多个字,一般大学文化程度的人也不能全部认识,熟用四五千就不错了。七八岁的儿童能全认识,无疑有夸大成分。再如有篇报道三峡移民生活的稿件,其中写他们在新的地方“安居乐业,家家六畜兴旺”。这里显然也不合情理,因为猪、牛、羊、鸡、马、狗这“六畜”一家养齐也不容易,何况是“家家”,而且还是新创业的移民呢?这种言过其实的话,编辑都应注意、分析。

(3) 前后矛盾。有的稿件在叙述事实时,往往前后不符,自相矛盾。根据逻辑学的“矛盾律”,就可以判断其中一个有错误,或者两者都错了。前面在谈到校正事实准确的“检查逻辑”时已有举例。值得注意的是,有的稿件中的矛盾不是能轻易看出来的,需要仔细分析才能发现。尤其是一些前后有关的数字,还要计算核实,才能发现是否有矛盾之处。如一篇国际新闻报道提到非洲饥荒时写道:

毛里塔里亚灾情严重,20 万居民面临饥荒威胁,他们急需 3.4 吨救济粮。

这里的“20 万”与“3.4 吨”互有联系,将它们换算一下,平均每位居民才仅仅获得连半两都不到的 17 克的粮食,这明显是错的,不是前面的居民数量多了,就是后面的救济粮数量少了,或者两个都不对。

(4) 超越采访。采写新闻稿总要受一定的时间、空间、本人身份和当时环境等条件的限制等。如果稿件有内容超越了作者采访的可能范围,其内容就值得怀疑。如有些写英雄人物牺牲的报道,常常爱写他们在牺牲前的瞬间的心理活动,其目的是为了突出他们高大的形象。但这些内容是不真实的,因为作者没有也不可能进行采访,完全是虚构的“合理想象”。如有篇《九米拼搏》的通讯,写一位客车司机在与火车快要相撞的瞬间,为了保护乘客尽力偏转方向盘,但仍然擦着了火车,自己被撞身亡,大部分乘客的生命却保住了。稿件写他当时的心理：

> 焦灼、紧张、懊丧似无数钢针刺着他的心，要是有一米的宽余，或有一秒钟就好了。他知道，只有将车头顺着火车前进的方向偏转过去，避免垂直方向相撞，才能将撞击烈度减到最小。

这种以生者的心态来揣测死者的心理活动，完全不合情理。其一，生死存亡关头，谁来得及想那么多？其二，作者如何知道他当时是那么想的？这类杜撰的话是不应该出现在新闻中的。还有的稿件所写的内容与作者身份不相符，如作者在此地写的却是彼地的情况，或在这个行业工作而写的是另一行业的新闻等，都有可能是道听途说，未实地采访而失实。还有一种情况，某项工作才开始，而稿件中就已有介绍成绩和经验的内容。这种“预制”的内容，明显超越了采访条件，真实性也可疑。

（5）笼统含混。有的稿件在某些情节内容和新闻要素方面写得笼统含混或似是而非，给人以不确定性，这类情况也是编辑要加以注意、分析的，因为其中很有可能有失真的地方（参见前面在讲修正事实时要达到的“清楚”部分）。

上述差错，编辑依据自己的知识、经验和判断力，一般无需借助任何工具和外界的帮助，从稿件本身就能比较迅速地发现，从而将事实或观点方面有破绽和疑点的地方消除，这是分析法的特点。但是，只依靠、运用分析法，有时并不能完全发现稿件中的错误。因为有些稿件并非都是有疑点可寻，有的虽是道听途说或夸大其词，但往往也说得滴水不漏，很难看出破绽。此时运用分析法很难奏效，就需要采用其他方法。

2．核对法

核对法就是依据权威性资料对稿件中的某些内容进行检查。核对法的特点是对照、核实，所依据的资料包括权威性的书面材料和权威人士提供的口头材料。这些资料的真实性、正确性应是毋庸置疑的，而且最好是第一手的、最新的。因为尽管是权威性的资料，也可能因为辗转相传而失真，资料的权威性也会因时过境迁、人事更迭及知识深化而改变。因此，核对时所依据的资料要采用最新公布的，工具书则应是最新的版本。

比如，稿件中涉及《刑法》、《民法》等法律中的一些条款，就要以经全国人大常委会讨论通过的最新法律修正案为准进行检查，才不会造成混淆；对稿件中有关某地经济生产数字进行核对，就应以当地统计部门公布的生产数字为准；核实稿件中引用的某人著作的语录，也要使用出版的此人著作的最新版本；等等。依据这些资料来进行检查，才能做到准确无误。编辑工作中，编辑运用权威的工具书来进行核对是常事，特别是像有关历史、地理等知识，很多都可以通过工具书来发现差错和纠正。如一篇新闻稿件中有这样一句话：

在人们眼里，飞行员是叱咤风云的骄子，搏击蓝天的雄鹰。从他们的队伍中，已走出了空战英雄麦贤得、海空英雄王伟等一大批英雄个人。

海空英雄王伟大家都熟悉，可麦贤得是20世纪60年代我海军一艘炮艇上的轮机兵，是一次同台湾国民党军舰交火中的海战英雄，说他是飞行员队伍中的"空战英雄"是错的。年轻一些的编辑可能不了解，就需要找有关的工具书核实一下。依据核对的工具书包括各类辞书、年鉴、法规、文献汇编等。编辑案头应该备有这些资料，以便随时查阅。核对也包括口头核对，如有些突发性事件、案件等即刻向有关部门打个电话，找具体负责人核实、印证，以确保报道的真实与及时。

3. 调查法

调查法是对稿件内容再次通过直接的了解来检查它的真实性和准确性。有的稿件内容很精彩或很重要，稿件也写得没有什么破绽，但编辑始终存有某些疑虑，而运用分析法、核对法又发现不了什么问题（也有这种情况，有的内容往往无资料进行核对）。为慎重起见，必须对实际情况进行调查，以完全弄清事实真相。通过对事物的直接了解与再认识来检查稿件是否存在错误，是调查法的特点。它不但能发现并纠正其中存在的差错，往往还能杜绝整个报道失实，特别是一些涉及个人名誉的稿件，不经再次调查匆忙报道，往往带来负面后果，甚至人命关天，如二十多年前由《光明日报》引发的"姚迁案"①。

调查应分轻重缓急，不可能对每一篇拟用的稿件都进行调查，要根据原稿所反映的内容来确定是否需要调查，以及确定是全面调查还是部分调查。调查可以通过信函、电话等方式进行，也可以由编辑亲自或委托记者到现场进行调查。不管采用哪种方式，都要认真负责、深入细致。不光要找当事人进行调查，还要找有关人士、单位领导进行调查。有时不仅要在本地调查，还要到异地、外单位调查。总之，调查不只是简单地取得某个人或单位的认可，而是为了彻底揭示事情原委，保证新闻真实、准确。

---

① 1984年8月26日、27日，《光明日报》连续发表《南博院长姚迁以权谋私侵占科研人员学术成果》、《姚迁在执行知识分子政策方面存在严重问题》等三篇报道，并配发评论员文章《知识分子的智力成果不容侵占》。在媒介和公众舆论的压迫下，姚迁自缢身亡。后经中纪委调查，确认报道"严重失实"，"轻率地横加罪名，无限上纲，致使姚迁同志含冤去世"。《光明日报》也因此被通报批评，有关责任人受到查处。

分析法、核对法、调查法三者各有其独特作用，不能相互代替而可以相互补充。采用分析法找出稿件中的疑点和破绽，可以使核对和调查更具有针对性；采用核对法和调查法，又可以进一步澄清或改正采用分析法所发现的疑点和破绽。因而，修正一篇稿件有时往往是三者并用的。当然，由于稿件反映的事件的性质、事实的依据、作者的身份、稿件的特征等不同，采用的方法可以各有所侧重。如新闻报道侧重于分析法和调查法，而知识性稿件像社会科学和自然科学方面的则更多采用核对法。

有几类稿件，是编辑特别需要注意进行核查的：

(1) 反映重大新闻的稿件。重大新闻影响大、涉及面广，可能产生的社会反响强烈，特别要重视核实。大凡涉及要人的讲话、政府新领导人选、先进典型、物价调整、政策颁布、高新科技成果、重大灾害、大案要案、外交照会、战争状况等方面的新闻都特别需要进行核查。这些新闻如果出现差错，不仅有损媒体信誉，更会给社会造成危害，编辑要格外注意核查。

(2) 批评性稿件。批评、揭露性稿件涉及某个人或某群体、某单位、某地区的名誉，稿件中的大小事实乃至细微的情节，都要完全真实，议论要客观，观点要正确。要分清错误的性质、程度，掌握批评的分寸。批评性稿件稍有不慎就会产生不良后果，如前面提到的"姚迁案"。现在公众的法律意识增强了，如果觉得新闻对他造成了侵权，就会引起新闻官司。近年的新闻诉讼增多，其中大多因批评性稿件而引起。因此，这类稿件要重视核实，查清并听取有关方面包括当事人的意见，以保证批评不出纰漏。

(3) 在事实或观点方面有疑点的稿件。有的稿件在事实或观点方面有疑点，经审辨、分析都难以澄清的，就需要调查核实予以修正。如前面所举过的"不搞增刊"的例子，编辑觉得不恰当，又把握不住，就需找有关出版法规检查这种提法是否对。对那些内容离奇、情节生动的稿件，更需寻找疑点进行核实。例如北京某报曾用整版篇幅报道了京城发生的"拍花子"案，讲几个骗子如何用一种"迷幻药"，大白天在街头骗取了几位市民的数十万巨款，最后落入了法网。一时间满城风雨，人们都担心上街会不会遇上"拍花子"。但不久警方宣称此新闻纯属捏造，京城根本就没发生过什么"拍花子"案。其实这篇内容离奇的稿件是有疑点的：骗子无名无姓，受骗者也用"某"代替。如果编辑当时向警方核实一下，这篇假新闻就不会出笼了。

(4) 新作者的稿件。编辑成天接触稿件，认识本单位的记者自不待言，对经常投稿的作者的姓名也大体是熟悉的，也比较了解他们擅长写什么方面的稿件，写作风格是什么等等。如果编辑接到一位陌生的作者写的新闻报道，对其稿件内容,就特别需要进行核查。因为编辑不清楚他是否了解新闻的真实性原则、懂得新闻与文学的区别。即使稿件写得毫无破绽,也要加以核查。这并非是不相信新作者,而是为了确保新闻的真实性与准确性。

(5) 容易失实作者的稿件。编辑对曾有过失实报道的作者的稿件,尤其是经常有失实现象的作者的稿件,无论内容多么重要,角度多么新颖,语言多么生动,叙述多么顺畅,保持怀疑的态度,格外注意核查,是完全必要的,这也是正常的心理定式。因为有前车之鉴,经验教训总是要记住的。这在某种程度上也提醒这样的作者吸取教训,将稿件写得真实、准确些。

(6) 积压时间过长的稿件。稿件编辑已经修改好准备刊载,但因为版面一时紧张或是其他原因,暂时压了下来。经过一段时间后觉得稿件仍然值得登载,刊登前编辑应对稿件内容进行再核查。因时过境迁,事情可能会有新的变化,编辑需根据新的情况对稿件再作一些必要的修改,以符合事物发展的客观实际,防止"翻去年的老皇历"而失实。

(7) 超越采访条件的稿件。发现稿件中有超越作者采访条件的地方,应特别注意核查。前面已有这方面的叙述。

第三节 精简篇幅

一、精简的意义

精简就是删除稿件中的某些部分,使之重点突出、结构紧凑、文字精练。

稿件冗长、繁琐,是编辑经常遇到的问题。新闻报道要简洁、洗练,这是新闻写作的基本特点,也是处于当前快节奏社会生活中受众的要求。编辑对稿件进行精简,删除掉多余的、累赘的部分,就是为了达到这一目的,使稿件主题鲜明、内容精练、语言简洁。编辑修改稿件在大多数的情况下,做的都是精简工作。

精简不是一般的减少篇幅,而是一项艺术性的工作,就像从事雕塑艺术一样,精心删掉多余的东西,才可能有美的创造。有人曾向著名雕塑家罗丹请教,问雕塑的艺术是什么。罗丹是这样回答的:"什么是雕塑的艺术?去掉多余的东西的艺术,就是雕塑的艺术。"这句话很巧妙,也很经典,道出了对事物删繁就简的本质。我们借鉴过来也可以这样说:去掉新闻稿件中多余东西的技巧,也是修改稿件的艺术。

具体来讲,对稿件精简的原因主要基于以下几点:

1. 稿件累赘、冗长。这种现象有几种情况:主题太大什么都要说,结果是面面俱到大而空;主线与枝蔓过多,冲淡了主题,费了很多笔墨却主次不分,重点不突出；写事实发生的过程太细，生怕读者什么都不知道，造成了稿件繁琐；作者心态偏颇，认为短稿没有分量，写得长才显得有水平和重要，几百字能说清楚的也要洋洋洒洒写下千言。这几种情况的稿件，都应进行精简。

2. 非新闻事实或离题的议论多。有的稿件为追求情节生动、曲折，在叙事过程中掺入大量背景材料作对比、铺垫，或者是过多运用文学手法，抒情笔墨太多，偏离了主题。有的稿件不注意新闻与评论的区别，让新闻担负了评论的任务，围绕事实揉入许多非新闻事实和“穿靴”“戴帽”式的套话加以议论，硬要总结出什么“道理”来才认为深刻，这些都必须精简。

3. 稿件篇幅过长。这类情况是稿件本身没什么问题，主题也鲜明，内容也充实，单就稿件而言是写得不错的，虽然篇幅稍长些，也觉得没什么多余的、无用的部分。但由于其新闻价值不是很高，不需要在版面上占过多篇幅。或者虽然比较重要，而其中有的内容过去报道过，不必再重复出现。此外为组织群稿或专栏，相互有关联的几篇稿件出现相似的内容，也需要精简，避免有重复情况，浪费版面。

4. 媒体的特定要求。稿件的内容和篇幅都是好的，只是由于各家媒体的任务不同，风格不同，报道各有侧重，需要根据特定要求进行精简。例如，有的稿件在某种报纸上是全文登载，而在另一种报纸上则只刊登较少部分，甚至是很简单的“标题新闻”。再有，稿件是好的，只是版面或节目时间有限，容纳不下原稿的内容，也需忍痛割爱精简一部分。

由上述可见，对稿件精简归于两种不同的性质。前两种原因的精简是绝对性的，稿件本身累赘繁杂，不管在什么媒体上刊播，都要进行精简。后两种原因的精简是相对性的，稿件本身没什么问题，只是为适应媒体的要求或版面（节目）的特色而进行的精简。不管哪种性质的精简，都是为了保证新闻报道的质量及其特色。

二、精简的基本方法

精简稿件的基本方法有减意、减句、减字几种。

（一）减意

减意就是对稿件中过载的或非重要的内容进行精简，使稿件主题鲜明、信息精练。减意主要有以下方法：

1. 突出主题。突出主题就是删削稿件中多余的、累赘的内容，使稿件主题集中、鲜明，让人一目了然，掌握要旨。突出主题的精简有两种：

（1）精简多余的现实材料。堆砌材料是来稿中常见的毛病。主要原因在于作者觉得这个材料重要，那个材料也重要，都舍不得放弃，于是罗列许多材料来说明主题，觉得这样问题才说得透彻。殊不知“辞敷而言重，则芜秽而非赡”①，材料多了反而容易淹没主题，什么也没说清楚。对这种情况编辑要认真分析，区分必要的材料和多余的材料，通过删削多余的材料达到突出主题的目的。不仅要将与主题无关的材料删去，即使是与主题有关的材料也要精选，能用一个材料说明问题的，就不用两个，以使稿件精练。例如，《都市消费晨报》2000 年 1 月 21 日有篇题为《长虹电视机畅销边陲》的稿件，写长虹电视机厂如何重视产品质量，电视机在边疆某地供不应求。但稿件又写了这家电视机厂如何重视售后服务，并举了两个热心为用户服务的例子。这部分内容虽然也有意义，但游离了这篇稿件的主题，是另外一篇稿件要解决的问题，所以应删去以突出稿件的主题。

再看下面一篇稿件：

北京市推出“双休日行动计划”

本报讯　一项名为“做现代文明北京人——双休日行动计划”的活动在北京受到广大市民的欢迎。

由中共北京市委宣传部等 12 家单位共同发起并组织的这项活动，于今年春节期间拉开序幕，在短短一个多月的时间里，已动员社会各方面力量，安排了丰富多彩的科教文体活动。如开办了市民计算机学习班，北京市领导春节期间还带头参加了计算机培训，举办了群众性比赛；开辟了科技旅游专线；双休日外语广播讲座于 3 月 1 日正式开播；有 90 多家博物馆参与的“我喜爱的博物馆展览”评选活动也于 3 月 26 日拉开序幕，该活动在今天将推出 170 余项固定展览和大量临时性展览。这些活动均受到广大市民的欢迎与喜爱。

据了解，北京市在近期内，还将陆续推出以“做现代文明北京人”为主题的双休日家庭读书活动、双休日专业文艺团体专场演出和电影放映、双休日全民健身活动以及双休日“逛北京”、郊区旅游、军事旅游活动等。

中共北京市委常委、宣传部长强卫对记者说，北京市今年推出“双休日行动计划”的目的主要是从满足人民群众双休日生活的实际需要考虑的。市民在双休日既要休息、做家务，也需要参加一些有益的社会文化活动，我们应该创造条件，满足市民的要求。“双休日行动计划”将紧紧围绕“做现代文明北京人”这个主题，通过开展大量科教文体活动，提高市民的整体文化素质，创造与首都改革开放和现代化建设相适应的城市文化环境。

---

① 刘勰：《文心雕龙 · 熔裁》。

这篇稿件的主题是“双休日首都文化生活丰富多彩”。但是最后一段领导人的讲话却占了全篇三分之一篇幅，并且讲的内容是为什么要推出“双休日行动计划”。而这番道理在稿件中已无多少作用，因为导语中的“做现代文明北京人”就已点明了“双休日行动计划”的目的与意义，稿件只讲清北京如何为市民双休日文化生活创造条件就行了。所以这一段应删削。另外，第二段中的“北京市领导春节期间还带头参加了计算机培训”的话，也与主题无关。类似领导人的活动尤其是讲话这种情况，在不少稿件中是经常出现的。到底要不要这样的内容，应仔细分析其是否符合稿件主题及读者的需要。如果领导言论没有新意或游离主题，也应予精简。

（2）精简多余的背景材料。新闻背景是指新闻发生和发展的历史背景和现实的环境，或相关的知识介绍等。新闻中必要的背景材料可以起到突出、深化主题以及增强知识性和可读性的作用。但是背景材料不能过多，多了反而会“喧宾夺主”冲淡主题，并且使新闻臃肿，特别是一些过于专业性的背景知识，受众不一定能完全理解，也记不住。如新华网2007年11月15日的一篇稿件：

哈尔滨上空惊现“两个太阳”

本报讯　昨日下午3时许，许多市民惊奇地发现，天空中出现了两个“太阳”，在正常的太阳南侧，还有一个暗一些的“太阳”在云中光芒四射。3时40分左右，南侧的“太阳”逐渐变暗，化为一条彩霞渐渐消失。

据专家介绍，这种两个太阳的景象实际上是日晕的一种特殊形式，叫做“幻日”，由云层中的冰晶折射造成，是大气的一种正常的光学现象，在南北极比较常见，在哈尔滨市出现比较罕见。

幻日是大气的一种光学现象。在天空出现的半透明薄云里面，有许多飘浮在空中的六角形柱状的冰晶体，偶尔它们会整整齐齐地排列在空中。当太阳光射在这一根根六角形冰柱上，就会发生非常规律的折射现象。当这许多的冰晶在朝阳或夕阳附近时，光线从冰柱的一个侧面射入，又从另外两个侧面射出，产生了反射和折射，就产生了多个太阳，它们实际上是太阳的虚像。

最多时曾有过“五日同辉”的记载。由于平时飘浮在空中的六角形冰柱常常是不规则排列的，所以反映不出多个太阳的奇景，因而幻日这种大气光学现象就极为罕见。

这是一篇报道自然奇观的新闻，令人趣味盎然。但背景材料过多，除了第一段后面三段都是背景的介绍，而且第三段介绍“幻日”是如何产生的内容专业性较强，作为普通的受众，对此不一定感兴趣，一般知道发生了这么一件稀罕事就可以了，不必要介绍得这么详细。

2. 摘取精华。摘取精华就是摘取稿件中的精华部分，使之成篇，而舍弃其余部分。这有以下几种方法：

(1) 取局部而舍其余。有些稿件就全篇来说，或者是主题没有意义，或者因为材料不充实而不能采用，但其中局部又有意义。这种情况就可以取其有意义部分单独成篇，而删掉其余部分。例如这条消息：

天津用抗洪精神推动经济发展

八月以来全市经济快速发展

本报天津10月3日电　记者××报道：在天津，从工厂到农村，从领导到广大人民群众，以自己的优异工作成绩支援灾区蔚然成风。在今夏抗洪斗争中体现出的精神之花，正在天津结出丰硕经济之果。进入8月以来，全市经济比前几个月有了明显增长。

今夏抗洪抢险斗争以来，天津市委、市政府全力以赴做好支援灾区的工作，截止到目前，全市向灾区捐款捐物总价值达3.5亿元。与此同时，市委抓住有利时机，及时发出通知，在全市广泛开展了学习抗洪英雄弘扬抗洪精神的活动。全市形成了一个学英雄、见行动、比干劲、作贡献的热潮，有力地推动了各项工作的开展。抗洪精神作为一笔宝贵的精神财富，已经成为做好天津工作的巨大精神力量。

市委、市政府及时把群众的这种政治热情引导到搞好本职工作，集中精力搞好天津的经济建设上。虽然时间不长，但已经取得了显著成效，各项工作出现了积极向上的良好发展势头。天津港保税区、天津开发区是该市两个新的经济增长点，虽然连年经济大幅度增长，但在抗洪精神鼓舞下，他们分别重新确定今年经济增长新目标为33%和18%。化学工业是天津市的老支柱产业，所属大部分国有大中型企业普遍存在着设备陈旧、冗员过多等诸多问题，但他们不示弱，同样确立新目标，决心为全市经济增长9%作贡献。天津市公安、工商管理、工会、银行、邮电通讯等部门，为全市经济增长创造良好社会环境、经济环境、市场环境，纷纷出台了新举措。

从这篇稿件所写的情况来看，是想反映天津用抗洪精神推动经济发展，尤其介绍“进入8月份以来，全市经济比前几个月有了明显的增长”。可是这种增长到底体现在什么地方？稿件中没有具体的数据材料作比较。大部分篇幅都是写

"全市形成了一个学英雄、见行动、比干劲、作贡献的热潮"之类空泛的套话,抽象的概念。所提到的诸多部门"纷纷出台了新举措",也没有具体的事实。稿件中这些话可以"放之四海而皆准",随便用来写哪个城市、地区都可以,完全没有特点、新意。尽管其中谈到保税区、开发区"分别重新确定今年经济增长新目标为33%和18%",但这个新目标和原来的目标相比究竟是多了还是少了,同样让人搞不清。全篇唯一有意义的地方,是第二段的"全市向灾区捐款捐物总价值达3.5亿元"。这才是有价值的事实。因此,可摘取这部分单独成篇,编成简讯:

本报天津10月3日电　记者××报道:今夏抗洪抢险以来,天津市委、市政府全力以赴做好支援灾区的工作。截止到目前,全市已向灾区捐款捐物总价值达3.5亿元。

(2) 取概要而舍详情。有的稿件内容有意义,也没有多余的地方,但由于篇幅或版面要求等原因,不能全文刊载。这种情况就可以取其概要而舍其详情。如下面的这篇稿件:

北京盛世音乐文化周拉开序幕

本报讯　北京盛世音乐文化周日前在中山公园音乐堂拉开序幕,这是音乐堂改建完工后首次面向社会公演。

"音乐文化周"是北京市最新推出的一种文化品牌,它将作为首都的一项标志性文化活动,在以后每年的同一时期同一地点举办不同内容的"音乐文化周"。

据中山音乐堂经理沈春友介绍,作为首都北京的一处重要文化场所,重新开放后的中山公园音乐堂,以提高人民音乐文化素养、展示北京文化中心地为最终目的。音乐堂除举办音乐文化周外,还将有计划地举办免费音乐会、交响乐知识讲座、中外名曲欣赏、音乐比赛等各种普及推广活动。

本届音乐文化周荟萃了北京交响乐团、中央民族乐团、中国交响乐团、中国歌剧舞剧交响乐团、中央歌舞剧院芭蕾舞剧院交响乐团和法国喜剧院访华演出团等六大知名乐团,演出节目均为各大乐团的经典剧目。

稿件最主要事实的导语中已经写到,第二段、第三段是对"音乐文化周"内容的详细介绍,第四段是参加本次音乐文化周演出的单位。如果只需其概要的话就留第一段,也可作简讯发表。

不少新闻稿都采取上述倒金字塔式的写法,把最重要的内容写在前面,然后依次往后排列。对这种结构的新闻,一般从后面删起。编辑在删削通讯社的新闻稿时,经常也采取这种取概要的方法。

(3) 取要点而舍说明。有的稿件在一个大问题下列举了多个要点,这些要点都很重要、缺一不可,而有的媒体按风格特色又不可能将全文都刊播出来,这种情况就可采用取要点而舍解释的方法,也能将主要的信息传达出去。如在每年三月初的全国人大会议上,国务院总理的政府工作报告就当年的政治、经济、文化、教育、卫生、国防、外交、台海等方面的工作计划安排作详细阐述,有一万多字的篇幅,机关报基本上全文刊登,而晚报、都市报通常摘取各要点发表。

(二) 减句

减句就是对稿件中多余的或表达不当的语句进行删削,使稿件顺畅练达。

许多稿件内容很有意义,但往往在叙述、描写、议论、抒情、说明等表达方式上运用不当,夹杂着与主题无关的或是有差错的句子。比如叙述过于详细具体,描写脱离主题,议论夸大其词,抒情矫揉造作等等,这些既会造成稿件臃肿累赘,又影响对内容的清晰领会,需要删繁就简,使稿件干净利落。需删削的话语主要有以下几种:

1. 叙述啰唆。有篇稿件写一个被拐卖半年的三岁男孩在警察的帮助下重新回到父母身边的经过。稿件在叙述父母到火车站从警察手中接过小孩时,这样写道:

> 母亲端详着念叨:"志滔,你到哪去了?你到哪去了?"……父亲捋起孩子的衣袖,摸着孩子左小臂一片青色的胎记说:"是咱的孩子,是咱的孩子。"

这两处的话语应该说都多余。因为他们到火车站就是专为接孩子的,何必问小孩"到哪去了?"即便问了,三岁的小孩也未必能回答清楚。此外,小孩被拐卖离家也才仅仅半年,不至于变化得连父亲也感到陌生,要靠手臂上的胎记才能辨认出来。这些话语由于过分详细,反而显得累赘。

2. 描写不当。《江南时报》1999 年 9 月 24 日有一篇通讯详细报道了发生在长江的水上特大交通事故。稿件在讲到沉船被打捞出水时有这样的描写:

> 舱内各具形态的死亡形象目不忍睹:遇难者一个个面容肿胀,一位年轻的女士身子卡在窗户里,双臂向外弯成凝固的求救状;一位 70 多岁的老人死死抱着撞坏的船舷;一对年轻的夫妻互相拥抱着怎么也分不开;另有两个青年在逃生时被人抱住了双腿,最后同归于尽。

这里的描写虽然是客观的,但毕竟欠妥。遇难者们的命运本来就令人掬一把同情的泪水，展示他们的惨状，未免太残酷，既不人道，也难以慰藉他们的在天之灵。这种描写就很值得推敲。在一些社会新闻中，往往也掺杂了不少残暴的描写，这会使一些人产生恐惧心理，也属删削对象。

3. 议论失衡。有些稿件在叙述事实的同时，喜欢情不自禁地生发议论，以期增强读者的印象。但有的议论往往有失公允，弄巧成拙。例如 2009 年 10 月 21 日某报上有篇题为《张扬生命的英雄女人》通讯，内容是反映一位年轻女军人自强不息的事迹。其中有这样赞美她的形象的话：

> 那张脸是那种让醉汉一见都可以清醒，让黄河见了都要变清的脸……她的 42 万字的专著《气爆》不日将由国家科技出版社出版，轰动在望。有人预言，她将是 21 世纪中国的居里夫人。

写她的脸漂亮可以，但要形容为“黄河见了都要变清”，这就有些不着边际了。她的书还未出版就说“轰动在望”，还将成为“21 世纪的居里夫人”，都太夸张了。有的稿件写报道某项成就，动不动就写上“开创了我国乃至世界的先河”，这种议论也是不恰当的。在我国范围来讲这样说也许对，但在世界范围而言，是否如此就要打问号了，因为稿中并没有权威人士或资料来证实。类似议论的句子在不少稿件中都有，编辑都应注意到。

4. 违背情理。有的稿件在反映人物思想或行为时，往往不注意人物与社会环境的关系，两者不协调和谐。如有的稿件写某孤寡老人受到他人的关心、帮助时，总爱加上这样的话：“他逢人就说：‘他们比我亲生儿女还要亲’。”“逢人就说”是指一见到人就说，不管遇到的是什么人，这有悖常理。

有的稿件反映取得某项重大成就的内容，在新闻中某些地方过分突出某个人孤军奋战、硕果累累，忽略了其他因素，这也不合情理。因为个人能耐再大，也离不开他人的协助，所谓“一个篱笆三个桩，一个好汉三个帮”。还有的新闻中人物的语言和身份、职业等冲突。人物语言受思想的支配，和人物的性格应该是统一和谐的：疾恶如仇、仗义执言的人不会拐弯抹角、吞吞吐吐；胆小慎言、优柔寡断者说话往往是含糊其辞、模棱两可；主要领导与一般干部语言不同；经理和律师的语言差别也大；善辩的大学生嘴上好挂时髦的语词，农民则喜用朴素的方言土语等等。正如古人所云：“富贵公子，虽醉梦中，不能作寒酸求乞语，疾病患难之人，虽置之丝竹华宴之场，不能易其呻吟而作欢笑。”[①]新闻人物的经历、文化、兴趣爱好、生活习惯乃至性别、年龄、籍贯等不同，语言有各自的特点，有的雅

① 章学诚：《文史通义》。

致、有的幽默、有的细腻、有的粗犷、有的干脆、有的婉转、有的口语化、有的文绉绉,应在新闻中做到出于谁的口就是“这一个”。这样才与人物的思想、性格、身份相吻合,才符合常理。

5. 解释多余。有的稿件在讲某件事时,总以为受众什么都不知道,喜欢加一些解释。比如一篇题为《今冬京城餐桌闹蛇》的消息,其中有这样的句子:

> 蛇浑身都是“宝”,蛇皮可滋补养颜,蛇胆可清肝明目,蛇肉可祛湿益神。蛇的吃法跟甲鱼一样,必须吃活的。

这种解释就有些画蛇添足,因为像蛇胆、蛇肉的作用等,大家都是比较熟悉的。有一篇写某大学师生评选自己的明星的报道,里面引用了该校一位学生的话:“别的单位在搞流行歌曲排行榜,搞技术能手大比武,我们做的是人才的排行榜,意义更深远。”这个学生对自己学校评选明星的解释有贬他人、褒自己之嫌,也可考虑删去。

6. 陈词滥调。有的作者在稿件中不看是否需要,往往喜欢习惯性地用一些“穿靴戴帽”式的陈词滥调。常见的有“认真学习了……”、“为了贯彻……”、“提高了……认识”、“掀起了……热潮”、“在……推动下”、“受……鼓舞”等空泛、虚渺的句子,这都是没有实质内容的套话、空话。还有的写些“大家认为”、“一致表示”、“全体建议”之类“众口一词”式地贴标签的话语。这些都是文风不正的表现,应视情删除,正如韩愈所指出的那样“唯陈言务去”,还稿件以清新、利索。(此处可参见前述《天津用抗洪精神推动经济发展》一稿。)

(三) 减字

减字就是对稿件中重复啰唆的字词进行删削,使稿件语言简洁干练。

新闻稿件无论是短消息还是长通讯,是叙事还是说理,都要求简明扼要,以精练的语言来表达内容和思想。减字就是在文字上推敲,“抠字眼儿”,尽量去掉那些多余的、可有可无的字词。文学史上有这么一桩佳话:相传宋代大文学家欧阳修有一天和朋友外出游玩,看到一匹奔驰的马把伏在路上的一条狗踩死了。欧阳修问朋友:“你怎么把这件事记下来?”朋友回答:“有犬卧通衢,逸马蹄而死。”欧阳修听了笑着摇摇头说:“如果请你去编史,恐怕万卷都写不完哩!”那朋友问怎么写这件事才好,他答道:“逸马杀犬于道。”同一件事,欧阳修就要比朋友的叙述精练得多。编辑对新闻稿删字,就应达到这种“一言理尽,两字穷形”的地步。减字主要从两方面着手:

一是删除重复的字词。比如,“过去的往事”、“目前的现状”、“周围的人们”、“活着的幸存者”、“胜利地战胜了洪水”、“在背上背着”、“凯旋归来”、“雍正年间时期”、“报刊杂志”、“意外的空难”等等,词义重复,都需删字。分别改为“往事”、“现状”、“周围的人”、“幸存者”、“战胜了洪水”、“背着”、“凯旋”、“雍正年间”、“报刊”、“空难”。这样删节,字去而意留,少了啰唆。

二是去掉可有可无的字词。比如,“新疆维吾尔自治区多方面筹集资金修建学校宿舍”改为“新疆多方筹集资金修建校舍”,少了近一半字,意思同样不变。又如“从老虎的背上安安然然地跳下来后方才可以显示出英雄的本色来”改为“从虎背上安然而下方显英雄本色”。删去一半,文字更简洁,意思让人一目了然。

减意、减句、减字三种方法各有其特点。减意对稿件的删削范围最大,既可以是对局部的删削,也可以是整段整段大规模地删削。既有绝对性删除,也有相对性的删节。减句则是对稿件作枝节性的删削,一般在段落大意中作局部性的删除,幅度比减意小得多。而减字的范围就更窄了,大多是对文字精雕细刻,在句子中进行字词的删削,与减意、减句在量上有较大的差异。

减意、减句、减字虽各有区别,但是它们之间有密切的联系,不能把三者截然分开。减字、删减句,从某一方面看,也是减意;而减意最终也要通过减字、减句来实现。无论怎样,它们在删节的量上是不同的。编辑首先要对稿件认真分析,然后根据稿件具体情况灵活运用。

三、精简的原则

精简稿件时,应注意掌握三条原则:

第一,与新闻价值相适应。新闻稿件的长短受新闻价值大小的制约。精简稿件要符合这个要求,对于具有较高新闻价值的事实可以适当写得详尽一些,对于新闻价值较低的事实要尽量写得简略,对没有新闻价值又并无必要叙述的事实则要删削。

第二,顾及媒体的风格特色。各家新闻媒体都有自己特定的受众对象、发行地区及任务。不同的媒体对同一篇稿件的精简就会不一样。大报与小报,日报与晚报,综合报与行业报等,对同一事实的报道各有侧重点。有的在这种报纸上篇幅长一些,在那种报纸上则要短一些,反之亦然,不可一概而论。

第三,清除累赘但不损伤原意。精简的目的是为了更好地突出思想内容,简练精悍。因此在删削赘余的同时要注意保存稿件的精华,不要把稿件弄得支离破碎,更不要把有意义的东西删掉,绝不要为短而短,“字删而意阙,则短乏而非核”,这种情况要尽量避免。如下面的稿件:

例1:河北隆化县小扎巴沟村西边一条十多米宽的河沟里,两棵会“走”

的柳树又从河西岸返回到河东岸来了。科技人员考察表明,这是两棵适合当地生长、生命力很强的古旱柳树,距今已有二百多年。据介绍,原来那两棵树因为受巨石的影响,树身向西倾斜,后经山洪冲击,完全倒向西岸。树身着河床生根后不断更新,不断向前爬行。植物有趋光趋水性,柳树便逐渐从西岸转回了东岸。

例2:河北两棵会“走”的柳树又从河西岸返回到河东岸来了。这两棵树生长在隆化县小扎巴沟村西边一条十多米宽的河沟里,树身卧地部分各有七米长。它们距今已有二百多年。

这两篇稿件都是同一篇稿件精简而来。第二篇虽然比第一篇短,但是读者不清楚树是怎么“走”动的,只知其“然”,不知其“所以然”,令人糊涂,迷信者恐怕还会以此生发谣言。而第一篇稿件则说明了问题,给予了科学解释,读者获得知识。这便是删节带来的不同效果。因此,精简稿件一定要从实际情况出发,以不伤原意为好,不可片面地追求简短。

第四节 拾遗补缺

拾遗补缺,就是为原稿增加所缺少而又需要的内容。有的新闻很有意义,但作者写得不太清楚,如只说因未讲果,或只谈果未说因,或缺少某些要素等等,使人一知半解,缺乏完整的印象。编辑就有必要在已掌握情况的条件下,对稿件作某些必要的补充,或者请作者增补,以帮助读者更清楚全面地了解新闻内容及其意义。补充的方法主要有以下几种:

一、补充相关的资料

为稿件补充相关的资料包括几点:

(一) 补充背景

背景是介绍新闻中有关人物、事件的历史,或事件发生的环境等情况的材料。背景材料在新闻中起补充、烘托、解释等辅助作用。增补必要的背景材料,可以使读者更完整地了解新闻中的状况和意义。

例如,《北京晚报》1999年3月9日转载前一天中央电视台《新闻30分》中关于《黄河内蒙古段防凌形势严峻》的报道,报纸在报道中加入了一段关于黄河内蒙古段凌灾原因的背景材料:

这源于它特殊的地理条件。黄河流入内蒙古进入纬度最高地区,气候寒冷。因此在封河季节这一地区首先封冻，而上游地区则封冻较晚，下面的冰把水截住，使上游的水流不下去，形成壅高水位，产生封河流凌。开河时则相反，上游先于下游开河，上游的凌块流不下去，在浅滩弯道处容易卡冰结坝，水只能漫堤而过，淹及沿岸地区，形成凌灾。

这样，读者对为什么黄河凌汛在内蒙古地区会最为严重就比较清楚了。

又如《北京晚报》1999 年 3 月 4 日刊登的《龙岩：华南虎的天堂》消息中编辑加的这样的背景：

华南虎又称中国虎，现在世界上野生的仅存 20 只至 50 只，被国际自然界保护联盟列为十大濒危动物之首。为拯救这一濒临灭绝的国宝，从去年 7 月开始，龙岩市筹资 500 万元，作为实施华南虎第一期工程的启动资金，建立华南虎繁育研究中心。

这一背景既增加了读者一定的知识，同时清楚地揭示出龙岩市拨巨资抢救华南虎的重要意义，使人们为这一善举感到高兴。

（二）补充注释

注释是指对报道中涉及读者不熟悉的有关的知识、技术、事件、名称等所作的说明。对报道中出现的令人陌生的事物给予必要的注释，可让读者一看就明白，并能理解其意义，免得要询问别人或查资料。如《扬子晚报》2008 年 4 月 19 日发表的稿件：

鹤岗发现大量天文蛋

哈尔滨电　在自然界中极为罕见的天文蛋，在鹤岗山萝北县团结镇的苇场湿地频频发现，苇场学校的李启文一人就收集了十几枚，黑龙江省科协的专家们也连连称奇。

天文蛋现象在自然界极为罕见，科学界一般认为，遥远天体的运行，会对地球生物产生相当微妙的作用，尤其是彗星光临地球，九星联珠等特别的天文现象发生时，会产生“天文蛋”。但这种蛋发现极少，在我国科技史上记载的仅有几例。

这篇消息报道所发生的奇闻，无疑会引起人们的兴趣。但是，普通读者对什么是天文蛋以及它到底是什么形态恐怕并不清楚，编辑应当查阅资料或请教有关专家，在稿件中介绍这个概念，解除读者的疑惑，如可补充下面这段文字：

所谓“天文蛋”，就是家禽在发生某些天文现象时所生的一种“特殊的蛋”,其特殊性表现在蛋壳表面有一些天文图案,如彗星、日偏食、北斗七星等图案。“天文蛋”是如何产生的,到现在仍没有搞清楚。有关专家推测“天文蛋”是动物在生理上受到天体运动影响的结果,但更倾向于其出现仅是一种巧合。

新闻报道缺乏该作的说明会令人感到不解。有篇叫《首届中国特殊奥运会开幕》的报道,导语是这样的:“首届中国特殊奥运会今天在这里开始举行。”导语后的内容就只是举行了什么项目的比赛、哪些人获得团体和个人的冠军之类。对于什么是“特殊奥运会”,消息没有解释一句,使人感到茫然。不把这个“特殊”说清楚,事实的价值和国家对智能低下者的关怀都无法表现出来。因此,编辑对那些关键性的、鲜为人知的事物、概念等进行注释,是必不可少的。

(三) 补充回叙

回叙是对近期已报道过的新闻的简要复述。报纸上对一些处在发展过程中的事件往往进行连续报道,每次报道的都是事件发展的最新变化,但读者不一定都看过前面的报道。即便看过,也可能记不清了。因此在一些连续报道中,对已经报道过的重要内容作适当的回述,是为读者提供方便,使他们对事件的发展过程有比较全面的了解。

下面这篇报道则是缺少了应该交代的回叙:

本报讯　世界杯短池游泳大奖赛第12站比赛昨天在意大利因佩里亚市结束。在最后一天比赛中,中国小将发挥出色,夺得两枚金牌、一枚银牌。

中国队21岁的小将付勇在自己的强项200米仰泳比赛中击败了俄罗斯选手奥斯塔普克,以1分56秒16的成绩夺冠。在女子50米蛙泳比赛中,中国队的世界纪录保持者韩雪意外地输给了匈牙利选手科瓦茨,以0.04秒之差屈居亚军;不过韩雪在女子100米混合泳比赛中发挥出自己爆发力好、4个泳姿实力平均的优势,以1分1秒10的成绩为中国队再添一枚金牌。

匈牙利21岁的选手科瓦茨成了本站比赛中最耀眼的明星,她包揽了女子50米、100米和200米蛙泳三枚金牌。

由于本站比赛是年度世界杯大奖赛的最后一站,此后将确定本年度各个项目总成绩冠军,因此吸引了一批优秀选手参加。

报纸对这一站前几天中国队的比赛情况虽然也有过报道,但这毕竟是本次世界杯大奖赛最后一站、最后一天的比赛。最好对本站前几天乃至前11站中国队的成绩作简要回叙,以使读者对这次大奖赛中中国队的表现有个较为全面的了解。

二、补充需要的细节

上述几种补充,编辑一般靠手头已有的资料就可以办到。有时有的稿件需要增补,单凭身边资料是无能为力的。如有的事实中缺少某些看似细微的因素,但又是读者需要的内容,对他们来说关系密切,那么就不应让读者囫囵吞枣、隔靴搔痒,而应尽量补充详情,满足读者的要求。此时可以请作者予以补充。如果一时与作者联系不上,稿件又等急用,编辑可通过电话电邮采访等方法,获得稿件增补所需要的内容。

例如,《三峡晚报》2005 年 3 月 27 日的一篇报道:

> 本报讯 清明节临近,市民踏青扫墓者猛增。昨日,市公交总公司经过周密安排,决定增加直达公墓或邻近公墓的公交线路运力,主要集中在开往点军的 27 路、28 路;虢亭方向的 2 路、21 路、103 路;金银岗方向的 105 路;开发区黑虎山公墓方向的 6 路、三峡职业技术学校专线车等。

这是为市民扫墓服务的一条消息,可是消息对新辟的这几路定点专车的开车日期、开车时间都没有提到,叫人家怎么去坐车呢?编辑可以打电话询问,补充各路车次何时发车,每条专线有几班车以及返程时间,以及这些定点专车哪天开始、哪天结束。这样,就为读者提供了方便,人们可以安排哪一天、什么时间到哪里坐车去扫墓。

再如有篇新闻报道湖北黄石一位菜农被汽车违章驾驶撞倒,无良司机竟加速逃逸。路经此地的该市市长急忙停车、报警、呼叫 120,直到将伤者抬上救护车才离开。市长救人,本是好事,但这篇报道通篇写市长如何救人,如何协调现场,如何叫救护车,可谓绘声绘色。对市长浓墨重彩,对被撞的菜农却是惜墨如金,只是一笔带过,甚至连伤者姓甚名谁、受伤程度如何都未着笔,稿件无疑是不完整的。显然,稿件应当补充进受伤菜农的相关情况,这不仅是新闻业务的技术问题,也体现新闻传播者的人文态度、对普通人的情感问题。

三、补充精辟的议论

议论即对事实发表的看法、评论。新闻传播活动的重要特征之一是用事实说话,追求新闻的真实、客观、公正,在这点上与文学艺术有本质的区别。那么新闻报道中还要不要感情与评论因素的参与?回答是肯定的。作为职业的传播者,他要客观表现事实;作为"食烟火"的社会人,他又脱离不了七情六欲的漩涡。新闻作品作为精神产品,同样需要感情的投入。新闻报道要求客观叙述,尽量少掺入主观因素。但这并不排除对它表明立场态度,进行是非评判。

人们常说“世界上没有无缘无故的爱,也没有无缘无故的恨”,对新闻事实的评论就是如此,它不是心血来潮,无病呻吟,其“情不自禁”是“事与理”的和谐统一,即为新闻报道中对象的言行举止所激动,融入自己的情感。对一些很有意义而内容简单的报道,编辑画龙点睛地补充一点议论,借以表达情感,可以深化报道的主题思想,还能帮助读者更好地了解新闻的性质、意义,充分发挥舆论导向的作用。而且,饱含真挚情意、喷射出火热情感的新闻作品,常常更能给人以感染力、震撼力,激励和陶冶受众,发挥舆论引导的感召力。例如有一篇题为《漩涡与清流》的通讯报道,写的是河北献县工商人员与假冒商品坚决斗争的内容。编辑见事迹很感人,便补充了题记:

> 有激流必然有漩涡。恶浊的漩涡,喧嚣一时便会消失;激流总要按照自己的方向奔泻,变成浩浩荡荡的清流。

这一议论既表达了编辑对报道的鲜明态度,也起到了衬托主题的作用,并能给读者以富有哲理的思考。

山西运城市富源煤矿发生严重透水事故,几十位矿工遇难。矿方不是积极组织抢救,而是隐瞒不报,威逼利诱遇难者家属,恫吓知情者。地方一些官员对此也是态度暧昧、漠然。新华社记者冲破重重阻力,连续报道了事件真相,其中《撕开黑幕见阳光——新华社记者山西富源煤矿艰难采访记》中(新华社 2002 年 5 月 27 日电),详细描述了这是“我们多年记者生涯和多次参加灾难性报道最艰难,也是事故性质最恶劣的一次。在此次运城富源煤矿特大透水事故的采访中,我们见惯了太多的含含糊糊,见惯了太多的吞吞吐吐,我们必须在这么多的人命面前,旗帜鲜明地表态:我们要替他们说话,替无辜身亡的那 21 名矿工说话”。在结尾处加上了这样两句评论:

> 死去的人再也不会开口,为了他们死后还要被埋名地下的冤屈,为了更多的人不再重演类似的悲剧,一种力量始终推动着我们对这起事故的调查深入深入再深入,直到全部的真相大白。

这段议论表达了媒体对草菅人命行为的申讨,对官僚主义举止的愤怒以及彻底揭露真相的决心。正是在新闻报道的前面有了“艰难采访”、“见惯了太多的含含糊糊”、“见惯了太多的吞吞吐吐”的事实铺垫,这里喷涌而出的评论水到渠成,极其自然地强化了新闻的感染力。

上面叙述了对稿件所作补充的几个方面。需要强调的是,编辑的拾遗补缺是为受众着想,使稿件“锦上添花”,发挥更好的效果。但编辑的补充必须坚持这样的原则:增必有据,适可而止。首先,编辑是补充稿件的不足而非“妙笔生花”。所作的补充要有充分的缘由根据,所用的材料要完全可靠,是最新鲜、最权威的。其次,补充的内容务必紧扣新闻事实,并且要少而精,不可偏离主题,一说起来洋洋洒洒,喧宾夺主。不该补充的地方,绝不要自作多情地随意添加,画蛇添足只能是弄巧成拙。

第五节　改写原稿

改写就是在原稿的基础上重写。有的稿件内容有意义,材料也丰富,但写得不好,如观点和材料不统一,内容与体裁不协调,或结构杂乱,或导语枯燥等等,需要对稿件动“大手术”,进行重新“包装”。改写稿件常用的方法有以下几种:

一、改变主题

改变主题是对原稿中不够新颖的主题作改动,重新确立主题。

例如,有篇稿件的主题是反映在市场经济条件下,仍然有进行传统教育的必要性。内容主要写某单位领导如何用过去的英模、荣誉的例子对青年进行传统教育,鼓舞年轻人继承和发扬优良传统,为社会多作贡献。编辑觉得这种内容在媒体上早有报道,主题已不新鲜了。但编辑发现稿件中有地方提到领导结合形势采用新的形式开展传统教育的内容,虽然着笔不多,但这一点却有现实意义。于是编辑重新确立主题:传统教育要充实新内容,创造新形式,才能使老传统发扬光大,焕发新的活力。编辑对原稿进行改写,并让作者补充了有关材料。这样,稿件主题就有了新意,避免了与过去报道的主题雷同。

再如,德国大众汽车公司和长春第一汽车制造厂签订合同,建设年产十五万辆轿车的基地。记者写了这件事,但主要写如何签订合同、如何征地、如何尽快投产等等。通过这些内容反映中国轿车工业将有新的发展。这样的主题虽然也很有意义,但是它对普通老百姓来说,似乎没有多大的关系,一般读者也就不感兴趣了。如果改变一下原来的内容,重点放到合资生产的这种轿车有什么特点,可以坐几个人,价格是多少,普通家庭积蓄多少年才能买得起等等,反映轿车进入百姓家不再是遥远的梦这样的主题,显然就要生动、亲切得多,也跳出了一般的“合资——签订——生产——意义”这种报道模式。

前面在谈稿件精简时举的《天津用抗洪精神推动经济发展》的例子中,讲到全篇有价值的地方是“全市向灾区捐款捐物总价值达3.5亿元”,可将此摘取出来单独编成简讯刊载出来。如果从改写主题的角度出发,编辑可以将此作为新闻线索,让记者进一步去采访,扩展这部分有价值的事实,重点表现天津各界民众是如何踊跃捐款捐物、以实际行动支援灾区人民重建家园的主题。这样的报道也是很有意义的。

当然,改变主题是很麻烦的事,往往还有可能扭曲了新闻事实,所以编辑采用不多。

二、改变角度

改变角度是对稿件材料重新认识,从最有利于表现事物特征的方面来写。

角度是观察事物的出发点与视角。提起角度,不免使人想起北宋诗人苏轼在《题西林壁》中的千古佳句:“横看成岭侧成峰,远近高低各不同。不识庐山真面目,只缘身在此山中。”其意思是说同一座山你从不同角度去审视,会呈现出千姿百态、景致迂回的面貌。此诗寓意在于告诉人们,对事物的结论会因认识着眼点不同而不同,了解事物应当领悟其多面性、复杂性,“不畏浮云遮望眼”,方可充分把握它的内涵实质。

日常生活中,角度的运用大家熟悉的恐怕莫过于摄影了。某人要留“玉照”,尽可以随心所欲地拍摄,从正面、侧面、反面、逆光、仰望、俯视、近察、远观……角度不同其形象相异,给人的欣赏也不一样。当然,这终归只是形式的变换而已,实际上此人的特质仍旧。

毋庸置疑,有时候角度的转移、变换,能起到改变事物的性质之妙用。清朝湘军统帅曾国藩率部和太平军作战时,前期老吃败仗,在给朝廷的奏折中,他把草拟的“屡战屡败”改为“屡败屡战”。这里的“战”和“败”两字只是调换了个位置,可是看待问题和表述问题的角度就大相径庭,产生的效果也完全不同。前者给人的感觉曾国藩几乎就是“马尾穿豆腐——提不起来”的“草包”一个,而后者则表现出其英勇无畏、不屈不挠的“强者”形象。

其实,新闻报道又何尝不是如此呢?同样的事实,相似的主旨,从不同的方面去反映、挖掘,写的角度不同,突出的重点就不一样,说明的问题也不完全相同,表达出的情趣往往会大不一样,给受众带来的效果也不同。有的稿件材料很好,但写作的角度没有选好,影响了可读性。这种情况就需要改变角度,重新运用材料。改变角度没有固定的模式,视内容、社会需求、受众兴趣而定。常见的新闻角度的改变有:从领导角度改为群众角度,从介绍经验角度改为报道成果角度,从报道成果角度改为发生新鲜事角度,从会议角度改为解决问题角度,从这家媒体的角度改为另一家媒体的角度等等。面对材料,选择一个较好的角度,在有限的篇幅里既表达出有意义的主题，又能吸引受众产生兴趣。

请看《华东肥鹅在西藏饲养成功》这篇稿件：

> 拉萨市农牧所的科技人员克服高原缺氧和气压等不利因素，用人工方法孵化白鹅成功。孵出的雏鹅在幼小时喂些糌粑、麸皮等饲料，很快就可以食草。今年三月孵出的第一批雏鹅目前已长到四公斤左右。
>
> 世居长江口附近的太湖白鹅在“世界屋脊”上已生活了两年。它们生长良好，母鹅产卵正常。
>
> 这一试验成功，为在西藏高原水草丰盛的河滩、沼泽地上大量饲养水禽，增加当地人民的肉食、蛋类、羽毛供应创造了条件。

这篇稿件应当说还是写得不错的，比较简洁、通顺，主题也清楚。

下面是新华社外籍专家李敦白的改写稿：

> 华东一种肥鹅，它的羽毛与西藏的白雪媲美，现已在这个自治区饲养成功。这种世居江苏太湖的白鹅，即将成为西藏人民肉食、蛋类和羽毛的新来源。
>
> 两年前，这种白鹅引进西藏，但高原缺氧使白鹅孵化产生困难。现在，拉萨市农牧所克服困难已成功地孵化出小鹅，今年三月孵出的第一批雏鹅目前已长到四公斤左右。

显然，改写稿要更胜一筹。首先，原稿是从科技专业角度来写的，着眼于报道科技上解决了一个问题，创造出一项新成果。但这对一般读者来说，显得枯燥，提不起多大兴趣。而改写稿则从报道一件新鲜事的角度入手，一开头便用羽毛和白雪作生动的比较，很自然地将西藏发生的这一稀罕事娓娓道来，令人兴趣盎然，可读性大增。由于角度变了，结构也跟着改变。原稿按这件事的先因后果写法，最后才说出此事的意义，如果最后一段读者未看或编辑删去了，那么这件事的意义就无法显示。而改写稿在开头一段就交代了事情的重要性：“即将成为西藏人民肉食、蛋类和羽毛的新来源。”这也是胜于原稿的地方。另外，改写稿还比原稿篇幅短，压缩了一些读者不必了解的过程，更显精练。

当然，编辑改变稿件的角度，必须根据事实的原貌及其蕴含的意义来选择更好的，而不要根据“风向”来主观地强拧角度，把事实当面团一样随便搓揉，那样反而歪曲了事实，必将导致新闻失实。角度的选择不是强扭，二者有着本质的不同。新闻事实是固有的，新闻材料是客观的，表现的角度也是客观的，只能发现它、选择它，不能随心所欲扭曲它。艾丰说得好：“材料不是万能的‘钥匙’，什么锁都能开；不是用钢筋混凝土制成的‘预制件’，建什么楼房都行；不是有伸缩、可大小的'面团',既可以做小馒头,又可做大蛋糕;不是画家配色盘中的颜料,想配成什么色就配什么色。"[①]不论是选择新闻的立意角度,还是选材角度或表现角度,都力求突出一个"新"字,考虑受众的需求,切忌牵强附会,不顾事实乱贴标签。多年"左"的影响造就的一类强扭角度的"风派",至今尚未消失,其表现是把事实当成面团随意揉捏,或是当作"万能论据",今天从这个角度证明这种思想,明天形势一变,又从另一角度去反映这种倾向。

三、改变体裁

改变体裁就是把稿件的原有体裁形式改变为另一种体裁形式,使内容与形式和谐统一。

文章的形式是为内容服务的,一定的体裁形式适应于一定的内容表现。文章的内容和形式的关系,并不像钱包与钱的关系那样简单。一只钱包可以装纳任何钞票、硬币,而一种文章的形式却未必适合于任何内容,有如日常生活中的穿衣、吃饭。老年人适合颜色朴素的衣服,姑娘们则爱好色彩艳丽的时装;干体力活的人可大碗喝酒、大口吃肉,动手术的病人则严禁烟酒、适宜清淡的食物。不看年龄特点胡乱穿衣会让人笑话,不顾健康状况胡吃乱喝就有伤身体,文章内容与体裁的关系亦然,徐师曾为此形象地指出:"夫文章之有体裁,犹宫室之有制度,器皿之有法式也。为堂必敞;为室必奥;为台必四方而高;为楼必狭而修曲;为筥必圜;为篚必方……苟舍制度法式,率意而为之,其不见笑于识者鲜矣,况文章乎!"[②]任何好的作品,都是内容与形式和谐,新闻作品也不例外。有时为了突出原稿中的某一特定内容,往往需要相应的改变稿件的体裁形式,以求稿件刊登能发挥最佳效果。

请看下面这篇稿件:

金秋十月,"京东第一山"盘山的景色显得格外秀丽。在爽人的秋风里,群峦竞秀,众石争奇,松涛翻滚,云海缥缈,清泉淙淙……堪称步步有迷人景色。

昨天,我们在盘山游览区管理处,听该处负责人李克安饶有兴致地介绍:这里正在修建三处新景观,以便让游人领略更多的美景。

"三处新景观是什么?"

"牌楼、山门和释迦佛大殿。"李克安脱口而出。

---

① 艾丰:《新闻采访方法论》,人民日报出版社1989年版,第86页。
② 徐师曾:《文体明辨序》,载于忠善编选:《历代文人论文学》,第99页。

在交谈中,我们又得知:抗日战争时期,盘山遭到严重破坏,几十座寺院和离宫毁于战火。从1978年开始,有关部门先后在这里修复入胜小区、天成小区、云罩寺小区和环翠亭等风景点。到1982年春季,这里正式对外开放,一批批中外游人蜂拥而来,既为美丽的自然景色所倾倒,又因景点少而感到不满足。于是,盘山游览区管理处又修起这三处新景观。

新景观的牌楼和山门建在盘山的入口处——入胜小区。牌楼为明式建筑,高10米,长14米,琉璃瓦顶的龙头、剑柄和小兽栩栩如生,红柱下面的汉白玉底座雕有精细花纹;山门为清式建筑,黄瓦、红墙和拱门,不仅典雅,而且庄重。

释迦佛大殿,建在离入胜小区3.5公里的未修复的万松寺小区。万松寺建于唐代,因唐代名将李靖曾在此处舞剑,最初名为"李靖庵"、"卫公庵",清代康熙年间,改称"万松寺"。当年,万松寺有三层依山而建的大殿,一层比一层高,十分壮观。释迦佛大殿,就是其中的第一层大殿。如今,这里仍保留着石碑、石刻、骆驼石以及卧龙松、凤翘松、伞盖送等古松。

在这里修复的释迦佛大殿,面积为588平方米,是一座气势不凡的古典建筑物。大殿的灰瓦顶、青砖墙和雕梁、画栋、飞檐、红柱等,莫不给人以古朴的感觉。大殿建成后,还将修复"香路",重现昔日香火鼎盛的情景。

"三处新景观什么时候竣工?"我们问。

李克安仿佛早看透了我们的心事,立即回答:"今年底完成主体工程,明年清明节前夕全部竣工,并开始接待游人。"

到那时候,这三处新景观一定会成为游人向往之地。

这篇通讯运用了不少材料,但是有价值成为新闻事实的,就是盘山正在修建三处新景观。其中谈到的盘山的历史、风景等,早已不是什么新鲜事,而是旧闻为当地百姓所熟知。尽管稿件加了一些背景材料及人物对话,但仍然构不成一篇通讯的条件,像"李克安仿佛早看透了我们的心事,立即回答"的话纯属多余,别人问话,他必然要回答,况且这也算不上什么心事。衡量稿件中有用的材料,将其改写为短消息比较好些:

本报讯　记者昨日在盘山游览区管理处获悉,这里正在修建三处新景观,以便让游人领略到更多的美景。

这三处新景观是:牌楼、山门和释迦佛大殿。它们将于今年年底完成主体工程,明年清明节前夕全部竣工,并开始接待游人。

如果还想向读者介绍三处新景观的一些情形,也可将之适当叙述一下,但不可过多，以防喧宾夺主。

我们经常见到的一些会议消息，许多是根据报告人所作的长篇讲话改写而成的。表现新闻内容的形式有消息、通讯、评论、述评、图片、调查报告等多种体裁，而各种体裁还可以细分为不少类别，如消息就有动态性消息、综合性消息、经验性消息、述评性消息、人物新闻、新闻公报等等，它们都是由内容所决定的。改变体裁一般都是将信息容量较大、篇幅较长的体裁改为信息容量较小、篇幅较短的体裁。通常是把通讯、经验总结、调查报告、讲话、文件、公告等改为消息，将消息改为简讯、花絮、标题新闻等。

四、改变导语

导语是消息的开头，应该用简洁、生动的语言来表述新闻最主要的内容，以吸引读者继续往下看。有的稿件不注意导语的写作，或繁琐冗长，或呆板乏味，影响人的阅读兴趣，甚至会葬送整个新闻。因此，编辑常常要进行导语的改写，将消息中最重要、最引人的内容用精练的文字表现出来，做好对消息的第一步"推销术"工作。

例如北京一家大报发表的一篇稿件的导语是这样的：

> 本报讯　中共北京市委积极发挥党外人士参政议政作用，在过去的一年中，党外干部在市委、市政府担任领导职务的人员大量增加，党外人士参政监督作用得到较大发挥，他们对重大问题的意见和建议得到尊重和采纳，中国共产党领导的多党合作的生动局面在全市上下已经形成。

这个导语虽不算长，但是所容纳的内容过多，每个句子就是一层意思，竟达五个方面，很难让人抓住要领。而且，第二个句子中"党外干部在市委、市政府担任领导职务的人员大量增加"的话也有错误。"党外干部"在市政府任职可以，在"市委"任职显然不行，这是常识性的问题。这个导语可作如下改写："中共北京市委积极发挥党外人士参政议政作用，使全市的多党合作呈现出生动局面。"这样简洁干脆，突出精要，有助于读者把握要旨。其他内容可放到下面的主体部分再详细阐述。

导语的写法多种多样，没有固定的模式，应根据报纸不同的读者群的需要和兴趣去突出该强调的，但总的要求是简明扼要。上面这个导语所表现出的不足，主要在于作者想把稿件中的所有事实都通过高度压缩塞进导语，然后在主体部分再展开，特别是那些信息容量较大、篇幅较长的消息，往往更容易犯此毛病。这不仅造成了导语累赘冗长，有时还顾此失彼，把某些应该在导语中出现的内容忽视了。例如某报刊登的一条篇幅长达千字、题为《科学志书呼吁关注》的报道，其导语是：

本报讯　（记者×××）中国自古志学发达，通志、史志、风物志、名胜志扬名国内外，而科学方面的志书缺项过多，起步也晚，中国科学院动物研究所编研的“志书工程”——《动物志》、《植物志》、《孢子植物志》因缺乏出版经费，已完成的“八五”成果不能出版，目前积压109卷，“九五”陆续完成的150卷册的出版问题更加严重。有关专家从1995年就发出呼吁，希望国家出面解决。去年由全国政协委员、中科院动物研究所所长黄大为，上海植物所沈用刚院士等在九届政协大会以提案形式发出，人大研究生院院士也发出过倡议。这是有关专家发出的第三次高层次大规模呼吁。

这条导语长230多字，内容庞杂。梳理一下讲了三点：一是中国自古志学发达但科学志书缺项多起步晚；二是多卷册的“三志”书因缺乏出版经费积压严重；三是专家们多次呼吁关注“三志”书出版（其中讲的“人大研究生院院士”不实，人大研究生院没有院士）。消息的要旨显然是在第二点上，即“三志”书亟须出版。但是，编撰这么多卷册的国家“八五”、“九五”重大项目的“三志书”有什么意义？这一点是应该在导语中提及的，却只在消息后面的主体部分出现。而这条消息又是从专业角度报道的，一般读者恐怕只读导语就不关注下面的内容了。倘如此，读者也就无法知道报纸为什么要报道这件事。所以，应该把为什么要开展这项工程的意义这一点放到导语中去。可考虑将导语作如下改写：

本报讯　（记者×××）科学家们多年呕心沥血编撰的上百卷《动物志》、《植物志》、《孢子植物志》因缺乏出版经费无法面世。这项浩大的“三志工程”是迄今对我国生物物种最全面系统的研究，也是中国生物科学走向世界的“拳头”产品。

这样，导语少了一半多篇幅，内容反而充实了，读者很快知道新闻要旨，也了解到报纸呼吁社会关注此事的意义。

五、改变结构

改变结构就是将原稿的结构进行调整，使之脉络清晰或富于变化。改变结构一般有三种情况：一是稿件结构有问题，条理不清，层次紊乱，需要对材料进行重新组合，使之通顺。二是稿件的主题或角度等改变了，其结构也随之调整，如前面所举的《华东肥鹅在西藏饲养成功》一稿。三是稿件本身结构没什么毛病，只不过平铺直叙缺少变化，为了使稿件变得富有波澜而作结构变换。

先看下面的一篇稿件：

本报讯 （通讯员×××）奥运110米栏新科状元刘翔在昨天举行的国际田径联合会横滨全明星赛上，以23秒31的成绩战胜了老对手约翰逊。而张文秀则以72.27米的成绩战胜雅典奥运冠军、俄罗斯选手库津科娃夺得链球金牌。

当天的110米栏发生了3次抢跑，但刘翔并未受此影响。发令枪第四次响起后，刘翔和约翰逊几乎并驾齐驱。冲刺阶段，刘翔领先，最终以0.03秒的优势夺得金牌。再次落败于后辈高手之后，约翰逊十分大度地笑着与刘翔握手，表示祝贺。

刘翔在赛后说，由于奥运会后一直没有系统训练。所以状态不太好，今天能发挥出这样的水平他已经很满意了。尽管再次战胜了约翰逊，他仍谦虚地说，这次胜利并不能代表什么。

这条消息的写作应该说是“问题多多”。首先从消息的结构来看就有问题。通常的消息结构，都是在导语就突出消息中最有意义的内容。这篇消息报道刘翔参加了国际田径联合会横滨全明星赛，并且夺得了金牌，这是最有价值的地方。但导语里只讲战胜了约翰逊，而在下面一段中，才讲到刘翔夺冠的事。这样的结构安排就不妥，应当进行调整，将夺冠放到导语中去。另外，在消息的导语中，还加进了张文秀链球夺冠的话语，这样的“杂糅”属枝蔓横生，与这篇消息的主题不协调，应当是另一条新闻了。第三，“23秒31”的成绩肯定也是错的。大家都知道刘翔的悉尼奥运会成绩是12秒98，他跑得再慢，也绝不会是这样的速度，况且还和对手同场竞技。“23秒31”的速度一般人也能跑下来，哪里是奥运冠军的风采？因此，这篇消息的差错，就不仅仅是结构的问题了。

再看下面这篇稿件：

本报讯 去年西域旅行社升格为一类旅行社。

为使旅行社的规模、外联能力和导游的整体素质与一类旅行社的业务相适应，他们面向社会公开考试招聘了一批素质较好的骨干，开拓旅游市场，这些骨干进社后，立即开展独立工作，成效显著。仅从日本就自联旅行团14个，其中一个大型徒步登山旅游团80人。日本方面对在我境内周到、细微、有条不紊的安排十分愉快。仅接这个旅游团就为旅行社创利30多万元。

这个旅行社还十分注意对原有人员进行培训，根据个人的特点、能力，用其所长，充分发挥他们的才智，使该旅行社信誉、服务质量都获得好评。

去年他们共接待了 17 个国家和地区的 144 个团队,2947 人次。

为进一步开拓旅游市场,多创利,首先,他们狠抓独联体客源,并利用出国招商时机扩大外联工作,使客源较上年上升 128%;其次他们狠抓日本和韩国市场,还参加了在新加坡、香港举办的展销会,扩大了自联团 15 个;第三,旅贸结合,积极开展对独联体的贸易,在自治区旅游单位中独占优势。去年他们不断扩大对外旅游业务,把旅游和贸易结合起来,实现利润 261.23 万元,较上年增长 73%。

这篇稿件报道西域旅行社上一年开展对外业务所取得的成就、经验。但其结构不符合消息的写法。消息的结构通常是先讲最重要的事实,然后才详细交代其他材料,这便于一开始让读者抓住重点,“纲举目张”才好顺利了解到别的内容。而这条消息一上来就是“去年”,首先给人一种陈旧感。其后是写经验,最后才是稿件要反映的重点。并且,中间的结构也混乱,如第三段末尾谈了“去年他们共接待了 17 个国家和地区的 144 个团队,2947 人次”。但后面又接着写该旅行社的一些做法。因此必须调整结构,重新组织导语为:

本报讯,西域旅行社不断扩大对外旅游业务,把旅游和贸易结合起来,去年共接待了 17 个国家和地区的近三千名游客,实现利润 261.23 万元,较上年增长 73%。

接下来再介绍这家旅行社取得这些成就的具体经验。这样就符合消息写作的结构要求,读起来也会感到清楚些。

类似上述结构有毛病的写法,究其原因都是按前因后果即顺时针方向去报道发生的事情,而不明白有些新闻报道按前果后因、逆时针方向去写会更好些。《健康报》上有篇稿件的导语是这么写的:

一种延缓衰老的丸药——清宫寿桃丸,去年年底已通过专家鉴定,今年天津达仁堂中药厂将正式投产。

这就是按顺时针方向去写的,把最新时间发生的事放在了后面。将其结构改变一下,把最新的内容放在突出的位置上,让读者一开始就看到新闻,可能更好些:

在清朝宫廷用以延缓人体衰老的寿桃丸已在天津达仁堂中药厂正式投产。这种丸药是在去年底由专家鉴定通过的。

六、改变篇章

改变篇章就是将新闻稿件“化整为零”或是“集零为整”。

“化整为零”又叫分篇，即把一篇新闻稿件改写成多篇稿件。有的稿件内容很重要，涉及方面较多，篇幅也长。如果是全文刊登，主题不突出，也占据大块版面甚至是一两个版，读者望而生畏，不去阅读，即便硬着头皮读了，也会因内容太多而记不住各方面的精要。在这种情况下，就可将原稿分成若干篇，每篇冠以标题，只谈一个问题，这样篇幅短小、重点突出，读者按不同需求和兴趣，查阅十分方便，也容易留下印象。

2010 年 3 月 5 日，十一届全国人大三次会议在北京召开，国务院总理温家宝在会上作了政府工作报告。该报告有 1 万多字，涉及很多方面的内容，《人民日报》的编辑便将报告分成 20 多篇来刊登，每篇做一个标题，分别是：《我国改革开放和社会主义现代化建设取得新的重大成就》、《加强和改善宏观调控 促进经济平稳较快发展》、《坚持深化改革开放 不断完善有利于科学发展的体制机制》、《去年着力改善民生 加快发展社会事业》、《大力调整经济结构 夯实长远发展基础》、《政府工作体会》、《经济发展环境和做好政府工作》、《今年国内生产总值 预期增长 8% 左右》、《要提高宏观调控水平 保持经济平稳较快发展》、《要加快转变经济发展方式 调整优化经济结构》、《要加大统筹城乡发展力度 强化农业农村发展基础》、《要全面实施科教兴国战略和人才强国战略》、《要加快完善覆盖城乡居民的社会保障体系》、《改革收入分配制度》、《要大力加强文化建设》、《千方百计扩大就业》、《要促进房地产市场平稳健康发展》、《要做好人口和计划生育工作》、《要加快推进医药卫生事业改革发展》、《坚定不移推进改革 进一步扩大开放》、《努力建设人民满意的服务型政府》、《巩固和发展平等、团结、互助、和谐的民族关系》、《要加强军队全面建设》、《不断开创两岸关系和平发展新局面》、《全力支持香港澳门保持长期繁荣稳定》、《要推动建设持久和平、共同繁荣的和谐世界》。这样，版面看上去显得眉目清楚，便于读者选择性地阅读，见图片 4-1、4-2。

能够分篇的稿件有一定的要求：首先是它非常重要，各方面都很有价值，不能采用精简中的“取概要”或“取要点”方法，那样会有损内容；其次这篇稿件的若干个重点相互联系又相互独立，改成若干篇分别表述，也不会影响全文的主旨。对一些领导人的长篇重要讲话，或者政府某方面的长公告，通常就用化整为零的分篇办法来处理。

2　要闻　人民日报

温家宝在十一届全国人大三次会议上的政府工作报告（摘登）

现代化建设取得的重大成就 我国改革开放和社会主义

加强和改善宏观调控 促进经济平稳较快发展

坚持深化改革开放 不断完善有利于科学发展的体制机制

大力调整经济结构 夯实长远发展基础

去年着力改善民生 加快发展社会事业

政府工作体会

经济发展环境和做好政府工作

今年国内生产总值预期增长8%左右

要提高宏观调控水平 保持经济平稳较快发展

要加快转变经济发展方式 调整优化经济结构

图片 4-1

人民日报　要闻　3

温家宝在十一届全国人大三次会议上的政府工作报告（摘登）

强化农业农村发展基础 要加大统筹城乡发展力度

要全面实施科教兴国战略和人才强国战略

要大力加强文化建设

千方百计扩大就业

要加快完善覆盖城乡居民的社会保障体系

要促进房地产市场平稳健康发展

改革收入分配制度

要做好人口和计划生育工作

要加快推进医药卫生事业改革发展

坚定不移推进改革 进一步扩大开放

努力建设人民满意的服务型政府

图片 4-2

“集零为整”又叫综合，就是把几篇新闻稿件整合成一篇稿件，与分篇刚好相反。编辑往往会同时收到好几篇反映同一题材或主题的报道，只是报道对象、方面不一样，每篇各有长短，单发既重复又单薄。这种情况下就可采用综合的办法，将几篇稿件整合在一起，取各家所长，相互补充，这样涉及面比较广，具普遍性，信息量也加大了，而且节约版面。

例如，2010 年 2 月 15 日，《人民日报》总编室的编辑面前摆有多篇稿件，这些稿件都是《人民日报》驻各地记者发回的报道，均为讲述当地的干部群众是如何庆祝春节的。如果都发表，这些稿件要花几个版面，某些内容也会出现雷同，标题也更难避免重复。于是编辑将这些稿件综合成一篇，并且在稿件的末尾署上了这些记者的名字，于 2 月 16 日在该报 1 版刊登。读者从这篇报道中比较全面地了解了各地是如何欢庆 2010 年的虎年春节的：

各地群众欢度虎年春节

本报北京 2 月 15 日电　金牛辞旧岁，福虎迎新春。这两天，各地群众以丰富多彩的方式欢庆虎年春节。

今年春节至元宵节期间，上海将开展各类群众文化活动 1100 余场（次）。

即将召开的世博会,成为其中最为重要的关键词。中福会少年宫围绕“争做文明世博参观者”主题,举办“上海少年儿童世博文明短句大赛”,让上海全市儿童拿起手中的纸和笔,自主创编文明游园的儿童诗、童谣、三句半等,积极倡导和传递参观世博园区的文明细节。在上海文庙举办的“迎虎如意——第四届上海年俗风情展”,以传统生肖“虎”为形式,通过书画作品、生肖文化、节庆器物、艺术门类等展品,反映传统年俗,凸显申城海纳百川的过年风俗。

春节这两天,河南郑州万名农民组成表演队伍舞进省城,展现风采,尽情表达他们的喜悦之情。在大年初一的“龙腾虎跃闹新春”民间文艺大巡游活动中,来自郑州所辖县区的百支农村民间文艺队伍从二七广场出发,沿东西大街到紫荆山路进行表演,万人表演队伍吸引了10多万市民。巡游表演不仅体现传统文化,还展现了现代时尚元素,除了高跷、旱船、盘鼓、舞狮、舞龙、秧歌、武术外,还有健身操、轮滑、街舞等。

广西桂林市政府今年春节除西山、南溪山、穿山、虞山、桂林园林植物园等5个公园继续向市民免费开放外,又新增了七星、象山、叠彩、伏波山等公园免费开放,为桂林市民的春节游玩增添了新去处。新增公园均是我国首批4A级景区,也是桂林各公园中景观最丰富和最知名的景区。七星景区装点了2万盆鲜花,其中6000盆鲜花在大门处拼成6个“春”字造型,分外夺目。芦笛景区推出系列迎新活动,用中国结、红灯笼、卡通虎等元素装饰的“鸿运门”,寓意“鸿运通途”和“五福临门”。

大年初二一大早,山东济南市槐荫区振兴社区的低保户李全才领着孙子,带着儿子、儿媳,全家来到了大明湖,欣赏“一城山色半城湖”的美景。大明湖已是人流如织。看着整修一新的大明湖,李全才很感慨:“在济南住这么多年了,看大明湖还是第一次。以前看一次湖,全家至少也得100多元门票钱!现在好了,免费开放,真正成了人民的公园了。”2007年10月,济南投资20.5亿元,启动大明湖历史上规模最大的一次扩建改造,景区面积由原来的74公顷扩大到103公顷。新景区于2009年9月免费向市民开放。同时还拆除了大明湖南岸的围墙,使大明湖彻底从“园中湖”变成“城中湖”。

春节期间,天津规划建设交通系统10万大军牺牲了与家人的团聚时间,在梅江国际会展中心、文化中心、西站枢纽工程等100多个重点项目施工现场,争时间、抢工期;房管、供热、地铁、公交、自来水、燃气等运营服务行业的4万干部职工放弃节日休息,坚守一线岗位。新建的梅江国际会展中心正进行内部装修、管线预埋、配套设施建设。为保证今年5月会展中心投入使用,来自北京、河北、内蒙古、陕西、四川等地的34支施工队、1300多名工人持续作业。文化中心包括博物馆、美术馆、图书馆、大剧院、青少年素质教育基地等8个单项,现场700多名建设者、200多台机械设备进行地下维护结构施工。

农历正月初一,河北省文化部门组织的"文化惠民"活动正式拉开帷幕,省直艺术表演团体、民间艺术团体纷纷下到基层,将在近半个月时间内推出2000场文艺演出,为城乡群众送上丰富多彩的文化大餐。2月14日至28日,河北省话剧院举办儿童剧专场演出,《海的女儿》、《白雪公主与七个小矮人》、《灰姑娘》等为孩子们打造出迷人的"童话世界"。从2月15日起,邯郸市东风豫剧团在东风大舞台演出《桃花庵》、《抬花轿》等经典剧目。廊坊市邀请京津专业剧团到霸州、大厂等地举办12场综艺、戏曲专场演出,慰问节日坚守岗位的环卫、供暖、供水、供电等部门的员工。

春节期间,青岛港所有码头泊位爆满,共接卸船舶158艘。从年三十到大年初一,青岛港港口吞吐量突破178万吨,其中集装箱达到5.2万标准箱,均创历史新高。青岛港干部职工发扬"港外过年,港内大干;职工过年,领导过关"的优良传统,5000多名干部职工在党员领导干部的带领下,坚守新老港区各条作业线。除夕,青岛港新港区前湾集装箱码头灯火通明,15个泊位一个晚上靠离了11艘200米以上的大型集装箱船,完成箱量17800标准箱。老港区接卸船舶26艘,装卸火车336节,完成吞吐量7.28万吨。

(本报记者曹玲娟、曲昌荣、庞革平、何勇、陈杰、王明浩、宋学春报道)

对稿件进行综合,首先是比较稿件,分析、了解各篇稿件的内容、材料、观点,比较各篇稿件的长处、短处,寻找它们共同的、本质的东西。分析是综合的前提,正如恩格斯所说:"没有分析就没有综合"①,不是什么稿件只要看它们写了相同或相似的内容就都可以综合在一起,而是要看它们相联系的材料、观点是否具有普遍性的意义,是在比较、分析的基础上来形成主题。这个主题可以和几篇原稿的一样,也可以不一样,但都要求能串通各稿的内容。综合不是简单拼凑,不是重复使用相似的材料,而要从相似的内容中寻找与主题联系最密切、最具代表性的材料。其次是具体的组合,把经选择的材料重新组织起来。这种组织不是堆砌罗列,是服从于表现主题的需要有详有略,层次分明。因此,综合不是对几篇稿件的材料的简单加减,而是一种再创作,它必须遵循一定的原则,这样才便于定题和选材。综合稿件要避免主观随意性,如果根据主观需要去选取个别事实写成的报道,就具有虚假性。如报道某省大兴水利建设热潮,却只有一两个县的材料,这就是不真实的。

① 《马克思恩格斯选集》第3卷,人民出版社1972年版,第81页。

第六节　稿件修改程序及注意问题

一、稿件修改的方式及程序

稿件修改的方式主要有两种。一种方式是指作者修改。编辑对原稿提出需修改的方面,由作者斟酌后自己修改。这种方式可以使编辑和作者达到交流、互动。因为编辑的意见一方面可以启发作者思路,作者根据掌握的材料可能会有新的补充,从而增加稿件的内涵;另一方面编辑的意见未必都是恰当的,作者了解实际情况多,可能会有充足的理由证明编辑的意见不妥或不全面,通过双方交流也能给编辑以启发。比如编辑原来认为应进行幅度较大的修改,此时也许觉得修改幅度会较小。或者共同提出修改意见,作者再行修改。通常一些时间不太紧迫又需作较大修改而且还需补充采访以取得新材料的稿件,往往就采用这种修改方式。

另一种方式是编辑自己修改。这种修改比较快捷,不耽误报纸及时出版。对于那些改动不是很大很难、只作个别改动就可以的或者发稿时间紧迫的稿件,编辑一般是自己动手修改。新闻媒体上的稿件尤其是消息类报道,大部分都是编辑修改后刊播的。

个别稿件专业性或理论性强,编辑又不甚了解,可以约请有关专家修改把关。但这种情况不是很多。

对稿件的修改一般要经三个步骤:

1. 审读全文,分析稿件。这是修改稿件的基础。只有认真阅读稿件,才能了解稿件的主题、材料、结构、语言各方面情况。掌握这些情况便于分析稿件的优劣、得失,哪些是主要事实,哪些是次要事实,哪些是背景材料,哪些是议论说明,什么是重要的,什么是多余的,什么该补充等等。这样才会对稿件有清楚的认识。审读分析是为了发现问题、解决问题。分析越仔细,认识越完整,下一步修改就越顺利。倘若在未审读全文、分析稿件的情况下贸然修改,事倍功半,甚至会越改越糟。"磨刀不误砍柴工"是很有道理的。对一些内容比较复杂的长稿,尤应多看两遍,认真分析,以免返工更费时间。

2. 设计方案,着手修改。经过对稿件的全面分析,对稿件的修改就会心中有数了。接下来是决定用什么方法进行修改,是修正、精简,还是改写?时间允许的话不妨多设计几套方案,从中选出最合适的一个。如果是手工在校样上修改,应采用标准校对符号(见附录二)。要用不同于原稿字迹颜色的墨水,以便容易区别哪些是删减的,哪些是补充的。要是一篇稿件修改太多,最好重抄一遍,以方便计算篇幅和计算机录入员操作。如果用计算机修改,要按所使用的中文软件的要求操作。特别是对稿件进行精简时,事先要考虑好,因为删掉后再想保留某些被删的部分就很麻烦。对结构和材料作较大变动的稿件修改,最好先打印出一份原稿,放在一旁对照,即便改错了要推倒重来,也便于依照改写思路另外重写。

3. 检查复读,精益求精。稿件修改完后,要从头到尾阅读一遍,重要的稿件还要多看两遍,检查修改是否恰当,是否符合准确、新鲜、生动的要求。一方面通过检查可以发现修改后是否遗下毛病,如衔接不紧、缺词落字、标点不妥等,及时补正。另一方面通过检查往往能发现个别地方还可以改得更好,也能马上再行修改,精益求精。鲁迅十分强调修改后的检查,他说:“我做完之后,总要看两遍,自己觉得拗口时,就增删几个字,一定要它读得顺口。”①这个“顺口”,就是对修改后稿件的精益求精的更高要求。鲁迅先生的这种精神值得我们学习。

二、稿件修改应注意的问题

修改稿件除了运用恰当的方法和程序,对原稿从思想内容和表现形式两方面进行修改外,还应注意以下几个问题:

1. 全局着眼。全局是带根本性的问题。从全局出发,才能居高临下,把握稿件的主题,分清新闻稿件的主要事实、次要事实及相关与无关的材料,从而运筹帷幄,合理安排材料,更好地去表现主题,突出主题,正如刘熙载所说:“主脑既得,则须制动以静,制烦以简,一线到底,百变而不离其宗。”②局部地方再好,再生动,如果脱离了全局,与主题无关,也要忍痛割爱。拘泥于细节,无疑是捡芝麻丢西瓜,不仅体现不出稿件的价值,往往还会歪曲原意。

2. 形式为内容服务。任何形式都是为内容服务的。虽然形式对内容有能动性,可以起到增强或削弱内容的作用,但在内容与形式这一对矛盾中,内容是主要矛盾,形式始终是依附于内容的,“皮之不存,毛将焉附?”因此修改新闻稿件务必时时抓住内容这条主线,运用的各种方法如大到变更体裁、改换角度,小到遣词造句、校正标点,都是为了更好地表现新闻内容。过分雕琢形式、追求辞藻的华丽、结构的波澜等,是舍本逐末的做法,“翠纶桂饵,反以失鱼”③,是不足取的。古人之训,不无道理。

---

① 《鲁迅全集》第5卷,人民文学出版社1981年版,第108页。

② 刘熙载:《艺概》。

③ 刘勰:《文心雕龙·情采》。

3. 尊重稿件的事实与风格。作者写一篇新闻报道,总是在采访了一定的人和事,获得了第一手材料的基础上写成的,就是说,作者比编辑更了解实际情况,掌握事实的真相。因此,编辑要尊重稿件所写的事实。可以对事实表示怀疑,运用分析法或核对法、调查法去校正、删节,但不能任意改变或增加事实,如果以原稿事实"不够生动"、形象"不够高大"为借口拔高事实、增添情节,会造成新闻失实,是不允许的。

与此同时,编辑还应尊重作者的风格。作者写稿件都有自己的思路、表现手法:有的谨严,有的疏放;有的简约,有的繁丰;有的刚健,有的柔婉;有的雄浑,有的清丽;有的高亢,有的悠扬;有的宛如大江东去,有的恰似小桥流水……只要是健康的、有利于内容表现的风格,都应加以保护。这对作者本人来讲,能促进他扬长避短,更好地发挥自己值得发扬的因素,于繁荣新闻事业大有裨益。从社会效果来讲,则能满足受众广泛的需求。"人各有好尚,……咸池六茎之发,众人所其乐,而墨翟有非之论,岂可同哉!"[①]不同职业、文化、兴趣、爱好的受众,绝不会都喜欢千篇一律、雷同化的报道手法。马克思就赞成风格的多样性,他曾经痛斥过那种强求一律的做法:"给检查官指定一种脾气和作家指定一种风格一样,都是错误的。"[②]新闻媒体应该是各种写作风格争相媲美的百花园。只允许一种风格,即使是一种好的风格,也只是一花独放,使人感到单调、乏味,这与现实生活的丰富多彩也不相适应。

4. 防止后生错误。经编辑修改后报纸上仍然出现差错,主要由两种原因造成:一种是原稿存在的错误编辑修改时没有发现,这种错误叫原生错误。一种是原稿有错误,编辑修改时又改得不正确,以错改错,或者是原稿没错误而编辑改错了,这种错误叫后生错误。编辑修改稿件主要在于消除原生错误,防止后生错误。后生错误产生的主要原因有:

第一,主观随意性。编辑修改稿件时往往容易把字面上的效果当成好的标准,因此不惜违背客观事物的本来面貌。常见的有两种情况:一种是片面追求生动,添枝加叶,"合理想象"。比如处理某位已牺牲的英雄人物的报道,编辑给加上英雄牺牲前瞬间的心理活动或豪言壮语。而这样的内容是超越采访的。另一种是拔高渲染。比如原稿写的是两个人下井救人牺牲了,两人都被冻僵在井里。编辑想突出人物精神就主观改为一个死后仍"站在水里"不倒,另一人还骑在他肩上。这两种情况都违背了新闻真实性原则,造成差错。

---

① 曹植:《与杨德祖书》,载于忠善编选:《历代文人论文学》,第 24 页。

② 见《评普鲁士报刊的最新检查令》,载《马克思恩格斯论新闻》,新华出版社 1985 年版,第 18 页。

第二，缺乏知识。编辑对稿件所反映的对象不熟悉，盲目修改产生的错误。比如原稿写一个老干部以曹操“烈士暮年，壮心不已”的诗自勉。编辑无知，以为“烈士”就是死去的人，怎么还能“壮心不已”呢？便改为以曹操“壮士暮年，雄心不已”的诗自勉，这就错了。其实编辑修改各种内容的稿件，不一定对所写的事都完全懂得，只要查阅有关资料或向专家请教，就可以避免类似错误。

第三，粗心大意。比如汉字中有不少看上去十分相似的字，像“土”与“士”；“沁”与“泌”；“管”与“菅”；“毫”与“亳”；“赝”与“膺”；“麻”与“庥”；“戊”与“戌”、“戍”等等，稍不注意分辨就会搞错。标点符号中的间隔号和顿号、逗号也容易混淆。不注意写作时间和见报时间、地点的关系，也会出现差错。如对未及时刊用的稿件，上面写有“今天”、“本月”、“上月”等，刊登时又没有改正过来就会出错。有的外地作者出于写作习惯写上“本省”、“本市”等地点，编辑没有把它改为相应的地名，也会发生张冠李戴的现象。

5. 推广规范语言，并注意使用有意义的新生语言。新闻媒体是大众传播工具，不同地区、不同民族、不同阶层的人都要在上面交流情况和思想感情。媒体为了很好地起到这种桥梁作用，担负好推广社会规范语言的职责，以便大家的交流没有障碍，编辑要以现代汉语为行文标准，少用古汉语、洋话，非用不可时，对生僻的字最好加以注释，以适应广大的受众。其次，推广普通话。新闻不光是阅听，还应为人传说。编辑在修饰文字时有必要把一些生僻难懂的语言改为现代汉语和普通话。即使以说地方语为主的地方报纸，都应用普通话写作。当然，新闻报道并不完全排斥地方语，吸收生动活泼的地方语有利于丰富新闻语言，在某些特定的情节描写中适当采用地方语，会增强现场感和感染力。

另一方面，报纸也应随时注意使用有意义的新生语言。所谓有意义的新生语言，即当前社会新出现的健康流行的用语，它们像今天吃的食品、穿的服装一样极大地丰富起来，在当前社会交往中使用频繁，并能恰当地达意。作为反映、记录和交流当代社会的新变化的新闻媒体，应该选用流行的时代语言来传播新闻信息，领风气之先。当然，编辑在这方面也要注意把关，避免那些任意生造的、不合规范又不为多数人所理解的新词出现在报纸上，造成社会用语的混乱。老舍先生说得好：“语言的创造不是标奇立异，令人感到高深莫测，越读越糊涂，而是要在大家都能明白的语言中出奇制胜，既使人看得懂，又使人喜爱。”①

6. 修改通讯社电讯稿的特殊要求。通讯社播发的供各媒体选用的稿件，都是经其编辑修改过的，本身质量比较有保证。报纸编辑采用通讯社的电讯稿，如

① 转引自《老舍与推广普通话》，《人民日报》1999年3月5日。

果是全文采用的,要在前面加电头"××社×地×月×日电"。如果不是全文采用,而要经报纸编辑修改的,要注意两点:只可删节,不可增补。前面的电头要加一个"据"字,如"据××社×地×月×日电",以示职责分明,表明本报作了删节,因删节造成的差错由本报负责。如果将通讯社稿件重新作了结构调整,要注明"据××社改写"字样,同样表示自己负责,并且改写中也不能增加任何材料。转载其他媒体的稿件如需作某种修改,采取同样方式。

三、校对符号的作用及其运用

校对符号是在长期实践中逐渐形成而约定俗成的。稿件从写作到结束,有一个修改过程,或删节,或增补,或调换,或挪动,或分段,或合并等等,需要有公认确定的符号来表明,以便接受者清楚地会意。校对符号原本是编辑和校对人员以及排版工人之间所用的"联络语言"。但实际运用范围已经扩大。作者与编辑之间,以至日常书面交往中,都可用来交换意见。特别是现在电脑广泛应用,许多稿件都是电脑打印的,行距、字距都较窄,在中间修改就显得杂乱不清,用校对符号来表示修改,显得比较清楚、规范,也便于电脑录入人员操作。

因此,校对符号又有人称之为"改样符号"。它与文字、标点符号一样是信息的代码和载体。与文字和标点不同的是,它所代表的不是所传播的信息内容本身,而是表示信息内容改动的符号。这种符号对纸质媒体出版是必不可少的,编辑按照《中华人民共和国专业标准校对符号及其用法》,方能保证信息的准确传递。

正确使用校对符号,是防止信息传递出错的必要手段。校对符号过去能方便排字工人捡字和改样,不致延误时间,现在同样能够加快计算机录入、改样、排版速度。使用校对符号的具体要求主要有:

(1) 符合规范。即严格按照国家颁布的《中华人民共和国国家标准校对符号及其用法》,不要生造,以免引起混乱。

(2) 勾画分明。稿中的错误要用引线从行间画出,拉到页边空白处改正,不要在文中径改。并且符号不要沾及上下左右不需改动的文字和标点。

(3) 清晰易辨。改样所用笔的颜色,应根据校次采用不同色笔,以示区别。引线与引线之间不要重叠、交叉,如难以避免,要用不同色笔区分开来。

(4) 常用校对符号。有改正、删除、增补、对调、转移、接排、保留、另起段等,这几种在编辑日常手工修改稿件中也常运用。

第五章　新闻标题

第一节　标题的演变及其功能

标题是用以提示或评价新闻内容的一段简短文字，通常放在正文的前面且字号大于正文。标题也被用来指代整篇新闻，是版面的内容与形式的重要组成部分。读者对版面形式的整体感知与标题是紧紧相连的，对报纸内容进行实质性的阅读也是由标题开始导入。因此，标题又被称作是"报纸的眼睛"。今天的新闻乃明日的历史，标题成为后来者翻阅今日之报纸而观察历史的第一个窗口。

一、标题的演变

标题并非与报纸同时出现，它比报纸的出现要晚得多，在我国的报纸上出现标题，不过才一百多年的历史。我国古代报纸从唐朝《进奏院状》开始，上面的消息并无标题。唐朝的学者孙樵在描述当时的报纸时，就说它"系日条事，不立首末"①，意即消息的报道不以事体重要与否为序，只是依次排列，一条条的消息排下来而没有题目。古代报纸非常少，也不存在竞争，报纸的制作者只想到要将自己所打听到的消息传播出去，并没有想到要用题目来吸引人，也根本就考虑不到版面的美化问题。

历史经历了悠悠岁月的演进，19 世纪近代报纸诞生后，新闻开始出现了有揭示具体内容的标题。开初出现的为类题，即为若干同类新闻所加的一些总题目。中国新闻史研究的开山鼻祖戈公振在《中国报学史》中说道："自同治末年，以迄光绪中叶……新闻必要者始有题目；琐屑者则各就其地冠以总名。如北京则'上林春色''禁苑秋声'……武昌则'鹤楼留韵'……广州则'羊城夕照'"。这种类题虽然没有涉及新闻报道的实质性内容，但毕竟让读者知道了新闻发生的所在地方。

随着新闻对社会作用的日显重要，报人为满足读者对新闻的需求，具体揭示

---

①　孙樵：《经纬集·谈开元杂报》。

新闻内容、一文一题的形式出现了。一般认为,1870 年 3 月 24 日《上海新报》上的《刘提督阵亡》、《种树得雨》是我国报纸最早的、比较完备的一文一题形式。当时这种标题在字体字号上与正文还没有什么区别,多数情况下是当作新闻的第一句话,因此也还没有被报纸广泛地采用。19 世纪末 20 世纪初社会急剧变化,人们迫切需要及时了解外界的变动,各报为争夺读者也推动了新闻标题的改革。

首先是标题的字号与正文有了区别,在形式上表现突出了。1904 年创刊的《时报》在发刊词中就说:"本报编排务求显醒……用大字者,务求醒目;用小字者,刊登内容丰富也。"1905 年 2 月 14 日《申报》宣布改革方针时更具体地称:"别刊大字,择要标题,籍振精神,并醒眉目。"其次,标题不仅浓缩内容,还常常带有办报人的观点倾向,尤其是一些新闻言论的标题,立场态度尤为明显。如 1911 年辛亥革命前夜的 7 月 26 日《大江报》上的标题《大乱者救中国之妙药也》、《亡中国者和平也》,旗帜鲜明、气势磅礴,对读者具有很强的震撼力。最后,开始出现由单一型的标题发展到复合型的标题形式。如 1911 年 4 月 20 日《申报》的标题《保定市面又动摇矣(主题)　此之谓民穷财尽(副题)》。至五四时期,我国报纸上的复合型标题已不鲜见,在结构上也开始变得复杂起来,以主题为主,并大量运用了引题和副题。除了主要是实题外,同时配以虚题的运用,报纸标题的形式便基本上定型下来沿袭至今。五四时期我国报纸还开始在头版出现标题导读的形式,当时内忧外患局势复杂多变,消息形形色色,一些版面稍多的报纸便提炼出当天报上的主要新闻,用几个醒目的标题提请读者注意。当时的标题导读比较简单,通常是以六言或七言等句式集中排在一起。

新中国成立后,在"为人民大众服务"、"适应广大工农群众的文化水平"等口号下,一段时间里曾经出现过标题简单化的趋向,即各报流行单一型的标题,避免复合型标题的出现,并且报纸上的标题导读的形式也消失了。但这种情形并不符合报纸反映社会生活的客观要求,也不适合读者的实际需要。在 1956 年中央提出"双百"方针后,在报纸上又恢复了复合型标题的样式。报纸上的标题导读形式,是从改革开放后才逐渐恢复的,并有所发展。从初露端倪到现今的一百多年间,报章的新闻标题不断丰富,色彩日益绚丽。其功能在提示新闻的基础上还可以评价新闻、组织新闻,对版面的美化作用也越来越重要。标题的审美性也正在变得越发突出。

二、标题的主要功能

(一) 提示新闻

标题以最简短的文字将新闻中最有价值或最生动的内容提示出来,使读者在一瞥之下就了解新闻主要讲的是什么。这是标题最基本的也是最常见的功能。

当今报纸卷帙浩繁、内容庞杂,大多已扩至几十版甚至上百版。在节奏加快、时间紧迫的现实生活中,将一份报纸逐字逐句从头看到尾的人恐怕很少。读标题则是快速掌握阅报方式和最佳利用时间的途径,它提示了新闻中最重要最有价值的内容,读者只需看标题就能了解这条新闻重要的方面,如对新闻感兴趣可进一步去阅读,如对新闻不感兴趣也了解了某种信息。因此,"看报先看题"成为现代人阅读报纸的规律性现象。在报纸这个庞大的信息源中,职业不同、兴趣不同、需求不同的读者,都能通过先浏览标题,以直觉的感受迅速了解新闻概要,然后凭兴趣确定阅读重点。重要、精彩的新闻也只有借助标题的提示,在读者的"一瞥之下"才能迅速被人挑中,否则容易被埋没。

标题对新闻的提示,主要集中在以下几个方面:

概括式提示:将新闻内容高度概括,用最精炼的语言表现出来。大多数动态性新闻的标题都是概括式的,是新闻的浓缩、精简。如下面两条标题:

北京奥运会隆重开幕

名人代言医疗广告明年禁播

摘要式提示:新闻的内容较多,标题不可能也没有必要全部重点都标出来,只提示出新闻中最重要的事实即精华部分。如:

胡锦涛会见奥巴马时指出
应超越意识形态分歧发展中美关系

描写式提示:运用文学手法描述,使标题显得生动活泼,给人以形象感和美感,读来引人联想、别有情趣。如下面两个标题:

白天不见村　夜里不见灯
青浦练塘乡农村十年种树面貌大变

生滚肉粥热腾腾　开褒狗肉香喷喷
羊城夜档如雨后春笋

还有其他一些提示的方式,如悬念式、设问式、反问式等等,不一而足。

(二)评价新闻

标题不仅提示新闻,还可以代表媒体的观点评价新闻,揭示新闻的实质、原因、结果等,帮助读者了解新闻的意义及重要程度。这种标题一般是编辑的"借

题发挥”,通过标题对新闻的点评,说明或强调报纸对事实的态度,从而影响读者,引导舆论。如下面两个标题

藏独分子丧心病狂破坏奥运圣火传递

防灾不力　植被破坏　洪水泛滥损失惊人

不能再漠视大自然的警告了

标题对新闻的评价,可以是直接运用这种态度鲜明的话语表明立场倾向,也可以是间接进行评价。如在复合型的标题中,什么内容放在主题,什么内容放在引题或副题,间接地表明了编辑重视某部分新闻内容的态度。此外,在标题中通过选择一些感情色彩不同的词语,也可以间接地表明编辑对发生的事实的某种态度。

(三) 吸引读者

报纸版面上的标题字号大于正文,容易引起读者的注意。从心理学上看,人的心理活动的指向性和集中性,总是首先集中在那些醒目的、与众不同的对象上。标题的字号大,自然成为读者扫描的第一对象。其次标题位于正文前列,“领头羊”总是显得抢眼突出,让人首先将读报的视点集中于标题。最后,许多标题往往在形式上显得生动优美,朗朗上口,使人饶有兴趣。如标题常常运用对偶、排比、比喻、设问、反问、反复、反语等修辞手法,以及引用或变换运用名诗佳句等,都会让人回味无穷。许多新闻内容读者早已忘记了,但有的标题却给人印象深刻、流传不衰。如下面这些标题:

谁是最可爱的人

榜上无名　脚下有路

险哉珠峰失足　幸哉坠入我境

赞助捐款何时了,请柬知多少

读者呼吁某些部门不要借赞助之名向基层摊派“苛捐杂税”

(四) 美化版面

早期的报纸上由于没有标题,黑压压的一大片文字上下相连,读起来令人头昏眼花,不仅阅读不便而且版面显得难看,犹如呆板的花格布似的单调。有了标题便使得稿件之间界线分明,阅读便利,读者的视野也得到了调节。标题在报纸上的美化主要是使稿件条理分明、眉目清楚,版面丰富多彩。不同的形式、种类、

字体、字号、美术装饰以及彩色的大小标题在版面上星罗棋布，丰富和活跃了版面，使之赏心悦目，增添了报纸的魅力而吸引读者。很难想象今天的报纸上没有标题是一种什么样的情形。

第二节 标题的类型特点

一、单一型标题

标题只有主标题而没有辅助题，结构简单，在形式上通常是完整的一句话，内容上用于揭示新闻中最重要、最吸引人的信息，并且多为实题。如：

2010 年研究生招考今日举行

重庆“打黑”多名官员落马

从表现方法来看，单一型标题可以是实题，即陈述新闻事实，也可以是虚题，即评价新闻事实，揭示其隐含的意义或理念。如果是单一型的新闻消息的标题，一般都是以实题形式出现。因为它同消息一样，要向人们报告事实，呈现一种动态，表达出“谁”或者“在哪里”、“发生了什么事”等新闻要素。即便是虚题，也应当是有议有叙，虚实结合。如果是单一型的通讯标题，往往也可用概括性的虚题。如大家熟知的通讯《县委书记的榜样——焦裕禄》。

单一型标题通常是一行，表达一个完整的意思。有时因为新闻内容的需要，也可以同时表达两个甚至三个同等重要的概念而用多行，但它们在关系上是并列的。如：

美称战机遭伊朗袭击
伊指责美国侵略挑衅

朝称美国居心叵测
美指朝鲜有意隐瞒
韩说日本趁火打劫

单一型的标题还有一种叫栏题的，也称大标题、横幅、牌子，通常是为一个专栏或一组稿件或一个专版所加的总标题，主要是集零为整，画龙点睛，营造声势，往往具有思想性、导向性的特点。特别是在重要节日、重要活动、重要事件前后媒体上常用大标题来反映人们的心情。如《当好东道主　迎接奥运会》、《展示新风貌　喜迎十七大》等。大标题有的可重复用多次，有的只是用来临时组合稿件,就出现一次。

二、复合型标题

复合型标题是指由主标题和辅助题结合而成的标题。

主题:又称主标题,是复合型标题的精华部分,字号最大最为突出,如上述的单一型标题类型。

辅助题是指引题、副题、提要题、分题几种类型,它们都是为主标题服务的。

引题:又叫眉题、肩题、上辅题,字号小于主题并位于其前面,是主题的"先遣队",主要用于说明、引申、烘托主题,交代新闻的来源、背景、原因、时间、意义等。引题的字数可以比主题少,也可以比主题多,从简洁与美观看,以接近为宜。如:

(a) 温家宝在参加江苏代表团审议时强调

贯彻科学发展观　率先实现统筹发展

(b) 彩灯映照笑脸　歌声洋溢大厅

中央领导和首都小朋友喜迎新春

(c) 铁的见证　血的教训

永安市挖出一颗日军燃烧弹

(a)标题的引题交代了主题内容的背景出处,即什么人在什么场合下讲的话,它显示了主题的意义。如果没有这个引题,就看不出主题的重要价值所在了。(b)标题的引题通过对现场环境的描绘,为主题烘托出热烈的气氛,让读者萌发愉悦心情。(c)标题的引题阐明主题的意义,给人以启示教育,既表明了日军侵华的历史不容否认,也说明了"落后就要挨打"的道理。

引题大都呈现在新闻消息的标题里,通讯的标题少有出现。有时根据需要,通讯的标题也可以制作引题来先声夺人。如下面这个通讯标题:

林苗苗才9岁,却走到了生命的尽头。弥留之际,她说:"妈妈,我想吃草莓。"于是,为了这一颗红艳艳的草莓,为了满足苗苗的最后心愿,许许多多的好心人寻寻觅觅……

草莓,那催人泪下的草莓

这个标题的引题非常好,它将通讯中十分感人至深的内容提炼出来,让人先读为快,并在心底迅即荡起涟漪,被众多的好心人为苗苗付出的浓浓爱心所感动，的确是达到了如主题中所说的“催人泪下”的效果。

副题：又称子题、下辅题、副标题，位于主题之后，字号小于引题和主题，是主题的“后勤部”，进一步交待次重要的事实，或对主题作补充、解释、印证等。副题的字数通常比主题多，有时也可以少于主题。如：

(a)　**大学生世运会刘翔夺冠再破纪录**

队友史冬鹏获得亚军

(b)　**榜上无名不等于成才无望**

青年韩原震自学成为农技领域行家

(c)　**一辆十路公共车翻车**

26名乘客受伤入院治疗，交警正展开调查

(a)标题的主题交代了新闻中刘翔夺冠并破纪录的最有价值的事实，副题则补充了队友史冬鹏获得亚军的次重要事实，毕竟这是世界亚军，也值得在副题上标出来引起读者注意。(b)标题的主题是虚题，是在阐述某种道理，副题则为之补充事实依据，使主题表达的观点能使人信服。(c)标题的主题比较概括，只笼统地讲翻车，到底造成了什么样的后果，则由副题来作进一步的补充。

提要题：又称提示题或纲要题，比较详细地概括稿件中的内容或观点。提要题有时近乎副题或编者按，一般用于较长或重要的新闻中，主题往往比较概括。提要题的字号小于主题、副题，字数远多于主题。如：

中国共产党第十七次全国代表大会在京闭幕

选出新一届中央委员会和中央纪律检查委员会

通过关于十六届中央委员会报告的决议、关于中央纪律检查委员会工作报告的决议、关于《中国共产党章程(修正案)》的决议。

胡锦涛同志主持大会并发表重要讲话

胡锦涛强调，全党同志要紧密团结在党中央周围，高举中国特色社会主义伟大旗帜，坚持以马克思列宁主义、毛泽东思想、邓小平理论和“三个代表”重要思想为指导，深入贯彻落实科学发展观，坚定不移地继续解放思想，坚定不移地坚持改革开放，坚定不移地推动科学发展、促进社会和谐，坚定不移地实现全面建设小康社会的宏伟目标，带领人民抓住和用好重要战略机遇期，求真务实，锐意进取，为落实党的十七大提出的各项任务而团结奋斗。

分题:又叫小标题、插题,穿插在新闻当中,用于概括文中某一部分或段落的内容或观点,帮助和便于读者阅读较长的新闻,同时还可美化版面,避免稿件的冗长感觉。各分题的字数大体相当,各自管辖的文字数量也相差不多,否则会显得不平衡。

三、实题与虚题

实题:标题概括事实的发生,以叙述为主表现具体的人物、动作或事件,不加渲染、烘托、评论。实题来源于对事实的揭示、概括,以传递信息为主,具体实在,可信度高,容易为读者所接受,自己判断事实的性质。多数动态性新闻的标题都是实题,它可以是以单一型的标题的形式出现,也可以是复合型的标题的形式。如:

华人科学家高锟获诺贝尔物理学奖

北京名律师将为文强辩护

曾在最高检工作10年;目前尚未接到开庭通知

虚题:标题发表议论,以说理为主,着重说明某种原则、道理、愿望或对事态发表看法,主要是评价和揭示事实的意义或本质,帮助读者更好地认识事物的价值和内涵,给人以理性认识或思想上的影响。除了新闻评论的标题可以单独出现虚题外,新闻消息的标题一般不能只有虚题而没有实题。倘若只是虚题,读者看到的只是表达观点的评论,并不能从中了解到底发生了什么事。因此新闻消息如果使用虚题,特别是从新闻中提炼的,通常需要有实题的配合。如:

台湾政坛一片乱象

民众怨声载道,在野党提出"罢免案""倒阁案"

虚题的来源一方面可以从新闻事实中概括提炼而来。如上面这个标题的主题"台湾政坛一片乱象",是表明观点、评价的虚题,它便是从副题里交代的民众怨声载道,在野党提出要"罢免"、"倒阁"这样的政民不和、朝野分裂的事实中得出的观点。另一方面,虚题也可以从新闻中摘录某句表达观点的原话或意思。如前面的标题"胡锦涛会见奥巴马时指出,应超越意识形态分歧发展中美关系",其中主题"应超越意识形态分歧发展中美关系"就是表达希望的虚题,是从胡锦涛在会见奥巴马时讲的诸多谈话内容中摘取的原话观点。

第三节 标题的制作

新闻写作有具体、准确、简洁等要求。标题来自于新闻,是新闻派生的,也应符合这些要求,只不过标题限于字数其语言更为精炼,要求就更高一些了。

一、标题的具体

标题要求具体,实质上和新闻写作的要求一样要言之有物,是在向受众告知以事,并且是迅速向受众传递新闻信息。正因为新闻标题的具体,使它与其他非新闻类的文体的题目区别开来。例如,文艺类作品的题目可以是具体的陈述,也可以是不具体的空泛表达或抒怀畅想,如电影的片名可以是一个名词或词组如《集结号》、《三枪拍案惊奇》,甚至可以是数字表示如《一个和八个》、《2012》等。如果没有看过这些电影,也没有听别人谈论过,只从这些电影名字上并无法知道它们是讲什么内容的,因为它们不具体。而新闻的标题则不同,要让人从中得到具体的信息,在对标题的一瞥之下就知道到底发生了什么事。

标题要具体,也就是需要在标题上突出新闻的要素。鉴于标题字数的限制不可能也没有必要将新闻的所有要素都表现出来,但"什么人"、"什么事"这两个要素必须标出来,其他的新闻要素可以视具体情况看是否标出。如:

今年全国夏粮丰收

把脱贫纳入规划　采取有效措施

和田去年三千多贫困户告别贫困

前面一个标题标出了"什么人"、"什么事"的要素,后一个标题还突出了"什么原因",上升到具有指导性的层面。读者看了这样的标题,无需再看新闻的具体内容,也马上就知道了主要的新闻信息。如果对新闻感兴趣,可以深入内容细细地阅读品味。目前报纸上都有"新闻导读"或"标题新闻"的形式,它们都要求必须有具体的新闻信息包含其中,否则就失去了向读者推介的意义。就是说,新闻标题可以不依赖于内容而单独出现,也正因为它是具体的。如果新闻标题不具体,读者就无所适从,没有印象就不会对此产生兴趣。如:

"牡丹"流行南京

长江,你就是长江

这两个标题让人看了都不明白讲的是什么。前一个标题虽然有具体的“牡丹”名字，但以牡丹命名的事物不止一种，如有牡丹银行卡、牡丹牌香烟、牡丹牌系列化妆品等，不知到底指的是哪一种。后一个标题更让人看不懂，会寻思：长江不就是长江吗，有什么值得重复的？因此，标题制作要求具体，即是要求能做“新闻导读”或“标题新闻”为好，能单独表达出清晰的信息。

二、标题的准确

真实、准确是新闻的生命，也是标题的生命，标题来源于新闻事实，是新闻内容和主题的高度浓缩，这就要求标题必须忠实于新闻，对新闻怀着一片赤诚。无论是概括事实、体现观点，还是遣词造句，都要不夸大、不缩小、不歪曲、不虚妄，准确地揭示与评价新闻内容。标题不准确，读者就会感到受了愚弄，大呼上当。

1. 对事实的概括要准确。标题提示新闻内容，不论是高度概括还是摘取精华，都要题文一致。标题与新闻内容不相吻合，读者看了新闻就会觉得受骗而不满。如果只读了标题而没看全文，就会错误地理解信息而被误导。如：

(a) **自称乖小猫却又要杀人**

泰森笑里藏刀

(b) **巩俐改名巩艺谋**

(c) **山西工路构件厂禁赌获新生**

读了(a)标题，读者都会以为泰森声称要去杀人犯法。其实新闻中讲的是泰森在记者招待会上自称性情温顺如小猫般，但一旦上台进行拳击比赛，就会倍增力量将对手击倒在地。(b)标题中的新闻是讲在某次聚会上，有人开玩笑地对巩俐说，你和张艺谋配合拍电影如此和谐，干脆改名巩艺谋得了。巩俐也随口笑答：好啊。本来只是一句玩笑话，编辑却当真用在了标题上。(c)题中的新闻内容是报道这家工厂在改革中采取综合治理的办法，如健全制度、严格管理、奖惩分明、优化组合等，其中也谈到了禁止工人在业余时间参赌。标题突出这一点，既失偏颇，拣芝麻丢西瓜，也失信于读者，因为无人相信禁赌能使一家濒危的大型企业起死回生。

2. 对观点的表达要准确。标题中的议论不论是摘录新闻本身，还是编辑对新闻思想的提炼或借题发挥，都应符合新闻本身的内容，符合有关的法规、政策、道德及实际情况，不应按编辑自己的好恶来表达情绪，否则会产生误导。如：

(a)　**抓到小偷暴打一顿**

(b)　**南京报纸恶性降价**

(c)　韩寒大言:

演员都是大妓女

导演都是大嫖客

(a)标题:抓到小偷应该送交警方处理,暴力处罚也是违法行为,打伤了小偷同样要负法律责任;(b)标题:市场经济下报纸降价自有其理由,如广告量的增加或报纸成本的降低等,对以降价来回报读者、提高发行量、扩大知名度的做法,用“恶性”来评价显然有失公允;(c)标题:尽管是摘自新闻中韩寒原话的观点,但这样的观点本身就是偏激之词并且很粗俗,将之放在标题上是十分不妥的。

3. 对语言的运用要准确。标题中的文字,应当选用最恰当、妥帖的文字来表述新闻的内容,不追求语言的花哨,避免华而不实。例如:

(a)　**动用陆海空　意在攀珠峰**

(b)　某集团军一批高级转业干部

不恋天南海北　主动去新西兰

(c)　**大专生求职四面楚歌**

(d)　练跑几十年　获奖一大堆

老冠军的“长跑人生”

读了(a)标题会使人纳闷:去攀登珠峰何以这般兴师动众?俨然要去打一场大规模的战争。即便如此,用“陆、空”尚且说得过去,可珠穆朗玛峰远在内陆,怎么还要动用海军?其实,新闻只是讲在前来登山的一支外国业余爱好者的队伍中,有几名这几个兵种的复员退伍人员罢了。(b)标题也让人一头雾水,不明白这些人为何要去新西兰,是参加联合国的“维和”行动,还是定居或什么公务?原来,新闻是说这批高级转业干部不留恋天津、南京、上海、北京等繁华的大城市,而是响应中央西部大开发的号召,主动申请去新疆、西藏、甘肃(标题中“兰”指兰州)等西部省区工作。(c)标题的“四面楚歌”是贬义词,带有嘲讽挖苦之意,用于大专生找工作困难的状况显然不适合。(d)标题的“一大堆”字眼,给人的印象似乎是这些奖牌都不珍贵,因为平时人们常常用“一大堆”

来形容东西的廉价，而实际上跑出来的冠军都是靠实力，是货真价实、没有人为因素的。

三、标题的鲜明

标题的鲜明，主要是从两个方面去把握。

一是个性鲜明。标题应当有个性特点，不雷同于其他媒体同类新闻的标题。每篇被选上的新闻都是有其特点的，否则编辑也不会将它挑选出来发表。特点就是优势，是事物赖以生存、发挥其作用的依据，正所谓"世界上没有两片相同的树叶"。对新闻稿件来说，其个性特点往往就是其新闻价值显示的地方。编辑既然选择了某篇稿件，就表明它有个性"亮点"，应该在标题上将之凸现出来。比较下面两个标题：

(a) **劳动模范李成中教育爱人尊老爱幼**

(b) "吵架大王"变成"模范媳妇"

劳动模范李成中教育爱人有方

(a)标题虽然没有错，但太普通了，没有体现出新闻的特点，因为尊老爱幼一直是中华民族的传统美德，无需强调。(b)标题的引题表现出了新闻的个性，并带有悬念，自然而然地吸引读者去关注这位"吵架大王"是如何转变成"模范媳妇"的。有时稿件中的某些环境细节、人物身份、语言特征等就显出特点，都可考虑入题。我们再看下面这两组标题：

(a) 用画笔宣传祖国大好河山

林镜秋国画展今开幕

用拿枪的手拿起画笔

离休干部林镜秋国画展今开幕

(b) **中美知识产权磋商达成一致**

中美贸易战开火前夕　双方同偃旗息鼓

中美知识产权磋商达成一致

显然，这两组标题中后面的那个标题尽管所表达的意思与前面的标题相似，但都比前面的标题显得有个性特点，给人以想象的空间，也就对读者更具有吸引力。

二是态度鲜明。新闻传播者反映客观世界的变动,并不是被动的,而是积极、主动的,常常融会了传播者主观的喜怒哀乐情感。也正是由于人的主观意愿的参与,新闻报道成为对社会生活的积极推动因素。“春江水暖鸭先知”,标题制作者首先被新闻事实所感动,不可遏制地将自己的智慧、才情和审美评价充分外化,制作出充满感情的标题去征服读者。特别是对一些重大事件,版面编辑们无不殚思竭虑,提炼出生动形象的文字对新闻或进行描绘,或予以抒情,或展开评论先声夺人,以满腔的热忱去打动读者。读者受此感染,也情不自禁地深入到新闻的内容去细细品味、体验。诚如清代诗人袁枚所言:“作者情生文,斯读者文生情。”

比如,我国申办奥运成功,神州普天同庆,处处欢歌笑语。许多报纸围绕《首都各界欢庆北京申办 2008 年奥运会成功》这一主标题,制作出各种各样的才情四溢的引题。如:

(a) 绚丽的礼花映亮夜空　喧天的锣鼓响彻大地

(b) 亿万人民激情迸发　各族各界纵情欢呼

(c) 中华民族百年梦想终成现实
奥运历史从此翻开崭新一页

(d) 天安门广场人潮欢涌其情撼天震地
中华世纪坛鼓乐高亢其势排山倒海

这些引题洋洋洒洒、气氛热烈、激动人心,喜悦和豪情跃然纸上,将中国人民长久以来抑制在心底的美好期待与民族情感表现得淋漓尽致,充满了磅礴大气,恰如长风啸地,又似激浪拍岸,读者无不动容,为这一世纪盛事而欢呼雀跃。

标题对真善美的赞誉溢于言表,对假丑恶的否定也应同样流露笔端,一如杜甫“新松恨不高千尺,恶竹应须斩万竿”的爱憎好恶。如持批评性新闻报道的标题:

(a) 本报记者在定淮门水果批发站见到
大批草莓烂掉了,作孽!

(b) **老板,请多给我们一点时间**
国庆长假,不少黑心老板仍要打工者每天 12 工作小时

(c) **读者痛斥药品“回扣”弊端**
富了医院　肥了医生　苦了药厂　坑了患者

第一个标题直接表达出对由衙门官僚原因造成果农的损失十分痛心、愤慨；第二个标题以当事者的语调批评只顾赚钱、不顾工人死活的老板。第三个标题借读者之口，一针见血地指出了医疗单位的不正之风带来的危害。不难看出，这些标题表达了鲜明的态度，读者也会受其感染。

标题的态度对读者有着某种引导作用。但是，像《3 桌酒席 18 万　杭州仿宋菜倾倒食客》、《一桌"满汉全席"吃掉 36 万　12 名客人昨在西安一家饭店吃饭创下天价纪录》这类标题，编辑态度中立甚至带欣赏的口吻，就不妥了。

当然，标题的情感态度表达应有分寸，适可而止而不可得意忘形。"逸词过壮，则与事相违；辨言过理，则与义相失；丽靡过美，则与情相背。"①如：

为中华民族长志气建奇功的一仗

中国足球队 3 比 0 大胜科威特

中国足球队的主场比赛获胜了，报纸为之欢欣鼓舞是应该的。但将一场球赛的输赢看得如此之重，提到为中华民族长志气建奇功的高度就不恰当了。赢了就是"长志气建奇功"，输了又如何？是否就"灭"了中华民族的志气（后来的易地比赛果然是输了）？因此，标题的感情宣泄，应有相应的理智控导，信马由缰，有如泛滥的洪水毁坏理性大堤的危害，会带来误导读者的消极作用。至于是否会表现出错误的态度，就更值得注意。如某报这个标题：《不忍儿女被暴戾母亲折磨　六旬老汉怒杀前妻》。一个"怒杀"，给人的感觉似乎是杀得有理，这里的情感态度就不对了。无论怎样的缘由，杀人是犯法的，怎能用含有褒义情感色彩的词来表达呢？

四、标题的简洁

新闻写作的特点之一是简明扼要，标题是新闻的高度概括，更应当洗练，以一当十，以少胜多，将新闻中最精彩、最重要之处揭示出来，读者根据提示，也就很快地掌握了新闻的要旨，"选择性注意"地阅读新闻，对精彩的、重要的内容容易留下印象，诚如王充所言："闻一增以为十，见百益以为千"②，由此达到标题"一言理尽，两字穷形"之效果。

事物的简单，本身就是使人感到舒适的一个美学特征。人们读报，大都想在尽可能短的时间内获得尽可能多的信息。当代的报纸卷帙浩繁，许多扩至几十版，每天一二十万字甚至更多，一般读者很难每篇通读，也没有必要都一一读完。

---

① 挚虞：《文章流别论》，载于忠善编选：《历代文人论文学》。

② 王充：《艺增》，载于忠善编选：《历代文人论文学》。

读标题是快速掌握阅报的现代观照方式和实现时间最佳利用率的优化途径。读者先浏览一遍标题，以近乎直觉的感受迅速了解新闻概要，然后凭兴趣确定阅读重点，这是当代人读报的规律。标题越简洁，读者一眼扫视即能把握要旨，便于迅速记忆和理解。我们比较下面两个标题：

(a) 我国"九五"重点科技攻关项目"夏商周断代工程"在京公布《夏商周年表》

古代确切纪年前推1200多年

2000位专科学家经五年努力，用现代科学揭开了千古谜团

(b) 《夏商周年表》廓清千古之谜

中国历史纪年上推1200多年

这两个标题虽然都表达出了《夏商周年表》将历史纪年上推了1200多年这一新闻要义，可对照起来，第一个标题过长，包含了工程项目名称、成果主要内涵与意义、多少人耗用了多长时间、用什么方法取得了这一科技成就等等，内容太庞杂，几乎就像是一篇新闻的缩写（读者一时还不能从中判断到底是哪里的"纪年前推1200多年"）。其实大可不必这么面面俱到，里面的一些内容完全可以放到消息中去交代。第二个标题就简洁得多，引题、主题仅用了二十来字，就提炼出新闻的核心事实，且明确了是"中国历史纪年上推1200多年"，给人以清爽、明快之感。对一般的读者来讲，在一瞥之下了解这一新闻的精髓基本上就够了。如若对此感兴趣，可循此进入消息去详细品味其他内容。

新闻标题讲究简练，虽然不像做诗填词那样要追求达到"语不惊人死不休"之境界，但努力进行诗化般的凝文炼字，还是可以争取的。从心理学上看，人的眼球转动是移动视线，眼球停止转动才能看清文字，在眼珠不动的情况下，六七个字的标题一目了然。标题越长，眼球移动次数越多，阅读越不方便。鉴于新闻涉及内容或重要程度不同，不可能每条标题都这么短。但根据实际内容与传播经验，主题一般控制在十个字左右较好。当年新华社曾播发过一则消息，报道中央军委主席邓小平接见刚被授衔的17位上将，两家报纸的标题分别是：

中央军委主席邓小平接见十七位被授予上将的高级将领

邓主席接见十七位上将

比较这两个标题，想必读者都会选择第二个标题。从内容上看，前面的标题虽不能说错，但表述太冗长，文字完全可以简略些。"被授予上将的高级将领"可大大精简，上将本来就是"高级将领"，而且肯定是"被授予的"，岂能自封？邓小平的"中央军委主席"职务当时也是人所共知，也可省去。第二个标题便十分

洗练，它虽然没有什么生动性，却也体现出那种“增一分则长，减一分则短”的简洁美。

标题语言的表达，有的在语法上可以和正文中的表达有所不同，比如常常把修饰语前的“的”或“地”的字样省掉，读者也能理解。形式为内容服务，衡量标题简洁，并非单纯看字多少，而是着重看它是否有可标可不标的话。标题无论怎样简练，总要表达出清晰准确、题文相符的内容。

标题的简洁还包括通俗易懂。新闻传播包罗万象，涉及许多行业。对那些专业性强的新闻，不仅要用形象的语言报道出来，更需在标题上作必要的说明，让读者一眼看得清楚。如果“卡壳”，表明标题“推销”无术，有价值的新闻也可能被埋没。看下面两个标题：

天津研制成新型电光源

冷反射定向照明卤钨灯最近投入生产

新型电光源在津投产

亮度高于普通灯泡且不发热，节电 2/3 寿命更长

“冷反射定向照明卤钨灯”的概念，恐怕一般人茫然不解，难以去深究新闻，也就不知道它的经济效益。后一个标题的副题虽然多了几个字，但使专业性和社会性统一起来，将这种新产品的功能加以通俗的说明，读者一看就明白，还会将之与自己的生活、利益关联起来，势必产生阅读新闻的兴趣。

简洁意味着在阅读时没有障碍，瞬间扫视标题即能清楚意会。专业术语和一些方言、生僻字等，在标题上都会成为普通读者的“拦路虎”，令其似懂非懂乃至全然不明。现今时兴外语热、网络热，一些外文、网络用语不时见诸标题。这种“时髦”也只会让许多读者止步，对扩大新闻的传播与影响不利。有的标题在表述上含混，产生歧义让人难辨明理，这也有违制题者的初衷。形式为内容服务，看标题的简洁也并非是单纯地看字数多少，而是看它是否有可标可不标的话。标题无论怎样简练，总是要表达准确的。一味地求简有可能产生歧义甚至害义，这反而是“苟简”添累赘。如下面几个标题：

(a) **赵俊和女儿结婚不收礼**

(b) **张震山八办喜事受人夸**

(c) **甘肃行管工作借重法制**

从字面来看这几个标题都通俗，但却有歧义甚至导向不明。(a)标题产生三义：父亲“赵俊”和女儿结婚？这显然十分荒唐；“赵俊和”是父亲之名，父亲续

弦以及女儿结婚都不收彩礼；赵俊和的女儿结婚新事新办不收彩礼（新闻正是此意）。（b）标题给人带来疑惑："八办喜事"频觅新欢并不是什么光彩之事，有何值得炫耀夸奖？其实新闻中讲张震山是个热心人，八次热心做"月老"为他人牵线成功，并无偿为他人张罗婚庆。（c）标题中"行管"是指行业管理还是行政管理？不得而知。这几个标题须看了新闻才能明白，就不符合简洁的要求了。

五、标题的生动

这是标题制作的高要求，是就标题的生动、优美给读者留下难忘的印象而言。现实生活本身就是五彩斑斓、生动活泼的，记者发掘、采撷出的大量新闻事实也都是鲜活的、清新的、有趣的。标题应当与之匹配，并以出色、亮丽的形式为之张扬，让人"一曲难忘"，以此吸引读者对新闻的兴趣，深入内容探究。如果标题语言呆滞、枯燥无味，未能引起读者对新闻内容的注意，使得一些有价值、有兴味的内容与读者"擦肩而过"，岂不枉费记者、编辑的一番心血，留下遗憾？如下面这几个标题，都因生动、诙谐而吸引读者去阅读新闻：

奇怪！青年公寓飞进"老鸳鸯"

武术不是舞术

某些协会当"歇会"

金鸡百花电影节"分家"

今年只鸣"金鸡"不开"百花"

博大精深、底蕴厚重的中国文化，为制作优美动人的标题提供了广阔天地，尤其中国文学的瑰宝——古典诗词，凝练、精粹、概括、鲜明，有的富有哲理，常常是几个字便能展示一个生动的形象，或表达一种发人深省的思想感情，或勾勒出一幅生机勃勃的画面。因此，恰当运用古典名诗佳句入题，使标题生动活泼，便成为报纸编辑们常用的手法。其实最早发凡于报纸上的类题"皖公山色"、"鸳湖渔唱"、"西湖棹歌"、"鹤楼留韵"等，就极富缱绻淳厚的诗情画意，它们可以当作古琴乐的曲目，也可作为山水画的题款。标题的发展一直借助于诗词营养的滋润，即便今天最现代化的标题，也不乏从中窥见古诗词文的踪影。

富有韵味的标题对名诗佳句的运用有几种情况。一种是直接引用，对原句不加修饰、增删，保留其思想、寓意或哲理。如：

（a）　　三夺全运会冠军　英雄梦幻回归

前度"刘郎"今又来

(b)　　**不尽长江滚滚来——访党的十七大年轻代表**

(c)　　**江山代有才人出——记中国家电行业的崛起**

(d)　　**人面不知何处去 夜半大门八字开**

这几个标题都显得生动活泼。(a)标题的诗句来自唐朝刘禹锡《再游玄都观》中的"种桃道士归何处？前度刘郎今又来"。(b)标题中的诗句来自杜甫《登高》中的"无边落木潇潇下,不尽长江滚滚来"。(c)标题中的诗句来自清朝赵翼《诗论》中的"江山代有才人出,各领风骚数百年"。(d)标题中的诗句来自唐朝崔护《题都城南庄》中的"人面不知何处去,桃花依旧笑春风"。这些标题对名诗佳句的引用,都为标题增光添色,情趣盎然,对读者有吸引力。

对古典名诗佳句,标题更可以灵活地变换运用,如摘取原句中的某个意思独立的词组,或与其他词语组成新词句;或将诗句中某个字词加以更换,赋予新的含义;或者仿造与原句相近、相似的句式格调,表达新意。对名诗佳句灵活的变换运用,更能创造出一种标题美。

(a)　　知否,知否,应是"贱"肥"贵"瘦

爱吃瘦肉者请你多付钱

(b)　　**两岸刁难"便民船"　轻舟难过"万重山"**

——一个水上农民个体客运户的遭遇

(c)　　**黑龙一去不复返　白云千载乐悠悠**

——南漳县棉麻纺织厂环保工作成效显著

(d)　　**春风熏得远客醉　直把店家当自家**

镇江饮食店热情待客名不虚传

这几个标题都是仿照了原句。(a)标题的引题来自对宋朝李清照《如梦令》中的"知否,知否,应是绿肥红瘦"的变用;(b)标题的主题仿造李白《朝发白帝城》中的"两岸猿声啼不住,轻舟已过万重山";(c)标题的主题模仿唐朝崔颢《黄鹤楼》中的"黄鹤一去不复返,白云千载空悠悠";(d)标题的主题来自对南宋林升的诗句"暖风熏得游人醉,直把杭州当汴州"的变用。这些标题无不饶有兴味,令人一见倾心,爱不释手。

标题不光是仿效名诗佳句,一些大家熟悉的谚语、格言、歌词等也可仿照而显得有味。如:

为人不做亏心事　匿名中伤又何妨

2010 年的第一场雪　比往年来得要晚些

昨晚我省北部普降瑞雪高速路段个别暂封

前一个标题借用了大家熟悉的谚语“为人不做亏心事,夜半不怕鬼敲门”的前一句。后一个标题仿自新疆歌手刀郎演唱的流行歌曲《2002 年的第一场雪》,其第一句就是“2002 年的第一场雪,比往年来得更早一些”。

妙用标点符号,也可使标题显得生动有趣。标点符号只有十多个,平常在人们的眼中似乎并不起眼,通常是写文章时才想起来,大都也只作断句之用。小小的标点在标题上却能派上用场,大有用武之地,运用得好可让标题如虎添翼,神采飞扬,一唱三叹。如下面几个标题:

飞人!非人!

博尔特再破北京奥运会纪录,世锦赛男子 100 米和 200 米再称王

用新方法奖励劳模

墙上挂一个(奖状),胸前戴一个(奖章),兜里揣一个(证书),

天天看一个(报刊),县里留一个(照片)

一些个体三轮车主何以放肆地敲诈顾客?却原来——

牌出多门:红牌,黄牌,见钱发牌

管无章法:你管?他管?谁都不管

这三个标题中的标点都用得好,增加了标题的生动性,很能吸引读者。如第二个标题,副题中的括号原本可以不要,但加上括号,韵味就出来了,如同相声中抖的包袱,读来很有兴味。

此外,各种修辞手法诸如比喻、借代、对偶、反复、排比、回环、拈连、呼告、反语、设问、双关等的使用,都是使标题生动、优美的表现手段,这里不再一一举例。

第四节　标题与文体的关系

消息和通讯都是新闻大家族的成员,有共同点,也有各自的特点。制作标题时应注意它们的文体区别。首先,标题都是消息和通讯的“眼睛”,这是它们的共性,都需具有新闻标题的特点,如基本上都是完整的句子,大多主、谓、宾(或补)语的结构齐备,并讲究逻辑。其次,标题是新闻派生的,内容决定形式,标题与消息和通讯文体的特点是紧密相关的。由于消息和通讯的文体不同,标题的句子结构以及用语、表述都各有特点,这便是它们的“同中之异”。

一、消息的标题特点

消息标题的作用和魅力存在于新闻事实之中，新闻事实是标题的灵魂。因此消息的标题首先要揭示出新闻主要的或精彩的内容，要以新闻中具体事实为内容来命题，而且必须具备足以把事实表达清楚的新闻要素，具有能给读者明确概念的确定性。在时态上，消息的标题对事实的表示要呈现一种动态，报告发生了或正在发生、将要发生的什么事。

第二，消息标题的结构相对复杂些，可以是只有主题的单一型标题，也可以是既有主题又有辅题的复合型标题。重要的消息或有趣的新闻标题，常常是主题和辅题配合使用。一条消息如果引题、主题、副题都出现，通常是引题主虚，主题是主要事实、最新事实，副题则进一步交代次要事实。复合型标题可以由引题、主题、副题组成，也可以由引题、主题或主题、副题组成。

第三，消息的复合型标题是一个整体，那么就要正确地体现语意的连接与转换，保持语意上的连贯性。并且，主辅题之间存在着一脉相承的逻辑关系，如因果关系、目的与手段的关系、虚与实的关系等，不能出现逻辑紊乱。引题好比整个标题的“先头部队”、“先锋军”，主题好比“正规部队”、“主力军”，副题好比“后勤部门”、“大后方”，它们相互配合共同完成任务。值得注意的是，引题、主题、副题俱全的标题具有显性的威力，版面上并不经常出现，一般用于信息重要或比较复杂的新闻，若动辄采用，等于“牛刀割鸡，舒戟采葵，铁钺裁箸，盆盎酌卮，大小失宜”①，用得频繁反而减弱了它的影响力。

由于消息又分动态性消息、经验性消息、综合性消息、公告性消息、述评性消息、特写性消息等，这些不同种类的消息的标题，也都各有自己不同的特点，下面将详细谈及。

二、通讯的标题特点

通讯与消息不同，它比较详细地报道事情的发生、发展和变化的过程，通常以比较细致的描述、生动的形象和曲折的情节来感染读者。通讯的标题比较自由，多用主题、副题构成，主题多为虚题，概括描写新闻的某一闪光点或特征，着重挖掘新闻深处的思想，用语讲究文采、生动形象。副题是实题，点出新闻的主体如人物、事件、名称等。

通讯标题对新闻事实的表达既可有确定性，也可不具有确定性。虽然也涉

① 王充：《自纪》，载于忠善编选：《历代文人论文学》。

及某些事实,似不强求具备必要的新闻要素。因为有的通讯情节跌宕,为吸引读者,标题可以设置悬念,显得扑朔迷离,这种不确定性恰恰具有引人探究的魅力。

通讯标题可表示动态,也可表示静态,更多的情况下呈现的是一种静态,其样式常有“的”字结构般的“×××的×××”,或“×××是×××”、“×××和×××”、“为了×××”、“从×××到×××”、“×××……”“×××——×××”、“记……”、“……访谈”、“……纪行(巡礼)”等格式。通讯样式众多,有人物通讯、事件通讯、问题通讯、旅游通讯、风貌通讯、工作经验、调查报告、访问记、小故事、特写、札记、散记等等,它们都各有特点,其标题应如“这一个”,即符合这类通讯特点的标题,下面有较详细的叙述。

三、言论的标题特点

新闻言论是报纸上常用的体裁,有社论、署名评论、短评、小言论、杂议等样式,它们都是作者意见的直接陈述、事理的剖析表白,对现实有不同程度的影响。特别是报纸对一些重大问题、事件发表的评论,具有鲜明的针对性、政策性和指导性。新闻言论的标题,侧重于表达言论的主题,发掘出论题的道理。其遣词用语,一般强调清晰、准确、凝练、严肃,讲究逻辑性,大多直接标出论点,或者就论题提出设问、反问,或者把正反两方面的论点都标出来,给人较鲜明、强烈的鼓动性、启发性。

当前报纸上新闻性的杂文十分活跃,其针砭时弊、嬉笑怒骂、挥洒自如的内容与写作,受到读者青睐。杂文的标题在于抓住所评事实的要害,或点到为止,或赋予新意,或旁征博引,或幽默诙谐,或含蓄隐晦,其表述比较自由。由于我们不专门涉及言论的标题制作,这里仅简单提及一下。

四、各类新闻文体与标题的关系

媒体上常见的新闻文体种类较多,各种新闻文体的写作特点也各有不同。各种不同的新闻文体的特点在标题上也应体现出来,让受众一望而知,迅即知道这是什么类型文体的新闻。这是在制作标题时需要考虑的。

这方面有两点应再强调:第一,不论什么样的新闻文体,它首先从属于新闻这个大家族,因而都要有新闻标题的具体、准确、简洁等特点,即它们的共同性。第二,毕竟各类新闻文体都有其自身的个性特色,也就应尽量在标题中表现出自身不尽相同的文体特点,即它是“这一个”的新闻标题。

(一)消息类

消息是新闻大家族中的主流体裁,主要是简明扼要地报道新闻事实。而在消息这种最常见的新闻形式中，根据内容的不同，又可细分出各种类别的文体，在它们的标题上，也应显示出各自不同的特点。

动态性消息：这类消息是最普遍的，通常是直接报道事实的发生及其发展变化。在标题上要有“什么人”、“什么事”的要素（视需要还可标出“什么时间”或原因或结果等），就有动态性的特点。如：《国家副主席习近平启程访问日韩缅柬四国》。

综合性消息：新闻的特点是报道范围广或声势大的现象，集中于“面”上情况的反映，标题上也应表现出综合各方面的因素来。如：《国庆60周年长假各地游客如云》。

经验性消息：新闻的特点是报道某地或某事的新经验、新方法、新创造，给人以某些借鉴或启示。在标题上，一般直接把新闻中谈及的经验提炼出来。如《引人才　抓科技　重市场（引题）　熊猫电子集团竞争实力大增（主题）》。

述评性消息：这类消息的特点是“夹叙夹议”，一边报道消息一边加上评论，有时评论还占较多的部分。在标题上也需突出评论，给受众以影响。如《得道多助　失道寡助（引题）　美国缘何落选联合国人权委员会（主题）》。

公告性消息：这类消息一般来自政府部门的公告、通知、规章、文件或领导人的重要谈话，显得权威、庄重。在标题上也应表现严肃认真、不容置疑的特色，无需追求生动性。如：《卫生部和全国疾控中心发出紧急通知（引题）　防范甲流刻不容缓（主题）》。

特写性消息：这类消息注重现场描写的表现，运用文学手法表现现场气氛，让人如临其境、如闻其声。在标题上也应浓墨重彩、绘声绘色进行渲染而先声夺人。如：《蛟龙奋飞　不负众望　尽展英豪（引题）　奥运夺冠：刘翔跨出新速度——12秒29（主题）　现场观众掌声雷动欢呼“飞人”创造的又一世界纪录（副题）》。

（二）通讯类

通讯是新闻大家族中另一常见的体裁，比较详细地报道事件的发生和变化，或是人物的成长经历（包括沉沦）的过程。通讯写作比较自由，种类繁多，在标题上也应尽可能地标出各类通讯文体的特色。

人物通讯：较详细地表现各种人物，包括先进人物、平常百姓或反面对象的人生经历或某时期的生活片段。在标题上通常概括出这个人物的某种行为、精神、状态、品质等。如：《留得清白在人间——记磁县原县长杨惠民家属退还赠款的事迹》。

人物专访：在写作上与人物通讯有所不同，一般有“三个特定”的因素，即在特定的时期就特定的问题访问特定的人物。具体写作中也需出现三个要素，即访问时的环境、“我”的第一人称、记者与被访者的对话。在标题上,应标出“访”字来体现出人物专访的特点,而不要和人物通讯的标题相混。如:《“飞人”为何风采依旧——访刘翔教练孙海平》。从标题的“记”与“访”上,也让人一眼看出是人物通讯还是人物专访。有的报纸上明明是人物通讯,标题却用了“访……”,而人物访问记却在标题中用了“记……”。造成这种错位,是标题制作者忽略了人物通讯和人物专访这两种文体不同的特点而导致的。

新闻故事:新闻内容有头有尾,叙事娓娓道来,戏剧感强。在标题上通常直接标出故事的性质或特点。如:《同名父子喜团圆——台湾一老人回山东农村定居的故事》。

事件通讯:比较详细地表现发生的某件事情的来龙去脉,并总结出教训。在标题上,应尽量标出事情性质的特点。如:《外行出国搞引进的教训——福州针织厂引进一批大园机的前前后后》。

问题通讯:揭露出现的某种影响国计民生或社会安定的问题、矛盾,引起大家的关注予以解决。在标题上要把问题或矛盾明确地提出来。如:《一江春水难东流——江盗频繁出没于长江航道》。

工作通讯:一般是探讨或介绍某种工作的经验,提供给相关的地区、部门或行业借鉴。在标题上直接把经验突出出来,给人以思考。如:《人才、技术、市场——一个万人大厂搞活致富之路》。

风貌通讯:反映某个地区发展变化的新面貌,或是表现这个地方的风土人情。在标题上,重点是突出这种新的变化,或是标出带有地域特色的名称。如《火焰山下的歌声——记吐鲁番葡萄沟的变迁》、《龙井茶香——重访西子湖畔的虎跑山》。

特写:被称为新闻的高级文体,是通讯文体中的佼佼者。它聚焦事物横断面的一两个新闻要素,将之放大精雕细刻,浓墨重彩描写详细,给人的感染力强,印象深刻。在标题上抓住特写中的聚焦点,突出这种文体的特色。如:《漂亮的扣杀》、《大坝合龙的瞬间》。这里需注意的是,特写的标题要避免和写一件事情过程的通讯标题混淆,如《一场扣人心弦的冠军争夺战》,这是反映一场比赛过程的通讯标题,不是表现比赛中的某个片段的特写标题,要把两者区别开来。

鉴于通讯的写作灵活多样,通讯的标题也是不拘一格,一些新闻文体的标题往往也形成了某些固定的格式。除前面提到的诸如“的”字结构等形式外,常见的还有《××侧记》、《××巡礼》、《××见闻》、《××纪行》、《××手记》、《××札记》、《在××家作客》等等。

第五节　标题的一些发展趋势

一、标题追求引人注目

一些新闻本身就具有轰动效应的特质而吸引受众的眼球,如举行奥运会、“神舟飞船”上天、诺贝尔奖揭晓、重大竞技中夺冠或爆冷门等新闻,特别是关于严重的突发性事件如流血冲突、飞机失事、恐怖爆炸或地震洪水、海啸飓风等自然灾难,任何一家媒体的标题都不需如何费力,仅做一般性的提示也能吸引读者,反响强烈,因为这些新闻本身的内在刺激性就较强。

但是类似的新闻毕竟不是每天都发生,新闻媒体上的日常报道仍然是一般性的事实变动的新闻,而这些新闻对许多普通的读者来说,有的内容可能并不怎么吸引人。为了吸引受众,让标题能够引领新闻进入读者的眼帘,编辑常常在制作标题时别出心裁,跳出平常的惯用语视野,运用各种手段,选取一些令人感到惊异的语言来刺激人的神经,给人一种震撼或是意外,如报道某种比赛的最后阶段,标题中常冠以“大决战”或“大比拼”、“大鏖斗”等话语。一个“大”字,首先就让人怦然心动,迅速产生对新闻欲罢不能的心理。即便有的事实新闻价值较普通,一些报纸也注重在标题上吸引人眼球产生轰动效应,成为屡试不爽的“杀手锏”。如中国国家足球队在冲击世界杯的外围赛前夕时,广州一家体育报纸上就有这么一个标题:

甲 A 12 老板奉命“三陪”

标题很吸引人,乍看会令人大惑不解,因为“三陪”的概念通常是和色情、丑陋相连的,会受到社会的鄙视、谴责。足球甲 A 俱乐部的老板们都是些有名望的人物,在这万众瞩目的时刻怎么会光顾“三陪”? 而且谁有这么大的能耐与魔棒指挥他们? 读者即刻会引起对新闻的浓厚兴趣,急切往下阅读。原来,所谓的“三陪”,是指甲 A 俱乐部的老板们去和足球教练、队员们一道“陪训”、“陪行”、“陪赛”,以此表示对队员们的支持与激励;所谓“奉命”,是指中国足协对甲 A 俱乐部的老板们的邀请。标题如此巧妙地“移花接木”,就是利用了读者的好奇心理。如果照实标为“甲 A 12 老板随队征战”之类,必然大大逊色,还有可能让新闻从一些读者的眼皮底下滑过去。

利用人们熟悉的一些事物来入题,往往也如峡谷奇兵,达到吸引读者的目的。如广西一个党政代表团到重庆招商引资,与该市企业签订了一批合作项目。这种经济新闻若按惯例标为“我市与广西签订了一批合作项目”等形式,那就非常普通，难以引起一般读者的兴趣。当地一家报纸的标题独具一格：《“刘三姐”来渝招亲》。显然，这个标题即刻就会吸引读者的眼球。因为刘三姐的故事家喻户晓，“招亲”一语也十分抢眼、熟悉，读者对标题饶有兴味，自然也会怀着愉快的心情去阅读新闻了。再如这个标题：

《士兵突击》姊妹篇云南出意外

拍片现场炸药引爆1死2伤

这是电视剧《我的团长我的团》在拍摄过程中发生意外的新闻。由于这部片子还未拍完上演，观众并不知道其内容到底是否精彩，对它还没有一丝印象，就有可能不怎么去关注这条新闻了。但编辑用“《士兵突击》姊妹篇”来吸引读者的眼球，因为《士兵突击》播出后红遍大江南北，大家都津津乐道，一见这个非常熟悉的片名，首先就被吸引住了，必然对新闻产生兴趣要仔细阅读。如果这个标题照实标为“《我的团长我的团》拍摄中出意外”之类，恐怕就没有多少人去关注它了。

再来看一则新闻的标题：《八旬翁看电视赞靓女　吃醋老伴打掉满嘴牙》。一见这个标题，无疑也先是大吃一惊，然后便要怪罪“老伴”下手太狠。常言说“爱美之心，人皆有之”，这不仅指个人的自身爱美，也包括个人爱别的美的事物。八旬老翁从电视上看到漂亮的女孩，忍不住赞美几句也是人之常情，并非就是“非分之想”。其老伴竟因此把“老翁”的满嘴牙都打掉，这岂不是太过分了？读者肯定想赶忙看个究竟。读后方知，被老伴一巴掌打掉的“满嘴牙”原来是装的假牙。读罢新闻，我们会放下心来释然一笑，这则标题连同新闻都完成了它们的使命，实现了其价值。我们再看一个标题：

美少女，东航喊你们去开飞机

东航首次在江苏招收5名女飞行员，昨体检细到了牙齿指甲盖

这个标题也吸引人的眼球。标题的主题仿自2009年网络中火爆异常的“贾君鹏，你妈妈喊你回家吃饭”一语，让人感到亲切，熟悉且诙谐，尤其是年轻人会会心一笑。

当今社会生活的节奏加快、新闻选择的渠道也广泛多样。新闻市场上报纸外有电子媒体的压力、内有兄弟报纸的争夺，各报以追求标题吸引眼球的轰动效应来增强竞争，有其现实性、必要性。需要指出的是，这种追求既在意料之外又在情理之中，需顾及新闻的真实性及导向性，否则有可能“剑走偏锋”，引起误读或不解、不快。如南京一家报纸上的一个标题：

“下班了,杀人去!”

近日都市青年白领时兴“杀人”游戏

这个标题无疑具有较强的冲击力,顷刻间会吸引眼球。然而,尽管主标题的“下班了,杀人去”引用的是新闻中人物的原话,与副题配合揭示了新闻的主题,但如此直白毕竟有耸人听闻、故弄玄虚之嫌。这种给人惊怵之感的标题,还是慎用为好。

二、标题追求独特个性

在今天竞争激烈的新闻市场上,社会又处于相对稳定平和的环境中,报纸寻觅到独家新闻的机会总是很少,许多有价值的新闻事实,大家也都要给予关注而避免漏报。此种情况下以什么法宝吸引读者?各家报纸的标题就显得十分重要。倘若新闻事实大抵相同,标题也彼此雷同,这种同质化就缺乏竞争力。针对同一新闻内容,标题制作从形式上如不同角度、修辞等方面独辟蹊径,在同类中“一枝独秀”,制作的标题就具有强于其他报纸标题的吸引力而引起读者的兴趣,在竞争中占有优势,同时也给版面美增添魅力。

近年来,许多报纸在“同中有异”方面都进行着不懈的追求,做出异彩纷呈、美不胜收的标题来,供人欣赏玩味,努力让标题“鹤立鸡群”,体现鲜明的个性。如在韩国和日本联合举办的足球世界杯,令世界球迷举目关注,而卫冕冠军法国队竟然在第一轮的小组赛后就被淘汰,这让许多球迷十分惋惜、捶胸顿足。面对同一新闻事实,不少报纸的标题“八仙过海,各显神通”,做得独具特色。特举几例:

(a) 悲情席卷法国队

卫冕冠军交白卷　高卢雄鸡铩羽归

(b) 法国上演“悲惨世界”

卫冕冠军一球未进遭淘汰

(c) 法国队“创造”世界纪录

卫冕冠军一场未赢一球未进

(d) **一个王朝的颠覆　齐达内不姓“奇”**

“高卢”常被用来代称法国,(a)标题对法国队一场未赢、一球未进的结果用“交白卷”来形容,以“铩羽归”替代被淘汰,用“悲情”笼罩来表现失败的郁闷,用语独特、恰如其分又显趣味十足。(b)标题套用了19世纪法国大作家雨果的名著《悲惨世界》的书名，而拥有众多球星且又是上届世界杯冠军的法国队意外地提前出局，正是这届世界杯开赛以来上演的最大一出“悲剧”，这的确让人惋惜不已。(c)标题虽然显得朴素，语不惊人，然而“创造”一词十分贴切而又诙谐。作为赛前被看好的卫冕冠军来说，居然出乎意料地落魄到首轮比赛便结束了使命这般境地，也确实是足坛开天辟地的第一回。(d)标题利用扬名于世、被大家誉为“中场发动机”的法国队齐达内的“齐”与“奇”发音相同，给人以谐趣，并表达出对这位中场名将发挥失常的失望之意。

这几个标题都围绕卫冕冠军法国队惨遭淘汰这一大“冷门”做文章，让人产生遐想。其新闻事实是一样的，然而它们的标题又都各显特色，蕴含独有的审美韵味，令人玩味再三，体现出当代报人标题制作的一种追求、趋向。在新闻的同质化势态大有加剧的情形下，这种追求标题的独特个性的做法，是值得提倡的。

三、标题追求审美韵味

标题是业务也是艺术。说它是业务，是就一般意义而言，报纸上的新闻都要有标题，其制作要大体合乎规则，即具体、准确、简洁。说它是艺术，是就其特殊意义而言，是指它具有鉴赏韵味，能拨动人的心弦，掀起情感的涟漪，展开联想的翅膀翱翔于五彩缤纷的审美天地中。如吕本中所说的：“东坡云：‘意尽而言止者，天下之至言也。’然言止而意不尽，尤为极至。”[①]当前不少报纸标题不仅传达信息，也在追求审美韵味。上面列举的一些标题，都有这方面的表现。我们再看下面两个关于足球韩日世界杯的标题：

法国军团惊现滑铁卢 一代王朝灰飞烟灭

别了，卫冕冠军

法国队惨遭“滑铁卢”

高卢雄鸡的悲哀

这两个标题不约而同地提到了带有浓郁悲剧意味的“滑铁卢”，将人的思绪牵回到了在1815年6月著名的比利时滑铁卢战役中，先前不可一世的拿破仑在此兵败没落的情景。而雄居世界足坛、赛前被众人看好而又风光无限的法国队，竟然在小组赛中就被弱队斩落马下，“高卢雄鸡”的这般下场，确似足坛的“滑铁卢”，让人感到悲哀。特别是前一个标题中的“别了”，足以令人为这支过早离去

① 吕本中：《文体明辨序说·文章纲领》，载于忠善编选：《历代文人论文学》，第211页。

的球队生发感慨，直让人升腾一种情思悠悠的审美心绪。这也正是读者细细品味新闻内容的良好开端。

悉尼奥运会时，不少报纸制作出许多诗意盎然、具有审美意味的标题，其中《人民日报》制作的一些标题描述我国运动员在举重、体操、跳水等项目中夺冠的情形，更显精彩：

一啸惊天英雄气　千钧撼地王者风

重拾雄心邀沧海　尽扫愁云笑东风

鹏翔南海万国晴　璇耀北斗千里黯

绿映新妍别样红　庞舞瑶池绝世惊

这些标题采用我国传统的七字对仗形式，或奔泻豪放，情感浓烈，恰似一派大江东去的壮美景色，给人一种强烈的视觉冲击力；或隽永精致，清新悠扬，宛若一幅小桥流水的优美图景，给人一种微风拂面般的欢愉。它们都荡起读者心中的涟漪，给人艺术般的美的享受。另外，读者从中也大致了解它们分别代表了什么比赛项目。

对标题的欣赏趣味一定程度上反映出一个民族的某种审美心理趋向。博大精深、底蕴厚重的中国文化为制作审美性的标题提供了广阔天地，尤其文学瑰宝古典诗词，凝练精粹、概括鲜明，有的富有哲理，几个字便展示一个生动的形象，或表达一种发人深省的思想，或勾勒一幅生机勃勃的画面。发凡于我国报纸的标题前身——类题如《皖公山色》、《鸳湖渔唱》、《西湖棹歌》、《禁苑秋声》等，就极富缱绻淳厚的诗情画意，它们可以当古琴乐的曲目，也可作山水画的题款。标题的发展一直借助古典诗词的营养滋润，即便今天最现代化的标题，也常将名诗佳句直接引用或变换运用，或仿其格式来创造出一种标题美，表现出文学性的审美韵味，这已成为当代报纸常用的编辑手法。

追求标题的审美韵味，各种修辞手法如比喻、借代、对偶、反复、排比、回环、拈连、呼告、反语、设问、双关等等都是表现手段，并能使一些本来是严肃题材的新闻，在标题上变得"一脸笑靥"讨人喜欢，前面提到的《"刘三姐"来渝招亲》即如此。标点符号平常在人们眼中似乎并不起眼，写文章断句时才想起来用它。但它在标题上大有用武之地，善于运用也可让标题神采飞扬，前面已有所提及。这同现实也相符。日常生活中人们对正襟危坐、古板严肃的人敬而远之，难以亲近。而谈吐诙谐、爽朗活泼者则让人倍感亲切、无拘无束。因而人们常用"笑一笑，十年少，愁一愁，白了头"的话来劝慰别人轻松欢快或自我宽慰。新闻标题也应当这样给读者带来笑声,令其产生美感和愉悦,同时增添对新闻的阅读兴趣。

四、标题导读的流行

所谓"导读",原是指在一些篇幅长、内容多的文章前面的提示或说明,以吸引读者阅读。导读被报刊借用后出现了"新闻导读"形式,有时又近似于提要、编者按。以后出现了"报纸导读",在头版以标题形式提示当日报纸重要或有趣的新闻。随着厚报的流行,报纸几乎都分为 A、B、C、D 等多叠,于是又发展出报纸各叠的第一版对本叠的"导读",甚至出现了各版都有导读,它们都具有检索报纸重要信息、突出精彩新闻的作用。今天,已经很难看到一份没有标题导读的报纸。

我国报纸早在五四时期就已经在头版出现导读了,当时比较简单,通常是以六言或七言等句式集中排在一起。新中国成立后因相当长的时间里我国报纸基本上只有一张四个版,并按一种模式编排:头版要闻,第二版国内新闻(地方报纸为地方新闻),第三版主要国际时事,第四版文艺副刊,内容不多,没有导读的提示也能较快地读完,因而在几十年间导读消失了。在 20 世纪 90 年代兴起的扩版潮中,鉴于版面不断增加,内容越来越广泛,各种信息密集出现,新闻竞争硝烟燃起,为方便读者阅读和自身竞争的需要,报纸顺应时代又恢复了标题导读,在内容与数量上呈现新的发展。

一是标题导读范围的扩大。早期报纸的导读主要是提示出重要的时事新闻,扩版潮中出现的导读仍基本是国内外大事,并以正面报道为主。随着进入厚报时代,导读发生了明显的变化。正面新闻所占的比例已相对缩小,更多地涌现出其他方面的一些内容。首先是负面新闻,大量的社会性、自然性的负面新闻进入标题导读的视野,如各种违法乱纪的大案要案、悖于道德的严重事件、恐怖活动、空难车祸等等以及种种自然灾害的发生。特别是突发性的天灾人祸事件,成为报纸导读的重要关注点。其次是娱乐性新闻的增加,体育新闻、文艺新闻不仅占了导读的一席之地,而且大小明星们的行踪、是非长短领衔了这方面的导读。再次是有了服务类新闻信息并逐渐增多,如"机场托运独行儿童"、"黄金周交通安排就绪"、"寒潮不日将至"等等。此外还有一些公众关注或有争议的话题也在导读中出现,如"地铁票价怎样定"、"公园涨价该不该"等。近年这些内容特别是负面新闻和娱乐性新闻,成为都市报导读的顶梁柱与主角。标题导读内容的增加、范围的扩大,是在市场经济下的自觉行为,基本上是为了增加"卖点"、吸引读者的眼球。各类灾难信息对读者的刺激性较强,易对读者产生观念、情感的冲击;娱乐类信息则满足了读者休闲娱乐、追求时尚的需求;服务类信息与争议性的话题,和老百姓的生活紧密相连,也容易受到读者的关注。

二是标题导读数量的增加。随着版面加厚而来的导读内容范围扩大,其数量也随之同步增加。以前那种只在头版出现的三五条标题导读的情形,现在已很难见到。各报除头版外,在每叠的第一版也都有该叠的导读,即使在头版许多对开大报也是七八条,甚至出现每日的头版均为标题导读的形式,如《广州日报》、《南京日报》等整个头版都是导读,同时在其他各叠版面也设立导读专栏。在四开的都市报纸上,这种情形则更为普遍,成为当代报纸版面上的一道景观。

近年标题导读的功能发生了较大的转变。十多年前开始出现报纸导读时传媒业的竞争还不怎么激烈,标题导读内容比较单一,其定位主要是提示性的,基本服从于宣传。目前大多报纸向厚报发展,信息量成倍增长,在信息海洋中设立一个方向标就很有必要。于是标题导读的功能由提示转变为指引,将当日挑选出来的新闻信息告之读者,使他们在有限的阅读时间里获得重要的信息,增加了社会服务、娱乐等方面的内容。这种变化反映了我国报纸由宣传工具向信息传播工具转变,传媒从业人员的“服务”意识得到一定程度的提升。在市场经济中报业的竞争出现前所未有的激烈状态,发行量成为报纸的生命线。为了让报纸在第一时间吸引读者,标题导读在“黄金版面”的头版上独领风骚,新的“营销功能”崛起。《北京青年报》早先提出的“三步五秒”的说法(让读者在三米之外注意到,五秒钟之内决定是否购买),其实就是对它的效应的注解。

需要指出的是,目前一些报纸的导读存在着某种误区,即过多向读者提示一些低俗的负面新闻。主要表现有两方面:一是灾祸和暴力、犯罪,一是明星的炒作和绯闻。让一些天灾人祸新闻进入导读完全有必要,它们可引导读者关注现实环境。娱乐新闻在导读中出现也是可行的,它本身也是体现新闻功能的一个方面。然而这两者过多的采用会影响到报纸的品格,读者往往就从导读上来给报纸定位。负面新闻是现实自身的反映,导读将读者视点过多集中在现实的污点上总是不妥,还是应该给读者一些亮色,振奋精神。恐怕哪家报纸都不希望听到读者说自己品位低下的议论。而且,质量低下的导读,也恰恰暴露出报纸的缺陷、降低了报纸的品位,其中原本具有的优秀的内容有可能因此而被埋没,也容易对读者造成信任危机,影响报纸的形象,使自身处于竞争的劣势。下面将举例详述。

施拉姆指出:“媒介是一股解放的力量,因为它们能打破距离和孤立的藩篱,把人们从传统社会送到‘伟大社会’中。”[①]报纸作为一种存在时间最长的大众传媒,它要将读者送入哪一个“伟大社会”呢?在进入市场后媒体既是大众文化消费的重要制造者,也是文化传播的重要载体。标题导读作为一份报纸的质量体现,它实现的是推销功能而不是“叫卖功能”,不能仅仅为了追求部分读者一时感官的刺激而降低导读的品位,应当努力将标题导读做成信息盛宴中的“精粹”。

第六节 标题避免失误

毋庸置疑,在社会的转型期,由于社会思潮中泛起的一种庸俗化的影响,目前报纸的竞争也带来了副产品,其中就有标题的某些失误。有的报纸上的标题弥漫着一种不正之风,夹杂着一些消极的、与现实要求不和谐的因素,如低俗、炒作、夸大、错位等不健康的东西,令人感到遗憾甚至不满。主观上新闻工作者也清楚这些因素对读者无益,但由于过分强调竞争,投入不应有的精力与情感,这就是不妥的,是一种对读者意识的扭曲和审美意识的错位。也有的是人员素质的局限原因,在标题制作上失误。这些因素在新闻标题的整体中虽不占主流,但也是值得注意与重视的。近年标题中的失误大体上有以下一些方面:

1. 标题中的低俗

这方面的主要表现,是对色情、暴力等内容的津津乐道。这类标题首先是对新闻中有关性的内容“咬住不放”,刻意突出。如《科比与19岁少女——调情还是性侵犯?》、《三级女星与罗尼有染　笑其床上表现太差》、《〈纽约黑帮〉全球首映　导演说“床戏”最有看头》等等。有的新闻报道原本很正常,其中并没有涉及低级趣味的内容,但有“聪明”的编辑,绞尽脑汁也要从中发掘“亮点”来张扬,如这个标题:

《4楼火堆里救出光身女子》

这条新闻讲的是消防队员冒着生命危险在火中抢险、勇救群众的内容,是值得钦佩与弘扬的,可编辑偏偏盯住“光身”聚焦,在标题上予以强调,将读者的视线引向庸俗方面,给这条本来属于正面报道的新闻带了顶不雅的帽子。

报纸“性”趣十足,刻意在标题上渲染,显然只是为迎合低级趣味者。连在国内有较广泛影响的一家严肃的周报也不能“脱俗”。瞧该报的这几个标题:

---

① 〔美〕施拉姆:《大众传播媒介与社会发展》,华夏出版社1990年版,第134页。

《谁动了上海的"裙子"》、《裙边上的风暴》、《绥芬河"处女漂"》。这几篇稿件的内容其实是在讲上海小城镇的变迁问题，标题却偏要生拉硬扯地沾上"裙子"、"处女漂"，让读者往另外的方面想。

标题中低俗的表现还有暴力。有的新闻报道主要就是暴力的内容，在标题中可能也会有暴力倾向。如下面这两个标题：

打死奥尼尔！

去偷去抢去杀人去放火

孟京辉把《迷宫》做成了时尚

不难看出，这两个标题的内容都是在赤裸裸地宣扬暴力，似乎置法律于不顾，公开煽动反社会的激烈行为。倘若读者只看了标题的话，就足以让人感到恐怖了。实际情况是：前者的新闻是讲在美国一场 NBA 篮球比赛中，国内球迷熟悉的休斯敦火箭队的中锋姚明，成功地遏制住了洛杉矶湖人队的中锋奥尼尔的进攻；后一则新闻的内容只是说导演如何将一场儿童话剧编排得前卫、新潮。然而，标题中赫然醒目的"打死"、"去偷去抢去杀人去放火"，实在是触目惊心，究竟要将读者引向何方？

粗野是标题低俗的另一表现，即用语粗鲁不文明。有的标题大约是想以此来显得幽默诙谐，但幽默诙谐要健康、正气而不是猥琐、庸俗。如这两个标题：《WBA 拳王卫冕战将在中国举行　霍利菲尔德要来揍人》、《九龄童怕做"野种"跨省寻亲》。将拳击比赛用"揍人"来表现，并不是什么幽默，只能说是粗野；"野种"是民间的骂人的脏话，直接将它用在标题中是不妥的，显得格调低下。再看北京某大报的一个标题：

教你吵吵闹闹　教你使苦肉计　教你使美人计

专业公司教你离婚

这个标题中的"教"简直就是实实在在的"教唆"。这种新闻内容本来就不应见诸报端，即便是报道了这样的新闻，标题也应当站稳立场，表现出批评的态度。君子有成人之美，而不应去"乘人之危"加剧家庭矛盾，更不要为之张目，替那些朝秦暮楚、另觅新欢的视婚姻、家庭为儿戏的人出谋划策。这是新闻工作者的职业道德，更是报纸的社会责任感。

2. 标题的冷漠

对一些让人同情的新闻，特别是事故灾难造成的人员伤亡事件，标题本应抱以人文的关怀，至少应予以理解。可有的标题却缺乏这种人道主义精神，表现出不应有的冷漠态度，有的甚至走得更远。我们先看下面几个标题：

(a)　　　　　　　**《笑星牛振华酒后驾车撞死》**

(b)　　**《俄客机失事：乘坐自己研制客机的航空精英丧生》**

(c)　　　　　　**《妻子骗来同事送给丈夫强奸》**

(a)标题中提到的演员牛振华为许多观众所熟悉，且在圈内的口碑好。一个“撞死”尽管客观却显冷淡，这不是报纸对一位正面的公众人物应有的姿态。(b)标题中“乘坐自己研制”的话给人自作自受、技术不过尔尔的讥讽之感。其实俄罗斯的航天科技居世界顶级水平，这种事故实属偶然。(c)标题居然把一则家庭夫妻间发生的畸形新闻予以突出，缺失了应有的社会良知。标题不仅低俗，事件中被骗的受害者似乎成了一件被送的“物品”，其违法的丑闻正需要报纸的斥责、抨击，而报纸却成了无聊新闻的传播者。

中国古代思想家荀子说过：“水火有气而无生，草木有生而无知，禽兽有知而无义；人有气、有生、有知，亦且有义，故最为天下贵也。”人和动物的本质区别是有知识、情义和道德。报纸作为文明的载体，理应渗透人道主义的精神，体现出人性的关怀，让人感到温暖。有的报纸在这方面做得不够，类似上述冷漠的标题在报上频频出现，有些还以调侃的形式表现出来，就更不对了。如广州夏天有30多人因酷暑死亡，某报纸标题戏称为《广州酷毙30余人》；南京一位行人死于车祸，当地一家报纸的标题竟然是《骑车人“中头彩”惨死》。一个小孩因在机动车道上未靠边行走被汽车撞倒，法院做出了不予赔偿的判决，某报的标题为《七龄童走路违章被撞死——法院判决“白撞”》。标题中毫无人情味的“白撞”二字，任何有同情心的人都会觉得“刺眼”。事实上法院没有这样的判词，是作者的主观意识的曲解，不仅亵渎了法律，也亵渎了人类爱心。

标题中的这种冷漠，还常常蔓延到一些国际新闻报道中。如西班牙接连发生了5起汽车炸弹爆炸事件，造成多人伤亡，而此间欧盟首脑会议正在西班牙召开。某报制作了这样的标题：《会议开两天，炸弹响五次　汽车炸弹为欧盟峰会伴奏》。恐怖行为居然被调侃为“伴奏”，大有隔岸观火“看别人笑话”的不良心态。美国亚利桑那州发生森林大火，与此同时在距该火灾地10公里的一个地方也出现了森林火灾，两处很可能烧到一起。一家报纸的标题是《美两处森林大火有望“会师”》，后来该报再次标出：《美两处森林大火已经成功“会师”》。我们常说“大火无情人有情”，这两个标题不仅无情，反而以欣喜的口吻写道“有望‘会师’”、“成功‘会师’”，这种幸灾乐祸“唯恐天下不乱”、无视异国灾难与人民的感情的态度，实在是要不得。

3. 标题的偏见

“偏”是指歪斜,与“正”相对。所谓“偏见”,就是偏于一方的主观成见,指某种不公正的见解。常言道:“偏见比无知更可怕”,可见偏见的危害性。偏见的具体表现便是歧视。由于历史的积淀,偏见在社会上仍然普遍存在,报纸作为大众传媒、社会公器,理应执公正、良知之牛耳,不应有任何偏见,并应为制止、消除社会中的偏见而努力。遗憾的是,现在一些报纸上也不自觉地有着这方面的表现,在标题上出现特别惹眼。

例如,某报刊发了一篇大学生毕业到民营企业工作的报道,标题为《大学生“下嫁”民营企业》。“下嫁民营企业”,让人感觉含有歧视性的成分。“下嫁”一词是过去指门第高的女子屈尊嫁与门第低的男子。以前由于社会观念、经济政策等方面因素,国营企业的许多条件都比民营企业好,大学生毕业愿选择前者而不愿到后者。现在民营经济的崛起对国家的发展作用巨大,大学生的就业观也发生了变化,不少人也去民企就业,这是一个好现象,标题偏偏用“下嫁”一词,这就带有歧视,仍然将民营企业视作经济成分的末流。事实上民营经济在市场经济构成中越来越重要,理应得到与国企同等的尊重。类似的标题还有《博士生下嫁养猪场》、《研究生下嫁村小学》等等。

歧视意味着不平等,而平等是最接近民主的理论核心,平等原则要求任何人在权利上没有差异,现实中却难以真正做到。当前无论是发达国家还是发展中国家,都存在着富人阶层对穷人阶层、多数民族对少数民族、多数人群对少数人群等的歧视。报纸本是倡导民主的先驱,有时同样将此遗忘。现代报纸普遍以报道城市中的新闻为主,这是报纸发展的规律。但不少报纸的新闻报道常常彰显着特权阶层及高收入、高学历人群的优越感,灌输着“精英意识”,并无多少真正的平民意识的传播。如歧视农民的现象在中国普遍存在,新闻中也不乏反映。某市报头版一条标题《农民致富跳龙门　高升成了城里人》。从标题看新闻素材不错,可“高升”一词却无形中显示出城里人的优越感。这类标题还有诸如《嫁给农村人的烦恼——我就像掉进了万丈深渊》、《市长敢吃农民饭》等,都有意无意地流露出对农村、农民的一种歧视。

一些社会管理问题反映在新闻中,有的报纸往往也不自觉地在标题上或明或暗地转化为对弱势群体中的打工者、失业者、残疾人及其他特殊人群甚至地域的歧视。如《北京拒绝盲流》、《无业游民××抢劫伤人》、《哑女商城“伸手”被捉》、《同性恋求爱遭拒行凶》、《两河南人吸毒毙租房》等等。这类标题不仅偏离了人文精神,也是对公正、平等、良知的缺失,应当引起某些报纸的反思。

4. 标题的失实

前面在标题制作的"准确"要求中已有提及,真实是标题的生命所在,不论是概括事实还是体现观点,都要对新闻一片丹心。失实的标题误导读者,也影响媒体声誉。例如这个标题:《巩俐专访:张艺谋不如王家卫》。张艺谋和王家卫都是饮誉国内外影坛的著名导演,巩俐和他们都合作过,自然对两人的导演艺术都了解。见了此标题,想必读者都会将其理解为:巩俐认为张艺谋的导演水平不如王家卫。而实际内容是,巩俐表示在曾经合作过的导演中,张艺谋个性很直接,王家卫最直接。原来巩俐谈的是他们的个性,并不是指导演艺术。

眼下类似这种标题不准确、题文不符的现象涉及范围较广,尤其是在文娱与体育性新闻的报道中屡见不鲜,有时甚至扩展到了政治领域。如上海一家报纸上的标题《临沂违法征用耕地严重》,也是夸张了事实,因为新闻报道里只引用了一个村违法征用耕地的数字,标题将个别村存在的问题扩展成了整个临沂市的普遍现象。如果读者没有看报道的内容却记住了标题,而且把这个标题默认成事实,那么就产生了误导作用。显然,这对临沂的声誉是不利的。

造成标题不准确的原因很多,有的是用语错误,有的是理解偏差,有的是故弄玄虚,有的是夸大其词,如前面所提到的《打死奥尼尔》、《去偷去抢去杀人去放火》等,就是想以夸大来引起轰动效应。还有的本来就是假新闻,其内容就是捕风捉影或道听途说或胡编乱造,而从中提炼出的标题自然就更与现实不相符了。

5. 标题的用语失范

这方面主要是指近年有的报纸标题中的一些用语不规范,不符合《国家通用语言文字法》中的要求,影响读者阅读。所谓"通用语言文字",就是"汉语出版物应当符合国家通用语言文字的规范和标准",是社会规范的、大家都能读懂的话。反映在报纸标题中,就是应大众化、社会化,一眼看上去得明明白白,不仔细阅读具体内容也能迅速把握新闻要旨,但一些报纸在这方面时有失误出现,主要有以下几种:

随意简化。标题中使用的简化语,应该是大家都熟知或约定俗成的,乱用就会造成理解的混乱。如前文提到的某报的两个标题:《辽宁表奖优秀记者》、《以色列防长抵日访问》。其中的"表奖"和"防长"就不规范,有很大的随意性。

书面语混同于口语。口语和书面语是不能完全等同的,尤其是口语中的某些不健康的东西,书面语应尽量避免。以称呼为例,百姓在生活中常对某类人用一些诙谐称呼,大家见惯不惊。如平时有人称警察或稽查人员为"查子",在书面上运用特别是在标题中采用就不妥当,甚至有侮辱人格之嫌。某市环卫局清管站的一位负责人被授予“全国五一劳动奖章”,一家报纸的标题为:《粪头的情怀——记全国五一劳动奖章获得者×××》。标题对一位环卫行业的劳动模范冠以“粪头”这样不雅的词,并不是幽默,只会让人觉得不是滋味,至少对当事人来说是缺乏尊重的。尊重人的称呼,是对人格尊重的起码要求,报纸尤其是标题应顾及这点。

非大众化的语言。所谓大众化的语言就是全社会都懂,不分行业、阶层、职务、性别,标题中的语言都应如此。有的报纸往往采用一些被称为“社会方言”的流行语,并在标题上出现,这就只有特定的人群能明白,不能为多数人所理解。如这几个标题:《菜鸟开车出事多》、《恐龙的自尊与自爱》。其中的“菜鸟”、“恐龙”属于网络语言,仅喜欢聊天的网民知晓。这类语言只有某一范围内的人能理解,标题还是避免运用。

滥用外语。当前不少新闻涉及外来事物或高科技产品、技术,报道中难免出现个别外语,有的标题上也频频出现,众所周知的如“DVD”、“WTO”、“IT”等倒也罢了,有些外语滥用便影响效果。如《CDMA 峰会将在宁举行》,《石桥铺要建MALL》、《APTECH 重庆中心剪彩》等等,这些标题恐怕多数读者都会觉得莫名其妙。《国家通用语言文字法》第十一条明确规定:“汉语文出版物中需要使用外国语言文字的,应当用国家通用语言文字作必要的注释。”新闻出版总署的《报纸编校质量评比差错认定细则》第六章第 26 条也规定:“中文报纸不得过滥地夹用外文,必须使用且第一次出现时,要有相应的汉译。”作为大众传播工具的报纸,标题尽可能少用外文,更不要滥用。

标题中用语的不规范,往往还会造成思想上的负效应,上面提到的标题中的偏见歧视,就是由随心所欲的用语造成的。我们再看几个标题:《蚊子有望成“良民”》、《少交一瓶饮料钱 “良民”要交保证金》、《美特工神经过敏拘捕安分良民》。其中都出现了“良民”一词,是什么意思?是安分守己的公民吗?不,上了年纪的人或经常看抗日战争题材影视剧、小说的人对“良民”一词都不陌生。这个词的高频使用期是日本侵华时期,为了在沦陷区进行奴化统治,强行让中国人办理“良民证”而广泛使用,带有特定的历史印记,或者说,它烙有殖民色彩的标记,蕴含着中华民族的一段耻辱史,怎么能不假思索、为了调侃就用呢?

6. 标题的语法逻辑错误

标题是新闻的先导,要用十分简略的语言提炼出新闻的精髓,但又不影响读者对它的正确理解。即使事实或观点很概括,也要注意标题的语法关系、逻辑关系,特别是复合型的标题,主题与辅助题是互相联系的一个整体,彼此间存在逻辑关系,应注意它们的转接顺畅、上下关联,以免影响读者清楚地意会。如:

法新社评我颁布反毒品反淫秽法律

有害身心健康　必须予以清除

陈至立深入南方二十多所中小学校

调查研究教育改革问题

逐步使教师工作成为社会上最受人尊敬、最值得羡慕的职业之一

第一个标题乍看以为法新社是在指责我国颁布的这两个法律,这显然荒谬。其实法新社是以赞赏的口吻来报道的,标题与新闻原意大相径庭。第二个标题的问题出在副题上,与引题和主题脱节,副题的内容是陈至立的讲话而非行为,应在副题前加上“她说,要”或“她强调,要”的话,整个标题才上下连贯。

即使是比较简明的单一型标题,也有语意的连贯问题,稍不注意也会出现逻辑毛病。如《六畜都有医　羊病没人治》,“六畜”就是猪、马、狗、鸡、牛、羊,已交待有医,怎么又出现“羊病没人治”?再如《澳洲女篮　沪队迎战》,前后也缺乏必然的逻辑关系。

此外,读标题一般养成按行断句的习惯,如分行不当也容易将原本是一气连贯、意义完整的词组拆散,弄得句子语气不顺、概念不明或造成歧义。如:

(a)　**欢迎出走**

人才归来

(b)　**今冬四川群众**

性文化活动再掀高潮

第一个标题猛一看觉得难以理解,其弊就在于将好端端的“欢迎出走人才归来”分开了,把本来很简单的一句话弄得别扭。后一个标题的第二行有些让人匪夷所思,不理解四川为什么那样热衷开展“性文化活动”。其实这个标题是连贯的“今冬四川群众性文化活动再掀高潮”,将“性”字提到上行或把“群众”放到下行来,意思就清楚了。

第六章 版面编排

第一节 版面的功能与基本概念

版面，就其外貌而言简单的说法是报纸的平面；比较准确的说法，版面是报纸的各种稿件编排布局的整体表现形式，它不仅集中展现各种内容，并且体现了报纸对现实生活的态度，也反映了报纸的个性风格。

一、版面的功能

（一）展示各种内容的平台

这是版面最基本、最首要的功能。编辑前面的所有工序如报道策划、选择稿件、修改稿件、制作标题等工作的内容，最终都要汇聚到版面上来，由版面来对前面的工作做出评判、定夺。报纸对新闻信息的传递，对各种知识的宣传，对读者提供的各方面娱乐，对厂商与消费者沟通的广告刊载等等，都是通过版面来实现的。总之，报纸对现实的变动及其喜怒哀乐情感，对发生重大事件的立场态度，对社会的种种服务，都只有通过版面这个唯一的平台，才能最终表现出来。版面是读者接触报纸的第一对象，通过这个平台读者选取他所需要的东西。没有版面，报纸的所有这些就都无从谈起。

（二）表达对新闻事实的评价

版面展示报纸的内容不是机械的、被动的，而是带有对内容的程度不一的评价。中外任何一家报纸都不是随心所欲地排列新闻或堆砌稿件，而是在对内容做出评价的基础上（特别是新闻与评论），以恰当的形式来展示内容。读者透过版面，也可以感受到报纸的态度和立场。

在版面上对现实生活中发生的各种变动的评价，可以是直接的，径直通过各种评论如社论、短评、编者按等形式来表达；更多的评价则是间接的，是用自己无言的特有手段——版面语言来显示。它通过稿件在版面中位置的不同、标题的大小、色彩的装饰、线条的运用等各种编排手段、布局结构来实现。而且，版面的评价还可以改变编辑在前面的稿件修改、标题制作的工作环节上的评价，如编辑在修改某篇稿件时费了不少工夫去精雕细刻，表明对这篇稿件很重视；但它在版面上有可能被放在了不起眼的位置，可见版面对它并不怎么重视。某篇稿件编辑制作了复合型的多行题，可见对其的关注；而在版面上也许就只用单一型的一行小标题，也表明它在版面上的价值不大。编辑在前面处理稿件工序中的评价，只是就单篇稿件而言，而在版面上则是要将之放到全版稿件的总体中来比较，它要结合当前的实际情况、不同的时空背景来比较，是报纸对稿件的最终评价。

（三）帮助和吸引读者阅读

当代报纸的内容丰富，包罗万象，从十几版到上百版不等。读者不可能都一一看完，而会有选择地去阅读。由于版面是平面的、展开的，便于读者进行鸟瞰式地扫描，迅速从版面上了解到什么信息是重要的，什么内容是次要的，哪些信息他感兴趣需细细品味，哪些内容他只浏览一下标题即可。通过版面上各种标题的提示，读者很快就能定夺。

其次，版面上的稿件安排都是有序的，是有联系的而非随意堆放。有相似特点或互有联系的稿件总是放在一起，方便对照比较。由于版面众多内容庞杂，各家报纸都将有关的稿件相对固定在某一版上冠以名称，如《国内要闻》、《国际博览》、《社会生活》、《文体大观》、《快评天下》、《法制在线》等等，便于读者按版名索引阅读。许多报纸还分为A、B、C、D等几大叠，每叠的内容相对集中。另外，版面上醒目的照片、粗黑的标题、漂亮的插图、绚丽的色彩都让人爱不释手，吸引读者进入版面天地徜徉品味。《北京青年报》提出的"五步三秒效应"，就是指以冲击力、吸引力强的版面形式快速吸引读者而言。

（四）体现报纸的个性特征

事物都有自己的个性，个性是显示自己的生命力、区别于其他事物而存在的基础。事物一旦没有了自己的个性特点，就失去了在世上存在的理由，就要被淘汰出局。报纸亦然，每家报纸都要有自己的个性特点，才能和别的报纸区别开来给读者留下印象，在新闻竞争市场上占有一席之地。报纸的个性既要通过版面的内容来表达，也要通过形式来显示。由于读者接触报纸首先是从版面的形式开始，因此版面的个性特征更为显性化。报纸一旦形成了自己的个性，特别是编排的版式，会很快为读者所熟悉，即便不看报头，一瞥版面也会很快识别出来。

二、版面基本概念

版面中经常运用到的基本知识概念主要有：

报型。报纸的外形，即报纸的面积和长宽比例。我国报型主要有对开报纸与四开报纸两种。对开报纸又叫大报，长宽比例约为1.397:1，四开报纸又叫小报,长宽比例约 1.444∶1。近年来报型趋于多样化,许多报纸采用长宽比例异于传统规范的窄型版面,如《北京青年报》、《南方周末》等,报型长宽比例约为 1.629∶1,版面显得窄长。见图片 6-1、图片 6-2、图片 6-3。

人民日报
RENMIN RIBAO
温家宝与韩国总理韩德洙会谈
我国节能降耗工作取得突出进展
中韩两国总理共同出席"中韩交流年"闭幕式
继续加强和改善宏观调控
石家庄全力构建城乡卫生服务体系
广西近九成公路贯通农村

图片 6-1　对开报纸

北京青年报
BEIJING YOUTH DAILY
第二套房贷款明确以家庭为单位
上月居民消费价格指数上涨 6.9%
阿尔及利亚遭炸弹袭击

图片 6-2　窄型报纸

扬子晚报
我国对甲型H1N1流感实行日报告制
骚乱
湖州副市长倪玲妹坠楼身亡
2000人为110岁老太祝寿
县人大主任失窃80万被查

图片 6-3　四开报纸

版式。版面的基本样式,是指通过版面的区域功能划分及稿件布局结构所形成的相对稳定的模式。

版心。除去版面四周的空白用于容纳报纸内容的区域,也称版面空间。不少报纸的版心没有统一规定,《人民日报》等传统的对开报纸,版心一般平分为 8 个基本栏,每行刊约 13 个新 5 号字,版高 126 行左右。

版序。版面的先后次序。目前有三种表示:一种是多张包夹在一起,第一张正面为第一版和最后一版,内页为第二版和倒数第二版,第二张正面是第三版和倒数第三版,内页为第四版和倒数第四版,依此类推;一种是分张依次叠放,第一张为一至四版,第二张为五至八版,依此类推;一种是报纸分为几叠,每叠由多张组成,表示版序的方式多与前面那种多张包夹的一样,这种版序通常使那些厚报的每叠都有个头版(首页)。

基本栏。版面采用某种分栏制形成的等距的栏。横排报纸纵向等分,竖排报纸横向等分。基本栏设置多少各报自定。我国对开报纸多为 8 个基本栏。现有些报纸设计为 6 个或 7 个,四开报纸多设计为 5 个。

变栏。版面编排时将基本栏加以变化。变栏有几种:一种叫长栏,又称并栏,即把基本栏成倍地合并,如 2 个基本栏合并为 1 栏、3 个基本栏合并为 1 栏。一种叫破栏,即基本栏的非成倍合并,如将 3 个基本栏等分为 2 栏,称"三作二”、将四个基本栏等分为 3 栏，称“四作三”等。如图片 6-4。以此类推还有一种叫通栏，即把所有基本栏打通连起来，放置大标题或大图像。

WEEKEND EDITION YANGZHOU DAILY

扬州日报 周末

聚焦

高考

热门话题

女大学生“现形记”

图片 6-4　基本栏、长栏、破栏并存版面

报头。第一版刊登报名和其他内容的区域，横排报纸的报头多位于左上角，为版心的二分之一宽、六分之一高。报头的常规内容包括报名、出版单位、日期、刊号、总期数。当前的报头设计出现多样化，报头的位置和所刊登的内容不断变化，有的报纸的报头变成通栏宽，报名居中，除常规内容外还标注办报格言、刊登便民电话等。

报眼。又称“报耳”，横排报纸第一版与报头面积对等的右半侧区域。报眼一般用来刊登比较重要而又短小的新闻、图片，或刊登当日报纸的内容提要，或刊登广告等。有时报眼打通与下面的版面连接编排，俗称“冲报眼”。

报线。也叫“版线”，是版心的边线。有的报纸版面上下各有一条边线，顶端的线也叫“眉线”或“天线”，底部的线也叫“地线”；有的报纸的版心上下左右都用线条相围。

报眉。报纸眉线上方所印的文字，一般刊该版名称、版序、日期等。

中缝。两块相邻版面之间的空隙，也叫报缝。有的报纸中缝空着，有的报纸中缝刊登广告、电视节目、知识小品、转接文稿等。

通版。又叫跨版，即取消中缝，将报纸相邻的两个版打通而形成的版面。一般用于报道重大事件、重要活动，有助于营造声势、表现新闻内容。因通版面积大，阅读不便而较少使用。如图片 6-5。

中国首次载人航天飞行实录

图片 6-5　通版

头条。横排报纸左上方、竖排报纸右上方紧挨报头位置的稿件，这一区域是版面中最重要的。

双头条。在版面上部左右两端以同等规格安排的两篇稿件。特点是两篇稿件的标题或图片、围框等编辑方法同样突出。如图片 6-6。

解放日报

江总书记重要批语

以"科技在我身边"为主题

"科技活动周"今开幕

高起点的创新工程

——写在宝钢三期工程竣工验收之际

图片 6-6　双头条

假头条。又称"小头条"，处于版面最重要的左上方位置，但并非实际的头条稿件，在标题上作了弱化处理。小头条一般涉及重要人物、机构、活动，需要引起读者注意，但无实质性的重要内容。如图片 6-7。

倒头条。报纸右下方与头条同等规格处理的重要稿件，是一种特殊的双头条。如图片 6-8。

国内国际新闻

8

华夏上古文明史准确断代

重大成果《夏商周年表》不日将公布

巴以举行预备会谈

亚欧海底光缆系统全线开通

建设部通知要求

规范经济适用住房建设和销售

图片 6-7　假头条

山西日报

结构调整纵深推进 经济发展好中加快

让三晋天蓝水碧

图片 6-8　倒头条

线条。版面编排手段之一，分为水线与花线两类。水线又有正线（细线）、反线（粗线、正反线）、双正线、双反线、曲线和点线。花线又叫花边，线条有花纹图案。线条在版面上一是强势作用：重要稿件加线条或围框引起读者注意；二是区分作用：将稿件加框或勾线与相邻的稿件分开避免混读；三是结合作用：线条将若干稿件围在一起表示具有某种联系；四是表情作用：不同的线条表达不同的感情色彩；五是美化作用：在字符和图像间适当采用线条可活跃版面，花线和曲线本身具有一定的造型美，能起到装饰作用。

图像。摄影或绘画所显示的形象，包括照片、绘画、图表、刊头、报花等，是版面编排手段之一。图像直观而形象有视觉立体感，是版面上的视觉中心，比文字更具有强势。

字体。字的形体，版面编排手段之一。我国报纸常用的有宋体、黑体、楷体、隶书等 20 多种，不同的字体可以表达不同的感情色彩。

字号。区别字的大小的称呼，版面编排手段之一，字的数字越大字号越小，反之亦然。

色彩。版面编排手段之一，不同的色彩表达不同的情感态度。

区域。又叫版位，指同一版上不同的位置重要程度不同。将横排报纸版面分为上下左右四个区域，通常上重于下，左重于右，上左、上右、下左、下右四个区域的重要程度由强到弱，也有人认为下右重于下左。如图 6-1。但利用编排手段，也可使次要的区域变得重要起来。

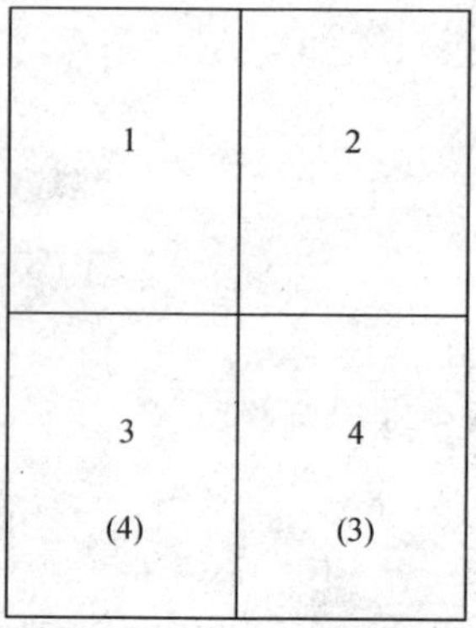

图 6-1　版面区域划分

导读。在头版以标题形式提示当日报纸重要或有趣的内容。目前许多报纸都分为多叠,各叠的第一版也有本叠的导读,它们都具有检索报纸重要信息、突出精彩新闻的作用。目前个别大报、绝大多数小报的头版都是安排的导读。如图片 6-9、图片 6-10。

扬子晚报
加量不加价
每天只需1.62元
小车借道遭骑车人较真堵路
中共中央电制国民党十八大
冷空气今晚来南京明天降温
水下开会
重庆打黑风暴美女律师落网
会计专业雇员公务员潜质
美国一高中要建托儿所

图片 6-9　小报版面导读

广州日报
导读与索引
省委常委扩大会议传达学习中央经济工作会议精神
广州失业保险缴费比例下调90%
台检方建议判阿扁“极重刑”
我国近半居民死因不良生活方式致疾
亚运会开闭幕式导演本月底确定
穗经适房首日卖出220套
两岸15日全面直航
广东惊天逆转八一
山西一足疗店火灾7死
3G牌照最快年底发放
CPI走低利率转负为正理财防御为主
11月“大小非”抛售暴增七成
140亿美元救命钱泡汤
金正日视察养鸡场民俗街
强势默克尔遭英法“排挤”
六岁女孩为何断指以示清白
七成已婚妇女患有妇科病
谁之过

图片 6-10　大报版面导读

专栏。由一个栏题统领的多篇具有共同性稿件组成的局部版面,亦指版面上某个定期或不定期的连续性的固定栏目。如图片 6-11、图片 6-12。

瑞雪飞　银装裹
本报提醒广大市民
雪天路滑注意安全
放置防滑垫　设立安全员
700余公交线　雪天运行有序

图片 6-11　专栏

春节基层行　秉笔写真情
大年越过越红火
江西井冈山小井村
红歌唱响过新年
糯米粑粑年年大
苹果丰收农民富
“地震移民”度春节

图片 6-12　专栏

第二节　版式常用类型

所谓版式,是指版面的基本样式,可以从内容组合的特点和形式结构的特点两方面去考察。

一、版面的内容组合样式

按内容组合的不同特点,可将版式分为几种:

1. 综合式版面。版面上的稿件报道面广、主题分散。尽管这些报道也有主次轻重之分,但版面上并没有刻意去突出某一点内容,只是按照它们的价值大小在版面上“各就各位”。综合式版面的运用最为普遍,因为并不是每天都有大事、要事发生。如图片 6-13。

2. 重点式版面。在版面上有意强调版面的某部分内容,将之作为重点来突出。重点式版面的处理通常是采用加大某部分内容的标题字号、稿件加框、配发图片或言论等手法,读者一眼就被这一区域所吸引。版面通常一个重点,有时候也可有两个。如图片 6-14。

3. 集中式版面。用整个版或版面的绝大部分来刊登一个主题或是某一方面的稿件。集中式版面的主题内容比较单一,在要闻版上通常都是重大的题材,营造一种声势,更多的是常用于一些专版上。如图片 6-15。

4. 对比式版面。版面的主要篇幅乃至整版是两篇或两组在内容上矛盾、对立的稿件形成对比,比较多的是运用于评论版,或反映某地的新旧变迁内容的版面。如图片 6-16,就是围绕北京市中学语文课本教改,想用金庸的武侠小说片段替换鲁迅的文章,引起了社会上赞成与反对的两种意见辩论的一个版面。

人民日报
RENMIN RIBAO
夯实拒腐防变的思想基础
——全国各级党组织党风廉政教育工作成效显著
革命老区平山县成"太行明珠"
江阴城乡发展实现"三同步"
"世博效应"正在放大
天津以高新科技推进节能减排
平顶山构建全民医保体系

图片 6-13　综合式版面

广州日报
订报当然是《舞台》
今日澳门回归10周年
胡锦涛今日出席庆祝大会暨澳门特别行政区第三届政府就职典礼
昨考察澳门走访市民　宣布赠送一对大熊猫为澳门增添吉祥欢乐
细路仔赠送粘贴画
胡爷爷回礼布娃娃
唯一协议不具约束力
明年在墨西哥继续谈

图片 6-14　重点式版面

香港回归10周年
纪念特刊
回归十周年献辞
香港回归十年大事记
伟大构想辉耀香江
紫荆花更艳

图片 6-15　集中式版面

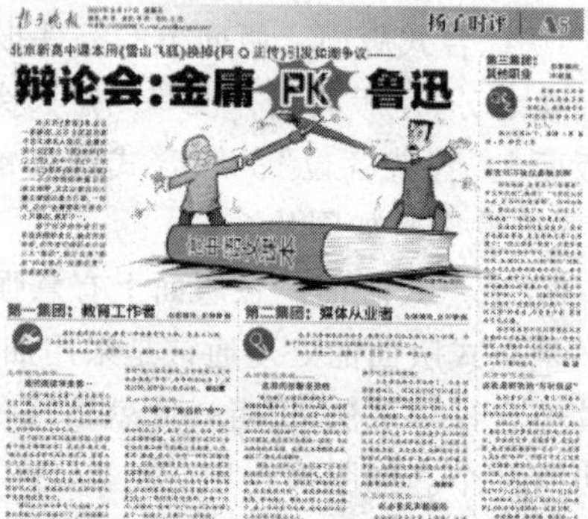
扬子晚报
扬子时评　A5
北京新高中课本用《雪山飞狐》换掉《阿Q正传》引发如潮争议
辩论会：金庸 PK 鲁迅
第一集团：教育工作者
第二集团：媒体从业者

图片 6-16　对比式版面

二、版面的形式组合样式

版式的布局结构组合，具有多种多样的特点，主要有：

1. 对称式版面。也叫规则对称或全对称版面。特点是左右对称，即以版面的中分垂直线为对轴，左右两边的稿件同形、同量，标题的大小长短也相同，版面形成左右两边完全等同。规则对称版面匀称、整齐，体现出一种整齐美，通常是在里页运用。如图片 6-17。

人文

民间艺人

生活

民间绝活

溯源

走近民间绝活——

在传统与现代间体味生活

图片 6-17　全对称版面

2. 平衡式版面。也叫非规则对称版面。它不像全对称版面那样要求左右同型、同量，而是追求版面的一种大体上的平衡，在对称中有变化，变化中形成对比，匀称而生动，能使不同的稿件在版面上表现出不同的强势，是我国报纸采用的一种主要版式。平衡式版面主要是利用版面四个角的对应关系来进行对称，如上左和下右或上右和下左大体对称起来，以求得版面的均衡，也显得比较灵活，是平衡对称中采用得最多的，如图片 6-18。也可利用上半版与下半版的对应关系来进行基本对称，如上下半版均放通栏题或大标题、大照片等，上下大体保持平衡，如图片 6-19。

图片 6-18　对角平衡版面

图片 6-19　上下平衡版面

3. 齐列式版面。版面划分成几栏，栏线不隔断或基本完整，如同货架陈列般稿件上下整齐排列，标题字号大小相等。这种版面多在各篇稿件内容的重要性不分上下、不需要强调强势上的差别时采用，如一些重要会议的诸多代表发言，或文艺副刊的作品等。如图片6-20。

图片6-20　齐列式版面

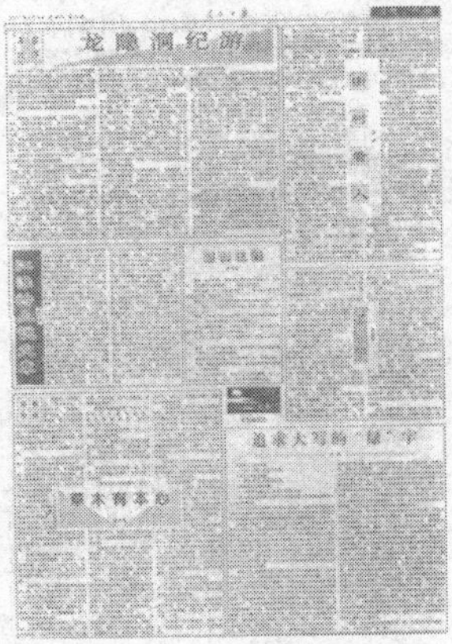

图片6-21　错落式版面

4. 错落式版面。版面的栏线被隔断，稿件均呈大小不同的矩形错落相间，稿件间或用线条隔开或加围框，显得整齐而富有变化。如图片6-21。

三、西方报纸常用版式

西方报纸以美国报纸为典型代表，形式结构主要有垂直式、水平式、混合式、模块式几种。

垂直式版面。版面上的所有文稿、标题都按基本栏来排列，稿件的重要性程度以标题的行数多少来表示，很少运用照片并且不超过一栏宽。垂直式版面整齐、严肃，但缺少变化，而且标题大都集中在上半版，显得不匀衡。这种版面曾长期主宰西方报纸版式。如图片6-22。

水平式版面。版面上的标题有长栏题，字号也不等，文稿也可变栏，并且图片增多篇幅加大。水平式版面的标题更加醒目，可以用标题的长短来显示新闻价值的大小，并可以放在版面的任何位置，稿件可以变栏安排，阅读方便。水平式版面比垂直式版面显得富有变化，19世纪后半期出现后逐渐流行。如图片6-23。

混合式版面。兼容了水平式版面和垂直式版面的特点，两种编排方法混合运用，版面变化多端，重视图片的作用，20世纪后半期成为西方报纸的主流版式。如图片6-24。

THE WALL STREET JOURNAL.

What's News—

图片 6-22　垂直式版面

The Washington Post

Bush Pledges to Spread Freedom

At Second Inauguration, President Talks of 'Ending Tyranny in Our World'

图片 6-23　水平式版面

The New York Times

Mets Surge Into the Series By Routing St. Louis, 7-0

Campaigns Set a Brisk, Focused TV Pace

图片 6-24　混合式版面

HIGH TIDE!

The Virginian-Pilot

Portsmouth impound lot struggles to halt thieves

Led down the wrong road?

Pakistan rounds up 100 Islamic fighters

Opening the arteries does little good, studies say

Father, daughter focus on finishing together

图片 6-25　模块式版面

模块式版面。又称静态模块式版面，版面划分几个区域为基本框架，各版的整体设计大体一致，风格基本相同，模块结构清晰，标题简洁醒目，并重视图片与色彩运用。模块式版面有些类似于超市里的货架排列，功能划分明确，版面每天的设计都基本固定在这个大框架中进行，不轻易改变，版面上以矩形编排一篇或一组稿件所形成的相对独立的部分，阅读方便。模块式版面多将版面纵向划为几大区域，标题结构简单，字体统一，版面形式保持相对稳定和整体一致，如图片6-26、图片6-27。也有将版面横向分为几个部分来编排的，如图片6-30。模块式版面20世纪后期在美国等西方国家逐步普及，近年也为我国一些报纸特别是四开型的都市报所运用。

SPORTS

Timely hits still missing

Colletti, Stoneman did right thing

DODGERS AT THE TRADE DEADLINE

Dodgers hope pieces in place

U.S. SWIMMING NATIONALS

Splish-splash, earn cash

图片 6-26　纵向模块式版面

SUN

Drive-in is a labor of love for owners

Bipartisan panel on 9/11 offers bipartisan criticism

FRIDAY, JULY 23, 2004 ■ 50 CENTS

THE NORTHWEST'S BEST COMMUNITY NEWSPAPER

PRIMARY ELECTION

Voters in the dark about new primary

SUQUAMISH AND S'KLALLAM TRIBES

TEST OF STRENGTH

PUPPETS ACROSS THE PACIFIC

Public safety project headed for delay

图片 6-27　模块式横向版面

上述西方报纸版式的主要类型，具体到各国还会有各自的特点，同一时期的不同报纸版式也会有所差异。目前在美国仍有不少报纸保持着混合式版面，模块式版面并没有完全取代前者。一批有着悠久历史和社会影响的大报也没有因追逐时代潮流而轻易放弃传统，如金融报纸中最具影响力的《华尔街日报》依然基本上保持着垂直式版面特征，见图片6-28，著名的《纽约时报》现今也没有变成像都市报般鲜艳抢眼的版式，见图片6-29。

THE WALL STREET JOURNAL.

What's News—

图片6-28　《华尔街日报》

The New York Times

BUSH, AT 2ND INAUGURAL, SAYS SPREAD OF LIBERTY IS THE 'CALLING OF OUR TIME'

图片6-29　《纽约时报》

第三节　版面组织与编排变化

一、版面稿件的组合

版面组织是实现报道效果的一种手段，编排前要有指导思想，如稿件的排序，怎样表现，是否需要配置，编排何种版式等等。版面是一个整体，应优先考虑各种稿件内容与形式的组合。

1. 正面报道与负面报道相结合。现实是光明与黑暗、欢乐与忧伤等对立共存的世界，报纸是现实变动的缩影，世间的恩怨都应融入版面，使之成为“多种声音、一个世界”的天地。从实际情况来看，人民大众符合社会实践规律性、目的性的波澜壮阔的创造，惊天动地的业绩或诗情画意的生活，是一个稳定的社会的主流。版面上主要应该投放这些崇高、成功或温馨等“报喜”的内容来“弘扬主旋律”，这也是现实生活的主流。但也不要忽视那些背离实践规律性、目的性的消极现象及灾害等即“报忧”的内容。只有两方面都把握，帮助读者领略现实生活的多样性与复杂性，这样版面展示的现实图景才完整而不残缺。由于各种报纸的性质不同，正负面新闻报道的比例亦不一样，若一个时期社会或某方面的变动频繁一些（如灾难、危机），这种比例关系也会有暂时变化。

2．严肃内容与轻松内容相结合。即“硬新闻”和“软新闻”的二者兼顾，要注意安排重要严肃内容的稿件，也应安排活泼轻松内容的稿件，以调节读者的心情。整个版面都调子庄重，面孔森严像个老学究，会给人一种压抑感。而缺乏严肃性的稿件，又体现不出报纸的权威性。

3．长稿件与短稿件相结合。版面上都是长稿件，显得沉闷，信息量也相对少。而都是短稿件，版面又显得过于零碎。较好的是有稍长一点的稿件，也有短新闻，长短稿件互相配合、镶嵌，版面看上去就会和谐些。

4．多种文体相结合。一个版面尽可能地多安排几种新闻形式的花色品种，让版面上的文体样式多一些，显得丰富多彩。如图片6-30是《人民日报》的一个版面，有消息、通讯、特写、照片、言论、插图、刊头、报网互动等，新闻的样式多种多样。

喜迎党的十七大 特刊
EMS
全心 全速 全球
11185
好政策越来越多，好日子越过越甜
笑意写在农民脸上
迈向全面小康
站在田头看统筹
农家院里传笑声
外出打工有品牌
养老保险到乡村

图片6-30　《人民日报》

二、设计版样

1. 准备工作。对上版的稿件需要做通盘考虑，恰当安排它们在版面上的位置。如重要稿件安排在重要地位，次要稿件安排在次要地位，主题相似的稿件放在一个范围，对比性的稿件放在相邻地位等等，使各种稿件按照它们自身的价值“各得其所”，并互相照应、补充，使版面的主次分明、条理清晰。

2. 确定稿件及题文布局结构。稿件的布局一种是排列式，即稿件以矩形排列，版面整齐，稿件界限分明，快速阅读方便，编辑组版容易也便于换稿，这种布局为当今绝大多数版面编排所采用。一种是穿插式，即稿件呈多边形互相咬合在一起，有的稿件被一篇穿插，有的稿件被多篇穿插，长稿件被穿插后视觉上变短小了。如图片 6-31。这种布局因稿件相互交错版面富于变化，但不便于快速阅读，组版也麻烦，现代报纸已越来越少使用穿插排版。有时两种结构也可混合运用。

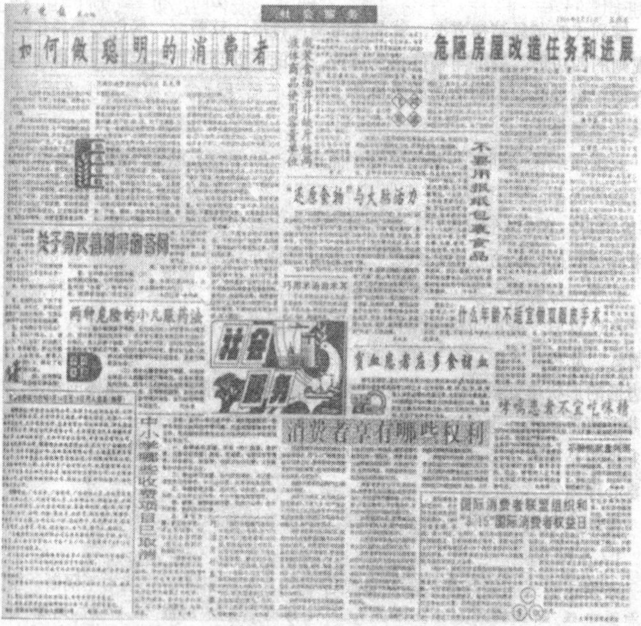
如何做聪明的消费者
危险房屋改造任务和进展
不要用报纸包装食品
两种危险的小儿服药法
什么年龄不适宜做双眼皮手术
哮喘患者不宜吃味精
消费者享有哪些权利
国际消费者联盟组织和“3·15”国际消费者权益日

图片 6-31　穿插式版面

题文结构是标题与文稿之间联系的表现形式，主要包括几方面：(1) 排文的基本形式，有基本栏与变栏两种，目前多数采用基本栏与长栏排文。(2) 题与文的长度关系，主要有题与文等宽、题的栏宽是文的栏宽的整数倍、题的长度不等于文的栏宽或栏宽的整倍数这几种，前两种有助于版面的整齐并方便阅读和排版。(3) 标题的自身排列，主要有单行式、多行式及其派生的各种样式(见后面的图示)。(4) 标题与文稿的位置关系，主要有盖文题、眉心题、串文题、上左题、文包题、对角题、腰带题、旗式题、尾式题等等(见后面的图示)。

3. 计算篇幅。通常是以报纸的基本栏为计算单位，将稿件的字数折合为基本栏的多少行。图片的篇幅也按基本栏折算，为了版面简洁美观和方便排版，一般照片定为基本栏的宽度或倍数，高度用对角线方法量出来，单位以行算。标题篇幅与图片一样也按基本栏宽和行高来折合，标题字体字号种类较多，计算要复杂一些，主要是根据电子排版时采用的《标题与正文字数(行数)换算表》进行换算。标题的篇幅除了要算标题字符所占的面积外，还要算应留的空白。

4. 画版样。版面设计可先画出版样图，也可直接在电脑上设计，程序都相似：

先安排头条、图片、专栏、刊头，后安排其他稿件。头条最重要，通常以全版最高的规格来表现，如标题字号最大，比其他标题栏宽。图片、专栏和刊头多为矩形，排版时一般不随意改变其大小和形状，它们因色调或装饰引人注目，也优先安排设计。

先安排版面的四角，后安排版中间部分。如同下围棋一开始就占四角抢得先机，四个角处理好了，可使版面基本处于大体均衡状态。

先安排长稿件，后安排短稿件。长稿件篇幅大变动不易，短稿件篇幅小容易安置，挪动方便。

目前为追求简洁明快以及电脑设计版面缘故，报纸大都清一色地用排列极少用穿插，竖题也很少见。为了使版面显得有变化，可适当在某些版面上用点穿插与竖题。

画版样一般先画大致轮廓再加工，标题的面积要留准确，并写出全文或关键词；照片说明的位置要标出并注明“文字说明”；加线或加框稿件的框、线都要画出来并注明其种类和型号。

5. 几个细节处理。(1) 转版：稿件从一个版转到另一个版，转的地方要注明“下转第×版”，转到其他版的开头处也须注明“上接第×版”。转文处最好在一个段落结束之处，至少在一句话结束的地方，以不影响读者阅读的连贯性。转版的篇幅不能太短并要再排标题，方便读者寻找，且只能由前面的版转至后面的版。(2) 转栏：稿件从一栏转到另一栏，根据阅读习惯是从左边向右边转，不可跳栏和逆转。转到后一栏中的位置不应高于标题，也不要低于前一栏文字结束的高度。另外转栏时尽量避免两篇稿件转入同一栏中并且中间没有标题或线条分隔，否则会引起误读。（3）碰题：又叫并题，指两个标题横排或竖排并在一起首尾相连。这是传统编排中禁忌的，易引起误读，可用对角题或另一个标题用文包题、竖题或线条等分开。（4）伸缩。排版中可能出现稿件篇幅的某些多与少误差，可用压缩或补充稿件、增加或合并自然段、加大或缩小标题篇幅、增加或抽掉一篇稿件等方法来处理。

三、版面编排的变化

"文似看山不喜平"，这是常指文章写作的一个方面，要求其结构要有起伏、变化，避免平铺直叙，缺乏吸引人的魅力。版面的编排设计，与此类似。版面四平八稳，读者虽然会对这种版面感到某种视觉和心理的顺畅、稳定，但往往也略嫌它的刻板或单调，因为它似乎缺少一种动感。倘若在设计时赋予版面一定的变化，使版面并不是一些大同小异的简明规则的图形，而是显得相对复杂一些的形体。如此版面有所变化，更能激起读者的好奇心和强烈的视觉注意，因为它们能令人产生出动态的感觉，也势必增强吸引力。我们来看看下面的几个图（图6-2）：

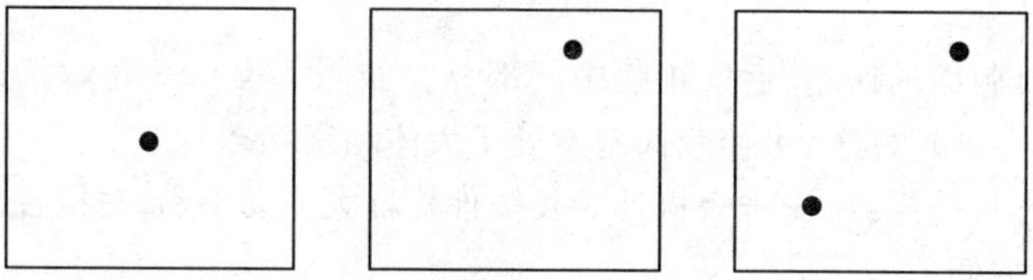

图 6-2

第一幅图中间黑点周围的空间是均衡的，虽给人一种稳定感，但由于黑点在视觉上没有动感，给人停滞的感觉，整个图形便显得有些呆板。第二幅图的黑点偏向图形的一角，视觉的力有了偏移的感觉，产生活跃的动感。虽然有了变化，可黑点周围的空间过于失衡，令人感到图形面积大的部分压向了较小的部分，觉得太不稳定，担心随时都有倾覆的危险。第三幅图的两个黑点一上一下，图形空间既稳定均衡，又令人视觉来回运动，由此产生的动感使得愉悦感油然而生。

可见，变化产生美，这是人们在日常生活和生产实践中积累的经验。人们对熟悉的现象习以为常、对常见的事物司空见惯，因此往往对其忽略乃至视而不见，可一旦面对稍微复杂一些的事物形状，却会马上引起关注。因为这能即时唤起他的紧张与注意，产生新鲜感，催动情感上的起伏跌宕，引发联想或想象，渴望进一步去探究其复杂的奥秘，从而增添情趣。事物的复杂是由事物的变化引起的，这就是说，是变化带来了复杂，使人感到新奇。变化同时也是引起人关注的动因，人们的审美实践便与此密切地相联系。当然，这种变化又不能是太复杂的、太剧烈的，不然人们一时无所适从，就望而生畏、敬而远之了。

生活是变化着的，势必要求以变化着的形式来反映变化着的生活。反映这种变化的报纸版面，不仅要求其内容常变出新，其形式也应该同样是变化着的。人们都还记得，“文革”中的版面常常是一篇社论、文章或一张照片就占一个或半个版，版面因无甚变化而显得单调呆板。变化多姿的版面形式，显出动律富有生气。版面形式变化的特点，是既要端庄，又正而不板，既要漂亮，又美而不妖，既要活泼，又动而不乱。设计版面形式的变化因素，着重体现在以下这些方面：

1. 标题形式的变化。标题因其字号大在版面上引人注目，对版面的变化具有突出作用。在版面上的各种变化中，标题形式的变化是最为丰富的。

标题大小的变化。标题有各种字号，版面上都是大标题，会显得臃肿不匀，版面上都是小标题，又会变得小气琐碎，而大中小标题的星罗棋布、嵌镶结合，形成“大珠小珠落玉盘”的势态，版面看上去就显得绰约多姿。

标题位置的变化。标题和文稿通常是连在一起的，但在版面上标题与文稿的结合，并不只是标题在前文稿随后，其位置可以灵活多变，具有多种形式。除了一般用的盖文题，即标题盖过正文外，还有眉心题，即标题的两端是等宽的整栏文字；串文题，标题的一端或两端有非整栏的文字；左（右）竖题，即竖标题在文稿的左侧或右侧；旗式题，即标题部分盖住文稿，另一部分盖住其他部分；文包题，即标题居于文稿的中间；对角题，即一篇新闻主辅题或一组新闻的标题以对角形式，在文稿的左上侧与右下侧（或相反）；腰带题，即标题居文稿中部形似腰带；等等。[①] 见图 6-3。

标题形状的变化。标题行数、排列位置及横竖方向的不同，在版面上可以生出各种形状。再加上汉字是由一个个的方块形状构成的特点，中文报纸的标题可横排，也可竖排，其变化优于外文报纸的版面。版面上的标题形状主要有：单行式，即只有一行题；均列式，即多行的两端对称题；斜列式，即多行的阶梯式题；左（或右）齐式，即左端（或右端）排齐的多行题；低格式，即副题比主题低若干字的多行题；半斜列式，即主要是头部斜列题；T 形式，即像钉子形题； L 形式，即呈直拐弯形题；塔形式，即呈宝塔形题，等等。见图 6-4。

---

① 参见郑兴东、陈仁风、蔡雯：《报纸编辑学教程》，中国人民大学出版社 2001 年版，第 252—255 页。

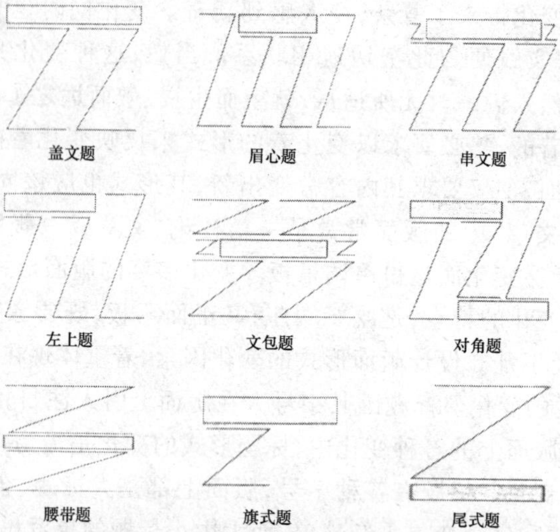

图 6-3　标题与文稿各种位置的变化

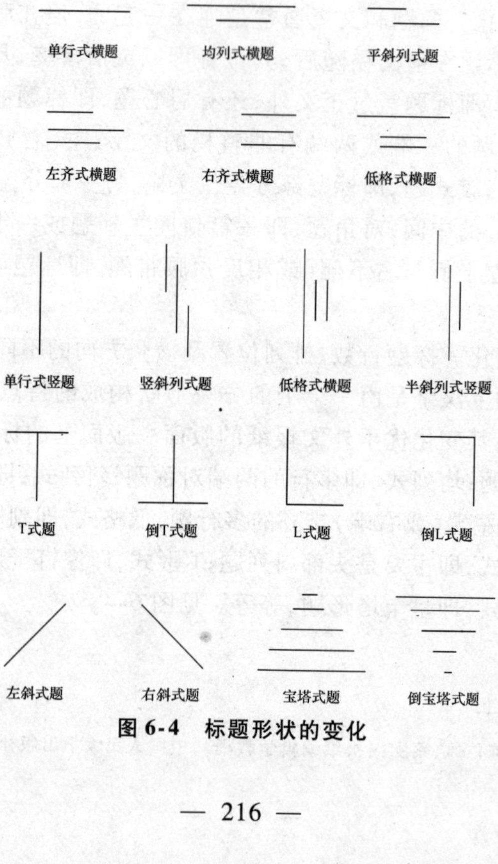

图 6-4　标题形状的变化

2. 体裁的变化

版面上有几种体裁本身就是一种变化，比都是单一的某种体裁要好。在以文字形式为主的情况下，一般都要安排图片，以破除版面上都是黑压压文字的单调、沉闷感。图片的种类也是多种多样的，除了照片还有绘画如漫画、速写、图表、插图等，它们的构图、色调等表现手法不同，有浓有淡，也增添版面的变化。如今一个没有图片的版面，是很难想象的。

3. 栏的变化

版面上安排的稿件图形，都排成一种如基础栏或破栏、长栏的形状，就显得千篇一律，单调乏味。因而版面上文稿安排除基础栏外，还可安排各种破栏、长栏、长转短等错落有致的变栏形式，这就有了变化。栏的变化显得醒目，醒目就能引人注意。

4. 图片的变化

常见的图片形状大多为矩形、多边形、圆形等几大类，而各类又有许多不同的变形，使版面富于变化、生动活泼，这点将在后面“图片”一章中谈到。

5. 线条的变化

前面谈过线条在版面上有区分作用、结合作用、强势作用及表情作用与美化作用。版面上适当运用不同的线条，既增加了花色品种，也增加了变化，产生审美效果。近年一些报纸似乎并未看到线条对版面的变化带来装饰美的意义，只运用线条来达到区分作用，难免显得单调，有时候还造成与内容的不协调。

三、电子排版

电子排版使印刷业告别了“铅与火”的悠久岁月而迈进“光与电”的新时代，是采用电子计算机激光照相排版系统编排版面的新兴工艺，20 世纪 70 年代在美国报界推广排小样，80 年代初研制出新系统能够在电脑终端显示器上编排出整个版面，使电子排版渐趋完善。

我国的《经济日报》在国内首先采用电子排版技术。1986 年采用王选等人研制出的华光电子出版系统获得成功，是世界上首家采用计算机激光屏幕组版、整版输出的中文报纸。1991 年北大推出了新一代激光照排出版系统“北大方正”，促进了我国新闻出版业的现代化，汉字电子出版印刷技术居世界领先水平。到 20 世纪末，我国报纸已全部采用了电子排版。

电子排版系统由录入终端机、打印机、扫描仪、组版终端机、主机、照排控制机、激光印字机和激光照排机等配置组成。编辑或技术人员将文稿输入录入终端机，通过与录入终端机相连的打印机打出小样并进行修改（现在经常由发来的电子邮件稿直接下载修改),然后运用组版终端机拼版。编辑或操作员将存在主机中的小样信息调入组版终端机,根据设计好的版样在显示屏上建立整个版面上各篇稿件的文章区,然后再通过各种指令对每个区域从标题到正文逐一编排加工,完成整个版面的组拼。照片可事先通过扫描仪或电脑下载输入主机,合成拼版信息和图片后用激光印字机打出大样。

组版终端机可以改字、增删、分段、接排,可以移动正文、标题,可以改变标题字体字号、字距行距和装饰,可以改变文章的字体、行距和栏距等,具有多种功能。大样修改好后启动激光照排机,由照片控制机高速生成版面信息并控制扫描,通过激光照排机拍出版面底片后进行制版。

简单讲电子排版的基本过程,是将原稿输入终端机,通过打印机印出小样,然后输入组版终端机拼版,由激光印字机印出大样,再经过激光照排机拍出版面的底片后进入制版印刷阶段。电子排版大大改善了出版印刷行业的劳动条件和工作环境,提高了生产效率,而且优化了排印质量。计算机操作准确而精致,过去铅字手工排版时出现的行不直、线不正、字出格等现象消失了,版面更加清晰美观。激光照排的字体字号、花边底纹等也种类繁多,运用方便。电子排版使整个版面形象逼真地显示在编辑面前,即刻可看到排版效果如何,这种优势是铅排无法做到的。电子排版与胶印相配套,板子上的油墨通过橡胶滚筒印到纸上,压力小,网版线较密,色调比铅排时油墨直接印到纸上要柔和,照片清晰,层次感强,版面富有美感。电子版可通过微波线路和卫星技术传到任何地方,对报纸分印点印刷非常有利,外地读者也能同时读到当天的报纸。

初用电子排版技术,因不熟悉容易出错。如在组版终端机上修改大样时,增补的内容较多会使原来的文章区容不下而结尾部分在屏幕上消失。改后检查不严也往往导致稿件有头无尾。字号与铅排的规定也有所不同,其标题字大小是由变倍实现的,掌握不好会出现与稿件内容不相称、版面不协调的情况,底纹与字号搭配不当也会形成字迹不清。这些是在电子排版中需注意的。

第四节　版面编排的一般审美特征

一、版面形式的审美特点

人们对事物的感受,往往是先从感知形式因素开始,然后一步步地进入对事物内涵实质的探究。我们评头论足大自然赏心悦目的美景时,首先触动感官的是各种自然因素:或明朗的或朦胧的色彩,或柔和的或突兀的形态,或悠扬的或激越的音响等等。人们倾心于一个人的内心美时,常常也先为其身材的高大或玲珑，眉毛的粗黑或细弯，皮肤的褐色或白色等形体美的因素所吸引。对艺术的欣赏也是如此，如人们欣赏音乐首先感受到的是曲调节奏，尽管有时对乐曲所表现出的思想感情理解甚差，有时甚至根本不理解，但仍能在一定程度上被乐曲的旋律、节奏所吸引。

这些说明形式在人类审美感受中具有直接性、广泛性的特点，它们是美的内容的载体，是审美主体和客体间美的信息的传递者。人们在长期审美活动中反复直接接触这些美的形式，因而使这些形式有相对独立的审美价值与意义。当人们接触这些形式时往往忽视它们所表现的内容，仿佛美就在形式本身。正如柏拉图所指出的那样：形式美"不是对其他事物的关系来的，而是绝对的，是从它们的本质来的"①。柏拉图的话不一定科学，但他看到了人类欣赏形式美时的心理特点：暂时"忘却"事物的内在本质意义或与人的功利关系。结合人类的审美实践和形式美的相对独立性来看，这话无疑有一定的合理性。

对版面的审美亦然。从报纸的历史来讲，其内容随现实生活的不断变动而刷新，但其形式却保持着长期的稳定性、独立性。版面是报纸编辑创造的结晶与智慧的象征，读者对它感知最直接、最迅速的也是其形式，由版面的形式美进一步调动起对报纸的兴趣，饶有兴致地去审视所登载的内容。因此，版面审美首先从整体把握，人们打开报纸，第一印象是版面总体布局的知觉形象。如同生活中接触一个人，最先是瞥其外在的高矮胖瘦、面相表情，此即对这个人表象的整体特征的把握，其次才逐步细看对象的各个部分，这是审美的一般秩序。读者从版面的整体气氛"总观其势"，所产生的印象决定着他是否进一步细察，进入到版面的天地中寻找乐趣。版面的整体并不等于各个部分的简单相加，局部编排得再好，游离版面的整体风貌也不能充分显示出它的美。所谓"窥一斑而见全豹"，用于版面审美并不适合。有位哲学家曾这样说过，一支丰满、柔润、富有光泽和弹性的女人的手臂无疑是很美的，因为它十分迷人。但是，如果这支手臂被肢解于身体的整体之外，美就随之消失了，因为它已经失去了生命的意义。这是关于局部与整体关系的形象比喻，萨多夫斯基在《一般系统论原理》中说："作为一个整体的事物，它的属性与其说是由个别元素的属性决定的，还不如说是由其结构的属性，即由所考察客体的独特的综合性的联系决定的。"②无论什么报纸的版面形式，其格调都是从整体把握才有意义，这是版面审美的真谛。

① 〔古希腊〕柏拉图：《斐列布斯篇》，载北京大学哲学系美学教研室编著：《西方美学家论美和美感》，商务印书馆1980年版，第36页。

② 转引自《编辑学刊》1990年第1期，第48页。

各家报纸也都十分注意自己版面的整体形象，并一以贯之，加以保持。我们常说《人民日报》庄重大方、《光明日报》朴素平实、《中国青年报》活泼清新、《解放军报》整齐划一、《中国少年报》天真烂漫等等，主要是就这些报纸版面的外在形式而言，着眼于它们的整体评价。总之，报纸版面的审美首先是以形式美唤起人的愉悦方式实现的，它要求精心地以字、画、线等的平衡、比例、节奏等来创造出版面的整体美，唤起读者的美感，更好地引导其对内容的欣赏。

（一）体现版面的平衡

平衡是体现事物各部分之间组合关系的最普遍的法则。心理学研究认为，物体形式中使人感觉舒畅、愉快的，是那些被组织得最规则的形式。最规则的典型标志，就是我们平常所说的对称，即事物以一条线为中轴，上下、左右、前后都均等。如人的五官四肢，就体现了人左右两侧形体上的均等，这也是大多数生物形体结构的普遍性形式，它呈现出稳定状态。“人类之所以把形式上的对称看作是美的，就因为它是生命体的一种正常状态。”①人类生产的大多数工具、器械在形体结构上也是对称的，这种全对称虽是最突出的平衡，但却并非是平衡的全部含义。现实生活中人们所说的平衡，既指这种等形的对称，还包括等量的平衡，一般情况下更多的是指后者。即对应的双方基本等量而不等形，虽然形体上有所差异，但分量上大体相当，如生活中常见的以秤称物，秤砣与所称之物只求重量平衡而不求形状与体积相等。这样的平衡在形体结构上有所变化，表现出一种稳定中的动态，因此它更显得具有美感。

报纸编辑将平衡的原理创造性地运用到了版面编排中，就体现出了版面的整体美。平衡的版面也可看作是多样统一。“多样”体现了版面上各部分个性的千差万别，“统一”表现了各部分的共性或整体联系。版面上文字、空白、字号、字体、线条、图片特征虽各不相同，但都应处于和谐状态。全对称形式的编排，就是最典型的平衡版面，符合形式美法则。但由于这种版面要求对称双方的稿件是同形的，而报纸上稿件的内容和意义常常又不可能相同，标题的大小也很难一致，这种编排难免削足适履，完全让内容迁就形式。再者，它虽然稳定，可天天是这种版式的“老面孔”，毕竟显得呆板。况且新闻反映的是变动中的生活，报纸上的内容日日新，版面形式也需要有新变化、新气象，如果读者的眼睛总是一成不变地面对对称版面，与追求新闻信息的心理不同步，其“求新”的审美期待会逐步降低直至消失。因此，全对称形式的版面只是偶尔为之，不经常出现。更多呈现在读者面前的，是一种大体对称平衡的版面形式。实质上这种形式源

① 仇春霖主编：《简明美学原理》，高等教育出版社 1987 年版，第 141 页。

于对称,是对称形式的变态。它不是版面形式的左右等同,而是不等量、不等形的对称,显得在对称中有变化,变化中形成一种对比或对应的关系。具体表现是版面的上与下、左与右、黑与白或色彩(彩色印刷)在分量上大体相当。这样的版面形式,一眼望去同样给人以某种平衡感、稳定感。不论稿件的多寡,标题、插图简单还是复杂,读者都会感到一种舒服和平静,感受到版面形式的美。这种形式保持了版面整体平衡,并可以灵活多变,适应稿件表现不同的强势,成为我国报纸最常用的版面形式。这种版面平衡的形式美,又主要表现在两个方面:

一种是版面的对角对称形式,即利用版面上四个角的对应关系进行平衡,也就是分别使上左与下右、上右与下左大体对称起来,或是把上左与下右、上右与下左同时对称起来,求得版面平衡。这种形式较为灵活,对内容没有多少限制,各类稿件安排都适用。这种形式的平衡也是版面表现得最多的一种美。另一种是版面上下大体对称平衡,即版面的上半版与下半版的对应关系形成对称,如上半版有通栏题,下半版也有通栏题或是辟栏、放横卧形图片。这种形式同样表现出平衡美来,大报采用通栏题的情况一般不多,小报用得较频繁。

可见,平衡是版面审美的最普遍形式,版面上的其他各种变化都是由此而演变、发展的。版面形式一旦失去平衡,会出现上重下轻或左黑右白、右宽左窄等轻重不匀的状态。"一个版面如果畸轻畸重,就会使人产生不安定的感觉,从而达不到审美的要求。"[①]或者,出现并题、断栏、通线等形同几块"夹板"的情形,造成版面整体破碎,表现出一种不稳定的势态,令人觉得仿佛头重脚轻或左右不适的感觉。这就好比在观察一个人的站立姿势时,如若此人一个肩膀倾斜或一只脚稍有些跛,总让人担心他随时都有摔倒的可能,他给人留下的第一印象肯定不佳。这就是失去平衡所致。

(二)把握版面的比例

比例也是体现事物各部分关系的普遍法则,是美的重要表现形式。平常说的"匀称"、"恰当"等实际上指的就是讲比例。一个处于正常状态的事物,其各部分都应有合乎常规的比例,"增一分则太长,减一分则太短",看起来匀称才具美感。比例失调就会出现畸形,而畸形通常不具有美的属性。

为什么物体各部分之间合乎某种比例才被认为是美的?这主要源于古希腊哲学家毕达哥拉斯的"黄金分割律",用以说明客观事物包括人类社会的产品普遍存在着的一种恰当的比例关系。所谓黄金分割,是指事物的大小(如线的长短、面的长宽等)之比等于大小之和与大者之间的比例,将其列成公式为:大∶小

---

① 郑兴东、陈仁风、蔡雯:《报纸编辑学教程》,第 271 页。

=(大+小):大,或者说 a:b=(a+b):a。按计算大体上相当于1:0.618=1.618:1,近似于3:2,5:3,8:5,等等(如图6-5)。“黄金分割律”为后人所公认,这种比例关系被人们自觉或不自觉地广泛运用于建筑、工艺、绘画、雕塑等造型艺术的形式美创造中,并且还为音乐、舞蹈等表情性艺术的形式美创造所采用。通过分析一些音乐名作,会发现其中高潮点的出现大多与黄金分割点相接近。

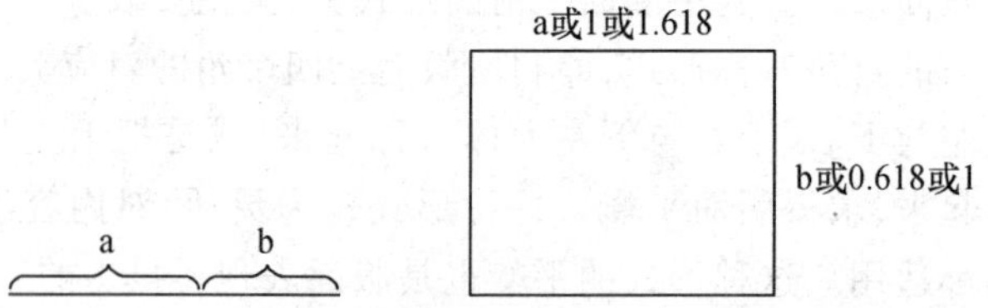

图 6-5

黄金分割的比例关系被认为是美的,主要是由于这种比例关系比较合乎客观事物的常态,看上去让人觉得舒适、稳妥。有人还以此来证明,人体的各个主要部位也基本上符合这种比例关系:人体以肚脐为界分为上下两部分,从上部的头顶到咽喉,再从咽喉到肚脐;下部从肚脐到膝盖,再从膝盖到脚掌,上下两部分中各自所含的比例关系大体上是合乎黄金分割的,即上部3:5,下部5:3。这种比例关系反映了人体的各部分正常发育情形,这表明人们关于事物合适比例的确定,一般以经验为依据,某种比例为人所公认,是长期的社会实践和文化积淀的结果。

就报纸来讲,其平面形状的长与宽,本身也是符合黄金分割的比例,所以看起来顺眼。尽管报纸的发展历经沧桑岁月,版面编排花样迭出,却极少想要去改变一下它的长宽形状,原因也正在于此。版面作为“报纸的面孔”,比例和平衡息息相关。一块处于正常状态的版面,其各个部分之间都需要有合乎常规的比例关系,互为映衬,才能体现出版面的平衡美。即版面的上与下、左与右、题与文、图与文、大小题、横直题、长短块配合及字体字号、围框花线、辟栏大小等,都应有恰当比例,版面才会整体和谐,赏心悦目,让人一瞥之下触发美好情思而审视内容。其具体表现形式主要是:

标题与文稿的厚度要有比例——标题大小与文稿篇幅长短应适中,如标题字大行数又多,而文稿字少又短,会给人头重脚轻的感觉,反之又显得头大身小了。标题的主辅要有比例——主标题与辅助题字号的大小,一般相差两号左右恰当,如果辅助题较长且排了若干行,字号还可相应缩小一点,因为行多可减少与主题字号上的差距。围框的边长要有比例——围框长与宽之比通常按黄金分割的原理，即大致 3∶2 的比例，长与宽相差太大，如竖边过长横边太窄，会使人觉得摇晃不稳，而长与宽太过相近则形如方框，似乎又显呆板；围框或辟栏与整版要有比例——围框最大以不超过版面的三分之一为宜，下辟栏的高度基本上不应超过版面高度的三分之一，围框或辟栏过大，版面看上去失去平衡而不和谐，也就失去美的形式。

版面不讲究比例必然会导致失衡，使版面形式丧失审美的前提。那些上重下轻或左肥右瘦、疏密无序、杂乱无章的版面，就是不求比例造成的。因此在涉及版面编排时，经验丰富的行家里手总是不把大标题、图片、加框新闻、装饰等都集中在一个区域，以免造成版面的失重。版面失重其实就是比例失调，导致版面畸形。

版面整体是由局部组合而成的，局部比例失调也会影响到整体。当然，任何一种比例关系都是相对的而不是绝对的，人们在实践中确定事物间的比例关系，终究要受到实用制约，如房屋的高矮深浅、门窗的高低宽窄，还要和空气流通、采光照明联系起来。因而对于实用产品来说，其比例关系要以实用目的为前提，在此基础上运用形式美法则，否则华而不实。此外，生活中人们往往还会有某些特殊的审美现象，如对畸形的山岩、怪石等发生兴趣，这种情形并不适用于版面的形式审美。偶见有的报纸版面形式并未遵循上述诸种比例因素，无非有两种情况：一种是报纸有意“反常”，以形式的“标新立异”来吸引读者的注意，另一种是为突出某种内容而打破常规的权宜之计。无论何种情形，它们最终还是要回到讲求比例的美学原则上来，保持版面的正常形态。

（三）重视版面的节奏

节奏是指事物运动过程中有规律的运动，是事物美的一种表现形式。“无论是在客观自然界中还是在人类生活、劳动、工作中，抑或在人类艺术创作中，节奏都是普遍地存在的。”[①]昼夜交替、四时代序，是时令运行上的节奏；陵谷相间、岭脉蜿蜒，是地壳外表上的节奏；故事开端、发展、结尾，是文学艺术上的节奏；呼吸心跳、四肢活动，是人体机能运动的节奏；艺术的节奏表现，更是直接而强烈：音乐的轻重、徐疾、高低，舞蹈的跳跃、舒展、造型，都成为艺术形式美的主要因素。人生经历其实也就是有节奏的生命过程，如日常生活中的动与静、张与弛、快与慢等等，都是有生命过程节奏性的表现。新闻传播活动过程中采访、写作、编辑、出版、印刷、发行，就是一个充满节奏的过程。报纸版面美的创造，也来自一系列带着鲜明的、有规律的节奏特点。前面谈到版面的诸种变化，都是一种有

① 仇春霖主编：《简明美学原理》，第 145 页。

规律的、讲究节奏的变化，它既使版面体现出动感美，又可以避免版面的杂乱无章，保持一种和谐与秩序。

版面上的节奏主要表现为各种相同的形式如标题、图片、栏的各种变化的多次出现。具体表现得最多的主要是标题排列的节奏（参见前面“标题的变化”部分）。横排报纸以横题为主的标题反复出现，便显示出一种节奏，它使版面变得有条理性、秩序性。在不同的水平面形成一种梯层式标题的排列，节奏感显得更强。竖题反复出现，同样形成节奏，竖排的报纸更讲究这一点。不过，横排报纸版面上的竖题不可过多，竖题过多像烟囱林立，破坏了版面的秩序。大一些的竖题最好放于版面两侧，避免放在中部显得割裂了整体。

版面的文稿排列，基本栏或某种变栏形式的重复，便形成一种节奏感。如果版面上都是基本栏或只是某种变栏形式，版面会显得没有变化而呆滞。不过，一个版面上的变栏太频繁了，看不到基本栏或某种变栏式样的反复，同样缺乏一种节奏。近年纷纷采用电子排版，有的报纸版面上的基本栏或破栏逐渐淡出，甚至有时整版都看不到基本栏的踪影，全是一种栏型呈现，这种做法值得商榷。此外，版面上长短稿结合也形成节奏。都是长稿显得沉闷，都是短稿又显得零碎。以短稿为主适当辅以长稿，长短互为照应，能调节读者的视觉，形成一种节奏美。

版面上色彩的黑白相间与疏密有致，稿件排列与穿插得体，标题的高低错落，图片的大小恰当搭配等等，这些都体现出一种节奏。节奏的对立面是刻板，刻板是四平八稳有余，变化生动不足。平常说某个版面呆板，在很大程度上就是说它没有节奏或是节奏感不强。

版面的节奏与变化、秩序是密切相连的，节奏不仅表现出变化，也是秩序的进一步表现。节奏是有秩序、有规律的变化，它产生的审美效果形式是疏密相间、粗细匀称、繁简适中、黑白合理，既整齐又不单调，既变化又不杂乱，既活泼又有秩序，由此而形成版面整体美。比如版面的区域，形成的习惯都是上优于下，左优于右（横排报纸），版面上的平衡要遵循这样的习惯，各种变化也不应将它们颠倒。除了“假头条”情况外，通常不在上半版重要区位安排小标题，不在下半版次要区位安排大标题，因为这样既不合规范，又造成不讲秩序的混乱。节奏不是一时心血来潮或盲目的变动。“扰乱秩序”的变化并不是节奏，它带来的只是杂乱或混沌，模糊人的正常审美习惯。因此，版面编排不能随意打破某些“行内”的禁忌，否则会令人无所适从，产生不了审美感。

（四）讲究版面的色彩

从科学实验的角度去看色彩只是光的波长的显示，不同波长刺激视觉感官就看到不同色彩。因此，人们对色彩的感觉就其本质上来讲是对自然的物理属性的一种反映,即对不同波长的可见光的心理感受。在长期的实践活动中,由于人们经常接触各种色彩如火红的太阳、碧绿的草原、蔚蓝的天空、金黄的麦浪等等,便赋予了色彩以一定的生活意义和观念情感意味,逐渐使色彩成为相对独立的形式美的主要感性因素,引起人不同的审美感受,它带给人几多欢乐、几多惆怅。如红色被描写成充满刺激性和令人振奋,它能使人联想到火焰、革命;绿色象征着一种宁静和稳定,能唤起大自然的清新感觉;黄色被看作是一种安静和愉快;蓝色有时描述一种抑郁和冷淡等等。也有人把色彩分为冷色和暖色,认为趋向或接近于红色的是暖色(红、橙、黄等),趋向或接近于蓝色的是冷色(绿、蓝、紫等),介于这两者之间的为中间色。

色彩的这种情感表现功能,是它们在不同的生活实践中与不同方面相联系的结果,其审美经验是历史积淀的必然。这种联系的不断重复,就形成了一种相对固定的审美经验,从而使色彩具有某种象征意义或意味。文学艺术中,色彩常常被摄入艺术家们的创作视野,赋予不同的色彩以特定的思想与情感内涵。“绿杨烟外晓寒轻,红杏枝头春意闹。”这里,诗人由绿而生出丝丝寒意,仿佛对晓寒产生出轻重的感觉;因红而涌出股股暖流,好像听到了春天喧闹的声音。在这浓浓的春光里,色彩寄托着作者多少惆怅、多少欢欣。闻一多更是直接以《色彩》为题赞叹:“生命是张没价值的白纸,自从绿给了我发展,红给了我情热,黄教我以忠义,蓝教我以高洁,粉红赐我以希望,灰白赐我以悲哀;再完成这帧彩图,黑还要加我以死。从此,我便溺爱我的生命,因为我爱他的色彩。”诗人通过色彩抒怀,表达出对生活的美好追求,充满了多么强烈的感情!原本无生命的色彩,被诗人赋予了一定的社会属性和感情因素,变得如此亲近、美好。

新闻传播也离不开色彩的表现,它对事实的反映、对生活的还原更为逼真,并给人带来更多的欢乐,黑白电视很快被彩电替代便足以说明这一点。同样,报纸版面也离不开色彩的表现。早期报纸诞生后只有黑白两色,主宰了新闻传播的色彩历史。尽管近代以来随着科技的发展实现了彩色印刷,但限于经济方面的条件,也仅仅是在非常特殊的日子里,偶尔在版面的个别地方套一点红色或绿色。由于新闻传播的历史绝大部分都是讲报纸,因此几乎从不涉及色彩。

高新技术的进步使得彩色印刷成本大大下降,为彩色报纸的普及提供了条件。从20世纪80年代中期起,彩色报纸开始盛行于西方。彩色报纸的含义“并不同于传统报纸套红、套绿的套色概念,而是指可以在报纸上印刷彩色照片的报纸。因此,报纸上带有彩色照片,便是现代彩色报纸的标志”①。1992年6月1

① 赵鼎生:《西方报纸编辑学》,中国人民大学出版社2002年版,第185页。

日，我国《科技日报》在大陆率先出版了第一份彩色报纸，这在我国报业史上具有重要意义。随着跨入新世纪经济的快速发展，彩色报纸在我国如雨后春笋般涌现。目前，彩色报纸已是体现报纸当代性的显著标志，从中央报纸到地方报纸，从综合性报纸到专业报纸，从大众化报纸到权威性报纸，都纷纷以彩色化作为吸引读者、强化竞争的重要手段。并且，越是面向大众的娱乐性报纸，越是注重版面上的色彩，尤其是重视彩色图像的运用。

这是时代的必然，也是新闻传播的趋势与结果。色彩运用于报纸，增强了版面的表现力，破除原有的只有黑白两色的单调乏味，使版面富有各种变化，更有助于营造气氛，美化版面，吸引读者眼球，同时带来更多的审美享受。传统报纸即便仅有黑白两色，因编辑在编排中的创造性运用，版面也有层次、对比、节奏等韵味。多种色彩的使用，版面显得繁花似锦，五彩斑斓，能进一步获得读者的青睐，对版面形式能产生更好的审美效果。现在已经很难找到一份仅有白纸黑字的综合性报纸了。色彩的功能除了美化版面、增强审美效果，还有以下几个方面。

第一，运用色彩强化信息。生活中人们根据实际经验赋予了某些色彩一定的意义，那么这些色彩就代表着某种信息，在一定的场景下，人们都能对其领悟、把握。如城市里交通路口的红绿灯所表示的信息，就是众所周知的。报纸最基本的功能是传递信息，传统报纸只能靠文字和黑白照片。色彩在版面中的运用，发挥出使其依附的信息增殖的作用，因为色彩本身就代表了一种含义，所以它能更直观地传播视觉信息。即便在传统的黑白报纸时期，偶尔见到报纸出现了套红，就立刻会由此觉察到发生了什么重大的喜庆事件，读者还没有细看标题，已经迫不及待地要阅读新闻了。彩色新闻照片更能把事件的外部环境、特点准确地显示出来，其信息会意就更明朗些。特别是一些由冲突或事故、灾害造成的人员伤亡，彩色照片中鲜血四溅的惨景，会比黑白照片给读者带来更多的震撼力。

2009年4月22日世界地球日，许多报纸在这天的报道中都涉及了环保内容，并运用了彩色照片来对比：照片中乌黑的河水、灰蒙蒙的天空、焦黄的土地，一瞥之下就知道这是受污染严重的地区；在另外的照片中，蓝天白云、湖泊碧清、山野青翠、鲜花盛开，一看便明白报道的是环保工作搞得出色、生态环境良好的地区。如果用文字来描述，无论多少篇幅，读者毕竟只是感性的认识，黑白照片很难达到这样的效果，因为它只能显示出不同程度的灰色。至于新闻里反映生活中人们衣着俏丽或影视新剧画面或国际大型展览会或体育赛场的彩旗飞舞等等，彩色照片的信息含量比黑白照片传达得更丰富些。

值得一提的是，版面上的空白其实也是一种不着彩色的色彩。标题、图文周围留有适当空白，表现出一种对比或增加图文强势的信息引人注意。有人曾对此作过比喻："读者在密密麻麻的版面上看到空白，有如一个疲倦的摩托车手穿过深长的山洞后瞥见光明。"①有的人在版面编排时把空白当作浪费、多余，将版面塞得水泄不通，这并不见得好，至少看着不舒服。空白并非多余，只是以另一种形式来表示信息罢了，特定的时期更可派上用场，当年重庆《新华日报》的"开天窗"，就向读者传达了某种能"读"出来的信息，同样起到了政治斗争的妙用。

第二，运用色彩表达情感。人们基于联想、习惯、审美意识等诸多因素，对色彩产生心理感应而赋予它某种含义，使之具有较强的表达情感的作用。上面我们在谈色彩的审美特征时，大都是在讲它被人所赋予的象征意义、情感，这种意义与情感，在当今报纸上得到了充分的体现。实际上，报纸上色彩的传情功能与色彩的信息作用，常常是合二为一的，现在特别是对重大的喜庆事件，版面上色彩的运用都很频繁、娴熟，它们既是某种信息的增殖传递，也是兴高采烈的情感表达。如 2010 年元旦，我国各种报纸除了标题套红，大幅彩色照片都以红、橙、黄等暖色为主表示欣喜之情外，不少报纸还整版都以红色来进一步强化情感，使报纸与社会共同欢庆的气氛达到顶点，报摊上几乎都成了一片红色的海洋，令路人惊奇而受到感染，驻足关注，进而购买阅读。

反之，报道某些让人伤感的不幸事件，版面上则尽辅冷色基调的色彩，特别是着重用黑色来表示对遭遇不幸者深深哀悼之情，浓郁的人文情感跃然版上，借以深深地打动读者，表达一份同情、一份悲伤。2008 年汶川大地震发生后，我国政府规定 5 月 19 日到 21 日三天为全国哀悼日，《扬子晚报》连续在这三天的头版，全用黑色衬底来表示哀悼，营造出版面的悲怆、沉痛的氛围，强化了悲剧新闻的效果，令读者潸然泪下。

版面的上述色彩表达的情感方式，读者都能很快体验到。如果说版面上这种色彩表达的情感是直接的、显性的话，那么版面上还有对色彩的情感表达是间接的、隐性的，需要读者思量才能体会出来。这样的传情更显巧妙，颇见艺术。如"9·11"事件后，全球响起一片反恐声。英国《泰晤士报》登过一幅"恐怖头目"拉登的彩色特写头像，照片约占一半版面篇幅，拉登的白帽白衣与他黑色浓密的大胡须形成强烈对比，而白色与黑色都意味着悲哀、死亡，再加上照片中拉登的一双阴鸷的眼睛，照片阴冷的色彩基调笼罩着一种恐惧感，给读者造成强烈的视觉冲击，令人生畏。然而，紧挨着照片的右下方的一篇文字稿，又用了一块以绿色为主的色块来压题与套稿。绿色象征着健康、活力、生命，它与拉登头像

---

① 转引自张子让：《当代新闻编辑》，复旦大学出版社 1999 年版，第 245 页。

的色彩形成鲜明对比。两幅色彩图的对比，表达出这样的情感态度：以拉登为代表的恐怖势力虽然一时猖獗，造成了令人感到压抑、畏惧的气氛，但终归邪不压正，绿色比白色和黑色更具活力与希望，与恐怖主义的斗争终将取胜。版面利用这种色彩反差来表达意味深长的编排思想，真乃出神入化，意境尽出，不着一字而尽得风流。正如《今日美国报》副主编里查德·柯蒂斯所说："色彩帮助我们更好地传播新闻。新闻并非白纸黑字。色彩使人们更具体地看到新闻的真实面貌。"[①]这种巧用色彩来传情的手段，值得借鉴。

运用色彩显示强势。所谓强势，"就是版面吸引读者注意的特性"[②]。根据阅读经验来看，读者在阅读报纸时对版面上的各个地方的注意力是不同的，对那些醒目的、刺激性强的地方总是最先引起兴趣，优先考虑去阅读、欣赏。色彩本身具有刺激人的视觉感官的作用，并且直观地传播视觉信息，这是色彩的优势。色彩的这一长处运用到版面上，便天然地表现出强势意义，它能够将读者的视线迅速吸引到某个单独的色彩点或色彩面上，这正如马克思所说的那样："色彩的感觉是一般美感中最大众化的形式。"[③]因此，运用色彩便成为当今报纸版面编排增加强势的重要手法。每当版面中要强调某一稿件、某一位置时，便常常采用加重色彩的方法，如标题用醒目的黑体字，或者套用彩色，或者在稿件中增加底纹、色块，即刻显出强势。现在每遇有重要的事件，特别是报道如党代会、人代会、工程典礼、体育夺冠、大型展览、节日、纪念日等都经常利用色彩来强调新闻。版面上的这些新闻不论在什么位置，这个地方与其他色彩轻或少的地方相比，都显得鹤立鸡群，格外突出，也就比其他地方表现出强势，读者的视觉便聚焦于此。如果加压题照片，或加彩色照片，则色彩更重，强势更显突出。许多报纸为突出某些娱乐性的新闻，更是频繁利用色彩，增加强势吸引读者。前面提到，人们给色彩披上感情的轻纱，使它能作用于人的情感，在情感的推动下更好地去认识事物、把握事物。色彩的这一意义被编辑用来突出版面强势，形成目前版面编排的常用手法，为新闻传播效果锦上添花，充分显示了编辑的创造性。

二、版面的内容审美特点

编排版面，首先是要向读者传递客观世界新近发生的变动，表达报纸的喜怒哀乐情感，上述版面美的形式因素，都是为这两者服务的。读者看报毕竟是为了

① 〔美〕达里尔·莫恩：《美国报纸组版和设计》，上海外语教育出版社1989年版，第271页。
② 郑兴东、陈仁风、蔡雯：《报纸编辑学教程》，第237页。
③ 《马克思恩格斯全集》第13卷，人民出版社1962年版，第145页。

获取新闻信息，或者是寻求消闲娱乐，最终都要阅读内容。版面从形式因素导入实质性的内容，是编报与读报的目的。

（一）强调版面内容的新颖

报纸被誉为是社会百科全书，自然要在这方寸天地云集世间的时事兴衰，人生的悲欢离合，五谷的播种收获，虫鸟的啾鸣和唱等等现实运转的变化，显示自己在印刷媒介中的独特。世界之大，每天的信息浩如烟海而又错综复杂，报纸版面再多所展现的也只是信息沧海中的一粟，而读者却希望从这"一粟"中窥出世界的绚丽多姿。那么，有限的版面就要集纳现实变动中最具新闻价值的信息，将那些分散的有意义的现象整合为互有联系的版面反映社会的总体风貌。随着信息时代的到来，信息消费正成为受众的普遍需求，让版面内容丰富多彩满足读者的需求，这种整合就显得更有意义。有的报纸题材丰富信息荟萃，亲近读者生动感人。有的报纸版面虽然也是满满当当，可读者浏览后觉得没有多大兴趣，其问题在于它们题材匮乏苍白，或是板着脸说教，或是低级趣味的媚俗，或是无病呻吟的表白等等，宛如食之无味的拼盘，不能给人以美的享受。

因此，版面内容的丰富应与新颖紧紧相连。历来人们对新鲜事物总是格外关注，清代李渔的"新也者，天下事物之美称也"，道出了新事物以美的风韵吸引人的真谛。报纸被称为"新闻纸"，就表明版面上必须反映出现实中最新的、最有意义的变动，才会使人耳目一新。编辑通过筛选稿件，"钻进去，想了又想，分析又分析，同各省报纸比较又比较"①，才可尽可能多地在报纸上体现出"新闻"。读者在浏览版面时感到别具一格，清新气息扑面而来，必定心旷神怡，在新闻的天地里尽情品味。报纸不仅以版面内容的日日新吸引读者捧读，独家报道更能给人以审美，领悟信息世界的无穷奥秘。版面内容的这种新颖，与有创意的策划、采写、加工、编排是一脉相承的。缺乏新意内容的版面宛若静水一潭，激不起人的一丝情感涟漪。近些年有的报纸已扩至几十版甚至近百版，其信息含量却并没有随版面的增加而增加，读者翻完了厚厚一叠报纸兴趣索然，原因主要在于其内容的有效性即新颖性差，没有什么阅读价值。具体表现是：版面上静态的信息多，动态的信息少；人云亦云的内容多，独家报道的内容少；与实际生活无关的东西多，百姓想知道的东西少。有的甚至大量从互联网下载，似乎成了网络门户站的精缩纸质文字版，被人斥之"泡沫版面"。②

① 《毛泽东新闻工作文选》，新华出版社 1983 年版，第 202 页。

② 高巍：《论"无效信息"与"泡沫版面"》，《新闻知识》2002 年第 4 期。

版面内容的新颖美来自编辑进取开拓、不断创新的意识及“人无我有，人有我变”的胆略。版面上那些与现实变动同步、与读者生活相关的问题引起社会共鸣的报道，必定都是鲜活生动的新鲜事。那些虚假的报道以及个人隐私之类的宣泄，或者热衷追求猎奇甚至荒诞来媚俗的新闻，并非是版面的新颖，只会增加传播的混乱且会失去规范。

（二）注意版面内容的差异

现实世界是光明与黑暗、欢乐与忧伤、热烈与文静、优美与畸形等既尖锐对立又和谐共存的矛盾统一体，它造就了万事万物的差异性，衍生出世间的恩恩怨怨，却又是如此的让它们处于多样统一之中。报纸的内容是现实世界变动的缩影，它同样需要将社会生活中发生变动的方方面面，包括现实的崇高与卑下、健康与衰亡、成功与失败、磊落与阴谋等事实，和谐地融入版面之中。这就意味着，版面的内容所传达出的声音，并不是“舆论一律”的同一，更多的情况下它是有差异性的“多种声音、一个世界”。

版面内容的差异性表现是多种多样的，可以从各个方面去审视：有社会各个领域（如政治、经济、科技、文化、军事、法律、宗教等）的差异；有自然界与人类社会的差异；有同类事物间的差异；有异类事物间的差异；有同类事物与异类事物间的差异等等。正因为报纸的内容具有这些差异，所以能激发起读者的审美体验，从中窥见自然界和人类社会的丰富和变化。版面上的这种差异性无论是同类事物间的差异，还是由事物对比造成的差异，或是以差异造成的对比，都表明现实世界是变化着的，在变化中统一，在统一中变化，这既避免了版面内容的单调、贫乏，也让人充分领略到社会生活的多样性、复杂性。“文革”中的报纸版面内容没有什么差异，几乎都是鼓噪“阶级斗争”、“大批判”、“斗封资修”、“学××”之类政治方面的内容。这种“千报一面”的现象，在一定程度上也反映出当时社会生活的单调和人们思想观念的贫乏。

版面内容的差异性，最明显的是正负新闻的对比。从现实来看，人类的积极实践是社会的主流，版面内容的重点应该放在表现变动中人民群众波澜壮阔的创造、惊天动地的业绩上面，这符合辩证法的重点论，也体现“以正面报道为主”的要求。但版面上如果只去注意“弘扬主旋律”，忽视甚至毫不顾及与之相对的另一面，即现实变动中那些背离实践规律性、目的性的消极、落后现象，这便不符合辩证法的两点论。社会本身是一个充满矛盾的复合体，先进的、积极的一面是主要矛盾，落后的、消极的一面是次要矛盾，版面上两方面都把握，既要突出社会的主流方面的光明、美好、积极等内容，也要反映支流方面的黑暗、丑陋、消极现象。这样的版面展示在人面前的现实图景才是比较完整的而不是局部的，新闻传播的宗旨才能真正地体现出来。版面内容的这种差异，是必需的、毋庸置疑的。

当然，版面内容的差异性只是从反映现实的总体情况而言，并不是企求每天或者每个时期版面的内容都要平均搭配、各方面都要符合某种模式各占多少比例。倘若一个时期整个社会或某方面的变动频繁一些，各种信息、声音无疑就会多一些，那么版面上内容的差异性也就会相对体现得大一些。相反，一个时期整个社会或某方面的变动缓慢，各种信息、声音就会少一些，那么版面上内容的差异性也就相应小一些。无视生活实际，偏明偏暗或强求表现差异，甚至于本末倒置，那样的版面只能是歪曲现实，误导读者。说到底，版面内容的差异性，是报纸园地对"百家争鸣、百花齐放"方针的诠释。

（三）追求版面内容的抒情

报纸对现实世界变化的反映，虽然强调必须做到客观、公正，但它对现实世界又并不只是机械的、被动的描摹，通常都带有传播者主观的感情态度，中外报纸版面概莫能外。现实的变动总是由人的实践活动的参与促成或铸成的，而人的所有实践活动都有情感的参与。情感随着人的活动和谐地融入事物的变动之中，事物的变动烙有人的情感印记便不足为奇。因此，报纸编辑对于由人所携带情感促成的变动，同样也是带有七情六欲来反映的。"情者文之经，辞者理之纬。经正而后纬成，理定而后文畅。"[①]那么，版面充溢编辑的情感自是题中之意了。例如，版面上节日报道的喜庆气氛，典型稿件的严肃庄重，日常新闻的平易近人等等，都有编辑的喜怒哀乐贯穿其中，借以影响读者，引导舆论。传播学上的"议程设置"理论在新闻传播实践中的运用，从报纸版面来讲，无论什么样的"议程设置"，始终是受编报人的态度控制的。版面本身就是经过了示意和传情的发展历史。如今，报人可尽兴在版面上抒情达意。

版面内容的表情达意，有直接的体现也有间接的达意。直接的体现，是在版面上径直通过稿件的内容，特别是社论、评论、述评、小言论、编者按等各种言论形式，或在文稿中画龙点睛的议论抒情以及标题烘托，将编辑的情感态度直接表达出来，这是版面抒情的主要方法。尤其是对一些重大事件的反映，更要有直接的感情流露。如 2009 年 10 月适逢中华人民共和国成立 60 周年，大江南北举国欢庆，神州处处为之张灯结彩、欢腾不息，各家报纸的版面在这一时期

① 刘勰：《文心雕龙·情采》，载于忠善主编：《历代文人论文学》，第 56 页。

都喜气洋洋,不论是文字稿件还是图片报道或是社论时评,其内容无不洋溢着热烈氛围,直接表达出华夏儿女欢欣鼓舞的豪情。而对于那些涉及人民生命财产安全的变动,诸如2008年发生的汶川大地震这类惨烈的灾难,则是要掬一把同情的泪水,表现出哀痛。对那些危害国家安全、利益或民族尊严的事态,如"台独"、"藏独"、"疆独"的分裂言行,则是要旗帜鲜明、义正词严地痛斥与批判。

间接的达意,是通过版面语言来实现的,主要是通过稿件在版面中的不同地位、组合、标题的大小以及编排手段的运用来强调某种特定的态度、意义,如运用线条、装饰、色彩来渲染、烘托节日的欢快,或对不幸事件致哀等感情。实际上,就是充分利用形式反作用于内容的特点含蓄地表意,它更体现出版面的一种艺术美。尤其是在版面编排中运用巧妙的组合来诉诸读者的悟性,达到"此时无声胜有声"之效果。如有家报纸的头版,头条是一组读者来信,批评某些部门的官僚主义。二条是报道某地一个久拖不决的"老大难"问题的解决。这样的编排间接地表达出:与解决了的问题相比,报纸更重视尚未解决的问题,更重视群众的呼声和愿望,这就容易使读者产生亲切感、接近感。这样的对比性组合的内容,还表明政府重视问题也能解决问题,从而增强读者对解决社会生活中疑难问题的信心。

不论是直接的还是间接的表情达意,版面的态度都应与社会"与时俱进"、同悲同乐。其中,大力反映社会实践活动中的主流、光明,即常说"弘扬主旋律"的感情态度,应成为报纸版面的一贯风格特色。对那些推动社会实践向前发展的活动中涌现出的新人、新事、新风尚、新成就、新经验,在版面上大张旗鼓地彰扬,以鲜活的事实、生动的形象感染人、激励人,这并不只是我们的报纸在平常所强调重视的。加拿大华人学者赵鼎生在谈论西方报纸的版面时,就认为它们的报纸也是十分注重"以饱满的热情赞扬社会与人生的光明,用光明激励着读者奋发向上"①。

目前有一种误解,似乎一谈到报纸的可读性或情感态度,就要求所有的报纸内容都是轻松愉悦的、满足消遣的。这种简单化的要求忽略了报纸结构的特点,没有看到不同性质的报纸之间的区别。虽然在反映现实变动的这一新闻的本质特征上,各种报纸都要遵循新闻传播的规律,客观、真实、及时、全面地报道社会的变动,其"脸面表情"——版面的和蔼可亲,是应该的、必需的,但各种报纸的

① 赵鼎生:《西方报纸编辑学》,第176页。

具体任务、读者对象有所不同，各有侧重，党报、非党报、专业报、消闲报等的版面，各自的情感态度应该有所不同，有的态度表现要严肃端庄，保持其权威性特色，有的情感流露要喜笑颜开，追求娱乐休闲，有的亦庄亦谐，两者兼而有之。正因为如此，中外报纸都有“主流报纸”和“非主流报纸”、“严肃报纸”和“大众化报纸”之分，或有“大报”与“小报”之称谓，它们可以互相借鉴学习，但不能互相取代。

第五节 近年流行版式

一、近年流行的主要版式

1. 粗犷豪放型版式，也称浓眉大眼型版式。版面上惯用大标题、大照片，多厚题薄文，稿件呈模块状并分别用粗直线分割或加框，版面色彩对比强烈，轮廓分明，一瞥之下耀眼醒目，给读者的视觉冲击力较强，容易引起人的兴奋。这种版式20世纪90年代后期在《北京青年报》上运用，成为一种颇有代表性的新潮版式受人青睐，逐渐被其他报纸借鉴流行，见图片6-32。目前这种版式又趋淡化，《北京青年报》自2006年以来其版面也转变得比较清淡了。

北京青年报
BEIJING YOUTH DAILY
下周刊
我悲欲哭却无泪
震惊·愤怒·抗议
昨天首都大学生经批准举行游行示威抗议北约野蛮暴行
绝非“误中”所能辩解
止痛退热 全面照顾

图片6-32 粗犷豪放型版式

三大峰会确定独联体发展新构想
决定在确保安全、发展经济方面加快改革步伐
思路不转 僵局难开
中欧人士呼吁加强交流和对话
布朗新政“经受住考验”
美国府院斗法儿童医保

图片6-33 平实端庄型版式

2. 平实端庄型版式。这种版式与上者不同，版面上标题较少使用色块、底纹等装饰，文与文之间罕见粗线条分割的情形，强调空白的作用，色彩对比并不刻意突出而显缓和。版面对读者的感官刺激性较小，看上去显得爽朗大方、淡雅简约。这种版式保持了传统报纸编排的朴实、端庄等特点，也融入了现代报纸中的模块形式等因素，常见于省市级党报。如图片6-33。

3. 三纵分割型版式，也称三列分割式，将版面固定纵向分割为宽度不等的三部分，中间是重点经营区域。如图片6-34。如头条遇重要长稿件或长标题，可以随时突破界限，打通左边或右边部分来置放标题与稿件。如图片6-35。这种版式看上去整齐干净、规矩严谨，各部分文稿与照片安排方便，由上而下似层层抽屉，一律横排阅读便利、清爽，现已为许多报纸采用流行。这种版式借鉴了美国模块式版面的特点。如图片6-36。由于这种版式呈固定的框架，时间长了可能会给人呆滞之感。

2009年，他们感动中国
江西47亿元新建污水处理设施
“为地球播种绿色未来！”
——高次团粒的“吸碳”之路

图片6-34　三纵分割型版式

A6 | 江苏新闻·社会
文化开发：两难之穽如何解
执着的生命守望者

图片6-35　三纵分割型版式头条变化

4. 杂志封面型版式。版面设计似杂志封面的编排，通常配有大幅图片，标题、稿件极少并常加以装饰。目前这种版式特别是在版面较多、四开报型的都市报、晚报的头版格外流行，它颠覆了传统的以文字信息为主的样式，每日除刊登一幅主题大照片外，版面其他地方都是当日报纸重要或有趣的新闻与文章导读

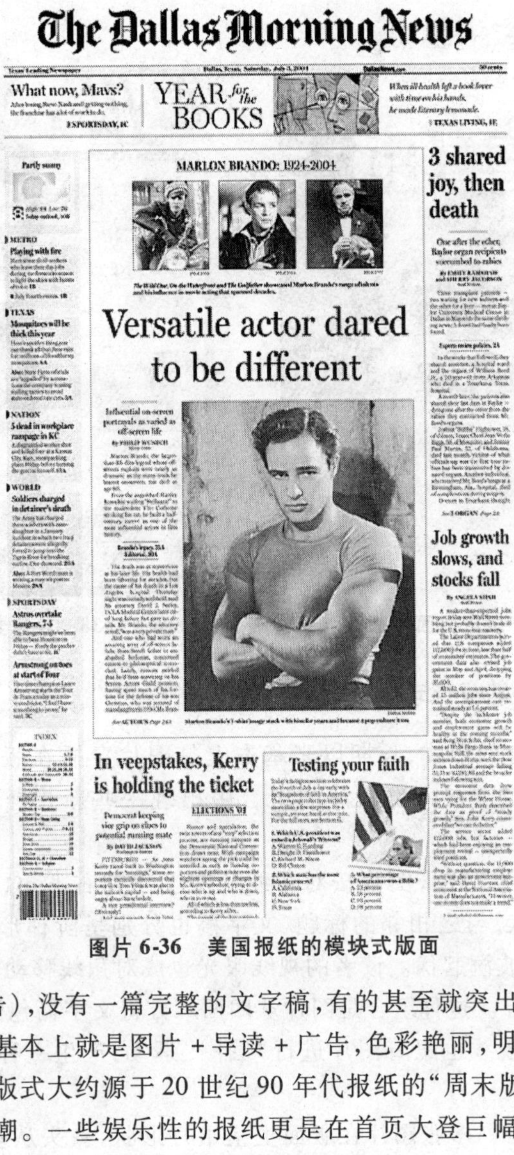
The Dallas Morning News

What now, Mavs?

YEAR for the BOOKS

MARLON BRANDO: 1924-2004

Versatile actor dared to be different

3 shared joy, then death

Job growth slows, and stocks fall

In veepstakes, Kerry is holding the ticket

Testing your faith

图片 6-36　美国报纸的模块式版面

（有的下方为广告），没有一篇完整的文字稿，有的甚至就突出一幅图片，如同杂志的封面。版式基本上就是图片 + 导读 + 广告，色彩艳丽，明快抢眼，颇能吸引读者眼光。这种版式大约源于 20 世纪 90 年代报纸的“周末版”旋风，盛行于 21 世纪初的厚报热潮。一些娱乐性的报纸更是在首页大登巨幅影视明星、粉领丽人，并配以煽情的标题。如图片 6-37、图片 6-38。

辽沈晚报

风雪的

沈阳56年来最晚冬天遭遇最大暴风雪，已造成局部地区灾害

气象专家称，这次异常天气给我们以警示

图片 6-37　杂志封面型版式

新报

全球乐坛小天后布兰妮与一神秘男子秘密完婚

本报独家曝光：1952年，巴金和彭德怀在朝鲜战场上的老照片

“勇气”号昨成功登陆火星

杨浦区一废品收购站昨燃大火烧伤16

图片 6-38　杂志封面型版式

二、图文组合的多样式趋势

版面图文组合的形式，长期以来基本上是图片穿插在版面中，中规中矩。近年不少报纸的编排在突出图片的组合中出现一些新式样，显得抢眼，详述如下：

1. 阶梯型组合。数张图片按对角线从左上角到右下角（或右上角到左下角）编排，呈阶梯状，与之相邻的标题、文字稿也分别呈阶梯形。这样的图形组合富有节奏，显得波澜起伏。读者的视线眼光也成对角线移动，动感性强。

2. 围墙型组合。这种组合是图片从四面八方将文字稿包围在中间，显得新颖、别致。读者的视线也跟着图片进行“圆圈”运动，产生一种舒适感。如图片6-39。

3. 半月型组合。多张图片在版面上呈半月形状，一头从左上角起，落脚在左下角（或从右上角起，落脚在右下角）；而被圈在里面的稿件也呈半月状，给人一种熟悉而又新奇的印象，熟悉的是月亮的圆形，新奇的是这种组合别具一格，给人新鲜感。如图片 6-40。

4. 门联型组合。这种图文组合的特点是，图片或装饰图案分别置于文字稿的左右两侧和上方，其形状酷似一幅门联与横批，有的还直接在其中嵌入对联式

专版
山水神韵·江海风

图片 6-39　围墙型组合

新华日报
XINHUA DAILY
农副产品市场潮起潮落
关爱献给下岗职工
苏州市区通过国家卫生城市考核鉴定
“水下皇城”总体布局首次探明

图片 6-40　半月型组合

的语言。这种组合的模样让人熟悉，容易让人想起过年的欢乐情景，给人一种亲切感。如图片 6-41。

5. 异常型组合。图片在版面上的样式，打破常规的与版面水平线平行的矩

海归创业

回家过个“中国年”

细柳吐芽開新天

春燕衔泥筑香居

過個中國年

图片 6-41　上半版的门联型组合

形状态，呈不规则的斜形排列，与之相邻的文字稿也呈不规则的形状。这种组合打破了既往的平衡，显得随意潇洒，不拘一格，给人一种别样的新鲜感，如图片 6-42 的版面上，将一些照片有意斜放。图片 6-43 的版面更是异常，4 篇文字稿呈不同规则形状，镶嵌在足球图片中的不同位置，十分新奇。

图片 6-42　异常型组合

A08

足球打黑将常态化

图片 6-43　异常型组合

6. 挤压型组合。在大小不一的图片中间，有意地塞进去一小片文字。看似文字有些受到挤压，实则在以“重”与“黑”为主的版面中，运用黑白对比来显示一种透气，同时也体现出某种变化、调节。见图片 6-44。

人类今晨进入新千年

基里巴斯共和国最先跨进2000年

图片 6-44　挤压型组合

7. 多类型组合。这种组合的特点是将与新闻相关的文字、照片、绘画、地图、数字等多种类型的符号样式,统摄到一幅直观的图形中,符号种类虽多但丰而不杂、简洁明了,给人印象深刻。如中国国民党主席连战率团首访大陆的"破冰之旅",《中国青年报》运用了这种组合,使人对这起重大的连续性新闻的发生、发展的脉络清晰,饶有兴味,见图片 6-45。

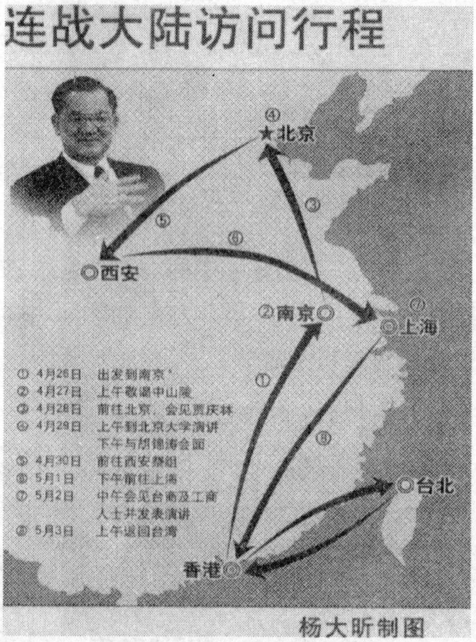

图片 6-45　多类型组合

8. T字型组合。这种组合的特点是图片在版面主要呈英文字母"T"的形状(也可叫作丁字形的组合),在版面上十分突出显眼,给人以熟悉而又别致的感觉。如图 6-46。

9. 立体型组合。这种组合的特点是图片没有背景的四边框架,直接是人物自身的形象在版面上,或是人物的某一部分越出背景的框架,看上去它们与文字不在一个平面,似乎人物向读者款款走来,或在你面前摆出某种造型,给人一种很强的立体感。见图片 6-47。通常的图片在版面上,背景基本上是呈四边形或多边形,人物没有越出背后四周的框架,与文字在同一平面。而立体型组合打破这种惯有的编排,使版面动感很强,一些体育类、文艺类的图文报道,常用此组合。

上述图片与文字的一些组合式,是近年来编辑们打破过去四平八稳的格式,编排上创新的表现。在实际编排中,编辑们为了使版面别出心裁,吸引读者,常

国际新闻 A16

用数字看新年

3.6万枚焰火弹

2分30秒"双人舞"

8分钟"瀑水表演"

120岁生日

1.43米高的水位

7000名军警

100万人和40吨垃圾

40℃的新年

图片 6-46　T 字型组合

常在编排中新意迭出，使版面的图文组合别具一格，让读者眼前一亮，即刻被版面的新奇别致所吸引，必然深入到版面去阅读具体的内容。一些版面的出奇制胜，看似另类却又酷似生活中的某些事物形态，给人十分熟悉的感觉，自然引人入胜，它们都充分表现出了编辑的创造性的发挥，如图片 6-48、图片 6-49 两个版面。

A34 文娱·综艺

谷歌向中国作家书面道歉

承诺不收录未经授权作品

人艺"收编"十位作家

邓超出书动口不动笔

汪涵新作《有味》忆童年

秀星光

图片 6-47　立体型组合

2010 亚运月历

1 2 3 4 5 6 7 8 9 10 11 12

图片 6-48　版面酷似日历

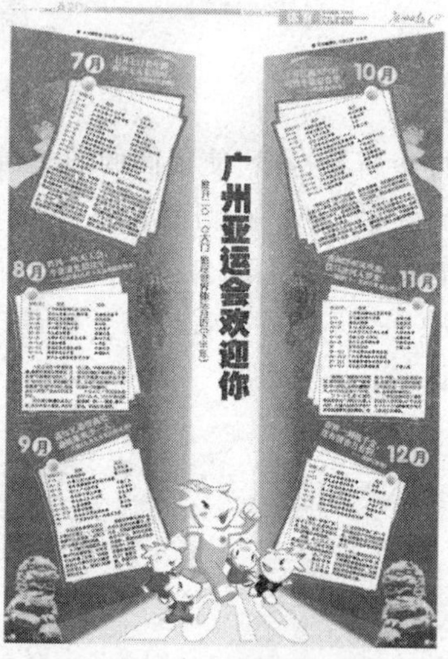
广州亚运会欢迎你

7月 10月 8月 11月 9月 12月

图片 6-49　版面酷似双门

三、避免版面编排中的失误

1. 谨防形式偏重。过分追求“视觉冲击力”的版式，往往会出现形式大于内容的现象。如大标题、厚标题、大图片、粗线条、粗黑框、多色彩的突出使用，读者打开报纸迎头就遭遇形式因素的狂轰滥炸而感到眼花缭乱。有的报纸平常图片多，篇幅大且不少是明星、消闲等内容，文字偏于不起眼的一隅。如果是以图像传播为主的报纸无可非议，但以文字报道为主的综合性报纸也这样，就值得商榷。毕竟，读者大量信息的获得与留下的印象，还是以文字新闻为主，即使是电视报道仍然要有语言文字的配合。在版面上多图片、大图片带来的结果，必然挤掉文字的容量，弱化了报纸传播信息的功能，也会造成版面资源的浪费。

2. 谨防了无禁忌。版面的基本设计要求，是自报纸诞生以来无数编辑心血与经验的结晶，它渗透着历代报人的智慧与创造，也融合了新闻学、美学、心理学、建筑学等学科的知识。当然，版面编排需要与时俱进常变常新，但“万变不离其宗”，这种变化不可违背基本规则，如并题、逆转、跳栏等情形都被视为编排中禁忌的“行规”。眼下有的报纸满不在乎，犯忌仿佛成了版面编排的时尚。如图片 6-50 中，《西区前五均输火箭两场》的消息分为三栏，但不知为何在第二栏和第三栏之间，突然插进去一条《姚明确定参加亚运会锦标赛》的消息，人为地

西区前五均输火箭两场

姚明的第 23 次两双

麦迪的 MVP 表演

鲍文的决定性贡献

姚明确定参加全运会、亚锦赛

范甘迪的过分谦逊

图 6-50　跳栏

中断了读者对前面的阅读。再如图片 6-51，明明稿件标有“1、2、3、4”，但编排中却将“1”和“2”跳开两栏，加进去“3”和“4”，且“3”与“2”又是逆转，“4”与“3”也是逆转，这样阅读非常不便。图片 6-52 中出现的并题，也总让人感到是将版面给硬生生拦腰分割了。

一个自称是“日本留学生”的人在电台辱骂中国人引起轩然大波，该节目主持人也因此离职——

那晚究竟发生了什

■焦点导读

一自称“日本留学生”的人在湖南电台经济频道夜间谈话节目“心灵之约”中辱骂中国人引起轩然大波。昨天，因此事离职的主持人罗刚3个月后选择离开已生活了十余年的长沙返故乡。他说，他要回故乡——甘肃金昌待一段日子，对自己的过去作一个总结，对所谓的“罗刚事件”作一个总结。

临行前的6月10日晚上，在长沙火车站附近的上岛咖啡馆，31岁的罗刚接受了记者的专访。

■重来一遍仍会接这个电话

■有良心的中

罗刚在工作中。（资料照片）

■新闻回放

他印证了一种事实

这个人是不是日本人并不重要，关键是他代表了一种让我、让中国人都愤怒的观点和态度

忽然发现自己已经不需要上班了，心情非常失落，很怪的一种感觉

■没想过牺牲

图片 6-51　跳栏与逆转

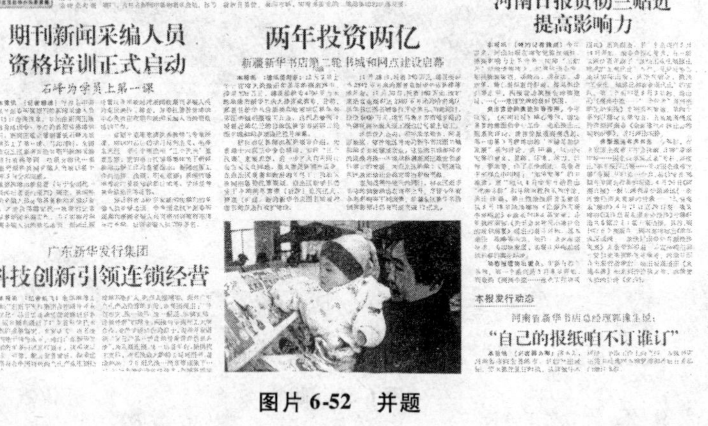
期刊新闻采编人员资格培训正式启动

石峰为学员上第一课

两年投资两亿

新疆新华书店第二轮书城和网点建设启幕

讲政治　讲章法　讲效果

河南日报贯彻三贴近提高影响力

广东新华发行集团

科技创新引领连锁经营

本报发行动态

河南省新华书店总经理郭豫生说：

“自己的报纸咱不订谁订”

图片 6-52　并题

3. 谨防组合失误。版面上图文组合要和谐,相得益彰,配合不当则出现“拉郎配”的尴尬情形,这种状况近年在报上已不鲜见。一家大报登了一篇通讯报道,讲述某民航公司青年人的工作与爱情,标题是《三对空中恋人》,并配了一幅较大的压题照片(见图片 6-53)。但画中人却是六位谈笑风生的空中小姐!如果读者只看了图片与标题,大约会以为这是一篇关于“同性恋”的报道了,而新闻的内容却并非如此。这种情形在一些导读版上更多,常常是在一个大标题旁边紧挨一幅大照片,但各自内容并无联系。在图片 6-54 中,标题《追星学生逃课疯狂苦等 F4》下的照片,是讲某地中学生在绣中国地图的内容,与上方的标题没有一点关系,只会产生误读。

90年代的现代爱情故事流行什么?餐厅、酒吧、私车、时装、电影院、大商场,熟悉的场景、必要的道具、千篇一律的程式和复制般的情话……难道此外没有了更新鲜的情感公式?如果你感慨、困惑、好奇,那么请看看蓝天上的——

三对空中恋人

□本报记者　徐　虹

亲情底片

□梅　子

图片 6-53　图文组合失当

4. 谨防转版过多。头版是整个报纸的“橱窗”,各家报纸在这方寸天地之中尽可能地展现自己的形象,向读者推销新闻产品。然而版面是封闭的,容量有限,无法刊登大量的新闻。特别是当今厚报时代,一份报纸每天通常都是几百篇稿件,而值得重视的又不少。不少报纸采取转版的方式,即在头版刊登稿件的一部分,另一部分转到其他版面上,照顾了重点,又适当缓解了矛盾。有的报纸转

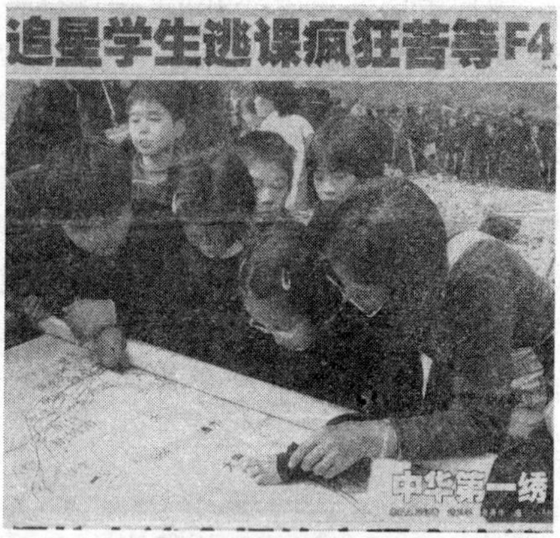

图片 6-54　图文组合失当

版过多,给读者阅读造成麻烦。如《解放日报》头版,除了图片完整外,其他稿件大多转到不同的版面。如此多的转版会令读者的阅读兴头突然中断,被迫决定是继续寻找下文还是中途放弃。事实上,读者看到这么多的转版,都不愿费力地来回翻动厚厚的一叠报纸去查看内页。如此一来,那么多篇稿件的转版内容未与读者谋面岂不可惜?倘若其中有精彩的内容与读者"擦肩而过",岂不枉费记者采写的一片苦心?

5. 谨防导读不当。导读提示当天主要的新闻,不应过多向读者提示低俗的负面新闻,如灾祸和犯罪或是明星的炒作和绯闻。让一些天灾人祸新闻进入导读完全有必要,它们可引导读者关注现实环境。娱乐新闻也可出现,它们本身也是体现新闻功能的一个方面。但这两者过多的采用会影响到报纸的品格,读者往往就从导读上来给报纸定位。

6. 谨防色彩失衡。由于编排经验以及色彩知识的欠缺,色彩运用往往不尽如人意:

——色彩过于花哨。版面上色彩的运用在于锦上添花而非多多益善,同一个版面堆砌了众多的色相会令人眼花缭乱,造成版面复杂、无序的视觉效果。南京一家大报常在内页的新闻版上将各个标题套上不同颜色,让人分不清它们到底在表示什么。色彩过多实际上是人为增加了版面的视觉"噪音",容易造成视觉和理解混乱。单从形式因素来看,过于花花绿绿也让人感到缺少落落大气。一个版面应当有一个主色调,或白或黑、或红或绿,或暖或冷、或浓或淡,以此来传达某种明朗的情感态度。如红色给人一种喜庆的感觉,烘托喜事的版面大都以暖色调为主;绿色使人感到生命的活力,这类冷色调适合与农业、环保有关的版面。有的报纸版面将冷暖色都用上，表面“看上去很美”，细察没有色彩主调，缺乏层次感，反而显得有些混浊。

——色彩显得孤单。版面色彩的运用不论多寡都要和谐，这涉及色彩的合理搭配而避免各自为政。如版面某处孤零零的一种色块，没有与之相近或相反的色块呼应，就给人“散兵游勇”般的感觉，最好有两种以上色块在适当的地方形成彼此关照的联系，使版面产生一种节奏感，避免“茕茕孑立，形影相吊”。版面色彩的纯色太多显得过分艳丽，大红、翠绿、鲜蓝等纯色鲜明强烈，用得好可以画龙点睛，突出主题与感情，给读者印象较深，用得不好则显得或是对比太强烈刺眼，或是太突兀生硬与报道内容不符。南京一家报纸某段时间整个摄影版全用黑色衬底，背景太单调，读者屡见一片黑底色也会觉得压抑，影响阅读情绪。

——色彩分配不匀。色彩在版面上属于“重”、“黑”，如果在版面中需重复使用色彩，最好均匀分散在版面各处，避免都集中在某一区域，不然会显得失重。如下面的一个版面（见彩图1），左半版从报头、头条的图片到底部的口号，都用了红色，而右半版没有一处地方使用色彩，这就显得左半版偏“重”，右半版偏“轻”。

——色彩与内容不符。形式为内容服务，色彩于版面亦然。版面的色彩没有顾及内容，与新闻失衡乃至冲突，是画蛇添足乃至适得其反。如釜山亚运会上我运动员摘金夺银，有家报纸在刊登照片时版面用了黑底色，便与照片的气氛不符，喜庆之事也变得黯然失色。几年前有位学者收集南京大屠杀的材料，发现了当年德国驻华人员沙尔芬格的一本日记里记录有大屠杀史实，当地报纸纷纷报道这条很有价值的新闻。有家报纸详细摘录了几例令人发指的暴行，标题《继〈拉贝日记〉之后又一记录日军暴行的史料（引）〈沙尔芬格日记〉找到了（主）》却用了红色，色彩与新闻严肃的内容大相径庭（见彩图2）。

在彩色报纸最先兴起的西方，其主流报纸也不主张明显通过彩色来强化信息、反映情绪，认为彩色增多会导致报纸的易读性下降。美国等已制定限制彩色在版面上出现频率的要求，他们通常将彩色用于报头、照片、图表及导读上，色块也用浅调小面积的，并在报纸的版面设计竞赛评比中遵循与提倡这些要求。《纽约时报》、《华盛顿邮报》等权威性报纸仍以黑白为主。其有限利用色彩、突出文字内容的版面编排方法，值得借鉴。

第七章 图片编辑

第一节 读图时代的选择

图文并茂是人们评价报纸版面的一般标准,这话也道出了好的版面缺少不了新闻图片。随着新闻媒体竞争的加剧,图片在报纸上的作用并不仅仅是点缀版面的花色品种,正成为越来越引人注目的版面重要因素。各家报纸常常配以超规格的图片使版面流光溢彩,先声夺人,刺激读者的视觉感官,增强人的阅读欲望。今天,报纸上图片的地位比任何时候都突出。

一、读图时代的趋势

报纸上使用的图片种类多样,常用的品种有新闻照片、新闻漫画、统计图表、事件示意图、地图、装饰画、连环画等等,其中最广泛运用的主要是新闻照片。

照片的出现是在19世纪中叶,与科技发展密切相关。1822年法国夏龙市石版印刷工人尼埃普斯为改进印刷开始研究感光技术,三年后他照了世界上第一张照片:《鸽子窝》。最早的新闻照片《汉堡大火》在1842年用银版摄影术拍出后,一些报刊出现了参考照片画新闻的报道方式。19世纪后期美国人霍根发明了照相制版术,欧美报纸上便始有少量新闻照片发表。[①] 20世纪初,传真技术进一步发展,新闻照片得以在报纸上普遍使用。在中国的报纸上,新闻照片的运用也是从上个世纪初开始的。据方汉奇主编的《中国新闻事业通史》第一卷记载,国人办的报刊最早刊登照片的是《日俄纪事》和《东方杂志》,主要是反映外国的内容。1906年2月22日,江西南昌县知县江召棠惨遭法国传教士王安之杀害,引起群情激奋。法方为欺骗舆论、掩盖罪责,捏造江召棠是"自刎身亡"的谣言。北京《京话日报》于3月29日在第一版刊出江召棠的遗体颈部以上遇害部位血肉模糊的特写照片,并指出:"请大众看看,有这样自刎的没

---

① 参见许必华主编:《新闻摄影学概论》,新华出版社1999年版,第2—10页。

有?”以无可辩驳的现场摄影纪录,戳穿了造谣,这是“中国报纸运用新闻照片之始”①。

新闻漫画也在这个阶段出现。1907年4月,上海《申报》为配合立宪运动的报道,刊登了一幅题为《立宪镜之一》的漫画。上面画着一张桌子,桌边坐着三个人:美女、老人、青年,还有一只狐狸正在戴一只上面写着“立宪”二字的假面具。这是讽刺清政府声言要立宪,实则虚情假意。后来又刊出《立宪镜之二》,题目为《自治萌芽》,画着两只羊和一只牛在吃嫩草。这是影射清朝正在镇压刚刚掀起的立宪运动。② 此后,图片在报刊上的使用逐渐多了起来。新闻图片在报刊上的运用,为后人留下了一幅幅直观的历史画面与珍贵的社会史料。

图片报道受到广泛的欢迎,首先在于不需要通过文字符号作为信息载体。它的非语言符号传递的是信息的原始状态,比文字更直观和形象,不需要什么解码和演绎,比阅读文字轻松快捷。不论文化程度,文盲也能看懂,一眼便知对象的喜怒哀乐,读者直接体验。因此,打开报纸时读者往往先注意图片,很容易被它吸引。《中国青年报》刊载的《我要上学》系列组照中的“大眼睛”女孩,就包含有情感信息,见图片7-1。小姑娘的美丽与贫困山区险恶的环境形成鲜明的对比,大眼睛透露着天真、纯朴、执著和希望,像探照灯一样逼视着读者的良知和灵魂,强烈冲击着受众的心灵。正因为如此,全国希望工程的组织者也把这幅照片作为活动宣传的标志。

电视的出现推动了图片在报刊上的进一步运用。电视虽使人目睹事实发生的过程,但图像的流动转瞬而过,不易留下深刻的印象,固定的照片形象更具吸引力而经久难忘。在现今生活节奏加快、媒体竞争加剧的环境下,报纸版面更需要用图片来形成冲击力强的视点,以期引起读者的注意,留住其匆匆浏览的眼光,取得读者在浏览报摊上众多报纸时的竞争优势。早在1990年我国就举行了首届全国报纸总编辑新闻摄影研讨会,提出了图文并茂、两翼齐飞的方针,标志着图片在我国报纸上地位的提升。《人民日报》前总编辑范敬宜就曾多次着重强调:“要改变仅仅把照片当作点缀版面、美化版面的旧观念,而要把照片放在与文字并重的地位。”③近二十多年高科技发展带来数码相机、卫星传稿、电脑制图、彩色印刷等技术的普及,互联网上涌现的大量照片,都丰富了图片的资源并为报纸的充分运用提供了便利。

---

① 许必华主编:《新闻摄影学概论》,第323页。

② 参见徐载平等编:《清末四十年申报》史料,新华出版社1988年版,第108—109页。

③ 范敬宜:《总编辑手记》,人民日报出版社1997年版,第391页。

图片 7-1 “大眼睛”女孩

扬子晚报

本报今日赈灾义卖

总书记现场指挥突遇余震

胡锦涛昨深入汶川等地指导抗震救灾，要求救援队伍靠双腿也要走进受灾村寨
温家宝主持召开国务院抗震救灾总指挥部会议，部署抗震救灾工作
江苏全省募捐款物已达5.73亿元，救灾赈灾持续深入开展

洪水威胁青川北川4万人
紧急疏散

今日24版

赈灾献爱心 明星大集结

图片 7-2 汶川余震紧急撤离

如今，图片在传播活动中越来越热，在报上的作用显得越来越重要。除了日常摄影报道外，还辟有各类图片专刊。尤其是对一些重大新闻的报道，不少报纸必定配以大幅照片先声夺人。如南亚大海啸、“神舟”上天、汶川地震（图片7-2）、北京奥运、新中国60周年大庆等报道，大小报纸都刊载了大量的照片，使得版面十分抢眼，图片的运用及其影响都达到了前所未有的境地。很难想象如今的报纸上缺少图片的情形，重大新闻的报道没有图片更是不可思议，如震惊世界的美国“9·11”事件（图片7-3）。从一般性的点缀版面到今天日益突出的报道地位，新闻图片种类多样并有定期专刊，尤其是图画以夸张、幽默的手法反映社会生活，雅俗共赏。不少报纸在头版也大量运用图片（图片7-4），推动报纸进入了一个崭新的“读图时代”。

二、图片在版面上的作用

不论是版面的内容还是版面的形式，新闻图片都是组织版面的重要手段。所谓“一图值万言”，就道出了它在这方面的意义。

1. 直观事实。对社会生活的变动，新闻照片具有纪实性、证实性，这是它最重要的作用。新闻照片上的人物动态、事态环境，是在记者按下快门的瞬间凝成的。一个个有新闻价值的“瞬间”形象，是那些转瞬即逝的瞬间形象代表，将它

DUSHIKUAIBAO
都市快报
美国遭到恐怖大袭击
■组约世贸中心华盛顿五角大楼国会山等地接连被炸
■最保守估计一万人遇难
■江泽民致电布什表示深切慰问并对在美华人的安全深表关心
■9·11恐怖大爆炸现场目击
■世界各国反应强烈深表震惊
■恐怖袭击是谁干的?
■中国驻美大使馆公布咨询联络电话
详细报道请见 ➡
2·3·4·5·6版

图片 7-3　9 · 11 袭击场面惊心动魄

们串联组合起来,便是一个五彩斑斓的世界,一部透过瞬间洞察世界演进的形象历史。俗话说:“百闻不如一见”,新闻照片的直观性常常比文字报道扣人心弦、耐人寻味。它以非语言符号形象地再现新闻发生的现场,画面上鲜活的形象一展读者眼底,读者与传播对象的“零距离”,便给人留下深刻的印象。如图片7-5。特别是一些重大的或有趣的新闻事件,人们更希望亲眼看一看,所谓“耳听为虚,眼见为实”,便是这种心理写照。这种“眼见”并不只是满足于文字报道,而是想亲眼目睹现场事物状态的直观记录,以深信不疑。这种直观的画面,瞬间就让会事实印在读者的脑海中,经久难忘。如美国遭遇“9 · 11”恐怖袭击的场

国际金融报
INTERNATIONAL FINANCE NEWS
股指期货获批？
2010 世界悬疑
2009/2010 危机与复苏
主权债务危机 山雨欲来
谁在主宰 全球金融
刺激 2009 救赎金融危机
最冷的冬天 我们正走过
沪外贸出口 元月"转正"

图片 7-4

面惊心动魄，许多新闻照片都记录下当时的瞬间画面，令人极度震撼，留下长久乃至永远都难以抹去的记忆（如图片 7-3）。

2．吸引读者。照片具有承载信息的巨大潜能，直观的画面不需要通过语言符号在大脑的转换，读者的视觉与大脑构成直接反应，迅即拨动心弦明白地会意，因此读者打开版面，眼球首先就被上面的图片吸引。有的新闻内容用文字去表述，可能颇费周折，用了大量篇幅或许还讲得不是很透彻，而新闻照片却得心应手，并常常让读者由此牵动情感，展开联想。如第 24 届世界摄影新闻大赛的

娱乐·头条

'03 香港乐坛流行榜揭晓

悲情终结 希望开始

图片 7-5 歌手表情丰富复杂

最佳照片奖《手——乌干达干旱的恶果》(图片 7-6),照片上只是两双互相拉着的手:一只是意大利神父胖胖的白手,一只是灾民瘦得皮包骨头的黑手。画面虽十分简洁,却包含着丰富的内涵,使人对乌干达严重的灾情有了形象化的了解,对那些在干旱中艰难挣扎在死亡线上的灾民,给予极大的关注。此外,照片中两只手形成鲜明的对比,让人看到贫富差距是如此悬殊,简直就是一个在天堂,一个在地狱! 实际上,这犹如富庶的西方世界与贫穷的非洲大陆的缩影,读者对世界的不公平也会有一定的认识。今天,几乎所有四开都市报的第一版,都是以一幅大图片作为主打的导读来吸引读者眼球,这已成为常态。如图片 7-7。

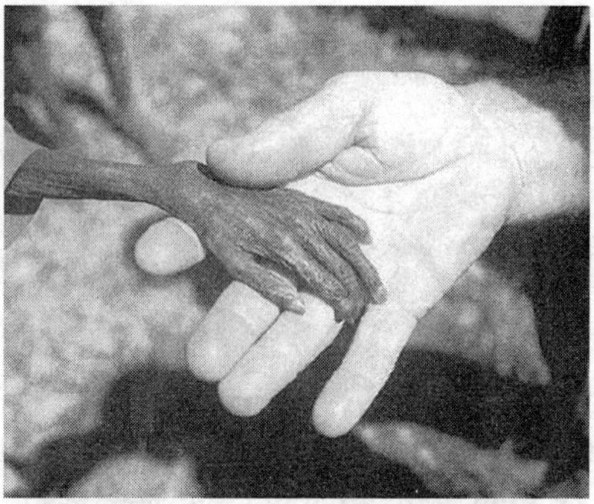

图片 7-6　手——乌干达干旱的恶果

京华时报

20

胡锦涛抵澳门将出席10年庆典

晚宴发表重要讲话　宣布赠送一对大熊猫

到社区居民家做客　同小学生一起做实验

季羡林北大旧居珍贵物品被盗

包括几千册线装古籍等　损失以百万元计

气候大会闭幕 达成部分共识

艺术类本科 录取线提高5%

海淀法警强拆遭燃烧瓶袭击

醉酒男子冻死 护送人赔10万

中泰拳王争霸 中方主场大胜

图片 7-7　《京华时报》2009 年 12 月 20 日头版

3. 平衡作用。图片在版面上的色彩显眼，又称为版面的“黑”和“重”，与文字对比突出。黑、重的地方最为醒目，强烈刺激人的视觉神经，不由自主地被它吸引注意、产生印象。所以就综合性或一般行业性报纸来说，尽管图片所占版面比例并非主流，但读者浏览版面时往往首先将视点落在上面。那么，图片也因此自然而然地成为编辑组织版面的重要手段，常常用于强化版面布局重力的支撑点。当版面不够稳定需要平衡重心时，编辑往往考虑用照片来解决问题。从编排手段上来看，完整的版面必然有图片与文字的疏密相间、协调稳定又富于变化。没有图片，版面缺少密度大的板块，就很难形成起伏跌宕的韵律节奏。美国资深编辑阿诺德说得好："对版面设计来说，图片在表现动态和使版面变得多样、生动方面，起着十分重要的作用。"①

4. 美化版面。版面上一些结合新闻或评论的小刊头、装饰画、漫画等本身就带有艺术性，点缀在版面的各个部位，起着美化版面的作用。犹如一间房屋里，挂上画像就会使房间透露出些许艺术情调，从而产生美感。如图片 7-8。所以好的版面、美的版面，需要图文配搭才显得和谐，至少在版面形式上首先"养眼"，

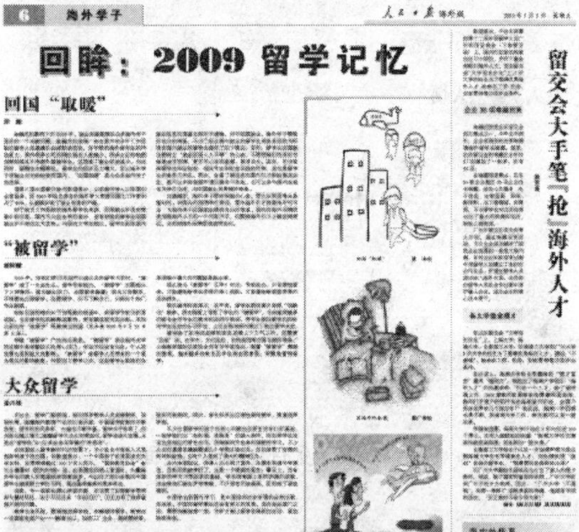
6 海外学子

回眸：2009 留学记忆

回国"取暖"

"被留学"

大众留学

留学安全

留交会大手笔『抢』海外人才

在美国过圣诞节

图片 7-8

① 转引自《新闻写作》1993 年第 1 期，第 18 页。

让人生出好感而对版面“有意注意”。纵观在各类新闻奖的评选中获“好版面奖”的,都有图片相伴。没有图片的版面,尽管也可能编排得黑白均匀,但总会让人感到缺少了点什么,如图片 7-9。

02 声音 VOICE

低俗歌曲报警何以要到点唱后

不能让“卖人皮”绑架公众神经

中国工人

2010年房价让人欢喜让人忧

图片 7-9　没有图片的版面

第二节　图片的类型与选编

一、图片的常用类型

报纸上的图片种类多样,常用的主要有以下种类:

1. 照片。照片是报纸上使用的主体图片,又分为新闻照片和非新闻照片两类。新闻照片以再现新闻人物、事件、场景为主,配以简单的说明独立出现,或是辅助文字报道,是报纸对图片运用的一种常态,每天都大量采用。非新闻照片一般不具有新闻性,内容多为一些自然景物、明星人士、产品形状或工艺照等,一般不独立出现，大都是配合文字内容或作题饰用。

2. 图示。图示包括统计图表、示意图、地图。统计图是把新闻中提到的数字制成表格，直观明了。如图片 7-10。示意图用形象化的手法如曲线、柱状图等来表示数据的意义。如《人民日报》在 2009 年 12 月 16 日报道世界最长跨海大桥开工的新闻中，对港珠澳大桥的位置表示，见图片 7-11。这种“图示新闻”，有利于读者对新闻事实一目了然，并对新闻产生兴趣，更好地理解和掌握新闻的实质。

菜篮子报价

（平均零售价格 单位：元/公斤）

本地菜心	5.60	土豆	4.50
矮脚白菜	5.10	大蒜	9.30
大芥菜	3.60	青尖椒	5.00
生菜	3.60	瘦肉	28.30
西洋菜	3.60	有皮上肉	22.20
西红柿	5.30	原条草鱼	14.40
芥兰	5.90	原条鳙鱼	13.80
白萝卜	2.40	鲜牛肉	40.00
西兰花	6.80	本地毛鸡	22.80
青皮冬瓜	2.10	鸡蛋	8.40

信息来源：广州市物价局价格监测中心

发布时间：2010-1-7

图片 7-10 《广州日报》2010 年 1 月 8 日《都市实用版》局部

3. 图画。图画包括新闻漫画、连环画、速写等，其中以漫画最为常见。新闻漫画多以夸张、幽默的表现手法反映某些问题或讽刺某些现象，时效性较强，刊于新闻版或评论版上，引发读者的兴趣、思考。也有的漫画是反映一般社会生活现象中的歌颂性内容或中性的题材。连环画与速写通常是配合新闻人物或事件。图画老少咸宜、雅俗共赏，现代报纸特别是一些都市报纸越来越广泛运用，每天都有多幅出现。如《扬子晚报》每天的《扬子时评》专版，其《浮世绘》专栏每天都要专门刊登一幅新闻漫画，见图片 7-12。

4. 装饰。装饰多为一些美术性的图案及美术字等，主要是用来点缀报纸的版面，一般出现在报头、报眉、标题、专栏刊头及其他版位上，起着美化版面、增添版面生动性的作用。装饰虽然一般不包含新闻信息，但有利于突出或烘托内容，或起着适当调节读者视觉的作用。如图片 7-13。

图片 7-11 《人民日报》报道港珠澳大桥示意图

图片 7-12 《扬子晚报》的《浮世绘》新闻漫画专栏

图片 7-13 《广州日报》2010 年 1 月 1 日《新年 A 股能飞多高》报道装饰

二、图片的选择

(一) 新闻照片的选编

选择照片和文字稿一样，需从新闻价值与社会效果来考虑，并要做相应的技术剪裁。新闻照片的选编应注意以下几点：

1. 注重瞬间的典型概括。新闻照片上的瞬间形象，可以是个人的动作、群体的百态、事件的偶发、场景的突变。无论价值大小，它们的共同点都是这些形象变动的瞬间。但这种瞬间不是随便哪个稍纵即逝的片断，而是瞬间的精华，是事物变动中独特的、富有个性化的一瞬间，它体现着对象事物的本质，具有新闻传播价值，能引起人共鸣。如图片 7-14。因此，尽管照片的画面是静止的，但要看它是否是生动的、亲切的、活泼的、激动人心的或发人深省的、引起联想的。这种瞬间的要求，简单说就是要求画面起于"活"，即形象的生动性、感染力，它不苛求形式表现上的完美无缺，这一点与文字新闻表现有所不同。画面形式再优美如果瞬间形象了无新意或呆滞刻板，就达不到刺激人视觉感官的效果。一些挂历、杂志封面或插页上的美人照，从摄影技术、灯光运用、画面构图、色调处理来看都堪称一流，可给人的印象总是“有形无神”、装腔作势，因为这只是“僵”不是“活”，没有新闻价值，也就不能真正地打动人。

UNDI 5 JUILLET 2004 → DEUXIEME EDITION N° 7199 → WWW. LIBERATION. FR

emploi Licenciés pour avoir dénoncé leur entreprise; et 4 pages d'annonces, cahier central

Libération

Tonnerre de Zeus!

Equipe surprise de la compétition, la Grèce a remporté le championnat d'Europe de football en battant le Portugal 1-0. Page 2

Le hold-up du Kremlin

Le géant pétrolier Ioukos, dont l'ex-patron emprisonné Khodorkovski (photo) avait voulu tenir tête à Poutine, est en passe d'être dépecé. Page 6

MONDE
Guantanamo: ce qui va changer P.9

SOCIÉTÉ
Sur les terres du tueur Fourniret P.15

ÉCONOMIE
Le téléviseur met les pieds dans le plat P.19

CULTURE
Prêt-à-porter printemps-été 2005 P.32

REBONDS
Outreau: il n'y a pas de fatalité P.35
par JACQUES LECOMTE

Grand angle
Le manège en chantier

Hier soir à Lisbonne, le joueur Traianos Dellas brandit la coupe.

图片 7-14　夺冠的喜悦一览无余

新闻照片瞬间的典型即人物形象的“活”在于传神，尤其是突发事件、人物新闻更是如此，它不在于光线效果、线条清晰、影纹粗细，而在于表现人物在当时条件下的性格和动作的特征。受人称赞的新闻照片大都是真实记录对象“瞬间”的神态举止，画面中的人物往往并没有意识到记者在拍摄，其神态自然生动。一些照片上的人物不活，往往在于去追求形式上的描绘，人的面容过分平静或堆笑，其形象是摆布出的。如表现农村丰收，画面上常见老汉或妇女抱着麦子、棉花之类对着镜头微笑,或竖起拇指赞美,这种神态一看就有导演痕迹。如某报的《清洁能源点亮农家新生活》新闻照片专版,就有几张类似图片,见图片7-15、图片7-16。把“笑”当生动实乃误会,是对新闻照片生动的浅薄曲解。新闻照片的生命力不在于画中人的笑而在于瞬间是否典型,如前述《乌干达干旱的恶果》及在下面提到的《柬埔寨难民》,这两幅照片的“瞬间”画面影响长久不衰,其揭示的战争与灾害威胁人类生存的两大问题非常典型,至今在世界上还有蔓延趋势。这种“瞬间”变成了永远的教益,使“世界许多报刊在评述战争与灾害问题时,常常使用这两张生命力极强的作品作标题照片或主题照片”①。

图片 7-15 贵州兴义市村民更换沼气灯泡

图片 7-16 拉萨市藏族百姓用太阳灶烧水

2. 考虑意蕴的含蓄流露。新闻照片以直观形象反映事实,方便读者即刻把握内容及其主题。照片这种一览无余的直观性似乎把什么都表达清楚了,没有留给读者思考的余地。其实不然,有些照片具有以画面背后的意蕴去感染人的力量,用藏而不露的隐性信息增添其魅力。照片内容固然重要,但其信息容量毕竟有限,能表达超越画面事实的意义必定更生动感人。这种新闻照片与文学艺术的含蓄有相似之处。中国山水画就推崇含蓄表现的“落墨甚远,刻题甚近”②:景愈藏境界愈大,景愈露境界愈小;大抵实处之妙,皆因虚处而生;故藏露相宜,无画处皆成妙趣。相传宋徽宗赵佶以“深山藏古寺”为题考宫廷画家。有的画山腰间亮一古寺,有的画密林中显一古刹,还有的画两峰谷间露寺庙一角,唯有一幅上面没有任何建筑仅画一个和尚往山上挑水,用一个和尚点出“藏”字,不

---

① 许必华主编:《新闻摄影学概论》,第162页。
② 冯镇峦:《读聊斋杂说》,载于忠善编选:《历代文人论文学》,第143页。

画庙宇而古寺自在画中，令赵佶叫绝。好的新闻照片也具有这种艺术般的特色，如第 24 届世界摄影新闻大赛特写一等奖的《柬埔寨难民》：照片在表现那位在泰国难民营的柬埔寨妇女的忧愁时，没有露出怀抱婴儿的头部、身躯，而是显示出婴儿一双瘦弱的脚。这双瘦弱的脚一方面象征这个婴儿一出生就失去了在祖国立足的权利，另一方面又与母亲那忧愁的表情互为映照，为读者了解旷日持久的内战给人民带来的灾难提供了想象的空间，见图片 7-17。照片所要表达的内涵并没有直接显示，是读者潜心“读”出来的，更具震撼力。

图片 7-17　柬埔寨难民

新闻照片凝结的是事实发生的时间与空间，过于直白缺乏使人想象的空间，其容量就显得有限。通过含蓄表达的手段给读者以联想，无疑增加了照片的能量。从一些细节中，读者一般可以循此延伸画面内容的时空，从中想象事实的缘由、发展以至结局。上乘的新闻照片，在直观的画面上既有事实状态又有言外之意。画面上有的，读者思索更深；画面上没有的，通过联想进一步补充。照片画面有限，隐藏意蕴无限。如与《乌干达干旱的恶果》画面对比，我国唐代诗人杜甫的“朱门酒肉臭，路有冻死骨”就有异曲同工之妙，都是直接描述但含蓄表达出浓郁的情感态度。

3. 不同于艺术照片。新闻照片与艺术照片都要用相机记录和复制对象的瞬间形象,在构图、光线、明暗对比、影调手法上也有某些相似,但二者毕竟有性质的区别。艺术照可以通过拍摄距离、方向、速度突破景物限制,选取或正或侧、或俯或仰等最佳角度来组织环境的各个关系,以求画面完美,并根据构思、加工来制作富有感染力的作品。新闻照片则是原样记录出新闻现场的形象,如实反映新闻事件和人物,这是其评价的基础与出发点。艺术摄影有一条重要的美学原理:凡与主题无关的东西都应摈弃于画面之外,画面上的细枝末节都应为表现主题服务。新闻照片尽管也要突出主题,可由于现场条件的复杂性,“瞬间”的要求不可能做到画面无可挑剔。有时候正是画面上的一些看似零落散乱的东西反映出照片的真实、亲切。某报曾刊登过一幅获“全国摄影奖”银牌的新闻照片《总理与个体户》,内容是总理到某地视察,中途突然下车到路边一家小商店与店主交谈,了解民情。照片中心是总理与店主隔着柜台在交谈,两人的外套都敞开未扣,神态自然,墙上一幅画的一角往下耷拉着,其他一些地方挂着的袜子、衣服、毛巾等货品也显得零乱。[①] 这些看似杂乱,但正显示了现场毫无虚饰的情景,表现出了国家领导人平易近人的品质。

如果把现场搞得整齐完美,反而会使新闻的真实感减弱甚至消失。如大连“5·7”空难后,经过千辛万苦终于从茫茫大海中打捞出了“黑匣子”。许多报纸都刊登了一幅《黑匣子出水》的照片(图片 7-18):画面正中潜水员笑容满面手捧

图片 7-18 大连空难《黑匣子出水》

① 陈芸:《总理与个体户》,《人民日报》1986 年 12 月 5 日,头版。

黑匣子,身后及左右的人在鼓掌欢呼。打捞出黑匣子的新闻价值高,问题是照片有安排嫌疑,显得不真实。因为按常规黑匣子一出水就会被有关人员拿走,不会有这么井然有序的仪式场面。况且潜水员身上是干的,表明不是刚出水,周围的人整齐地围着鼓掌也显得在作秀。这些都能看出摆布痕迹,使一件本来是很有价值的新闻,就因现场“干净”过头反而处于令人生疑的尴尬地位。

4. 有的新闻不宜用照片。照片的画面既要反映出新闻,也应当尽量给人带来视觉享受的美感。有些新闻的内容只适合用文字表现,不适合用直观的照片,使用照片反而会产生副作用。如报道某地“污水遍地、屎尿横流”的环境问题,用文字表现足以,用直观的照片反而会使人倒胃口。特别是诸如色情、猥亵、暴力、死亡等负面新闻,更不宜选用照片。有家报纸报道国外某地种族杀戮的新闻,配了一幅照片:一位暴徒一手提着砍刀,一手提着一颗血淋淋的人头。这样残忍的照片就让人不寒而栗,感到惊恐。有家水族馆的鳄鱼把饲养员的手咬断了,报纸将鳄鱼咬着断臂的血腥照片刊登出来,也是不适宜的。

(二) 图画、图示、装饰的选编

1. 图画的选编

图画包括新闻漫画、插图、连环画等,报纸上以前者居多。新闻漫画有较强的政治意义和社会意义,是作者以漫画形式对时事进行形象化的评论,可以是对变动的社会生活的褒扬(如图片 7-19),也可以是贬斥或是中性的描绘。报纸上

图片 7-19 《人民日报》2009 年 12 月 22 日报道《城管治理占道经营有个性化新举措》

较多运用的是讽刺性漫画,对一些负面现象进行鞭挞。许多报纸都出版定期的新闻漫画专刊,以夸张性的特点、形象激发读者的兴趣(如图片 7-20)。新闻漫画的选编,应注重以图说事和以图明理,它虽然没有文字评论那样透彻、深刻,但读者根据画面形象,结合自己的知识积累和阅历、经验等,也能得出结论。有的漫画在图中就有画龙点睛的词语提示,这是比较理想的,可以直接编发(如图片 7-21)。有的需要加以标题的概括说明,帮助读者更好地领悟。有的则是要结合相关的文字内容,读者才能明白(如图片 7-22)。

图片 7-20 新闻漫画专版

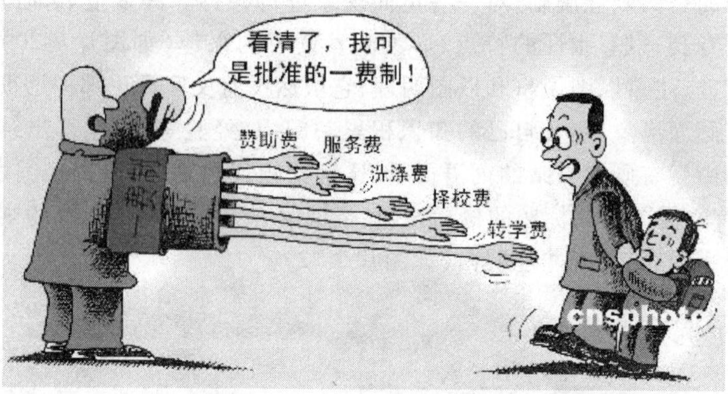

图片 7-21　配合新闻的漫画

图片 7-22　“何以解忧？唯有烤鸭！”奥巴马来华前表示很想尝一尝正宗的北京烤鸭，这一心愿今晚会实现么？

有的图画是特意还原出现场情景，让读者更好地了解新闻。如《扬子晚报》2009 年 12 月 29 日报道一条见义勇为的新闻，就用电脑图画形象地表现了当时众人勇擒抢劫犯的情形。

2. 图示的选编

报纸上的图示主要包括统计表、示意图及新闻地图，是以形象化的方式来展现新闻内容。统计表的运用由于有数字对比鲜明，给人印象直观、易于理解。如《人民日报》2009 年 12 月 22 日的“热点解读”，对广东台山核电站一期工程的报道，就用了表格式的图示（图片 7-23）来表现该项工程将产生的巨大的节能减排效益，并且在数字旁边还画了相关的事物图形，显得活泼有趣。

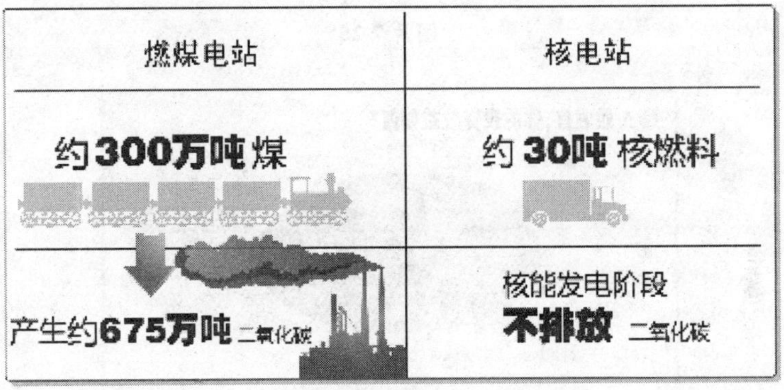

图片 7-23

报纸上更常见的示意图，是对统计图表的变化运用。一种是柱状图，以高低不等的柱体横向排列，表现事物在数量上的变化，如《人民日报》报道澳门回归十周年的变化，就有柱状的示意图（图片 7-24）。还有一种是曲线图，以连续变化的高低曲线来反映事物变化发展的过程。如 2009 年 12 月 22 日《人民日报》报道我国工业生产一年来的起伏回落发展过程，就用折线图表示（图片 7-25），简单明了。第三种是用饼状图，即按对象的大小分割成若干块的饼状图形，来表现各种事物或同一事物的各个部分之间的比例差异。如《广州日报》2010 年 1 月 1 日的财经报道《牛年收益：基民 PK 股民》，见图片 7-26。

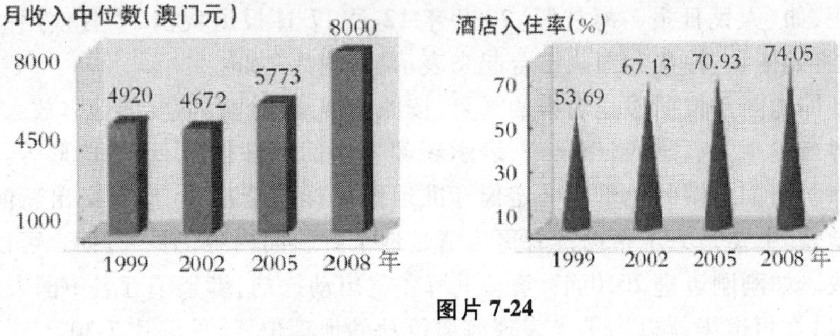

图片 7-24

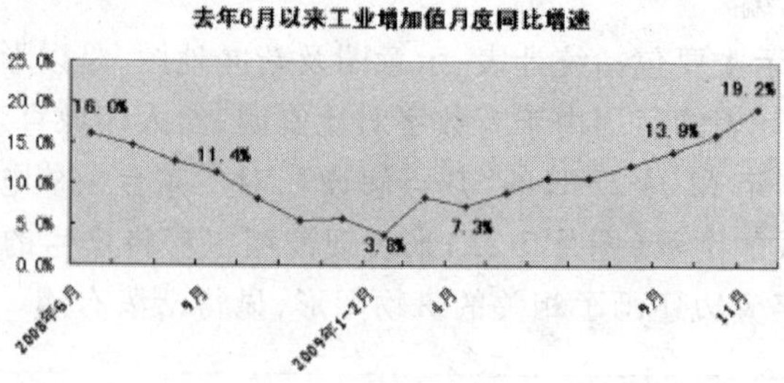

图片 7-25

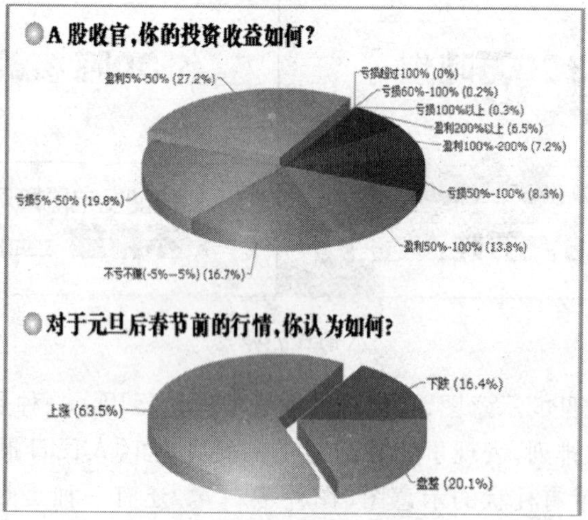

图片 7-26

此外,还有一种过程图,即把某种事物的行为活动图示出来,如 2009 年 12 月 21 日《人民日报》报道涉案金额巨大的特大制售“温柔木马”病毒案,就用这种方式将地下信息黑市制作人、总代理、分代理制售“木马”形成销售网络的过程用图示(图片 7-27)表达,让人一目了然。示意图的表现方法不拘一格,可灵活运用,如《人民日报 · 海外版》2009 年 12 月 17 日报道我国 11 月使用的外资增长,将表格状、柱状和图画结合起来表示,见图片 7-28。

新闻地图是根据报道内容的需要,按照标准地图选择需要的地方放大,并配以符号或图画、色彩等制作出来,表示新闻发生的地理位置、环境情形等。如图片 7-29。新闻地图的比例不一定像标准地图那样完全准确,但需突出新闻中提到的地点,主要是为了帮助读者更为清楚地了解新闻内容,另一方面也可以使版面活泼。如刚刚迈进 2010 年,索马里海盗就出动抢劫,绑架了五名中国人。《广州日报》在报道中就以图示来表现海盗抢劫的地理位置,见图片 7-30。

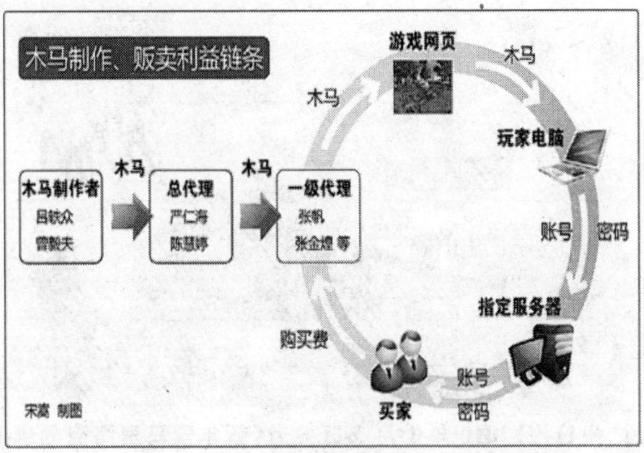

图片 7-27

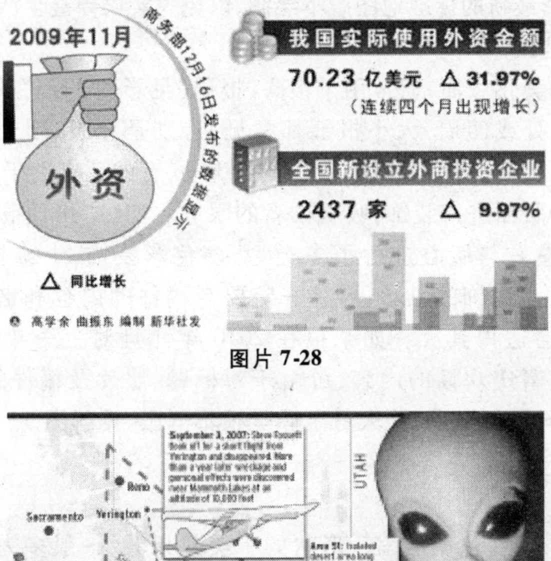

图片 7-28

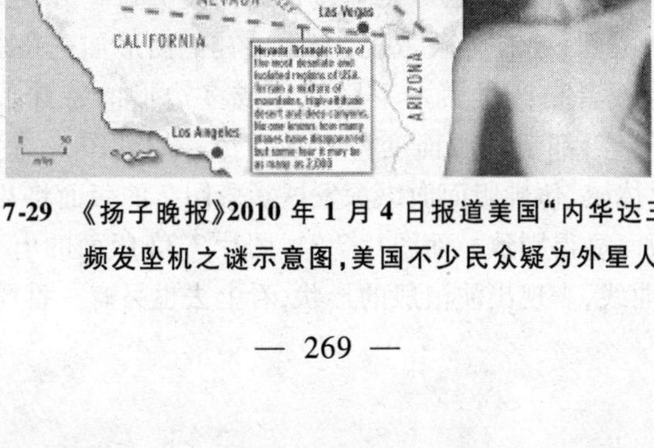

图片 7-29　《扬子晚报》2010 年 1 月 4 日报道美国“内华达三角”频发坠机之谜示意图，美国不少民众疑为外星人所为。

图片 7-30 《广州日报》2010 年 1 月 3 日报道《新年索马里海盗劫绑五名中国人》

许多关于城市交通的新闻多用这种形式来表现，方便读者掌握。新闻地图应简洁明了，要选择最新的标准地图版本绘制，以免失实误导甚至产生严重错误。

3. 装饰的选编

图饰主要是美化版面，通常用于报头、报眉（见彩图 3）、栏头、照片、标题，有时也用在稿件某处或四周，大小报纸都常见，特别是专版、副刊使用更为广泛。图饰不仅增添了版面的花色品种，使之显得生动，有的还有助于内容的表达。有时还可以对整个版面进行装饰，吸引读者的眼球。如《广州日报》2010 年元旦的多个版面，上下左右与版心进行了多类型、多色彩装饰，十分抢眼。彩图 4 为《全景亚运》版面。图饰的色彩、形状一定要与稿件的内容和谐，相得益彰。如果图饰不当，则会适得其反。如某报在 2010 年元旦对上一年娱乐圈的“潜力股”盘点，本来是喜庆欢愉的内容，可由于对标题、照片及稿件的装饰用了墨绿色加黑色的色彩，极不协调，让人看了感觉很不舒服，见彩图 5。

三、图片的变化与安排

1. 图片的形状变化。从图片形状的审美效果看，一般多为长方形的图片，长宽大体近似黄金分割的比例，看上去顺眼、舒适。一个版面上的图片最好大小相间、横竖配合。除了常见的矩形类中边长比例类似黄金分割的，也有边长比例相差较大的竖图、横图；还有打破常规，变化成其他图形如三角形、菱形、锥形、梯形等形状的图片，或者是经过美术手段处理成多边形的特殊形状以及圆形、椭圆、锥圆、曲线状等等，都会使版面变得生动活泼。如彩图 6，左右两幅图片的处理，给人透视的立体感，仿佛版面向纵深发展。彩图 7 的版面将几幅图片变换为对称的三角形，使版面显得别致。而图片 7-31、图片 7-32 版面的上下图片，把相对的一边分别处理为曲线，表现出波浪般的形状，看上去也另有一番风韵。

健康

抗肿瘤研究的先锋

男科看病太"羞涩"

"带电"睡眠摧残孩子健康

图片 7-31　版面图片的处理

焦点新闻

目前中国经济并未过热

APEC：18年后回"故乡"

图片 7-32　版面图片的处理

2. 多幅图片的分散安排。以文字内容为主的版面,如果有几幅图片,最好是将它们分散镶嵌在版面的各个地方,保持版面的平衡状态。如图片 7-33。

国际新闻

今天　世界水日

全球面临9大"涉水"问题

土卫六可能有"地下海"

图片 7-33　图片安排在版面各处显得平衡

如果都集中在一边,版面会显得重心偏离。如图片 7-34。此外,对开大报一般都是折叠发行,第一版的图片不宜安排在中部,因为折叠后会将图中的形象“拦腰斩断”,影响观赏效果。

新年第一天 A3

南京10万群众昨长跑迎新年

同时为申办2014年第二届夏季青年奥运会加油

今明两天南京暖如小阳春

后天起要大降温了

迎接2010年第一缕阳光

小长假返程车票吃紧

巨幅年历中走出新郎新娘

水添当笔 “酒”出巨幅虎字

图片 7-34　图片都集中版面一边显得重心偏离

3. 图片安排应注意人物形态的方向。如果人物面部朝左,图片安排应避免紧靠着左边版线,适当用文字隔开使照片向右面一点,否则人物面部紧靠版线会给人“面壁”或向外的感觉,看上去别扭。反之亦然。图片中有刀枪炮口等指向,或人物举止、物体运动朝向等的相邻处,也最好避免安排属于正面形象的人物图片,以免产生刀枪炮口或物体运动指向此正面人物形象的误会。如我国三峡大坝的截流成功,各报纷纷报道这一举世闻名的“截断巫山云雨”的工程。恰巧这天正值俄罗斯前总统叶利钦来华访问,一家大报的要闻版同时报道了这两条消息,并都配发了图片。两幅照片一上一下相邻。在叶利钦头像的上方,是三峡大坝截流合龙的瞬间照片画面,几位工人正好站在叶利钦的头顶上,一辆大型作业车倾倒的沙石也直指他的头顶。显然,这样的情形会给人造成某种误解。虽然这两幅照片的安排只是巧合,并没有对客人的不敬之意,但客观上难免使人联想，带来不好的效果。如果两幅照片左右错开一些（或并列），则可避免这种误解。

当前一些都市报的娱乐版大量采用明星照片，以此来吸引读者眼球。在安排多幅图片时，不注意其人物走向动态，过于随意，就容易出问题。如某报 2010 年 1 月 8 日的一个版面（图片 7-35），其中三幅照片安排的走向就不正确：一幅头像在主角的臀部旁边，一幅头像被主角的脚尖踢着，还有一幅在主角的脚下呈痛苦状。这几幅照片的安排显示出对人的不尊重，编辑在安排时是无意的，可客观上表现出来的失误却很明显。

A 27版

文娱新闻

周迅公开恋王朔

好友否认两人将奉子成婚

[细数周迅往日情]

电视剧

电影

综艺

图片 7-35　图片走向安排不正确

第三节　图片文字的变化

一、图片说明的发展

图片虽然给人以直观感,也常需要一些文字来补充,如时间、地点、人物以及画面上无法表现的其他信息。图片单发时大都配有标题,有的还有比较详细的说明文字。标题一般多用实题,文字说明少而精,通常是“图为……”的形式。图片专版一般就只简单说明。如图片 7-36。近年图片标题与说明文字常常突破以往模式,有了发展变化,给人以美感。

8
濠江·影像
人民日报

盛世莲花　辉煌十载

图片 7-36　图片说明简单

1. 图片标题及说明文字的变化。标题不仅概括画面主题,往往也阐明观点或抒发情怀,配合照片中的形象更动人心弦。如抗洪救灾中许多报纸发表了一幅照片,画面是一位年轻战士背着灾区一位面容憔悴的老大娘,标题是《鱼水情深》之类。《华西都市报》则卓尔不群,以《灾区妈妈,儿子的脊梁就是你的家》为题,感人肺腑,给人留下难忘的印象。2010 年南京第一场雪,《扬子晚报》的一幅照片的标题，不是既往的“新年瑞雪”或“大雪纷飞，行人不便”之类，而是做了一个富有意境的标题，给人温馨的感受，见图片 7-37。

图片 7-37　图片标题温馨

图片说明大都用叙述性的文字，也可借用文学抒情的诗歌样式使之别具一格。如中共十七大召开前夕，《扬子晚报》在一版开辟《喜迎十七大　空中看江苏》的新闻图片栏目，文字说明均配以四行诗，文采斐然，清新生动。这种形式现常用于批评报道，给图片配一首讽刺诗相映成趣，达到幽默效果。如北京王府井大街新添了一些艺术雕塑供游人欣赏，有的人不顾公德随意攀爬。《北京晚报》刊登了一幅新闻照片：雕塑造型是理发师在给顾客剃头，一位时髦女郎却大大咧咧地坐在顾客的腿上。照片说明为：“美人款款膝盖坐，吓坏我这老祖宗，您要一扭小蛮腰，我的脑袋准开花。”这就显得诙谐有趣，若是“有人攀爬雕像有碍观瞻”之类的说明，就比较平淡了。这种打油诗式的说明，在讽刺性的新闻漫画中更为常见。《扬子晚报》每天时评版的《浮世绘》专栏新闻漫画文字就运用这种形式。如重庆市区一家临街的火锅店，别出心裁地取名“牛屎火锅”，红色招牌远远就能看见。新闻漫画在简洁交代事由后，即赋一讽刺诗相映成趣，见图片 7-38。

2. 运用“设计台词”的说明。这种形式与以往紧扣照片形象的说明内容不同，编辑根据照片中人物的喜怒哀乐或某种动作姿态等，“合理想象”出与之相联的文字，显得诙谐幽默，读来令人大笑不已。如伊拉克战争前夕美伊双方剑拔弩张，布什与萨达姆在各种场合下都表示出强硬立场。《中国青年报》在报道两

图片 7-38　为炒作店名竟叫“牛屎火锅”

老板为了把势造，店名竟把牛屎叫。
不怕顾客胃口倒，不愁工商扣执照。
别怨商家太恶俗，只怪你我太浮躁。

人针锋相对的言论旁分别配发了两人脸面相向的照片，布什威严傲慢，文字说明是“设计台词：老实点，看我怎样收拾你！”萨达姆激愤讥笑，文字说明是“设计台词：小样，你个牛仔奈我何如？”这种图片的“设计台词”平添情趣，在不少文体新闻、明星绯闻等照片中用得较多，为读者消遣增加了一道佐料。

二、谨防文字说明失误

图片需要文字说明，在于它与摄影建立了一种互相依赖的关系，图文配合须协调。近年常见有的报纸图片文字说明出现失误，主要是偏颇甚至臆断。如《南京日报》有次报道足球赛，新闻图片中几位观众双眼微闭，文字说明是“令人困倦的比赛”。观众眼睛微闭的“瞬间”是否就是懒得看比赛，还是在眨眼或小憩？这种主观臆断的文字有失报道的客观公正性，会误导读者以为这场球赛真的乏味。有家报纸的一幅招聘会照片是几个人在递材料，文字说明是“×行业受追捧”，似乎也有武断之嫌。前面提到的图片“设计台词”也应慎用、合理使用，否则有可能导致歪曲图片。

图片的画面是静止的，文字说明的空间很大。同一幅照片，如果加以不同的说明，会表现不同的含义。如 2009 年 11 月哥本哈根世界气候大会召开期间，新华社播发了一幅照片（图片 7-39），是中国代表在会场睡着了的画面，文字说明是“气候峰会会议长时间没有进展，中国代表抓紧时间休息”，表现代表们的辛苦。如果将文字换为“中国代表不关心会议进展，居然在会上睡觉”，意思就截然相反了。文字说明与照片画面有出入，“牛头不对马嘴”，读者会大呼上当，这是要力避的。如《人民日报》2009 年 10 月 3 日刊载的一幅图片（图片 7-40），文字说明讲游人“参观停放在广场上的游行彩车”，可画面上只有人群并没有彩车。

图片 7-39　气候峰会会议长时间没有进展，中国代表抓紧时间休息

图片 7-40　画面与文字说明不协调

这种误会往往是抱怨两句编辑的粗心大意，并未真正造成什么损失。而有的往往会掀起轩然大波，甚至给当事者带来某些严重后果。图像报道表明记者是现场的目击者，不仅图文要和谐，在特殊情况下还需解释一下现场的情景，否则容易引起受众误解。因为在受众的眼里，新闻传播者既是职业人又是社会人，在有些环境中受众希望传播者两种角色兼任。如南非摄影记者凯文·卡特拍摄的《饥饿的女孩》照片（图片 7-41）：在一个奄奄一息的幼女旁边不远处，一只秃鹰正虎视眈眈。照片表现出了当时苏丹发生大饥荒的惨景，具有强烈的视觉冲击力和震撼人心的效果。这幅照片获得了普利策新闻奖，但也招来不少受众抗议，指责记者不道德：为什么眼看着秃鹰准备攫走饿得奄奄一息的幼儿不顾，只

管拍照？受众的谴责声一时给凯文造成了精神上的压力，成为他不久后自杀的原因之一。凯文的同事后来在报刊上撰文，说凯文拍了那张照片后就把秃鹰轰走了。① 如果这种文字当初能同照片一起配发，就不会造成受众误会了。

图片 7-41　饥饿的女孩

至于歪曲照片的说明，就是居心叵测了。在西藏“3・14”骚乱事件中，西方一些媒体故意用文字歪曲照片。如政府急救车救人的照片，其文字说明是在“抓人”，这完全是颠倒黑白、恶意诽谤。见图片 7-42。

图片 7-42　英国 BBC 的网站照片说明故意把急救车救人说成是镇压

① 参见《自杀在普利策照片前》，《摄影世界》1998 年第 2 期。

第八章 期刊编辑

第一节 期刊的特点与种类

一、期刊的概念

期刊也可称作杂志，是我国近几十年来发展较快的大众传播媒体，确切点说，是改革开放后才在我国普遍流行的，特别是新闻类期刊，成为新闻传播园地的一朵奇葩。

期刊最早出现于西方，一般称作"periodical"，重在强调它的定期出版，词根"period"就是周期的意思。美国学者罗伊·希伯特对期刊所作的描述为："具有各种不同的内容、篇幅和外观，印刷纸张比报纸精美昂贵，它具有光滑的封面，装帧比较考究……因为内容和地域性分布的原因，期刊发行范围比报纸广泛。"[①] 联合国教科文组织 1964 年通过的决议对期刊下的定义是："凡用同一标题连续不断（无限期）定期与不定期出版，每年至少出一期（一次）以上，每期均有期次编号或注明日期的称为期刊。"我国《辞海》的定义是："期刊，又名杂志。定期或不定期的连续出版物。每期版式基本相同，有固定名称，用卷、期或年、月顺序编号出版。有专业性和综合性两类。"《中国大百科全书》的解释为："具有同一标题的定期或不定期的连续出版物。它是人们记录、传播、保存知识和信息的主要载体之一，是供大众阅读的综合性杂志与供专业人员阅读的刊物的总称。"可见，国内外对期刊的界定大同小异，在业界叫期刊和杂志两种称谓的都有，学术上多称期刊，民间则更习惯于叫杂志。

二、期刊的发展

期刊是从书籍和报纸中分化而来的。一般认为，1665 年在法国巴黎出版的《学者学报》（*Journal des Scarabs*）是世界上最早的一份期刊。其刊名中的 Jour-

① 转引自龚维忠编著：《现代期刊编辑学》，北京大学出版社 2007 年版，第 27 页。

nal 现在仍在沿用。1731 年，英国人爱德华·凯夫在伦敦出版了《绅士杂志》(*Gentleman's Magazine*)，首先使用了"Magazine"的叫法。这本杂志内容广泛，题材多样，后人评价其为世界上第一份具有现代意味的杂志。19 世纪，期刊在西方发展迅速，既有综合性的期刊，也有专业性的期刊，文摘类期刊也大量出现，如英国的《科学文摘》、德国的《化学文摘》等声名鹊起。特别是到了 20 世纪中期的美国，综合性的《读者文摘》、新闻性的《时代周刊》发展成为世界上影响最广泛的著名期刊。

我国早期对期刊的概念模糊，包括了报纸、期刊、图书丛刊等好几种形式，因此有"一百年前报刊不分家"之说。早期不少是期刊的出版物都冠有"报"的字样，如梁启超主办的《时务报》(见图片 8-1)、《新民丛报》等。这种带有"报"的称谓的期刊，时至今日还有所见，如《小说月报》、《新华月报》等。现代概念上最早出现的中文期刊，公认是 1815 年在马来西亚的马六甲由英国传教士马里逊创办的《察世俗每月统记传》，在中国新闻史上称之为第一份近代中文报刊，以介绍基督教教义为主，穿插少量西方科技知识、文艺、评论(见图片 8-2)。十余年后，1833 年德国传教士郭士立首次在中国内地广州创办《东西洋考每月统记传》中文期刊，更多的是介绍西方的科技，也夹杂了中国古代文化知识，兼及宣传教义。鸦片战争以后，西方传教士们在中国创办的刊物有所增加，除了既有的宗教教义和西方文化知识以外，还新增了有关中国时局的文章。中国人自己创办的报刊在维新变法期间涌现较多，康有为、梁启超等维新派人士都借报刊大力宣扬自己的观点，以推动变法。后起的资产阶级革命派也通过报刊同保皇派和清廷展开激烈的思想交锋，同当时的革命形势联系十分紧密，很多政论和时评都是锋利的战斗檄文。1862 年在上海创办的《中外杂志》，一般认为是我国第一份以"杂志"冠名的刊物。①

可以说，中国早期的期刊是随着社会变革而兴起，又推动了社会革新，是思想启蒙的工具，在唤醒民众、推广革命思潮方面发挥了巨大的作用。这期间虽然也有学术期刊和科学期刊，但政治性内容为主的期刊仍占多数。新文化运动是中国历史上一次深刻的思想变革，"科学、民主"的大旗招展在中国大地上，反映在期刊上最显著的莫过于 1915 年陈独秀创办的《新青年》(见图片 8-3)，它立场鲜明，拥护科学、民主，提倡白话文，反对封建专制，倡导文学革命，反对旧文学，成为新文化运动的喉舌。在中国共产党成立前后，《新青年》有了质的蜕变，成为中国最早的最具影响的马克思主义宣传阵地。20 世纪 30 年代是我国期刊的繁荣期，一大批期刊如《良友》(见图片 8-4)、《萌芽》、《北斗》、《文艺新闻》、《文

① 黄奇杰：《报刊编辑案例评析》，浙江大学出版社 2008 年版，第 226 页。

图片 8-1　维新派重要期刊《时务报》创刊号

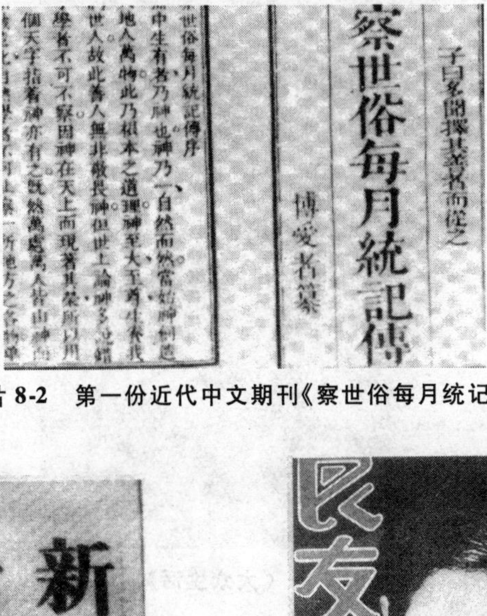

图片 8-2　第一份近代中文期刊《察世俗每月统记传》

图片 8-3　《新青年》第 6 卷第 5 期

图片 8-4　20 世纪 30 年代著名画刊《良友》

学月报》、《申报月刊》等都很有影响。随着日本帝国主义加紧对中国的侵略，期刊上充满了“抗日救亡”的呼声，特别是邹韬奋的《生活》周刊、《大众生活》周刊（见图片8-5）积极宣传抗日救国，发行量遥遥领先于其他期刊。此外，妇女期刊、科学期刊、儿童期刊等也在蓬勃发展。20世纪40年代后期，储安平创办的《观察》周刊，坚持“民主、自由、进步、理性”的原则实践其新闻理想，表现出对期刊社会功能的一种自觉追求，引起社会广泛关注，有学者赞誉它“把中国广大的自由知识分子充分地调动和集结起来，更把近百年来中国自由知识分子思想的水平提升到了一个前所未有的高度”①。

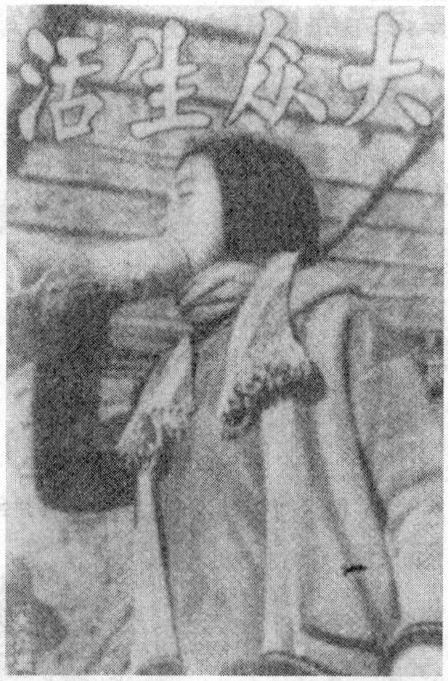

图片8-5 《大众生活》周刊

新中国建立后，期刊走计划发展的道路，经过了一段停滞期。20世纪五六十年代的数量很少，作为党和政府的喉舌，以思想宣传为主，内容比较单一。期刊的门类结构也单调，分为中央和地方两级，每级的各大类别基本上只有一种，没有竞争。影响较大的有《红旗》、《学习》、《新建设》、《中国青年》、《人民文学》、《新华月报》、《收获》等。文化大革命中，期刊和其他出版物一样遭到极大的摧残，本来就不多的期刊也被停办，仅存中央机关刊物《红旗》杂志、《解放军文艺》等二十几种。改革开放以后，期刊和整个出版行业一样迎来了发展的春

① 张育仁：《自由的历险——中国自由主义新闻思想史》，云南人民出版社2002年版，第566页。

天,期刊如雨后春笋般大量地创办。经过二十多年的发展,期刊市场上品种范围广,自然科学、社会科学的门类齐全,是历史上的最好时期。目前公开发行的期刊有九千多种,个性化的趋势越来越明显,特别是专业类、生活类、娱乐类、新闻类期刊琳琅满目,令人应接不暇。

三、期刊的特征

期刊和图书、报纸都属于纸质出版物,都主要以文字符号作为信息的载体。在形式上,期刊和图书有相似之处,如都重视封面设计,讲究装帧,要标出页码并按顺序装订成册。但图书是零星出版物,内容相对稳定、系统,期刊则是定期出版,内容相对变化、庞杂。期刊和报纸也有相同处,如两者都定期连续出版,内容上不少也与现实变动关联,紧扣时事。但报纸主要是以报道事实、传播新闻为主,期刊以评论、阐述、教育、娱乐为主。它们在形式上也有差别,报纸是散页,期刊须装订,而在出版周期上报纸要短得多,时效性更强,像日报每日出版,而期刊最短的出版周期也是一周。具体来讲,期刊的共性特征主要有以下几点:

1. 期刊是定期连续性出版物。期刊都是定期用同一名称,以卷、期或年、月、日顺序编号连续出版,并标明刊号、定价。各期之间的出版间隔期是固定的,如周刊、旬刊、半月刊、月刊、双月刊、季度刊等,各期的篇幅也基本一致。按有关出版规定,我国的期刊每年可允许出版一期增刊,但内容和形式与正刊的要求是一样的。

2. 期刊有鲜明的编辑方针。期刊是按期陆续出版的,每期的内容、版式会有不同,内容由多篇的文字和图片组成。虽然内容来源不一、作者广泛,但大体符合编辑方针宗旨,专业性或综合性内容的特点明确。如新华社的《瞭望》周刊(见图片 8-6)的编辑方针强调“三个注重”:“注重挖掘重大的独家新闻和组织重大主题报道,注重对中国和世界重大事件的权威性深度报道,注重对国内外政治经济社会现象和发展趋势的准确性和前瞻性剖析”。《南方人物周刊》(见图片 8-7)的编辑方针则是以人物报道为特色,关注那些“对中国的进步和我们的生活产生重大影响的人、在与命运的抗争中彰显人类的向善力量和深邃驳杂的人性魅力的人”,关注领域涵盖新闻人物、公众人物和民间人物。

图片 8-6 《瞭望》2009 年 12 月 22 日第 51 期　图片 8-7 《南方人物周刊》2010 年第 2 期

3. 期刊的内容风格多样。每种期刊都设有许多栏目,各自栏目的内容可以相对独立,其题材、体裁、风格可各不相同。鉴于此特点,期刊也称为“杂志”。当然,期刊内容、风格的多样性是与编辑方针的一定性相统一的,两者相互制约又相互促进。内容的多样性是在统一的编辑方针的指导下,而编辑方针也体现在丰富多彩的内容中。

四、期刊的种类

期刊的种类众多,美国标准统计调查社曾划分为政治、经济、教育、科学、法律、文学、医药、体育、电影、电视、娱乐、舞蹈、滑稽、儿童、男人、妇女等 50 余类。按不同的标准、从不同的角度划分,有不同的分类结果。

(一) 按期刊内容划分

1. 按期刊的内容性质,可分为专门性期刊和综合性期刊。专门性期刊包括刊登某学科、专业、体裁方面文章的期刊,也指只涉及一个一级学科甚至更专业的学科领域的期刊,如《人民文学》、《中国法学》、《新闻与传播》。综合性期刊指经济、政治、文化、教育、法律、艺术等各学科门类的文章都刊登的期刊,一般来说,涉及两个一级学科以上领域的称为综合性期刊,如《新华月报》、《新华文摘》。也可根据内容的性质进一步划分为学术性期刊、新闻性期刊、技术性期刊、政策性期刊、思辨性期刊、咨询性期刊、资料性期刊、知识性期刊、趣味性期刊等。还有的分为新闻信息期刊、宣传舆论期刊、学术理论期刊、文化知识期刊、文学艺术期刊、生活娱乐期刊等。其中新闻信息类中又包括新闻性期刊、动态性期刊、文摘性期刊;宣传舆论类中又包括政党期刊、政府期刊、社会团体机关期刊等。

2. 按期刊的内容层次,可分为高级性期刊、一般性期刊和通俗性期刊。高级性期刊通常以知识分子、社会精英为阅读对象,读者具备较高的文化素质和理解能力。如《哲学研究》、《历史研究》、《文学研究》等。通俗性期刊即面向一般读者,雅俗共赏,既有阳春白雪又有下里巴人,如《故事会》、《晚报文萃》等。介于高级性和通俗性中间的就属于一般性期刊了,如《读者》、《半月谈》、《南风窗》,大多新闻期刊属于此类。

3. 按期刊涉及的学科门类,可分为自然科学期刊和社会科学期刊。自然科学期刊按不同学科门类分为数理科学、化学、生物科学、环境科学等;社会科学期刊可分为学术理论类、时事政治类、文学艺术类、综合文化类、教育教学类、信息文摘类等。[①]

4. 按期刊内容的风格,可分为严肃性和活泼性两大类。这是按照期刊内容体现的整体特色来说的,比如《北京大学学报》属于前者,而《晚报文萃》则属于后者。

(二)按期刊形式划分

1. 按刊型,可分为大型期刊、中型期刊、小型期刊。这是一种按照期刊篇幅分类的方法。所谓大型期刊指的是篇幅较多的期刊,比如《当代》、《小说家》;而中小型期刊则是篇幅较短的,并未有明确的页码限制,只是相比较而言。如人们一般把《人民文学》称为中型刊物,而《故事会》就是小型刊物。刊型大小和质量无直接联系,不能说大型期刊就是高质量,小型期刊就是低质量。

2. 按开本,可分为大 16 开本、16 开本、大 32 开本、32 开本。大于 16 开的期刊通常称为大开本期刊;正 16 开的期刊称为普通开本期刊;小于 16 开的期刊称为小开本期刊。开本和刊型密切相关,虽然只是形式问题,但却与内容密不可分。大型期刊一般都采用大开本,比如 16 开本,而小型期刊往往采用 32 开本。这不只是出于习惯,也有其内在依据。大型期刊如用小开本,就与其大型不甚相称,而且大型期刊刊载文章多较长,开本太小的话,读起来翻页过长也不方便。反之,小型期刊用大开本同样与其篇幅偏小不相称,而且小型期刊多刊载短文,开本过大,版面结构也不方便。[②]

---

① 参见杜家贵:《社会科学期刊编辑实用手册》,中央编译出版社 2002 年版,第 17 页。

② 徐柏荣:《期刊编辑学概论》,辽海出版社 2001 年版,第 60 页。

3. 按刊期,可分为周刊、旬刊、半月刊、月刊、双月刊、季刊、半年刊、年刊。刊期的长短与该刊物的最佳时效期限是一致的。具体将刊期定为多长,要根据内容而定,时效性强的刊期就相对较短。时事性期刊由于对时效性的要求高,刊期就不宜过长;学术性期刊相对于时事性期刊来说时间性不那么强,刊期就不用太短。我国目前是半月刊、月刊、双月刊占大多数,新闻性期刊多为周刊、半月刊,如《新世纪周刊》(见图片 8-8)。

图片 8-8 《新世纪周刊》

4. 按照使用语言,可以分为中文期刊、外文期刊。中文期刊可分为汉文期刊、少数民族期刊;外文期刊可分为英文期刊、德文期刊、法文期刊等。另外,还有一些期刊是以多种文字出版的,如美国的《读者文摘》就有 20 多种世界不同文字的版本。

(三) 按读者对象划分

读者是一个广泛的概念,其所指涵盖了一个宽泛的群体。他们可以是不同性别、不同年龄、不同职业、不同性格的个体,也可以是按不同标准归类的不同群体。期刊同所有大众传媒一样,需要进行自己的受众定位,有了明确的目标受众,期刊才能更好地形成自己的风格特色。

1. 按读者性别,可分为男性期刊和女性期刊。这种划分顾名思义,是分别以男性和女性为主要读者对象,反映男性和女性内容的期刊。如苏联发行量高达1600万份的期刊《女工》,澳大利亚发行量最大的《妇女周刊》,我国的《家庭》、《知音》等都是典型的妇女期刊。男性期刊的发展还不成熟,远少于女性期刊,较知名的有美国的《花花公子》。"根据有关读者阅读心理研究的调查资料显示,女性爱读刊,男性爱看报。"①但近年来男性期刊也有进步,有朝着精英期刊发展的趋势,将社会阶层中具有决策力和领导力、接受过高等教育有较高知识素养的男性作为读者对象。

2. 按读者年龄,可分为少儿期刊、青年期刊、老年期刊。过去主要重视少儿期刊和青年期刊,这两类针对少年儿童和青年,他们是社会的希望和未来,以后将成为社会的中坚力量,因而各个国家都比较重视这类期刊的经营。老年期刊起步比较晚,但是近年来渐渐开始崭露头角。这与人口老龄化、全民文化素养整体提高不无关系,如我国的《中国老年》、《老年天地》等。

3. 按读者职业,可分为工人期刊、农民期刊、军队期刊、学生期刊、白领期刊、商业期刊等。另一种划分是将期刊按读者职业划分脑力劳动和体力劳动,于是期刊分为:知识分子期刊或称白领期刊;工农期刊或称蓝领期刊。但随着社会的发展,脑力劳动和体力劳动并不是完全割裂的,这种划分有其局限性。

（四）按经营模式划分

按照运营模式的差异,可以分为事业性期刊和市场性期刊。事业性期刊,是指不以营利为目的,由政府、公共事业机构、社会团体、基金组织资金支持出版的刊物。市场性期刊,是指遵循市场规律、具有企业性质自负盈亏自主经营的期刊。学术期刊、政党期刊或机关刊物多属于事业性期刊;通俗性期刊几乎都是市场性期刊。

在种类众多的期刊中,新闻期刊独树一帜,是佼佼者。它同报纸、广播、电视一道被称为是传统的主流媒体,对社会生活发挥着广泛的影响。新闻期刊的编辑与其他媒体的编辑相比有共性,也有自己的个性。

第二节　新闻期刊的内容特点

一、新闻性期刊的崛起

新闻性期刊,是以报道、评论时事新闻为主的定期性出版物,因出版周期的

① 龚维忠:《现代期刊编辑学》,北京大学出版社2007年版,第95页。

关系,不以报道动态性新闻见长,主要是深度挖掘、评论社会政治、经济、文教、生活等内容。

早期的新闻性期刊,是在生活类期刊的基础上发展起来的,18 世纪就在欧美广泛出现。但其影响不大,存在时间也不长。1923 年,美国人鲁斯和海登创办的《时代》新闻周刊,很快成为在全美最有影响的刊物,进而在全球享有盛誉,被认为是“世界第一”的新闻期刊。《时代》周刊以其对每周热点新闻的评论独到和内容丰富享有盛誉,还有人物、经济、法律、科学、宗教、文化、体育等专题报道评论。现在,《时代》周刊在世界各国设有几十个分社,除国内版外还有澳洲、北欧、南美、南非、加拿大、日本、中国香港等多国及地区的海外版。每期《时代》的封面都选择一位相当重要的人物图片,并将之作为该期刊物的重点主题。特别是年终的封面人物,在全球都有影响,中国先后有冯玉祥、蒋介石、宋美龄、毛泽东、周恩来、刘少奇、邓小平及一些普通人多次上过该刊封面(见图片 8-9)。《时代》的成功带动了新闻期刊的兴起,后来创办的《新闻周刊》、《美国新闻与世界报道》与其一道成为美国三大新闻周刊。

图片 8-9 《时代》周刊 2008 年 8 月 1 日奥运特刊封面

1853年在香港创办的《遐迩贯珍》月刊,被认为是我国出现新闻性期刊的雏形。以后出版的新闻性期刊,都与社会思潮、变革密切相连,如前面提到的《时务报》、《新民丛报》、《新青年》、《生活》期刊等。我国新闻期刊大发展是在改革开放以后的新时期。20世纪80年代创办的《半月谈》、《瞭望》、《环球》,90年代以后创办的《中国新闻周刊》、《新民周刊》、《三联生活周刊》、《科技新闻》、《凤凰周刊》、《南风窗》、《新周刊》等,都是办得比较优秀的新闻期刊。不少大媒体旗下都拥有多种期刊,如《人民日报》有三家新闻期刊,新华社的期刊则有十多家。

二、新闻性期刊的特点与内容编辑

(一)新闻性期刊的特点

新闻性期刊除了有上面提到的期刊的共性特点外,和其他行业的期刊以及新闻领域的兄弟媒体相比,还有自己的一些个性特色,主要表现在内容方面。

1. 紧扣时代的新闻性。新闻期刊的时效性虽然比不上网络、广播、电视、报纸,但它是期刊中传播速度最快的,它要反映和评论(特别是后者)现实生活的变动,这就与其他领域的期刊区别开来。其他期刊以月刊居多,新闻性期刊则多为周刊、旬刊、半月刊,并更凸显出新闻性、时代感。其他新闻媒体以报道新闻为主,新闻期刊的重点是对新闻进行深度挖掘、评论。

2. 深度报道的详尽性。在传播新闻的速度和内容的广度方面,期刊是无法与电子媒体相比的,并且也赶不上同为纸质出版的日报。因此,新闻期刊所报道的内容,侧重点是向新闻的纵深发掘新闻背后的故事以及未来的发展前景,主要运用深度报道的形式。所谓深度报道,是指对重大新闻事件、社会热点问题或某种现象的深刻反映和立体透视,着重阐释新闻事件、问题或现象的来龙去脉、因果关系,提供新闻的背景材料,说明新闻的意义,分析所报道事情的发展等等,是新闻期刊优于以动态性报道为主的其他媒体的特色。

3. 形式表现的新颖性。新闻期刊表现的手段主要是文字和图片。特别是重视发挥图片的形象优势。在纸张和印刷条件上期刊都好于报纸,加上编排、印刷技术的现代化以及时间的相对充裕,期刊在编排及技术上的处理比较从容,特别是非常注重封面设计,讲究美轮美奂,视觉冲击力大大强于报纸的版面。如新华社主办的《瞭望》周刊。

(二)新闻性期刊的内容编辑

对新闻期刊内容的策划、选择、加工,应重点关注几点。

1. 着眼于新闻主题的厚重。期刊新闻稿件的题材,不拘泥于报道一般的动态性新闻,因为这方面已由时效性强的报纸、广播、电视、网络新闻报道去承担。新闻期刊的内容,应关注新闻题材的厚实、凝重,不是一般媒体上急就式的“快餐”新闻,而应该是提供丰盛的“正餐”内容。也就是说,新闻期刊的内容多从新闻价值的重要性方面去考察,对发生的新闻事实不作浮光掠影式的报道,特别注重对当下重大新闻事件、经济现象、社会焦点等的解析。新闻期刊的报道或分析要有深度、有理性,读者的思维并不是停留于对新闻的了解,而是导向一个新的层次,这是新闻期刊的核心竞争力所在。

2. 强调新闻的透彻全面。新闻期刊所反映的内容,不是就事论事,而是要对新闻事实作多侧面的调查、整体的反映、详尽的分析。不仅要真实地反映出新闻事件或现象本身,更多的笔触是要深入到新闻“为什么”的背景去探寻,并对新闻“怎么样”的意义进行令人信服的揭示,科学地展望该新闻可能产生影响的前景趋势。就是说,新闻期刊上某个新闻事件或新闻现象的内容,所表现的不是它们的一个点或一个面,而是新闻事件或新闻现象的一幅绚丽多姿的全景立体图,这样才有助于读者开阔视野、提升认识。

3. 突出生活的真实完整。通常的新闻期刊报道题材,都以时政、经济、社会、文化、教育、科技、时尚、娱乐等领域中的现象、人物或发生的事件为主。在这些方面,编辑的报道策划或对稿件的选择,应当更多地关注“新闻、新知、新锐、民生、民情、民意”方面,因为这些现象或变动代表着社会生活的真实而完整的状态,也是最广大的民众所关注的话题。它们是社会生活的主流,新闻期刊的报道内容以此为重点,才可能发挥出效益,影响社会的主流。

4. 注重期刊的内外统一。即封面的主题与期刊中的重要内容应一致。期刊封面是本期杂志主题思想的凝聚、提炼和抽象,它与内容相互呼应,并突出其自身的个性化品质。每一期的封面都要选择本期中最重要的新闻事件或新闻人物的图片,向读者提示期刊中最精彩的、最有特色的内容,吸引读者去阅读,进一步了解新闻事件发生、发展过程的全貌及其意义和影响,或者是新闻人物背后的传奇故事。当然,封面的个性要以杂志内容的基调为基础,封面图片通常指代的是内文中最重要的文章,特别要注重封面图片与内文的呼应性,表里如一。如《民主与法制》关于“麻亮案”的报道与分析、评论,封面上从内容到形式表现,都与本期所要反映的重要内容十分契合(见图片8-10)。

至于对新闻期刊稿件的修改加工,与第四章“稿件的修改”中所谈的大同小异,没有多少本质的区别,此不赘述。

图片 8-10　《民主与法制》对"麻亮案"的报道

第三节　新闻期刊的版面设计

一、期刊版面设计的一般原则

期刊的版面是内容的承载体与外在形式的结构化，是期刊装帧设计的重要组成部分。一份好的期刊不仅要有好的内容，也要有美观大方的版面，特别是以有特色的封面先声夺人。因此，编辑在进行版面设计的时候，应格外用心遵循几点原则。

1. 实用性原则。即版式构成要素的排列组合要符合人的生理和心理需求，从读者阅读习惯及舒适性角度考虑而进行版式设计。现代期刊是横向排列文字，这是根据人的眼睛构造和生理活动规律，即眼球的左右活动优于上下活动来设定的，人的最佳视阈约为 100 mm，相当于 27 个五号字左右。因而横排长度应合理控制:行太短换行频繁,头部左右过多摆动会导致阅读不适;行太长则容易阅读疲劳,接行也容易出错。版面的编排要适应读者的这一心理,顺从其阅读习惯,以减轻读者的视力疲劳。

2. 服从性原则。内容决定形式,形式为内容服务,版面设计的大致特点要服从于期刊内容的主体风格。整个期刊的风格体现在版面设计上,又与期刊的内容密不可分。根据不同的期刊内容,在字符运用和线条运用、标题的排列、正文字号、字体上都有所反映,特别是封面最为明显。如时政类、经济类、文化类的新闻期刊,版面通常严谨朴实、文图呼应;针对白领阶层读者的期刊力求落落大方,一般标题居中、行距较大,并且留有一定的版面空间;体育类、时尚类、娱乐类的新闻期刊,版面则相对活泼美观;等等。此外,虽然每篇文章的内容不同而编排不同,但其编排设计也应服从期刊整体特点的原则。

3. 美学原则。版式设计要讲究美学原则,主要体现在形式美上,即将文字、插图和装饰图样等内容和形式进行整体的构思。它与前面在报纸版面设计中谈到的大多相似,通常包括有:

(1) 比例:版心普遍采用的仍是符合黄金分割的比例,其长短两边的比值接近1∶1.618,在实际的编排过程中也可根据具体情况而定。

(2) 对比:通过各构成元素之间或各组成部分之间在排列组合中的对照、比较等,给读者以鲜明、醒目的审美感受,从而提高阅读效果。

(3) 平衡:包括对称和均衡,前者是中轴线把版面分为两部分,两边的排列形状和文字篇幅相同,后者是两侧等量而不同形。在杂志上对称可以使版面明了庄重,但不能一味讲究对称,适当的加入其他编排元素可增强版面的活泼美观。

(4) 统一:是对版面设计的宏观要求,即整个期刊版面的风格是统一的而不是凌乱突兀的,包括:字符的统一——正文一般采用规定的一种或两种字体;空白的统一——栏距、行距的一致;线条的统一性;装饰的统一性等。

(5) 色彩:色彩运用近年来在期刊的版面中越来越得到重视。如果说学术期刊为了保持版面的严谨,多使用黑白的话,那么新闻性期刊可大胆使用明快的色彩,既美化了版面又增强了可视性。当然,色彩的运用不能盲目没有克制,否则会使版面显得俗气,成为一种干扰因素,影响读者的阅读,这在报纸版面编排中已有提及。

二、注重封面的吸引力

期刊封面上的刊名、刊标、刊期与分类号等是期刊的标识信息,是区别于其他期刊和出版物特征的重要信息。卷期号标明期刊自身所形成的序列和连贯性,是期刊生命期的记录。标识信息是读者区别与认定和选择期刊的依据,也是无可替代的检索入口。期刊必须通过封面的刊名、主要目录、图像、色彩等向读者提示,表明本刊的类别、性质、内涵等。[①] 封面设计是期刊编辑最匠心独运的。

美国塞拉滋斯大学杂志系主任华斯莱(Roland E. Wolseley)在其所著的《杂志学窥奥》一书中说,以杂志的封面设计而论,会因发行政策的不同有异。倘若编辑希望有读者订阅,便应当设计某一种封面;希望零售的,又应当设计另一种封面。美国著名摄影家菲利浦·哈尔斯曼认为封面照片要有广告效果,有吸引力,首要的条件是一张封面必须有趣味,有迷惑力,能吸引人的注意,而不能够使人反感。期刊特点归结到封面设计,表现为封面要素的设计,包括封面元素及组合方式。封面元素包括文字和图片两种符号语言及色彩情感语言。文字有刊名、要目、宣传推广性语言、出版责任者、卷号等;图片有图案、图标等。封面设计应注意以下几点:

1. 突出刊名。封面的刊名是期刊的“眼睛”,它起着画龙点睛的作用。一个期刊封面上,除刊名外,通常还有年号、期号、拼音字母以及装饰用的摄影图片或绘画作品。众多元素中,刊名应当是主角,处于主导地位,大气并富有个性,设计应当鲜明突出,给人一种美感。从空间安排角度讲,刊名必须居于十分显要醒目的位置,以便读者一眼就能识别。如《南风窗》新闻期刊的封面(见彩图8),刊名置于封面顶端左部,红底白字,鲜明醒目。“风”字的字体设计利用象形字表达出动态,像呼啸而过的风一般,为刊名增添了动感节律,让人赏心悦目。

2. 关照整体。第一,明确刊物自身的性质与办刊宗旨,从封面的创意上、风格上、形式上和构图上去安排它的字体、大小和颜色。第二,封面的图片大都是点、线、面、图案、色彩的组合,构成一种情感和意境,达到与期刊的内容相适应。因此选择一幅精彩的图片,可以与读者进行感情上的交流,给读者留下深刻的印象。第三,封面要直接揭示期刊的主要内容,使读者不用翻阅内页目录就能掌握本期的重点文章,并决定是否阅读本期杂志。如《中国新闻周刊》这几点都设计到位,见彩图9。此外,期刊的出版年月和期数的字号和位置也应明显。刊名虽很清楚,如果哪年哪月、第几期难以辨认,会给读者的选择带来不便。因而,应注意设计期刊的封面从不同角度吸引读者的注意力,激发读者购买和阅读期刊。

3. 定位个性。期刊封面的定位因素主要有:第一,封面的标识起到给期刊定位的作用,封面的刊名、刊号、刊期、期数、主办主管单位等,都是期刊独特的标识。第二,封面的图片、文字的格调和内容也给期刊的性质与服务范围定位。如

---

① 参见王红:《应重视期刊封面的信息源》,《图书馆建设》1999年第2期。

期刊是新闻政论型的，封面的个性特征便要庄重严肃些，但应避免呆板乏味；期刊是生活娱乐类的，封面便侧重温馨亲切，但也不能浅薄浮躁；期刊为宣传知识型，应突出理性色彩并具有趣味性；等等。此外，由于期刊每期的重点报道内容不同，封面设计在表现自身定位个性的前提下，应紧扣报道重点，与内页内容相适应。期刊封面的设计以独特的个性，给人一种赏心悦目的艺术效果，引人入胜。如新华社主办的《半月谈》封面，这几方面都表现得抢眼，见彩图10。

4. 相对稳定。保持期刊封面形式的相对稳定，有助于其自身品牌效应的生成，包括刊名的字体、大小以及所配图片、年月、期号等元素的位置，不应频繁变换。经常变换会使期刊显得没有个性特点，读者也会感到陌生，在这一点上新闻期刊与报纸版面的日日新是不同的。业界口碑甚好的《三联生活周刊》（见图片8-11、8-12），有一张读者较为熟悉的面孔，即封面保持的上端刊名、中端图片、下端提要的“三段式”形态。这张面孔其实并不特别抢眼，放在一些时尚的杂志堆里封面似乎有些“土”，甚至显得落寞。但它是朴实的，并在朴实中透出优雅。它的特别之处，就在于它的图片不是追求重大事件或热点问题的表现，而是生活中大家习以为常的东西，与其刊名中的“生活”相匹配，让人觉得亲切。无论你走到哪里，只要一看到它的封面，亲近感油然而生，不用看刊名就知道是这本杂志。所以，一本刊物独具特色的封面不能一期一变，使读者眼花缭乱，不知道哪一张面孔是其本来面目。当然，期刊封面也不是一成不变，也要在与时俱进中渐变，在渐变中创新而稳步提高。

图片8-11　《三联》2010年第7期封面

图片8-12　《三联》2010年第8期封面

二、版面的具体编排

期刊版面的具体编排,要立足于期刊的连续性和内容的多样性。

1. 目录的编排。内页的目录是除封面外最先映入读者眼帘的期刊内容,起着导读的作用,要清晰明了。如果这上面出了差错,妨碍了读者寻找自己兴趣指向的内容,读者就可能放弃阅读。首先,要凸显新闻刊物特色的重点栏目,以表现刊物的内容特色和构架品牌;重点栏目应均衡地分开而不要集中在某一部分,否则体现不出节奏的美感;栏目应用黑体或宋体加粗或使用具有跳跃感的字体,使之区别于一般栏目。其次,要突出栏目和文题间的独立与衔接关系。独立是指各栏目的文章内容是独立的,没有必然联系。衔接是指不同文章组合为不同的栏目,不同的栏目衔接为期刊的整体。最后,注意期刊的连续性关系,因为每期的内容尽管是独立的,但每期之间又有连续性,各期相同栏目和文章的字体字号应一致,使读者在阅读各期刊物时保持视觉的稳定性。

2. 正文的编排。新闻文稿的编排格式主要分为两种:一种比较规范严谨,基本上按照统一的格式编排,如时政、财经、科技类等新闻期刊,编排格式较严谨,以体现出刊物的权威性。另一种较为灵活多变,可以根据内容的特点编排,如文体、生活、时尚类新闻期刊的编排可灵活些,以显得轻松活泼。正文的排版多以双栏横排、三栏横排方式,字体一般是宋体五号。不同的期刊的编排形式可以不同,时政、财经、科技等新闻期刊一般在确定了一种排版形式以后变动较少,而文体、生活、时尚类新闻期刊各期之间排版形式可以有变化,甚至每期都会力求形式上活泼生动的变化。

3. 图片的编排。图片在文中一般是图随文走,标示出“见图××”,相应的图片安排在这些提示语的段下。如图片后移时应表示“如图××所示”或“详见××页”,原则上图片不能前移。期刊版面上图文的组合一般有三种形式,即图与题、图与文、图与图。图与题的组合:当图作为题衬时两者联系密切互为一体,当图作为题的配图时两者相对独立,意义上仍有一定联系,图片是对题的形象化解释。图与文的组合:图片要插入文中某一部位,具体的位置要视版面情况而定,如果图片是配合其中某部分的文字,那么图片应安排在它的周围。图与图的组合:内容有紧密的联系,不宜分散在版面各处,如一组图片的形状大小一样,一般采用一字形或拐弯形安排,若形状大小不一,可横竖搭配安排。

4. 关于图说。图说是图片文字说明的简称,包括图序、图名、图注和图例。图序是对图片在正文中的顺序编码的一种序号,用阿拉伯数字表示,通常以每篇文章为单位编写,即每篇文章均从“图1”排起。图名是图片的名称,通常位于图序之后，文字简洁明了不宜过多，末尾不加注标点符号。图注是图名所附加的一种注释性说明，不与图序和图名接排而是在其下方，末尾也不出现标点符号。图例是对图片中的标识符号或坐标量的补充性说明，常见的有●、○、□、▲等。如果图例构成图画的一部分，就不属于图说范畴而成为图画内容了。

第九章 广播新闻编辑

第一节 广播编辑的内涵与稿件处理

随着信息革命浪潮的汹涌奔来，以网络、知识经济为代表的这场没有硝烟的革命，将比工业革命更为深刻地影响和改变人类的生活。当前正处在各种新闻传媒激烈竞争的时代，广播媒体所面临的挑战，既要面临历史悠久的报纸的冲击，也要面对声像并茂的电视的威胁，更有来势汹汹的网络的围堵。就广播本身来说，国内外数以千计的电台也在一刻不停地进行着空中电波之战。在这种形势下，让广播新闻发挥最大的作用，就成为每位编辑人员面对的课题。

所谓广播新闻编辑，是指在广播电台从事新闻编辑的职业工作者，包括电台台长、总编辑、编辑部主任等宏观指导和具体负责稿件的选择加工、话题设计、节目制作和播出的编务人员。从广播的传播方式出发来体现编辑的基本原理，广播新闻编辑是贯穿于广播新闻性节目生成过程中的构思、组织、加工、制作等一系列工作环节的总称。从工作内容来说，广播新闻编辑业务有狭义和广义两种含义。狭义的广播新闻编辑工作主要是指一般的编辑业务，如组织稿件、选择稿件、写作新闻提要、编写串联词、编排节目、录制节目等。广义的广播新闻编辑工作，除了包括上面所说的具体编辑业务外，还包括整个编辑部的工作，如确定广播宣传方向、拟订报道计划、组织策划新闻、设置节目以及通联工作等。随着时代的发展，广播新闻编辑已经不仅局限于上述所说，正在发生着新的变化。

一、广播编辑的内涵

（一）讯息的汇总性

这是指广播编辑的素材与讯息之间各种矛盾统一的汇总。广播新闻编辑是“汇天下之精华”的工作，电台每天都要收到记者、通讯员、听众发来的大量稿件和各种文件、资料、E-mail，此外还收到大量录音记载的信息，如音响报道、录音讲话、电话录音等。广播编辑每天都要将这些信息分门别类地汇总起来，从中选择有新闻价值、有报道意义的稿件编入节目，或从中发现新闻线索，再组织新的报道,这就是广播编辑的“汇总”工作。

汇总的过程,是报道中各种矛盾集中的过程,也是编辑运用辩证法处理这些矛盾的过程。具体而言,编辑要处理好新闻价值的大与小、全面与片面、点与面、共性与个性、统一与多样、间断与连续、综合与平衡等各种矛盾的关系。随着客观形势的变化,编辑还要对报道计划作及时的必要的修改和调整,使报道计划尽可能地符合客观实际的需要,确保汇总的正确性。

2. 收听的效果性。广播是一种声音的艺术,靠声音通过电波进行传播,也靠听觉接收完成传播。从业务角度来说,广播编辑工作的全部立足点就在于让听众听得清楚,听得明白,听得舒坦,因而要做好编辑工作,必须研究听众的收听规律。听众在收听广播时,不像读报纸、看电视那么专心致志,多半在进行其他的活动,大都是边做其他事边收听,如在锻炼身体、打扫卫生、坐车旅行、闭目养神等时间收听,常常是“一心二用”,是有选择地接收广播信息。

积极地适应听众的接收状态,关键在于牢固地确立听众观念,时时处处为听众着想,千方百计为听众创造便于收听、易于理解的条件。体现在日常编辑工作中,就是要善于针对多数听众的收听状态,采取相应的编辑措施,让听众能够享有一定的选择权,保持较长时间的专注收听状态。比如,对于某些新闻中的背景材料,此前的报道中播出过,某些听众可能没有听到,听到了也未必能够记住,所以即使昨天刚刚报道过的事情,常常还得作适当的交代。在编辑稿件和节目时,还要特别注意声音的多样性、综合性和多种声音的转换及不同的音响组合,努力使语言、音乐、实况音响三种声音有机地组合,使多种声音产生感染力,以便于听众接受并赢得他们的喜爱。

3. 互动的交流性。随着直播和电话参与的广泛运用,以及现代技术的发展与社会的进步,广播借助于现代技术扩大人际交流,已为人们所认同接受。

从广播编辑工作的内容和形式来看,人际交流的特征也是显而易见的,编辑编排的节目、传播的信息,只有为听众所接受才有存在的价值;广播编辑工作的每一个环节——从宏观布局到具体的稿件修改、节目制作,都必须从听众的角度考虑,诉诸对方的听觉。① 上海东方台在设计自己的新闻节目时较早大胆地引进听众的感受机制,吸纳听众参与,反映民众呼声,在黄金时间的《东方新闻》里推出近 10 分钟的《东方传呼》,将听众打来电话中表达的意见直接在新闻节目中播出。这种来自社会基层的原形报道形式和新闻内涵,反映的是与老百姓密切相关的事,使用的是老百姓的家常语言,缩短了广播与听众的距离。

① 蔡凯如、黄勇贤等:《穿越视听时空:广播电视传播论》,新华出版社 2003 年版,第 119 页。

广播具有独特的人际沟通功能,现时广播中热门的节目形式如热线问答、谈话节目等在国内外十分走俏,在很大程度上,是因为它们充分发挥了广播在现代人际关系交往中独有的作用。在市场经济体制下的社会,受众已经不再指望从新闻媒介那里得到某个简单现成的答案,而是期望通过交谈、讨论和反馈形成对新闻更明确全面的认识。在紧张工作之余,他们需要松弛,在激烈的竞争之后,他们需要宽慰,在分工日趋细化、日趋隔膜的状态下,他们需要沟通,于是广播的热点话题、热线问答、现场访谈等节目为人们提供了最方便、及时、广泛的沟通渠道。这种双向沟通范围之广和反馈之及时都要优于报纸、电视,而这一切又借助广播的直播。

二、广播新闻稿件的处理

处理广播新闻稿件需要先弄清楚广播稿的写作要求。我国广播界的前辈梅益,早在1958年谈到广播的文风时,就对广播稿提出了三条具体要求:"广播节目的稿件(或讲话)第一要准确,就是观点正确,事实正确,语言的表达正确;第二要鲜明,就是要观点突出,要观点和材料统一,要有比较,有背景,有正反面的辩论,要人一听就知道赞成什么,反对什么;第三要生动,就是要形象,要有趣味,要口语化。广播要说老百姓的话,要坚决反对洋八股、学生腔。"[①]这些话在今天仍有现实意义,仍可以作为处理广播新闻稿的指导思想。

(一)广播稿件的文字编辑

广播媒介的特点,决定了广播新闻除了具备报纸、通讯社、电视新闻所具有的共性之外,还具有自身的特点。这些特点主要有:以快见长、先声夺人;浅显易懂、富有实感;短小精悍、活泼有趣等。鲁迅先生说得好:"诉于耳的方法,和诉于目的时候是全然两样的。所谓庭中者,凡事都没有读者似的留心。简洁的文字,有着穿透读者的心胸的力量,然而在听众的头里,都毫不相干地过去了。听众者,是从赘辩之中,拾取兴致和理解的。"[②]这段话精辟地阐述了这样一个问题:诉于耳的广播稿和诉于眼的报刊是全然不同的。编辑广播稿要处处考虑到听的特殊要求和听的效果。广播的服务对象是听众不是报纸的读者,是为听众的耳朵写的新闻。广播稿件的文字编辑,尤其要注意以下几点:

---

① 梅益同志在第五次全国广播工作会议上的总结发言,见《全国广播工作文件选编》,中央广播事业局办公室1982年3月内部版。

② 《鲁迅文集》第3卷,人民出版社1958年版,第426页。

1. 制作好的导语

美国哥伦比亚大学新闻学院的曼切教授认为，好的新闻导语应该具有这样的魔力：导语一唱歌，读者就跟着哼哼。广播新闻的导语跟报纸新闻的导语既有共同点，又有不同之处。它像报纸新闻的导语一样要求开门见山、简明扼要、中心突出、形象具体。同时，由于它是给听众听的，从听的需要出发也有其特殊的要求。

第一，要以最简洁、生动的文字，概述整篇新闻中最主要的内容，迅速地将听众吸引住。广播新闻的导语不能像报纸新闻的导语那样写得过于抽象或过于具体，而应像新闻标题那样，着眼于用最简练的文字，虚实结合，以虚带实，以实补虚。

第二，广播新闻的导语尽可能只突出一个最重要的新闻事实，而把其他事实移到主体中交代，力求把导语写成一句话，使听众一下子就记住。导语中涉及的新闻事实越少，导语就越简练，越能让听众明白。如“9·11”事件发生后，北京人民广播电台的广播稿《全球美军处于最高戒备状态》的导语：

> 美国国防部一位发言人说，在五角大楼和世界贸易中心 11 日遭袭击后，遍布在全球的美国军事力量已进入最高戒备状态。

这则导语将事件的众多头绪集中于一句，把最重要的事实首先交代，起到了很好的引导全文的作用。

第三，广播新闻导语最好用单句，即采用主语、谓语加宾语的句式，这种句式说起来顺口，听起来入耳，易于接受、理解。少用或者不用复合句，复句在阅读文字时能明了，在说话中就带有书生腔调，有了距离感。也不要用倒装句，在中国人的口语交谈中倒装句是不适合的。

2. 采用好的结构

第一，用顺序句式。根据广播语言的线性特点，叙述事件的顺序最好与事件发生的顺序基本一致，在新闻的结构安排上一般不要采用插叙、倒叙的手法，而是顺序结构、自然过渡。

广播新闻的语言与报纸新闻文字在表达上是有差异的。常见的报纸文体可以使用倒叙法，如：

> “在朋友的国家里工作我们是愉快的，但是小鸡未孵出来之前是不能算数的，我们要用心血和汗水把莎士比亚喜剧《一报还一报》排出来才能踏实。”
>
> 这是英国著名导演托比·罗伯森和著名舞台美术设计家阿伦·拜瑞特在今天中国传统的元宵节晚会上，同北京人民艺术剧院的演员们联欢时所

表示的心情。

报纸的这种倒叙结构不影响对读者新闻的理解，如果用于广播，听众就不大可能明白前面开头的一段话是外国朋友讲的。作为广播新闻，应该改为顺序结构，给听众以顺畅的感觉：

英国著名导演托比·罗伯森和著名舞台美术设计家阿伦·拜瑞特，今天晚上同北京人民艺术剧院的演员联欢，共同欢度中国传统的元宵节。两位英国朋友说："在朋友的国家里工作我们是愉快的……"

第二，行文简练。句子与句子之间要一环扣一环，逻辑关系清晰，这样便于听众的理解。为了达到这样的效果，广播新闻稿应该选择结构最明快、最简洁的句式，不能为了追求生动而用一些修辞手法使句子叠床架屋，让听众跟着兜圈子，坠入云里雾里不知所措。

同样的新闻事件，广播新闻稿一般采用粗线条叙述，不像报纸那样对材料包容得多，甚至深入挖掘背景，方方面面都要涉及，表达更多更深的内容即便一次没有读懂，还可以重复地看到搞清楚为止。而广播新闻没有听明白，时不再来，只能留下遗憾。因此大多数广播稿告诉听众大概是怎么回事，把事情讲清楚就行了。

（二）广播稿的常用修改方法

著名语言学家叶圣陶先生在谈到修改广播稿时说："编辑改稿，要注意四个方面。第一，注意稿件上讲的道理有没有错。道理有大道理、小道理，例如政治、经济、哲学上的道理是大道理，常识属于小道理。大道理固然要注意，小道理也要注意。大道理要靠学习，小道理要日常生活中随时注意。第二，要注意情味。内容严肃的，文章格调就不能嬉皮笑脸；内容轻松的，就不能板起面孔讲话。写的文章、讲的话，要跟内容配合起来。第三，要注意语言声音，电台广播尤其要注意。不论什么稿子，一定要通过两道关：一道关是说，另一道关是听。稿子要经得起嘴和耳朵的考验。我们要听众听起来吃力好呢？还是省力好呢？当然是省力好。第四，改稿子要注意言语的规范，语言的规矩就是语法。"①叶先生对修改广播稿作出了宏观与微观的概括，对改好广播新闻稿很有指导性。

广播编辑稿件主要是对原稿进行必要的修正、增删和润饰。具体来讲，一般有下面几种常用的修改方法：

1. 修正。修正是指对稿件的内容进行校正、核实，包括新闻事实是否确凿

① 叶圣陶：《文稿的挑选和加工》，《广播业务》1963 年第 6 期。

无误,其中涉及的观点是否符合现行的法律和方针、政策,使稿件达到真实、准确、科学、统一、清楚。此外,还包括对稿件形式的表达是否和谐的修正,如字词、语法、数据、标点等的运用,发现的任何差错,都要仔细地改正过来,并使之适合声音传播的方式。

2. 精简。精简就是指要做突出稿件主题的工作,删繁就简,去粗取精,去芜存菁。一次节目的时间有限,要在有限的节目时间里容纳更多内容和便于收听、易于理解,就要求广播新闻稿件既短小精悍又明白易懂,精简不仅任务繁重,而且要讲究方式方法。俄国著名短篇小说家契诃夫认为写得好的本领就是改掉写得不好的地方的本领。这和法国著名雕塑家罗丹讲的"雕塑的艺术,就是把多余的东西去掉的艺术"一样,都道出了对作品加工精简的本质。比较常用的精简方法有:突出主题或新闻的主要事实,剔除其他可有可无的材料;撷取精华,凸显典型事实而舍弃其余,或者取概要而舍弃细节等。精简按"以一当十"的原则取舍材料,不仅将与主题和主体事实无关的材料删去,即使有关的甚至是很动人的材料也要精选,防止游离主题或是叠床架屋罗列材料等。

3. 补阙。补阙是指为新闻稿件增加和补充有关需要的内容,如稿件本身出现的新闻要素不全、主要事实不足、背景材料不清、术语晦涩难懂的时候,需要为稿件增补某些材料。增补的内容通常包括:有关新闻人物、事件的背景和知识的资料;新闻细节、缩略语在稿中首次出现时的全称;连续报道中对此前报道过的有关内容的简要复述等等。编辑可请作者补充采访、写作,也可通过直接调查了解或者找资料补充。但务必做到增补有据、适可而止。增补的目的在于完整反映事物的面貌,帮助听众清楚了解信息,增强信息的有效性。

4. 改写。改写是新闻编辑运用改变原稿的角度、结构、体裁、篇幅等手段,将其中有新闻价值的材料改写成广播节目所需要的稿件,或将稿件分篇、综合。改写是修改稿件中的"大手术",难度较大,费时费力。要注意的是,这种对新闻稿的改写,是角度、结构、体裁、语言和表达方式的改变,并不只是文字数量的增减。改写的目的,是为了使广播新闻取得更好的效果。

第二节　广播的声音元素及其编辑

广播通过声音来传播信息,诉诸人的听觉器官,听觉元素便是广播通过声音表达信息内容的要素,声音是构成广播的唯一的物质材料和运动形式,没有声音便没有广播,一位资深的广播人曾感慨:"广播人毕生的追求便是解放声音"。广播是不具形态的线性传播,声音的感染力在于通过听觉信息的传真、传神、传情,唤起人们的听觉储备和丰富的听觉联想,从而产生如见其人、如临其境的理想传播境界。广播中声音符号的元素主要有三种:言语、音响、音乐。

一、言语元素及其运用

马克思曾说:“语言是思维的外壳”,语言能够准确地表达思想,在语言符号的有序排列中,形成了推理的模式,使人们的思想得以完整地表达。新闻广播中的语言是一种口头语言,用口语来报道新闻,叙述事情,提供娱乐和介绍知识。

语言除了表达逻辑、传递各种信息的功能之外,还有因其音调、音色、力度、节奏等因素的不同,而具有情绪、性格、气质等形象方面的丰富表现力。恰如一位著名的声学家周传基所说:“人所发出的一切声音,其中最主要的是作为交流的手段——人的话语,人声的音色、音高、节奏、力度,它们都有助于塑造人物性格的声音形象。”[①]新闻广播运用口头语言的表现力这一手段,往往能够使广播的新闻影响超过报纸。充满感情的人的话语具有无与伦比的力量,比文字具有更大的魅力,更能触动人的心灵。成功的演说家通过一两场演说就能号召众多的人追随,效果胜于若干长篇大论的评论,便是很好的例证。

因此,广播新闻的播报,正确地使用语言可以较好地赢得听众的信任。BBC广播节目的著名主持人苏拉力,在谈到广播言语的运用时有过现身说法的总结,他认为,新闻播音员的言语“决定把人们引导到什么方向去,可以说是极重要的。如你用低沉的声音说:‘晚上好,下面是6点钟的新闻提要:在苏格兰发生一起火车撞车事故。’那么人们会想:‘那肯定是可怕的,肯定死了好多人。’而如果一两条新闻后,你用轻松的甚至是欢快的声音说:‘一列火车在苏格兰被撞。’这马上就变成了轻松得多的事情。”[②]

大多数情况下,播报新闻的时候是单纯地运用声音,这时候的语言要求具体形象,从而引起听众的联想,使他们感受到历历在目的视觉形象。编辑新闻广播稿时,尽量采用能够想象得到的具体形象来代替抽象概念,用生动、典型的事实和感人的情节描写代替一般的叙述和抽象的议论,才能给听众较好的感性认识。比如这样表述:“利用无线电波运载声音,它的传播速度每秒钟可以达到30万公里。”虽然“30万公里”是个具体数字,但听众只是感觉到数字的庞大,“每秒钟30万公里”到底是个什么概念,快到什么程度并不清楚。如果换个说法,变

① 转引自周晓东:《我喜欢摄像学》,http://bbs.city.tianya.cn/tiany/content/52/1/543599.shtml。
② 转引自邓建平:《广播的审美效应》,《声屏世界》1992年第3期。

成“利用无线电波运载声音每秒钟30万公里，它可以绕地球跑七圈半”，这就更具体形象了些，听众对“每秒30万公里”之快，就易于理解了。

广播语言在语言系统中的地位，是处于金字塔的顶点，具有左右全局的意义。语言为广播提供了一种传播的方式，而广播因其特殊性的性能，对语言运用便有种种限定，如通俗化、口语化、具体化、简洁化等，这些是广播编辑在实际业务的操作中，应熟练运用与掌握的基本功。

二、音响元素及其运用

音响是指除了言语、音乐声以外的其他各种声音。在新闻广播中出现的音响通常是指自然音响，如人物的谈话、事物自身发出的声音、各种动作导致的声音、自然界的声音等。这些音响在新闻中是一次性的、客观存在的，不可模拟和重复。

在广播节目诸要素中，音响是与有声语言、节目音乐的形态不同、质能各异的特殊要素。它具有与诸要素彼此融合、相辅相成，使节目内容与形式、传播与效应和谐完美的特殊功能。一般来说，它缺乏明确的语义和严密的逻辑结构，不如有声语言那样言能进意、语能达情，但“它在反映事物运动时，往往能获得比有声语言更具体、更形象、更真实的特殊效果，使抽象的语言立体化，增强现场感，还可以活跃节目气氛，完善节目结构”①。音响效果既有写实的作用，又有写意的作用，具有较大的表现力。它在新闻广播中的运用通常是这样几种方式：

1. 运用原汁原味的音响。广播音响要逼真，就要求选取自然界与人类社会的真实声音，而且直接来源于现实，摒弃那些虚拟的、过时的音响。音响的原生态，可以让人们自然而然地联想到具体的事物和景物，如果听众能够确信听到的声响与所要表示的事件和情节是吻合的，那么将大大增强稿件内容对他的感染力。如全国广播电视优秀节目评选获奖的广播新闻《喜看我国运载火箭水下发射成功的壮观景象》，是一篇广播录音报道。标题就很有意思，明明是看不见的广播，却要让听众“喜看”，这里就靠音响在起作用。新闻在语言描述时，同期声中有大量的音响：潜艇指挥员下达命令的声音，火箭升空的呼啸声，直升机的轰鸣声，发射成功时船上汽笛长鸣、国歌高奏、人们欢呼雀跃的声音等等，在新闻中恰到好处地配合话语出现，从而以现场的各种音响，通过听觉在人们脑海中构造出一幅现场的真情实景，如同将听众带到了试验海区和现场，人们在这种身临其

① 阎玉主编：《中国广播电视学》，中国广播电视出版社1990年版，第454页。

境中，也信服了事件的真实。

2. 选用有典型渲染力的音响。典型的、富于表现力的现场音响广播是以声音塑造形象、描写环境的，并使之作用于人们的耳朵，让听众沿声入境，随声赋彩。音响是现场报道的生命，没有音响就不能构成现场报道。音响也是广播新闻中最为活跃的因素，具有很强的传递信息、表情达意的表现力，可以实实在在地增加现场感、新鲜感。

每个新闻事件现场都会产生现场音响，在选用音响时，无论是主体音响、环境音响还是背景音响，都要注意它的典型性，即选择那些有特点、最能反映事物本质、最具代表性、最能说明问题的现场感最强的音响，会对听众的听觉形成立体的笼罩，产生空间感、立体现场感，使现场报道具有身临其境的强烈效应。同时，典型音响的运用，易于聚集听众的注意力，缩短听众与现场的距离，进而对听众的听觉产生强烈冲击力，使听众的听觉形象迅速转化为视觉形象，达到如临其境、如见其人、如闻其声的效果。如获中国广播电视新闻奖的黑龙江电台的《互联网上的正义之声》，是为纪念"九一八"事变而采录的一篇录音报道，报道的结尾是合唱团的一曲《恶魔的饱食》无伴奏合唱，这个音响将气氛推向高潮，极大地感染了听众。

3. 选取有特定意义的音响。利用音响表现时间或场景，使广播新闻报道也能给听众展示出一个"画面"来。如录音报道中用蛙声表明夏夜，用隆隆雷声或哗哗暴雨暗示着夏季，用汽车的喇叭表明在路上，用嘈杂的迪斯科表示歌舞厅，用淙淙水声表明事件发生在河边，用清脆的鸟叫声表示清晨的到来，用轮船的汽笛声示意码头的场景，等等，这些音响听众立刻就能完全意会。

有的音响代表着某一特定事件或某一特定人物，如 2008 年 8 月 8 日晚电台实况转播鸟巢现场观众的欢呼声，标志着北京奥运会拉开帷幕；广播中响起毛泽东宣布的"中华人民共和国中央人民政府今天成立了"的声音，听众脑海中会即刻浮现毛泽东的形象。由这些音响，人们会联想到以往的某些社会经验、重大事件，并推断到事物和人的某些形象和特征。因此，有特定意义的音响以及变换，往往会带来人们思想中的时间和空间的转换。

4. 选取不同方式组接的音响。音响往往也具有电影蒙太奇式的功能。如选取四种连续的不同的音响：汽车行驶的声音；汽车急刹车的声音；自行车的倒地声；一阵痛苦的呻吟声。听众就会由这几种不同音响的组合而产生汽车撞到自行车的印象。若前三者的音响不变，第四种音响换成一阵密集的枪声，又会使听众产生警匪枪战的感觉。可见音响作为声音蒙太奇组成的材料，具有极大的艺术表现力。广播新闻中，特别是一些录音报道，巧妙地使用不同的声音组合，对烘托主题有很大帮助。如上海东方台的新闻录音特写《上海外滩》,以清晨的海关钟声,把听众的视野带进外滩景地,接着用进行早锻炼的人声作铺垫,引出特写的主角之一——清洁工。这一串音响突出一个早字,表示清洁工的辛劳。然后又以上海外滩各种车辆发生的噪声引出交通民警来,证明民警工作的繁忙,其新闻报道显得很生动、活泼。

三、音乐元素及其运用

音乐是通过有组织的乐音所形成的形象来表达感情、反映社会生活的艺术,也是通过演奏为听众所感觉的、伴随时间不断延续的一种动态表演艺术。在广播节目中,音乐是可以发挥广播媒介功能特点的重要媒介符号。目前,通过电波传送音乐会,仍然是体现音乐会现场效果比较好的一种媒介形态。

作为一种编辑手段,音乐可以使广播节目系统、连贯、有序。在节目中时间、地点、场合的转换,也往往需要用音乐来衔接。有些音乐还专门作为广播电台和节目的标志,成为片头曲。许多地方电台的早新闻节目中,一般按顺序播送本市要闻、国内外要闻、文体新闻、报纸摘要等内容,中间转换内容时便放几秒钟音乐来划分段落,听众也可以在疲劳的状态下得到心情的缓冲。

音乐在新闻广播节目中的应用,既有现场音乐,也有录音音乐或者是唱片、磁带的播放,后者更为普遍。现场的音乐,可以认为是代表着音乐家最好的演奏水平。主持人可以方便地对唱片或者录音音乐进行灵活的组合,在伴以令人愉快的轻声解读中创造出新闻节目的丰富想象空间。音乐与电台的广告播放需要也相关,因为这样可以使电台有规律地在音乐中插播广告。同时,对于新的唱片的发售而言,音乐片段的播放本身就具有广告宣传的作用,从这个意义上说,广告和广告宣传的产品是同一或重合的。20 世纪 50 年代到 60 年代西方摇滚音乐与流行音乐大量联姻,对于商业电台来说是一个天赐良机,这些音乐的时长大体上差异不大,这意味着商业电台可以有规律地插播广告,这对于容易消逝的广播声音媒介来说是十分重要的。相对于传统音乐来说,这些摇滚流行音乐一般都比较短,电台可以频繁地进行广告插播,这对于商业电台的发展而言,是一个重要的因素。① 广播音乐符号在广播新闻节目中的编辑运用,主要有以下几种形态:

1. 音乐作为新闻节目框架的分界线。音乐作为节目之间的分界标志,或者是电台的标志,与新闻节目或电台的风格紧密相连。虽然在电视和电影中也有

① Andrew Crisell, *Understanding Radio*, Second edition, Routledge, 1994, p. 71.

这样的应用,但在广播中作用更显得独特,这是广播听觉媒体的特性所决定的。

2. 音乐作为一种链接。在一档广播节目中会分成一定的小节,或者在节目中需要插播广告,这个时候音乐的作用有点像话剧幕与幕的间隔,起到间隔和连接的作用。

3. 音乐呼告作为台标与节目标识。这是体现节目标志的音乐,是电台之间的竞争区分开来的标志。这些呼告包括电台的名称和波段以及主持人的名字等,也是一个电台介绍的浓缩版,体现电台的特征和风格。音乐不仅是一个电台的主要标志之一,也是电台商业上成功的重要因素。

4. 音乐本身作为节目的内容。音乐作为一种独立的节目形式,是一种文艺的版块。肖邦说过:"世界上什么都能够缺少,就是不能缺少音乐"。对于音乐发烧友来说,打开收音机就是想听听音乐,从中得到愉悦和舒适。

四、强调各元素系统组合

言语、音响、音乐是广播声音符号的三大元素。就新闻广播节目的总体而言,对一些类型的新闻,如现场报道、新闻专题、配乐通讯等节目,这些元素的多种方式的不同组合,会产生比使用单一元素好的效果。广播运用声音符号,按时间顺序传播新闻信息,这种传播方式决定了它的节目编辑手段,主要包括:利用前后内容的客观联系,恰当安排稿件播出时间顺序,增强多种内容互相强化收听印象的互补效应;协调各种声音符号,利用语言和音响的合理组合和分布,引发听众的持续收听兴趣;适当运用"峰谷"编排方法,使整个节目形成波澜起伏的结构和多个收听高潮;调动声音内部诸要素如音量、声调、节奏等的表现功能,为节目创造一个悦耳动听的氛围或声音环境。BBC 地方电台的新闻编辑赛蒙·埃利斯就此对广播元素的系统组合总结说道:它们使电台新闻栏目变活,所以用得越多越好。[①]

第三节 广播节目的编辑手段

广播的编辑手段,是在广播节目的编辑、制作、播出过程中,为了激发听众收听兴趣、增强收听印象、争取更好的播出效果而采取的各种编辑方法和技巧的总称。[②] 下面将分别谈及解说词的编辑和广播节目的编排。

---

① 转引自葛燕:《广播的元素组合》,载内部刊物《天山视屏》1993 年第 4 期。

② 方毅华、孙倩:《新闻编辑学教程》,中国传媒大学出版社 2008 年版,第 115 页。

一、解说词的编辑

解说是广播和电视新闻特有的文体。广播栏目中的解说大多只是一些片断文字,不是完整的作品,去掉声源它就是支离破碎的不能单独存在,必须和实况的声响一起共同构成完整的报道。

1. 解说词与声源的配合

广播新闻的解说不能撇开声源单独撰写文字稿,要考虑和声源的整体安排。在编辑节目时,解说词应结合声源的实际情况来统一确定报道主题和谋篇布局。通常是这么做:第一步根据录音素材记全内容,将精彩的音响段落记下来并标明磁带的位置。第二步对材料进行分门别类的再整理,将其中涉及的事实、观点、情景、音响等逐一记在各个题目下,通过整理报道使主题清晰,以保证好的东西不会被遗漏。这是音响、解说整体构思的过程。解说应使用软导语等广播新闻表现手法,对报道的主题及声源运用作适当的铺垫。同时,应该把声源置于恰当的位置,使音响使用突出,全篇结构平衡。在编辑解说词的过程中,在文字稿上注明什么地方出声源,什么地方结束,什么地方混播,标明内容及位置,使录音、播音等录制人员充分了解这个报道的具体要求,也使编辑工作头绪清楚。

解说中还应该解释说明正在播出的音响。解说与声源之间互相不能脱节,否则会出现各唱各调的局面。比如播音员已经在介绍另外的内容了,而上一段的音响还衬在后面尚未隐去,或者是这一段内容还没说完,下一个场面的音响已经提前进入,都是不应该的。另外,解说的语言要求通俗易懂、具体形象;内容编排要求集中,结构可相对疏松,要准确概括事实和评价事实,同时兼顾背景材料的介绍。

2. 直播报道的解说

现场直播报道的解说,是整篇新闻报道的灵魂和主导,它承载着再现新闻事件真相风貌的功能。中央人民广播电台的陈代泽在《试论广播现场直播解说词的再现功能》一文中认为,广播现场解说具有补缺、再现和共鸣三大功能:补缺功能居于第一层次,让新闻事件的事实完整起来,使人明白,是“初级阶段”;再现功能居于第二层次,展现新闻事件的重要画面,引人入胜,是“高级阶段”;共鸣功能居于最高层次,反射新闻事件的闪光“亮点”,引起听众情感共鸣,是“升华阶段”。这三大功能客观上形成骨架、血肉与灵魂的关系,它们互为表里,在各自的层次上,层层递进地展现新闻时间的真实面貌。这个阐述很精辟。

对那些预知的重大新闻事件的现场直播报道解说,编辑必须提前精心准备解说稿。古语说:“凡事预则立,不预则废”,特别是大型现场直播报道,成败与否在很大程度上要看前期现场解说词的写作与编辑水平。2009 年 10 月 1 日是新中国成立 60 周年,我国在天安门广场举行了规模空前的盛大阅兵式和群众游行。中央人民广播电台的大型现场直播报道,在该台的历次大型现场直播报道中堪称最为出彩和成功的一次报道,而中央人民广播电台提前准备的写作与编辑的解说词,则是这次报道成功的重要基础。

二、广播节目的编排

广播电台的编辑通常都负责一个栏目的节目编排工作,各处稿源齐聚编辑之手以后,编辑要把它们组编成各种节目,首先所要考虑的是栏目的整体播出效果,包括内容的搭配和播出顺序的安排。因此,每次节目的内容如何搭配,开头话怎么写,怎样编写提要,整个节目如何串联,中间穿插什么歌曲和音乐,间奏乐怎么安排,结束语怎么写,编辑都要精心设计、精心安排。这项工作的重要性,不亚于报纸编辑拟定标题和编排版面的工作。

编辑应根据听众的需求、节目内容的轻重、音乐的选择和安排、音响效果、节奏感、播音员的特点等方面的因素来考虑节目的编排,追求的目标是在有限的时间里把最新鲜、最翔实的新闻及时地传播给听众,同时还应注意广播新闻节目的编排要具有相对的连续性。一个新闻事件,由于时间的限制,上一个时段播出可能没有交代背景,而在下一个时段中则可以较充分地展开。突发性新闻以及播出之前来不及制作的新闻,可在节目播出过程中适时插播。

(一) 节目编排的原则

1. 突出主旋律。广播新闻传播旨在反映客观实际的发展变化,为听众提供各个领域的最新重要信息。突出主旋律,就是节目应对人们关注的重大事件或问题,重要的决策、部署和方针、政策,进行集中、连续的报道。也就是在一段时间内或在一次节目中,编辑围绕某一中心,从不同角度、运用各种体裁和编播方式,作多方位的报道和阐述。当然,突出主旋律的同时也应兼顾一般,所谓红花还要靠绿叶来映衬,这样可以尽量扩大报道面,避免报道单一。

由于我国的新闻媒体都隶属于政府部门所有,承担着政府喉舌的职责,因此要把体现政府工作的方针政策的报道当做重点。对当前经济工作、思想文化等最具有指导意义的新闻稿件,一般都排在头条或二、三条,重大的政治任务还要组织连续报道、系列报道。新闻节目遇到重大问题或重大事件,除发消息外通常还还配发通讯或者言论,在编排上做到集中突出有声势。特殊重大的宣传任务,可以整档新闻节目都安排一个内容,有时甚至连续几天。安排同一个内容,可以使宣传报道内容集中,主题突出,显出报道的分量,对听众的影响较大。比如每年3月在北京召开的全国“两会”，各广播电台编辑都要策划安排系列报道。

广播是线性传播，要按时间先后的顺序排列，来区分新闻的重要程度，重点新闻、重要事件一般应放在前面，以起到先声夺人、先入为主的作用。如新出台的政策、法规以及较严重的突发性事件等，还可以采用配言论、音响报道、加编后或提要等编排手段，尽量把重点新闻突出起来，引导舆论。

2. 扩大信息量。在有限的新闻节目时间里扩大信息容量，让听众用较少的时间获得较多的信息，这是当代社会对广播新闻的要求。如国内新闻包括工业、农业、财贸、政治、军事、外事、文教、科技、体育、卫生等内容。在一般情况下，政治、经济新闻排在前面，文教新闻排在后面，军事、外事新闻多排在政治、经济新闻和文教新闻之间，重要事件也可排在它们之前。

为了扩大节目的信息容量，不少电台通过缩短新闻的篇幅来增加每次节目的新闻数量。如中央人民广播电台在早上的30分钟《新闻和报纸摘要》节目里，除标题外要播出七千多字。上海人民广播电台的《990早新闻》，在60分钟的节目时间内播发的新闻也在60—70条。节目的新闻容量的扩大，不仅较好地满足了听众的信息需求，也加快了新闻的传播速度，发挥了广播的优势，强化了广播的竞争力。

3. 增强可听性。收音机掌握在听众手里，如果所广播的新闻节目不符合听众的口味，他就会换频道甚至关掉收音机。不管编辑在制作这个节目时，有多么良好的意愿和花费了多大的精力，听众反应的好坏，是评价一档新闻节目是否达到预期效果的重要指标。为了适应听众的特点和需要，广播新闻节目编排一向强调层次清楚、详略得当、脉络分明、结构严谨。要真正落实到节目中，还需要编辑的精心策划和编排。

编辑要把来自各种渠道的分散的稿件组织起来，使它们成为一组组相互联系的稿件群、一个个完整的节目，从而使听众“看”到比较完整、统一的画面。稿件和稿件的不同组合，往往能产生不同的意义。正确的组织、合理的编排，可以真实地反映出全局的面貌，抓住社会生活中的主要矛盾，引导人们去正确认识和处理这些矛盾，否则广播的新闻产生不了什么效果。

（二）节目编排的方法

新闻广播的节目题材广泛、信息量大。编排得当可充分利用新闻资源，事半功倍，编排不当则事倍功半，容易浪费新闻题材，因而要特别注意配套安排，利用各种编排方法增强播出效果。下面分别介绍几种常用的编排方法。

1. 主题编排。这种方法是把同一主题的不同体裁的新闻稿件或者有内在联系的两篇以上的稿件进行编排，组合在一起。主题编排法的特点是策划精心，主题集中。有的大型新闻节目还设有固定名称的专栏，如一些节目的“各地短讯”、“国际短波”等。这种编排的优点在于：(1) 同类信息内容集中，便于听众全面了解新闻事实，并且印象深刻。(2) 条理清晰，层次分明。这类新闻节目如黑龙江电台的《纪念抗日战争胜利特别节目》、北京电台的《元旦特别节目》、盐城电台的《世界环境日特别节目》以及四川电台围绕《中国西部论坛》制作的新闻节目、天津电台围绕北京奥运会制作的《体育大世界》节目等，都是主题编排出色的新闻节目。

2. 对比编排。这种方法是把两类具有对比性或对立性的新闻稿件编排在一起。其好处在于借二者的差异揭示矛盾或者说明某种思想观点。对比编排一般采用正反对比、今昔对比、特色对比的方式，这样可以增强反差的刺激性，使听众在强烈的对比中识辨真伪、善恶、美丑。

对比编排法的特点是新闻两相对照，观点鲜明。即把同类人物、同类事件而性质不同、效果不同的新闻编排在一起，进行横向比较。或将新闻人物、新闻事件的现实与历史进行纵向比较。如河北人民广播电台在新闻报道《惊动全国的廊坊霸州市公安局民警杜书贵枪杀无辜群众一案，今天被一审判处死刑》(配发资料，介绍枪杀案件经过)后面，紧接着安排《公安部今天召开刘金国先进事迹电视电话会议，号召全国干警向我省公安厅副厅长、“优秀人民公仆”刘金国同志学习》(配发专访：公安部部长高度评价刘金国事迹，以及介绍刘金国事迹的报道《永远不做对不起老百姓的事》)。在这两个单元之后，编辑邀请本台特约评论员、省委党校的教授，就此正反两个典型进行分析、评论。这种对比编排法体现了编辑的导向意识，阐明了现实意义，极具说服力。

3. 分类编排。分类式编排是把每天播出的整点新闻细分为财经新闻、时政新闻、文体新闻、国际新闻、法制新闻、社会新闻、教育新闻、交通新闻等，根据听众的收听习惯，选择最佳时间播出。分类编排的特点是强调依照听众需要，让重要新闻滚动起来。

要了解某一个时段听众最想获得哪一类新闻；某一个时间段，哪一类听众最多；某一个时段，哪一类新闻发生最集中。这三个区域相交的部分，就是某一类新闻安排播出的最佳时间。比如上午 8 点股民听众最集中，最想了解股市信息，因此在这个时段安排播出财经新闻；晚上 9 点学生听众最集中，最想了解文体新闻，就在这个时段安排播出文体新闻；等等。听众对新闻的需求往往是动态的，因此，编辑要定期分析，深入听众，倾听他们的意见，或者换换位，站在听众的角度听听自己的节目。

4. 连续编排。广播新闻迅速及时、简明扼要地报道新闻事实，短的只有几十秒，有的简讯甚至仅几秒，长的也不过两三分钟，它以时效性快的特点报道一些正在发展变化的信息，同时也促成了它自然地运用连续报道的形式。如上海东方广播电台对“9·11”事件的连续报道就很成功。事件发生后，该台就以连续编排的形式，对事件的进展进行了报道，效果较好：

纽约世界贸易中心附近一座47层高楼遭袭击倒塌

据新华社最新消息，纽约世界贸易中心两座大楼遭袭击倒塌后，附近又有一座47层的楼于当地时间下午倒塌。

安南强烈谴责针对美国的袭击事件

联合国秘书长安南发表声明说，这些袭击无疑是精心策划和协调进行的恐怖主义行动，恐怖主义不管在哪里发生，它都必须受到坚决打击。……

联邦调查局证实4架客机遭到劫持并用来撞击美国目标

美国联邦调查局证实，美国航空公司和美国联合航空公司在9月11日当天有4架客机遭到劫持，其中3架分别撞向了纽约世界贸易中心和华盛顿的五角大楼，1架在劫持后不久在匹兹堡附近坠毁。……

五角大楼一角被炸毁

在纽约世贸中心遭袭击大约30分钟后，又有一架飞机撞击了位于首都华盛顿美国国防部所在的五角大楼，大楼一角被毁。……

世贸中心被炸

美国当地时间9月11日早晨，纽约的世贸中心姊妹楼首先遭恐怖分子劫持的两架飞机撞击。第一次袭击始于8点45分，一架由波士顿飞往洛杉矶的波音767客机被恐怖分子劫持，低空飞行撞到了世贸中心南侧大楼，大楼马上起火，并被撞去一角。有人受到惊吓，甚至从窗口直接跳出。……

恐怖袭击美国，白宫成为空城

白宫这座象征美国最高权力的建筑现已成为一座名副其实的空城。

美国联邦和各州办公大楼均被关闭，重要旅游胜地如佛罗里达迪斯尼乐园等也纷纷关闭。……

第四节 广播主持人节目的编辑要求

一、广播主持人节目的流行

在广播的大千世界里,最早以广播节目主持人的身份崭露头角的,一般认为是美国哥伦比亚广播公司新闻部的爱德华·默罗,他在第二次世界大战中主持《这里是伦敦》的现场广播节目。这个栏目每次播出的内容都是由爱德华·默罗策划、编辑和播报的。当时英国和德国的战争正持胶着状态,每当德军的飞机轰炸伦敦时,人们纷纷躲进防空洞,而爱德华却跑向楼顶,拿着话筒向听众报道:“我站在屋顶上,俯瞰着伦敦全城。此刻万籁俱寂……听,炸弹响了,那是在我们上空爆炸的。早些时候,我们似乎听到许多炸弹落下来,落在附近几条街上。现在,我们头顶上就是高射炮弹的爆炸声……”爱德华身兼记者、编辑、播音员为一体,以自己独有的克制、沉静的声音叙述他眼前发生的事情。电波将他的现场报道传向四面八方,激起反法西斯阵营听众悲壮的义愤感。这种形式的播报方法,开始逐渐为其他国家的广播电台效仿。

所谓主持人节目,就是以第一人称“我”的身份,经常地、直接地同听众发生联系的广播节目。[①] 同过去只是播报编好的稿子相比,它是一种新的广播节目样式,也是一种可听性很强的广播形式,编辑行为随时都穿插在他播报节目的过程中。主持人节目也是我国广播工作者遵循广播宣传的客观性规律,借鉴国外的成功经验,对广播节目进行改革和创新的结果。20 世纪 80 年代主持人节目一出现,就受到了听众的欢迎。在我国最早出现的主持人节目是 1981 年元旦中央人民广播电台对台湾广播中由徐曼主持的《空中之友》,接着广东台又出现了由李一萍主持的《青年之友》。之后,各地的主持人节目不断涌现,内容涉及娱乐休闲、教育科技、体育健康等等。浙江省第一家开设主持人与听众一对一谈话交流的节目《西湖之声》的“孤山夜话”,在晚间与听众进行多方面的交流,多年高居当地收听率前列。主持人节目对改变广播节目面貌、改革广播体制、提高工作者素质具有重要意义。特别是近些年来在广播中的发展如雨后春笋。

目前广播主持人节目一般可分为几类:一类是有稿子的播出节目,大多正式的新闻节目便属此类;一类是无稿子的直播节目,如现场直播;还有一种是听众可以打电话参与的热线直播节目。显然,后两类直播节目的主持人素质要求更高一些,因为他还要有编辑的思维,随时调整播出的内容。节目主持人是新闻播

① 吴郁主编:《播音学简明教程》,中国传媒大学出版社 2004 年版,第 428 页。

出最后环节的负责人,不管主持人是否意识到,在他主持的节目播出的时段,他就是一家电台的代表,他的水平在一定程度上体现了一家电台的水平。或者说,主持人的素质直接影响到节目的质量。因此听众在听评主持人节目时,除了听评节目的内容外,还听评主持人的素质。

二、广播节目主持人的编辑要求

相比广播新闻节目的一般播音员,从编辑角度来看对广播节目主持人的要求更高一些,主要有这么几点:

1. 要有个性特点。个性化是以“我”的身份主持节目的必然要求,是主持人节目的显著特点之一。一般在固定的主持人节目里,主持人一经确定就不怎么变动,这既有利于主持人与听众建立稳定的感情联系,也有利于使主持人逐渐成熟起来,形成符合节目的个性化,这样节目才有特点,从而吸引听众。主持人如果缺乏个性化的形象,在听众心目中留下的印象就只能模糊笼统,与听众交流的感情也无所依托,主持人节目也就名存实亡了。

广播节目主持人的个性主要是通过语言表达出来的,语言的个性是节目主持人能力气质、生活经验、性格资历、文化修养、思考方式、审美趣味等在语言中的综合体现,是主持人内在素质的流露。节目主持人往往固定某一个节目,久而久之,主持人的声音特点就成为听众辨认节目的标记。声音要有个性,才便于听众认知,而听众的认知程度关系到节目的收听率。

声音的个性是从两个方面体现的:一是节目的选题、内容的编排等都具有节目主持人的个性色彩;二是指声音特点。节目主持人不要去模仿他人的说话腔调,或者追求一种模式化的声音。本身就具有天籁之音的音色固然好,具有听众共同的审美性。但更应该从个人的特点入手,坚持用自己的言语表达内容,形成自己独特的主持风格。如中央人民广播电台的方成、夏青、虹云、付成励等出色的主持人,其播音风格都是独特的。

2. 要有社会责任。节目主持人应对现实社会满怀一种责任感,锻炼出对生活始终保持高度的关注、敏锐的洞察和良好的分析能力。这样,在主持节目时,才能把握住时代的主旋律,迅速、及时、准确地捕捉社会的热点、焦点,揭示其内在的意义,使主持的节目思想深刻、针对性强,能深刻地反映社会现实。社会责任感包含着民族情怀和时代精神,它敦促主持人要站在一定的高度,既要敢说真话、吐真言,又要保持鲜明的个性,同时还要超越一己之见,体现出对社会普通大众的关注,“先天下之忧而忧,后天下之乐而乐”。这样,主持人身上所散发出的那种理想主义的光芒,就能形成一种精神磁场,对听众产生一定的感召力和吸引力，更好地满足听众内心世界中的精神和情感的需要。

在信息社会中，信息高速公路连接众多媒体组成巨大的信息“超级市场”。在新闻市场的激烈竞争中，广播这一传统媒介仍有其自身优势，高素质的主持人会获得更大的发展空间，因为现实的社会语境为他们提供的成为广大听众“注意中心”、“意见领袖”的机会越来越多。当然，这并不是要主持人去充当传经授道的牧师，精通万事万物。但凭着一种社会责任感，他们完全可以成为广大听众有亲和力的、可信赖的朋友。

3. 要有协调能力。主持人处在广播传媒连接听众的关键位置，这就要求主持人在节目内容播出时，要把握好上下段落和各个小栏目的内容连贯性，使节目做到组合合理、形式活泼、转折自然。这类组织工作往往要靠言语来完成，这些言语包括巧妙、生动、恰当地运用引导语、串联词以及结束语。如中国国际广播电台的一个主持人节目《中国首届莎士比亚戏剧节》，主持人在节目中向听众介绍了莎翁作品被介绍到中国来的简要历史，说明了举办这届戏剧节的目的，报道了北京、上海演出的剧目以及经过移植和改编的某些剧目的特点。其中的串联词承上启下、生动活泼，起到了转移话题的作用：

> 早在20世纪40年代，几位京剧艺术家就想到把东西方表演艺术相结合，他们演出了京剧《罗密欧与朱丽叶》。如今，北京实验京剧院又把《奥赛罗》搬上了京剧舞台。

这段串联词在介绍完莎翁的几部重要著作之后，话锋一转谈到了在中国的传播。这样便巧妙地把不同内容的稿件连成统一的整体，克服了内容间的断裂感。主持人除了要充分重视不同内容的起承转合之外，还要对具体的表现元素加以考虑，从而有利于听众收听，同时讲求综合效果，使节目播出达到最佳水平。

4. 要有整体观念。主持人节目特别强调节目的整体结构和宣传的整体效果问题，在节目中需要围绕主题组织有关内容，重点突出、主题明确，内容丰富多彩。节目中的多种声音，包括主持人的声音、采访音响和被采访对象的讲话、配乐以及插入的音乐、歌曲，都要有一个总体构思，协调配合、互为依托，听起来给人和谐、统一的美感。如获浙江省广播奖的浙江电台主持人节目《“金红色”的太阳》，以纪实的手法叙述了盲人学生对美的渴望和追求，内容十分感人。节目除了主持人和记者交谈外，还充分利用广播所擅长的表现形式，如旁白、采访录音、音乐等，巧妙自然地安排素材，尤其是记者黄昏时分对太阳的一段描述和开头、结尾制作的旁白，在背景音乐的配合下，整个节目意境优美、气韵隽永。

主持人是前台的代表、后台的核心，应当是节目的指挥者、设计者和组织者。

主持人不仅对一篇稿件、一次节目、一个环节负责,而且对这个节目的每次播出都应通盘考虑,负责到底。他要把节目的主旨融于选题、采访、编辑、制作、播音等节目生产的全过程,最后以第一人称直接与听众交流,以有声语言的形式与听众见面,对整个节目起着一种主导和驾驭作用。

第十章　电视新闻编辑

第一节　电视新闻中各种元素的运用

所谓电视新闻编辑，是指以提高电视新闻稿件和节目质量为目标，以编辑专业人员为主体，按照电视传播的特点进行前期策划、组织和后期加工、制作、播出等一系列工作环节的总称，具体包括制订报道计划、负责节目安排、栏目设计、画面编辑、文字处理等业务。

一、电视新闻的优势

电视新闻编辑与报纸新闻、广播新闻的编辑既有相同之处又有不同之处。和报纸编辑相同的地方是都有文字编辑，不同之处是电视新闻更具口语性、通俗性、简洁性，而且有电视声画的特性。和广播编辑相同的地方是文字编辑方面以及言语、音响、音乐的元素运用上都相近，而不同的是电视还要集文字、画面、声音于一体，做到声画同步，文字画面互补，体现电视媒介的个性。电视新闻相对于报纸、广播，其优势主要有三个方面。

（一）呈现新闻现场的情景

电视新闻是用画面、声音等表现元素来直接展现事实发生的现场，观众从新闻报道中直接看到事实的发生、发展及变化，并听到记者在现场的具体解说。比如一场惨烈的车祸过后，现场鲜血四溅，伤者的哀号，亲人的哭泣，过路群众的救助，救护车呼啸鸣笛等等，这些鲜活的画面在观众的眼前逐一呈现，使人产生身临其境的感受。电视新闻直接反映这种原生态的生活景象，具有超越报纸和广播的新闻报道的吸引力。如下面这条浙江电视台、乐清广电台、温州电视台的联合报道：

小金飞向总理直言

【录播】8 月 28 日，是市二中高三学生叶金飞终生难忘的日子，她能够面对面地向温家宝总理反映情况。

14号台风“云娜”给我市造成极大灾害。28日上午,国务院总理温家宝冒着酷暑,到我市视察灾情。

【现场音】

总理:我来看望大家。

群众:总理好,总理好。

【录播】人群中,一个女孩一脸焦急地向总理挤去,她就是叶金飞。总理看见她,立刻亲切地握住她的手。

【现场音】

总理:上来说,上来说。

小金飞:我不知道该不该讲,我外婆家和奶奶家那边山体都裂开了,她们现在很危险。

总理:地点在什么地方?

小金飞:在陈家坑村和兰田村。他们的山全都已经裂开了。

总理:我知道,我知道。很危险。

小金飞:很危险。一下雨的话他们全都要往外跑,这样的话根本不能过日子。我不知道国家的安置政策是什么样的,我上次看报道说总理为民工讨回工钱,这会儿我也很勇敢地站出来,我希望您能为我们解决这个问题。

总理:你叫什么名字?

小金飞:我叫叶金飞,我上高三了。

总理:小叶,你放心,我一定落实。如果我落实不了,你找我,找省委书记,好吧?一定使你家里安全,好吧?

金飞:感谢总理,谢谢您!

【掌声】

这是一条获得中国广播电视新闻奖短消息类一等奖的作品。这条电视新闻总共只有简短的1分10秒,报道的是国务院总理温家宝到遭台风严重袭击的乐清市视察灾情并慰问灾民,该市高中学生叶金飞趁此机会向总理反映她奶奶和外婆家的灾情,希望总理能够予以解决。温总理当即表示他一定落实,请叶金飞放心。新闻通过温总理和叶金飞的对话,反映了总理联系群众的精神风貌以及和蔼可亲的形象。新闻中,当温总理听说金飞家里还处在危境当中时,情不自禁地表达出“很危险”的感叹,并答允:“如果我落实不了,你找我,找省委书记,一定使你家里安全!”总理为人民、将人民的安危系于一身的形象溢于言表。同时小金飞的形象也让人难忘,她与总理的对话展示出当代中学生关心时事、关注社会、敢于向总理直言的新风范。她反映情况时似乎有点语无伦次，但恰恰显示出现场的真实性。新闻运用同期声，观众直接听到总理的声音，目睹了总理视察的真实情景。

（二）直播正在发生的新闻事件

电视的现场直播，是电视新闻优于其他传播媒体的明显长处。这种现场方式报道新闻，减少了事实真相与报道之间可能产生的“噪音”，基本实现了事实发生与报道之间的“零时差”。观众直接目睹事件的进展状况，仿佛自身也参与到其中，新闻传播的效果大为提高。如2009年10月1日，天安门广场举行庆祝中华人民共和国成立60周年的盛大的阅兵式和游行，中央电视台现场直播，几小时规模空前的阅兵式与游行盛况，电视机前的观众尽收眼底，甚至比在现场的观众看得更全面。电视新闻的这种现场直播，发挥出报纸和广播新闻所无法比拟的传播效果。

特别让人难以忘怀的是对2008年汶川大地震的直播，亿万观众通过中央电视台目睹了无数生动的现场画面：温家宝总理在急赴灾区的专机上讲话，号召灾区人民坚定信心鼓起勇气；温总理在救援现场鼓舞幸存者坚持住，在看望灾区小孩时动容流泪；各路抢险队伍急奔灾区施救夜以继日；全国踊跃募捐救灾物资源源不断；海外各地政府与民众热情相助；各行各业在哀悼日为罹难者掬悲情泪水……现场直播让观众目睹真相，避免了谣言的滋生与流行，保持了民众在重大灾害面前的镇静，维护了国家的政治稳定。“这场‘全国直播’的震情随着电波和网络迅速传送，不仅没有扩散恐慌，反而抚平了公众的不安，凝聚起坚定沉着宁静的力量。”①可以说，央视关于汶川地震的现场直播，成为传递各方信息、凝聚人心的坚实平台，为民众在政府有序的组织下，广泛开展抗震救灾起到了良好的导向作用。

（三）现场人员的即时分析

电视报道中对新闻事件的现场即时分析有两种表现：一种是记者在新闻发生地一边进行现场报道，一边发表自己的意见，将自己对眼前发生的事实的看法，连同新闻事实一起告知电视机前的观众；一种是新闻或谈话类节目，在电视上由本台评论员以及邀请的专家或其他嘉宾，就近期或刚刚发生的重大事件即时进行专题分析，如中央电视台的《新闻会客厅》、香港凤凰卫视的《时事开讲》等，这两种现场人员对新闻的分析，都是直接面对观众发表的即兴谈话，体现出人际传播的特点，比纸质传媒更显得生活化、人性化，给观众一种亲切感，也更容

① 陆侠：《灾难中凝聚沉着的力量》，《人民日报》2008年6月13日。

易发挥出传播效果。

电视新闻节目从拍摄、制作到播出是一个完整连贯的过程。在这个过程中，编辑居于核心地位，起着神经中枢的关键作用，决定着整个电视新闻节目的质量和效果。作为一个编辑人员，要根据每天掌握的动态消息，以敏锐、超前的思维与判断，科学准确地确定当日新闻节目的报道主题和整体结构，并依此进行新闻的选择和取舍、稿件的删改与提炼、内容的编排与包装、串联词的撰写等等，使整期节目编排的意图更明确，更有层次，也更完整。只有做到编排思想的明确和强化，才能使得电视新闻的内容多而不杂、快而不乱，在多方位、多角度、超大信息的报道中把握到潜在的思想和流动的脉搏，充分发挥编辑在电视新闻制作、播出中的主导作用。

二、电视新闻编辑中各种元素的运用

电视信息传播的符号系统包括视觉和听觉两个基本部分，反映到观众面前，就是画面和声音，二者是相辅相成、不可分割的整体。在电视新闻中，画面和声音的关系大致分为两类：一类是声画同步；一类是声画对位。电视新闻的画面主要包括景别、角度、镜头、字幕、图形、图表、照片等元素，声音主要是解说词、同期声、音响、音乐等。

（一）编辑新闻画面

对画面的编辑，主要是处理好画面和声音的关系，做到声画合一。声画合一是电视新闻特别是消息报道的常见情形。声音和画面形成了相互配合、同步并行表达事物的关系，声音发挥着解说的作用，画面发挥着印证解说的功能。总体上是画面支持解说。电视新闻节目中，声画合一运用得最多的是同期声，即声音和画面同时被录进同一条新闻里，它能有效地增强气氛，使观众视听一致。此外，要做到声画对位，即把蒙太奇的组接技巧运用到声音和画面的关系中来，其特点是声音和画面都保持完全连贯，按照各自的规律去延伸发展，并在各自独立发展的基础上有机地结合起来，形成声音和画面的对列效果。声画对位和声画合一的紧密结合，能产生单纯声音或者单纯画面本身达不到的效果，使画面和声音的表现力得到新的拓展。

编辑画面要重视它的效果，画面要有逻辑性，避免出现无效的画面。要善于表现现场的形象，还要用连续的形象画面考虑新闻报道的结构。特别是借助蒙太奇技巧，把单个的镜头有机地组织起来，使它们表达一定的内容和意境。运行原则有：符合观察规律和逻辑规律；遵循方向一致原则和轴线规律；使“动接静”与“静接动”有机结合；注意机位与景别的变化；注意有景别的变化；保持影调和色彩协调一致；等等。

（二）编辑新闻文字

电视新闻的文字也就是通常所说的电视解说词和节目内容的提示。编辑要对所负责的新闻中的每一条消息进行合理的加工，有些重要消息，还必须写好编前话、编后话，配发评论。编辑部的意图，与受众之间的沟通，都由编辑拟定。在每篇新闻的编辑中，都要注意审查三个方面：围绕主线，层次分明，构思新颖。围绕主线，是要求电视新闻只围绕一个中心来编写文字，层层深入，避免引经据典式的展开或纵横捭阖式的大起大落。层次分明，是要求层次和语句之间的过渡、照应与铺垫，使电视新闻具有纵深感。构思新颖，是要求文字有感召力、影响力，并适当设置一些悬念或展示一下电视新闻的主题要旨，以知识性、趣味性吸引观众。

叙事蒙太奇中的前进式句子、后退式句子以及循环式句子在画面组接时要娴熟运用。一些能表现细节的画面应生动传神。编辑在处理画面时要注意这些瞬间的细节画面，适当时候选择一些有现场感的画面和有说服力的现场声，如紧急抢险、大型晚会等节目中，若适当用现场声，受众看到这些画面时，就会像到了现场一样。

编辑文字还包括字幕。字幕看似平淡无奇，却有着独特的表达功能。字幕的功能主要有：(1) 说明作用：在画面中直接传递重要的新闻信息，如标题字幕、新闻报道的要点等；配合说明画面的状态，如表示画中人的姓名与职位、采访的时间与地点等，起补充作用；报道单独的信息，如屏幕下方滚动的字幕新闻。(2) 结构作用：承上启下，使上下文联系起来，如上面讲述了什么事情后，淡入字幕“×小时”或“××天（月、年）”，待字幕淡出后再接着叙事。(3) 美化作用，如艺术性的片花字幕、内容提要字幕等，其字体、颜色与画面的良好配合，可使屏幕和谐协调、相得益彰，给人以美感。因此，编辑不要忽略字幕的作用。

（三）编辑配置音乐

在电视新闻节目中，音乐常常起到串联、间隔和过渡的作用，这是音乐的结构功能在画面编辑方面的体现。因为音乐的主观色彩较浓，而新闻消息又重在客观，此外消息也比较简短，所以在消息类电视新闻中编辑很少配置音乐。但这并不说明音乐完全就不适合电视新闻节目，如 CNN 报道美国的火星探测器发回火星表面照片的新闻，就很好地运用了音乐的手段：图像经过电脑处理，一个巨大的、快速旋转的、火红的星球美丽无比，这段持续 20 秒的录像片配上了雄壮的音乐，画面与音乐浑然一体，震撼人心。在一些趣味性的新闻中，常常配上诙谐的音乐增添轻松的喜剧色彩。

随着新闻报道手段的不断更新和发展，近年来，在消息类新闻中，一些展示性题材的软新闻常会用到音乐。在这些软新闻里，适当地配上一段效果音乐更能增加新闻的综合效果。特别是在大型系列片或专题片中，音乐更是被频繁用来渲染气氛、烘托情感和拓展时空、表现主题。如在一部报道有关艾滋病的专题片《走出阴影的籽粒村》中，在描述上蔡县的艾滋病感染者的患病原因时，用了节奏较为舒缓的音乐，烘托出气氛的沉重。而节目的最后，在表达老王一家通过政府帮助和自我救助逐渐走出艾滋病阴影时，笑脸配上欢乐的音乐，挖掘和烘托出了人们内心深处的情感。

音乐在节目中还具有标识的作用。比如节目的片头曲、片尾曲，子栏目的题头音乐等。这类音乐一般个性鲜明、简短凝练、相对稳定，有利于树立节目形象，帮助受众识别节目，并唤起受众接收兴趣。如许多人耳熟能详的中央电视台《朝闻天下》、《新闻联播》、《焦点访谈》等节目的开始曲。另外，在一些属于节目包装性质的段落也会用到一些音乐，如片头、片花、一些快讯或快速扫描式的段落等。

第二节　电视新闻节目的编辑制作

电视新闻由于有流动的画面，其节目制作比报纸新闻及广播新闻的采编过程要复杂。一般来讲，电视节目制作包含前期采访拍摄、后期编辑制作两大阶段，具体分为四个环节，即形成稿本、前期准备、录制、后期合成。

节目制作的一般流程为：(1) 新闻线索，这是制作新闻节目的前提，通常有这样一些渠道：编辑部的报道计划、受众的热线电话、报料以及来自兄弟媒体的报道等，此外靠个人的人脉关系往往也能得到一些线索。(2) 接受新闻中心的任务分配指示单，直接从台里领受采制任务。(3) 采访拍摄，在采访结束后完成新闻报道的构思。(4) 撰写解说词，提交审改。(5) 为节目配音。(6) 编辑新闻画面。后期的编辑阶段工作有编辑串联单，编辑新闻内容提要及串编，最后是节目制作与播出。如果是单独播出的新闻专题或新闻纪实片，则从前期阶段的为节目配音之后的流程改为：编辑节目、制作、送审和送播。新闻之外其他报道类节目的制作流程，前期为策划、采摄、写作，后期为编辑、特技、混音、抠字合成等。这只是相对的划分，具体实践中有的是同时进行操作，有的过程也会少一两个环节等等，是可以灵活掌握的。

电视新闻节目大体上分为消息、专题和评论三类。

一、新闻消息的编辑

消息是电视新闻最常见的节目形态,它迅速、简明地报道最新发生的新闻,是观众了解国内外变化的主要窗口,在新闻类节目中地位最重要。编辑电视新闻通常要强调几点:

第一是抢时效性。时效性不仅体现为新闻刚刚发生就播出,而且贯穿于不断滚动播出的整个事件的过程中。对突发性的事件要尽快播出,抢得先机。特别重大的新闻,可中断正常的节目插播,没有图像也可口播或字幕滚动。目前技术手段非常先进,要充分利用以争取时效。编辑对消息的处理通常采用几种方法:(1) 直播:直播的方式多种多样,可以是记者出镜报道,也可以是记者电话报道,还可以通过卫星连线将现场引入屏幕。最理想的是记者在现场的出镜报道,将观众带入新闻发生地。(2) 口播:如果无法及时获得新闻图像信号,可以由主持人或播音员先进行口头报道,迅速将新闻传递出去。(3) 出字幕:在屏幕上飞出字幕,把最新消息或最新进展的重要信息报道出去。

第二是内容的表达。国内外的电视新闻都强调短小精悍、简明扼要,可以多播出新闻。美国三大广播电视网(CBS、NBC、ABC)的新闻,平均时长约 1 分半。中国广播电视新闻奖的评选标准就规定短消息在 1 分 30 秒之内,长消息不超过 4 分钟。在这样短的时间内要较完整地报道新闻事件,需要讲究技巧。一是选取精华,集中主题,避免面面俱到,使事情来不及讲清楚。二是注意角度的选择,好的角度切入能够引起观众的兴趣。如选取事件的核心进程,引起观众的收视期待,或选取富有冲击力的信息引起观众的高度紧张,或寻找具有故事性的地方,使观众感兴趣。

第三是语言精练,开门见山直截了当,忌用套话,或拐弯抹角。追求修辞上的生动会显得书面化,这在前面的语言元素中已讲过。

第四是表现活泼,在形式上通常是导语加图像新闻,这是最常见的电视新闻形式。具体来说,有以下几种:(1) 口播导语,主题部分配上解说的图像新闻。(2) 图像新闻,完全以解说加图像的方式构成,非常短小,比较多地出现在简讯的集纳新闻中。(3) 口播新闻,没有图像,完全是主持人或播音员口播,是在没有图像而只有来自纸质媒体的消息、通讯社的电讯稿的情况下采取的方法。口播一般只适于短小的新闻,比较长的新闻就不适合,口播时间长了观众会觉得乏味。(4) 主持人加现场记者或新闻人物,即运用先进技术,在电视台演播室主持人与新闻现场记者通过视频或电话连线,及时报道最新消息,让观众感受到现场的气氛。

编辑对新闻不论是采用何种方式播出，在当下的现实中，都要重视新闻的舆论导向有没有问题，这是很重要的。除了现场视频连线、电话连线不能控制外，对于前期编辑制作的节目，都要把好关。对于新闻价值不大的消息，一般尽可能地进行压缩，以免新闻变得拖沓冗长。对于新闻中表述模糊的内容，编辑要及时核实，细心改正常识性错误。另外，编辑毕竟不是第一现场的目击者，不是新闻事件的采访者，要避免想当然地轻易删改，否则容易导致新闻失实。

二、新闻专题的编辑

新闻专题是电视台对某一题材所作的比较详尽深入的报道，充分解释和分析新闻的来龙去脉，或对新闻的发展进行全程跟踪报道。和新闻消息一样，新闻专题也是报道刚刚发生或正在发生的或预知即将发生的事情，讲究新闻的时效，但它比消息更全面、系统，是对消息的进一步延伸扩充，注重新闻背景材料的运用，广泛深入地挖掘题材，立体式地展现新闻的全貌。

新闻专题在实质上类似于报纸的深度报道，是我国广播电视对题材划分的一个称谓。所谓深度报道，就是一种全面、深入的新闻报道形式，它不仅报道事实的发生，更重视说明新闻发生的原因、发展过程及其后果，对事实进行解释分析，使人对新闻的内容及意义有更全面的了解。深度报道产生于20世纪上半叶，是西方报刊为对抗电子媒介的竞争发展起来的报道样式，但很快也就被引入到广播电视新闻中。20世纪六七十年代，西方深度报道非常流行，以美国最为典型，在揭露社会弊病、反对越战方面发挥了很大的影响，特别是在揭露“水门事件”上更是大显身手，一度达到顶峰，产生强烈的社会反响。因此，深度报道在西方新闻界备受推崇，被誉为是新闻报道的最高形式，著名的一年一度的普利策新闻奖，获奖作品几乎都是这种报道形式。

我国在报纸期刊上对深度报道的称谓基本不变，将之运用于广播电视新闻，是改革开放后才逐渐发展起来的，新闻专题只是我国广播电视业界习惯性的称呼。根据报道对象和形式的不同，电视新闻专题从类型上来看主要有几种：

1. 综合性的新闻专题。这种新闻专题是对某一新闻事件或问题进行比较全面系统的反映，它的主要作用是：(1) 梳理新闻。在报道中理清新闻事实或问题的来龙去脉，让观众了解新闻到底是如何发生的。一是以时间为线索来理清事件或问题的发生、发展过程，可以是顺叙，也可以是倒叙、插叙。二是以新闻的主题为线索，来理清事件或问题的各要素的内在逻辑关系，将它们归纳整理，突出事件或问题的本质特征。(2) 分析问题。分析事件或问题造成的影响，使观众认识它们的社会意义。这种分析应从横的方面去考察，即依托社会背景将事件或问题的核心、要害放到社会的大环境中分析。另外还应从纵的方面，即把事件或问题置于历史的背景下，把它们与历史上相类似的事件或问题进行比较分析。(3) 预测发展。预示新闻事件或问题的发展趋势，对由新闻事件或问题发生后可能出现的后续影响进行科学的预测，帮助观众把握形势，满足他们希望进一步了解事物未来发展趋势的心理需求。当然，新闻报道中的预测，是需要建立在对历史和现实准确把握的基础上，要充分收集各种信息、各种观点，掌握得越全面，预测就越科学，也就越能给观众以帮助。

2. 调查性的新闻专题。这种新闻专题是就某种新闻事件或问题、现象进行专门的调查研究，进行分析解释，给人以思辨的深度报道。这种报道往往具有一定的故事情节，思想内涵较深。如中央电视台的《新闻调查》、凤凰卫视的《社会能见度》等节目。做好调查性的报道，第一是对象要选好，因为调查的对象即事件或问题、现象，对受众要有吸引力才会引起他们的关注，否则费了好大工夫受众对此却不感兴趣，吃力不讨好。调查性报道的最显著特点，是对问题穷根究底，探究内幕并把它揭露出来。调查性报道在西方也称揭丑报道，通常是揭露社会阴暗面、政府的黑幕、大公司的不正当交易、社会问题等负面内容。在我国调查性报道虽不会都去揭露丑闻，但仍然应把公众关心的热点问题、难点问题、百姓衣食住行的切身利益问题当作首选的调查报道的对象。揭露真相是调查性报道的核心，那么什么是调查性报道所指的真相呢？中央电视台的《新闻调查》栏目对此有很好的解释："真相就是正在抑制或被遮掩的事实。有的真相被权力遮蔽，有的被道德观念和偏见遮掩，有的被集体意识遮掩，有的被狭窄的生活和技术遮掩。"[①]第二，调查要严谨，避免肤浅。对事件或问题的调查，不能浮光掠影，走马观花，一定要排斥阻力，完全深入地去探究，调查出的表象和实质的关系要符合逻辑关联，特别是批评性的报道，更讲究证据的确凿和论证的严密性。

3. 专访性的新闻专题。这种新闻专题是对新闻人物或有关权威人士、专家学者进行的专题采访，具有较强的针对性和说服力。按照对象和内容的不同，可以分为人物专访，即对新闻人物与新闻事件的关联、社会的关注度等诸方面的采访；事态性专访，即就具体的某个新闻事件或问题进行的采访，使观众了解真相；观念性专访，即就某个社会问题、社会现象进行的专访，向观众介绍权威的或有新意、深刻的观点。专访性的新闻专题要事先设计好采访的问题提纲，掌握访谈的进程，尽可能地获得新闻报道所需要的材料。这属于采访的技巧，此不多谈。

在对新闻专题的编辑过程中，主要是依托记者的作品进行再创作，不仅要有

① 《新闻调查》栏目简介：http://www.cctv.com/zhuanti/newsprobe/index.shtml。

过硬的新闻业务,还要有娴熟的电子编辑技巧,才能根据新闻主题需要对素材进行镜头的长短取舍、画面的合理衔接、场景的自然转换、声乐的恰当使用,以及对整体节目运行节奏的把握,做到有的放矢、游刃有余、恰如其分,使编辑的电视节目流畅。要注意整合背景资料,丰富新闻的内涵,提高节目的可视性。如在一些会议的专题新闻中增加一些素材,如经济统计数据、历史对比、市场调查、观众反响等,既可避免节目的呆板,也带给观众一些知识,使新闻报道生动直观并有内涵。

电视新闻是按镜头的组接规律来编辑而不是按解说词来编辑,在技术上是成组地编辑镜头。“组”是电视新闻编辑中的重要概念,在数量上指的是3个或3个以上镜头;在内容和形式上指具有相关性。新闻专题的编辑总体原则是:删繁就简,不用多种传播符号重复同样的信息;亮点突出,精彩画面适当重复播放;兼顾和谐,声音应成组、成段地运用;合理匹配,展现同一主体应遵循景别渐变的原则;适当选择,有效控制固定镜头与运动镜头的比例等等。

三、新闻评论的编辑

电视新闻评论,是电视台对现实中重要的新闻事件或问题、现象所发表的评论,表明电视台的态度、立场、观点。在形态上它源于报刊文体,早期类似于报纸的评论,在传播实践中也逐渐形成了一些适应自己特点的评论样式。在我国,电视新闻评论目前主要有本台评论、编前话与编后话、谈话式评论、主持人评论、电视述评几种表现形态。前两种源于报刊的评论形式,后三种是电视评论的特殊形式。

1. 本台评论,相当于报纸的社论,是电视评论中规格最高的形式,代表电视台就当前发生的重大事件或重要新闻发言、评论。鉴于历史的原因,电视台的本台评论比较少见,而且其重要性、影响力不如报纸,因此在重大问题上虽然自己要发出声音,但仍然要转发《人民日报》的社论或评论员文章,有时候还转发新华社的社论与评论员文章。

2. 编前话与编后话,是电视报道中依附于新闻的一种简短的编辑言论,或是建议或是说明等,类似于报纸的编者按和编后,比报纸运用得频繁。特别是在许多电视台的民生新闻栏目中,编前话与编后话使用的频率很高。编前话经常和串联词融为一体,多用于说明或作为引子,既可以作为一组或一篇报道的先导,也可以作为节目承上启下的桥梁。编后话则多用于对新闻的点评,有时也用于对观众的某种提醒。

3. 谈话式评论,是在电视节目中以谈话的形式播出的评论节目,通常有主持人、嘉宾或现场观众,在演播室或其他固定场景,围绕某一新闻事件或现象或公众关心的话题，主持人和嘉宾现场讨论交流。这是一种人际传播与大众传播相结合的节目形态，谈话者之间就某一问题面对面地自然交流，各抒己见，甚至出现不同观点的争鸣，这些可以激发观众的兴趣和参与感。在这类节目中有时候也播发某些事先录好的与话题相关的视频，使谈话更有针对性。现在由于技术的发展，这种评论方式已不仅仅局限于就集中在一个地点，双视窗或多视窗的视频连线讨论越来越多，如凤凰卫视中文台的《震海听风录》、《军情观察室》、《全球连线》等节目，每期都使用这种方式，大大地拓展了电视谈话式评论的空间。

4. 主持人评论。由主持人参与策划、写作、播出的全过程，与观众直接谈话，融叙事性、评论性、个体性于一体的电视评论形式。这种形式使主持人有了展现自己个性化特点的条件，以个人身份直接面对观众评论事态，有更多的张扬个性的空间。主持人以第一人称的口吻，发出的声音没有播音员宣读稿件时的机械，在传播过程中有他们的个人理解与发挥，可充分显示主持人的外在形象与内在气质、学识修养、敏锐思想，也给人一种亲切感、信任感，其表达的观点比较容易说服人或给人以更多的思考。如凤凰台的何亮亮主持的《时事亮亮点》和陈文茜主持的《解码陈文茜》新闻评论节目，都很吸引观众。

5. 电视述评，是新闻报道与新闻评论的结合形式，通常为夹叙夹议，述为手段，评为目的。它综合运用画面、音响、字幕和解说，叙事分析，表现手段丰富，最能体现电视传播的特点，是发挥电视优势的评论形式。目前这种电视评论在我国已形成比较成熟的样式，节目中不仅有主持人或记者，还可以有专家、权威人士及各界群众的分析议论，并加以恰当的剪接，受众获得事实与意见的双重满足。电视述评常见的有事件述评、工作述评、形势述评、人物述评等，如中央电视台的《焦点访谈》、《新闻周刊》等节目。

第三节　电视节目的编排与运行

所谓新闻编排就是在其节目定位的基础上对节目的全部要素进行整合，把单独的稿件、节目按照一定的原则有序地组合成一个整体的工作，它是编辑意识的集中体现。在实际工作中，节日的编排往往与节目的选择、修改同步进行。[①]

电视新闻节目的编排是编辑的核心工作，编辑部的首要任务就是要拟订播出大纲。播出大纲是用以指导当天播出的新闻节目的计划。与此同时，每个时段的电视新闻节目，毫无例外地需要有一个详细的节目单。大纲重在组织，而节

① 孙琳琳：《电视新闻编辑》，东北大学出版社 2008 年版，第 184 页。

目单侧重具体的实施。电视节目的编排的依据是不同时段的价值不同,节目编排要有节奏,要有稳定性,同时要考虑竞争对手的节目。

报纸是在单位面积中布置文字,电视则是对处理完毕的单条新闻逐条进行编排、串联,在单位时间里安排节目。读者在看报纸时可以有选择地阅读自己感兴趣的消息,而观众在看电视时则没有这种自主权,这就要求电视编辑在编排节目时要考虑到观众的感受、揣摩受众的心理吸引观众。电视新闻编排好比是一门艺术,编辑经过与各方的默契配合、精心选材,再进行多方信息的筛选、搭配、调整、重组,形成信息的优势互补,产生最佳组合的综合效应。

实质上,新闻节目编排是要通过合理巧妙的搭配排列,实现节目的整体优化,即从整体效益上超过单条新闻效果之和。优化组合是阐述新闻之间联系的有效手段和编排技巧,编排中应把握好蕴含在相对时空中的节奏问题。如将录像新闻和口播新闻恰当混排;长短新闻相互调节;特别是新闻的解说与同期声的协调最为重要。心理学认为,人的注意力是有时间限制的,它往往随着视觉疲劳而下降,当受到某种刺激后在短时间内还会恢复。观众看电视新闻的过程,就是一个不断受刺激的过程,新异刺激越强烈,定向反射就越明显,因此新闻编排从内容到形式的变化越大,观众的注意力就越集中,这样新闻传播的效果就会更显著。

一、电视新闻节目的编排原则

(一)注意新闻的主次轻重

对于每一篇稿件,每帧画面,大到主题思想,小到画面语言,都要认真审视推敲,对于没有把握的东西,要不厌其烦地反复核对。在电视节目的编排中要使主题、中心和一般相结合,做到“既有红花,也有绿叶”的搭配,各种表现形式灵活运用。

在电视新闻节目中突出重点,最重要的是选择好头条新闻,任何新闻机构都把精心选择头条报道作为新闻编排的重点来抓。电视新闻由于其顺序传播的特点,决定了新闻的头条更为重要,它起到龙头的作用,直接体现了电视台的意图。对观众来说,头条新闻是否吸引观众直接影响到他们收看新闻节目的兴趣,应不拘一格,打破过去多年形成的一些条条框框。如过分强调正面宣传,轻视负面新闻,重视成就播报,忽略问题反映,关注官员行为,无视普通百姓等等。重要新闻的编排,尽量以新闻价值为重。如在美国航天飞机“挑战者”号发生升空爆炸的灾难性事件的当天,央视《新闻联播》节目打破国内新闻在前、国际新闻在后的惯例,把《“挑战者”号升空爆炸》这条新闻放在头条播出,结果在这条新闻播出后的几天,《新闻联播》的收视率上升了大约10%。

(二) 适应观众的大众化心理和需求

根据新华社“舆论导向有效性和影响力研究”课题组的问卷调查显示:68%的被调查者认为典型报道的主要问题是“都是优点，没有缺点”,61%的被调查者认为是“模式化、概念化”;50%的人认为是“空话、套话多”;39%的人认为是“对典型人物的个性特点挖掘不够”;32%的人认为“对典型人物的时代特色挖掘不够”。[①] 这些问题不仅是典型报道“老”模式的致命伤,也使受众对主流媒体的典型宣传不再像以前那样笃信不疑,而是产生怀疑、厌烦甚至排斥的逆反心理。可见把握准受众心理是电视新闻节目的关键,也是编辑的基本功。对于电视新闻编辑来说,主要工作之一就是编排电视新闻。为了让更多的人接收“最新的有用信息”,并最大限度地留下深刻印象,在电视新闻编排中应注意对受众心理的关注和传播效果的追求。编排好电视新闻应懂得与宣传心理学、宣传艺术学密切相关的一些规律性的东西,以及如何将之有效地运用到实践中来。

如一个电视栏目的策划、编导最初在栏目的题材选择、设计包装及栏目走向等方面,就应考虑到各个层面观众对栏目的接受心理。在编播节目时,要根据本台的宣传宗旨和观众的收视心理,充分考虑政治类新闻节目与文体娱乐类新闻节目的有序安排,全面、系统地考虑整档新闻的框架、节目的内容,甚至每条新闻的位置以及每条新闻之间的相互关系,从而增添裁剪、删节取舍,使政治类、经济类、文体类新闻节目有序排列,做到有张有弛,富有节奏性,从而实现较佳的电视宣传效果,使客观公正的新闻报道更电视化地传达给观众。

(三) 满足受众的时效性要求

在编排上实行采制直播式,可以实现同步传输、同步播放,满足受众对新闻的新鲜感需求。如“5·12”汶川地震发生后,中国的媒体反应非常迅速。以中央电视台为例,在地震发生后不到一小时就开始直播。中央电视台的这次直播是在没有向上级请示的情况下做出的,用新闻中心的一位值班编辑的话说是“没有及时上报,而是及时播报”,这在央视的历史上实属罕见。

2008 年 5 月 12 日 15 点零 2 分,中央电视台的新闻频道在地震发生 32 分钟后获得权威消息便首发新闻。新闻频道正在播出的整点新闻打出“突发事件”的片头——一个棕底白字的小窄条,出现在屏幕正中偏下。播音员耿萨播报了“来自国家地震局的最新消息”:今天下午 2 点 28 分,四川汶川县发生 7.6 级地震。用“突发事件”四个字作为片头这是第一次,而未经请示进行直播更是一种

① 新华社舆论引导有效性和影响力研究课题组:《媒体要重视几类重要报道领域的改革与创新——主流媒体如何增强舆论引导有效性和影响力之三》,《中国记者》2004 年第 1 期。

大胆举动。52 分钟后即推出直播特别节目《关注汶川地震》,以头条报道了该突发事件。当日 15 时 20 分至 5 月 13 日 20 时,以“同一主题不间断地播出”,对白天和午夜时段实施了直播全覆盖,节目跨度超过 26 小时。自 5 月 12 日 22 时起,综合频道还与新闻频道实现了同步并机播出,连续进行不间断地直播,让观众随时在电视机前了解到灾区的最新消息,这在中央电视台的历史上开创了报道突发事件播出方式的新纪元,也受到受众的好评。

(四) 富于特色的编排

在新闻内容的选择和整合上创新。合理把握新闻“硬”与“软”的度,在新闻稿件的整合上,注意软硬搭配。比如有的新闻从头到尾都是会议,只会让观众感到乏味,如果在后边加上几篇软新闻,整个新闻节目会比全是硬新闻好看得多。在语言文字中应和受众平等对话,让受众听到自己在日常生活中常见常用的语言,令观众有平等交流、对话的感觉。如《南京零距离》、《直播生活》等在新闻语言上以说新闻为主的民生新闻栏目拥有着较高的收视率,就说明了这一点的重要性。

一般来讲,重要的新闻都安排在前面播发,但这只是相对的。美国的特德·怀特等人在《广播电视新闻报道写作与制作》一书中,将电视新闻节目想象成“一系列的山峰和峡谷”,“每次新闻广播都要用当天最重要的、最新的、突发性的新闻做头条,即从高峰开始”。这一想法当然是合理的,但如果新闻节目越往后,新闻的接近性和新闻价值也就越小的话,那么观众对此习惯,知道到后面没有什么重要的消息了,就可能另换频道或关掉电视机。因此,最好是想办法让观众感到每个时段的新闻中随时都可能有高潮。目前广泛采用的“本台最新消息”或“本台记者刚刚发回的报道”就属于这种办法之一。实际上,在实现直播后,不知道随时随地有什么样的新闻发生,在下一时段记者能采访到怎样的新闻,所以有时摆在头条的报道也不一定是最重要的。

(五) 适当变换编排方式

一成不变地编排节目会让观众厌烦,对节目的编排可以适当予以变换。用“山峰—峡谷—山峰—峡谷”的方式编排是一种方法,用“峡谷—山峰—峡谷—山峰”的方式编排也是一种方法。因此形式可以多种多样,新招应该层出迭见。当然,形式是由内容决定的,什么样的内容决定什么样的编排方式,只有这样才不会使观众觉得故弄玄虚。新闻类节目的编排是可以相互呼应的,如在一天的新闻类节目中,消息、新闻专题节目以及现场直播、现场录播节目不在一个时间段播出,不同时段有不同的观众群,无疑有助于提高收视率。新闻节目的编排不应僵守某种模式,应当是既有连贯性,又有多样性和灵活性。但也应注意,编排不要太过频繁,否则会导致观众的不适应。

新闻编排的手段与风格不是固定不变的,应在宏观把握共性规律的基础上,根据不同节目的不同收视对象、不同节目定位等因素,进行不同的节目编排。以同一天的《新闻30分》的国际新闻编排与《东方新闻》晚间的国际新闻编排进行比较,两者由于栏目定位、收视群体、时段等方面的差异,其编排方式也不同。

《新闻30分》的国际新闻编排:

美中俄三国专家组与朝方就宁边核设施去功能化达成具体方案
祖布科夫出任俄罗斯新总理 普京表示祖布科夫可以参选总统
印尼明古鲁地区再次发生强震
格鲁吉亚将削减驻伊拉克兵力
两国再次发现口蹄疫疫情
乌干达暴雨引发洪水至少9人死亡
英国央行批准向北岩银行紧急注资
四只遭非法捕捉的大猩猩即将踏上回乡之旅
鼓励保护鲨鱼 马来西亚环境部禁设"鱼翅宴"
阿联酋迪拜塔被宣布为世界最高独立式建筑

《东方新闻》国际新闻的编排:

朝鲜:四方达成核设施去功能化具体方案
白宫:伊拉克半数指标不合格
普京:2012年可能再次参选总统
巴基斯坦:前总统贝·布托下月回国
英国:次贷危机　央行紧急注资
美国:机器男孩
"姚纳"慈善篮球赛:公益第一　娱乐第二

同为当日的国际新闻节目,两者在编排上既有相同之处又有不同之处。两者的相同之处,一是两者播出国际新闻的总体时间、时政新闻和社会新闻的比例相近。《新闻30分》在9分钟的时间内播出了10条新闻,其中时政新闻7条,娱乐新闻3条。《东方新闻》在将近8分钟的时间里播出了7条新闻,其中时政新闻5条,娱乐新闻2条。二是两个栏目的国际新闻头条相同,均为朝鲜核设施去功能化达成具体方案,另外在时政新闻中有3条相同。两者的差异之处,一是对内容相同的稿件在编排上有一些差异,《东方新闻》的内容更加突出,新闻标题准确、鲜明地点出新闻的主要内容,而《新闻30分》的标题比较冗长、笼统。二是在层次上《东方新闻》比较清晰,前5条为时政新闻,后2条为娱乐新闻。而《新闻30分》则稍显混乱,如在地震和水灾的两条自然灾害新闻中间插入两条其他新闻,而没有将它们连在一起编排。每一档新闻栏目,其定位不同,体现出的风格也不一样。

二、新闻栏目的创办

电视新闻栏目,就是由固定主持人来主持主题明确、风格和形式统一、定时定量播出的新闻节目单位。栏目的基本特征有几点:(1) 固定的节目主持人,他在一定意义上代表了栏目的形象。(2) 定时定量播出,定时是在固定的时间播出,定量就是固定时间的节目的长度。(3) 稳定的节目定位,在节目的价值取向、内容选择与形式表现上基本一致,当然这种定位只是相对的,不一定十分明确。(4) 稳定的观众群体,每个栏目都会有比较稳定的观众群体,并通过节目内容来争取目标受众,收视率通常是衡量栏目是否成功的重要标志。(5) 统一的风格特点。风格特点是栏目的外在表现,如果节目定位或内容不发生变化,栏目的风格特点在一段时期的形式表现基本一致。如中央电视台的《新闻联播》节目的主持人,都会稳定相当一段时间。

编辑对栏目的设置,是一项系统工程,主要包括以下几方面的工作:(1) 栏目的名称:栏目的名称通常和栏目的定位是联系在一起的,内容的高雅或通俗,综合或单一,名称要与其大体相符。(2) 栏目的内容:栏目中播出什么内容,这是最重要的,主要取决于栏目的定位和对目标观众群的界定。(3) 栏目播出的时段:包括栏目在什么频道、什么时间出现,节目的具体时间有多长。(4) 栏目的版块设置:板块是对栏目的内容的整合方式,或者说是结构形式,它使栏目的内容和编排格式相对地固定,也体现出栏目的价值判断与风格特征。(5) 栏目的包装:主要包括节目播出时演播室的形态、主持人的形象、节目的片头、片花、音乐、色彩等多种元素。

在这些工作中,对栏目内容的考虑是最需要编辑冥思苦想的,它需要做许多工作,如对新闻市场的调研,对节目整体的策划,对各种采编力量的整合等等,努力追求使栏目在兄弟媒体乃至本台节目中出奇制胜(参考第二章“新闻报道策划”)。除此之外,对栏目的包装,也是编辑需要格外重视的。就演播室的形态来说,这是栏目的具体内容向观众展示的地方,包括演播室的环境情况、辅助性设施(如道具)等,节目一开始它首先展现在观众眼前,观众的第一眼印象便是演播室的环境,如谈话类节目、读报节目等都是在演播室进行的,其大部分时间观众要面对主持人周围环境的各种设施布置,甚至对之品头论足。演播室的环境要给观众留下好的印象,便于吸引观众的眼球,从容收看节目。

特别是主持人的形象,主持人是栏目内容的传达者,也是编辑工作最终的体现者,某种程度上他就是栏目的人格化载体。主持人的形象包括本人的外形、气质、学识、修养等,他对栏目的传播效果起着十分关键的作用,一个栏目的成功与否和他紧密相连,有时候甚至是起着决定性的作用(参考"广播编辑"一章中关于主持人修养的内容)。主持人的形象也有赖于栏目的塑造,他在节目中的衣着打扮、言谈举止已不是个人行为,而是代表着栏目的整体形象。在电视新闻界,因为某个主持人的存在对栏目产生的影响力是屡见不鲜的。如中央电视台的《实话实说》、凤凰卫视的《文涛拍案》、南京电视台的《听我韶韶》等。因此,主持人已成为栏目竞相争夺的重要资源,国内外一些优秀的主持人甚至获得明星地位,都拥有大量的"粉丝"。

此外,栏目的其他包装元素如片头、片花、音乐、字幕、色彩等虽不占主要地位,也是不可忽视的,这在本章第一节中谈得比较具体,此不再述。

三、电视新闻节目的设置

1. 新闻栏目的设置

我国的电视从 20 世纪 80 年代开始逐步实行栏目化运作,如今电视栏目已经成为我国电视节目生产的基本形态,不仅是常见的新闻、访谈、体育等节目实行栏目化运作,纪录片的栏目化理念近些年来也在不断地探索和实践,甚至一些电视台把电视剧的播放时段也冠以"某某剧场"之名,凸显栏目特色,吸引观众。电视栏目的出现是电视节目形态多样化的要求,是电视节目设置内容的宏观选择。对一个电视频道来说,节目是相对稳定的。从表面上来看,电视台无非是每天安排不同类型的节目,节目设置似乎无学问而言。其实,它更需要电视编辑发挥创造性和聪明才智,创办精品节目。

影响电视节目设置的因素有电视自身的特性、办台方针、节目竞争、频道经营等。目前,电视栏目朝主持人、记者个性化趋势方向发展。主持人在电视媒体中是交流和传播信息的重要中介,这在世界电视媒体的发展中已有共识。一家电视台培养自己的富有个人魅力的名牌主持人,是提高栏目收视率的保证,也是关系到媒体生存和发展的大事。西方电视媒体栏目主持人,尤其是新闻评论节目的主持人,有很高的地位和声望。像美国的电视新闻述评性栏目《分钟》、《小时》等,都有自己的名牌主持人。在真正的艺术作品中,没有任何形象重复其他的形象。电视栏目主持人在栏目创作过程中,通过自身的语音、情感、形体等诸多因素,在屏幕上塑造出具有鲜明个性化的形象,使电视栏目具有个性化的特征，从而吸引众多电视观众。许多电视栏目也因主持人的个人魅力而形成了栏目的个性化特征。如白岩松主持的《新闻会客厅》、李红主持的《海峡两岸》、孟非主持的《南京零距离》、老吴主持的《听我韶韶》等等。

2. 新闻栏目的运行

近年来中国电视业的发展步入了快车道，电视栏目对各种节目的组织编排，充分发挥了各类电视节目的特色。各档栏目的创作宗旨、制作风格、播出时间、内容设置或目标观众定位等方面的信息，可以通过栏目名称、收视导语、宣传片花等方式展示给观众。这种带有针对性的展示，能够引导观众在收视中抓住栏目内容、形态及播出上的基本脉络，寻找到感性可辨的栏目外在信息。一般的电视栏目有固定的播出时间，其内容和风格相对连贯、统一，是一种面向特定群体的分众传播策略。这不仅为电视栏目实现高效、优质的传播效果奠定了基础，而且也使得上一期节目所传达出来的信息，成为下一期节目的“广告”，激发观众对栏目的持续关注热情，培养观众形成定期的收视期待。如中央电视台的《焦点访谈》栏目，在每期节目的开头都会介绍一些有关部门对上期节目信息反馈的意见，让观众知晓事情的结果。又比如福建电视台的《发现档案》栏目，对同一事件的分期播出所产生的悬念感，引导着观众对下期节目的收视期待。

电视的栏目化特征日渐突出，并且出现了频道专业化分工的趋势。电视栏目个性化是电视业迅猛发展的要求，尤其是第四媒体的网络对传统媒介形成强烈的冲击，这样的要求就显得更加紧迫和必要。栏目的专业化要求栏目定位和形象包装相对统一，突出个性和特色，以某一固定收视人群为服务对象，从微观到宏观实现栏目内容的专业化和专业内容的丰富化。其特征主要包括特定的目标收视群体、相对专一的内容及与之统一的个性化风格品牌意识、经营运作理念等。电视栏目的个性化体现为栏目整体构思与创意个性化，栏目的主持人、记者个性化，以及栏目表现形式的个性化等等。

3. 新闻栏目中的特技使用

随着电子技术的飞速发展，给电视新闻编辑提供了更多创造的机会，电视特技从原始的叠字叠画、蒙太奇等发展到今天的数码科技、立体动画等，编辑能在节目播出时，插入来不及编排到既定时段节目中的新闻，随时插播微波传回的消息。科技的发展提高了新闻采集的时效性。

由于非线性编辑软件和后期特效软件的普及，大多数专业制作人能利用电脑去编辑视觉丰富、形式美观的栏目。在艺术美感、观众认同度和信息承载量上都有较大发展，且适应观众口味的能力也有所提升。观众凭借设计精美的屏幕特效及丰富多样的试听效果能感受到栏目的特征、类型，进而认同。如《新闻联播》的栏目片头，开始采用深蓝渐变色为背景，二维渐变金字做主标题，红色或黄色小字为副标题，配以地球、卫星做艺术点缀，使片头的政治气氛、庄重及恢弘的效果表现得恰如其分。

电脑技术的运用给栏目带来了巨大变革。如中央电视台的《焦点访谈》节目，便是比较好地把技术与艺术巧妙结合的例子：节目开始的画面，除了制作精美的特技画面、广泛深刻的思想内涵、张扬个性的艺术形式以外，“用事实说话”的精辟文字解说更是画龙点睛之笔。朗朗上口、耳熟能详的画外音，早已伴随着精致的画面，深深地烙在观众的脑海里，让人们感受到一种文化的感动和艺术的启迪。

一般情况下，电视新闻节目对复杂的电视特技手段是排斥的，因为新闻报道力求客观公正，忠于事实，而特技会使纪实性的新闻画面失去其真实朴素的面目。但是，在不影响电视节目真实性的前提下，适当地使用一些特技，将会给节目增添光彩。如在美国“9·11”事件的新闻报道中，就运用了慢动作镜头播放了飞机撞向世贸大厦时的瞬间情景，这样，广大电视观众就可以十分清晰地看到、了解到事发时的情形，新闻对事件的表达也更清晰更真切。

四、异军突起的电视读报栏目

电视传播视听兼备、声画结合，更容易感染受众、影响受众，却有信息传播稍纵即逝的缺憾；报纸虽受刊期限制，在时效性上不及电视，却长于深度的评论和分析，可供保存和重复阅读。一些电视台勇于创新的编辑，将两者的长处结合起来，开设了电视读报节目，受到观众欢迎。

（一）电视读报栏目普遍盛行

在国内，电视读报较早的是2003年1月23日凤凰卫视的《有报天天读》开播。电视读报这种新形态栏目开始在国内异军突起、遍地开花。电视读报节目降低了传播的成本，是以最小投入创造最大产出的一种途径。一个演播室、一台电脑、一名主持人就可以进行节目的录制，这样的资源投入与奔赴新闻第一现场采集电视新闻的制作消耗，是无法相提并论的。因此，许多电视台相继开办了电视读报类栏目或板块，如中央电视台新闻频道的早间节目《媒体广场》汇集了各家报纸媒体的新闻资讯，经济频道《第一时间》栏目中开设了《马斌读报》板块；南京电视台《南京零距离》中的《孟非读报》成为该台名牌栏目；《听我韶韶》用地方话读报；上海东方卫视《看东方》栏目中开设了15分钟的读报板块《早报早知道》；江苏教育电视台也在2009年6月开设了半小时的《教育新报》；等等。这些电视读报栏目中的主持人，不仅向观众报告各地报纸的重要内容，还不时加以精彩的点评，帮助观众更好地了解新闻的意义，收视率都较高。

（二）栏目包装体现电视化

一些电视台的读报节目，在编排上几乎流于报纸版面加配音的简单模式，这就难免给观众以单调乏味之感。要想吸引受众的眼球，除了节目内容外，精心的编排包装必不可少，电视化的包装编排能赋予节目灵气和品格，引导观众在收看时眼耳并用，效果更好。

首先，在画面处理上既有报纸版面的展现，也有主持人的生动形象。主持人利用电脑连线在所读的文章上圈圈点点，引导观众有选择有重点地浏览。凤凰卫视《有报天天读》之所以看起来不呆板，很重要的原因就是其新颖的电视化包装为其增添了几许灵气。其次，环环相扣，采用"峰谷技巧"。如凤凰卫视的《有报天天读》节目分为几个小板块，分别是"天天头条"、"天天两岸行"、"天天浮世绘"、"天天焦点"、"天天杨言"以及"天天点题"。传统的电视新闻编排通常采用的是倒金字塔结构，依据新闻价值大小排序，而《有报天天读》的编排则巧妙利用了"峰谷技巧"，几个小板块正好一张一弛，时峰时谷，不断形成新的兴奋点，受众不易产生收视疲劳，增强了观众的频道忠诚度。

（三）多种电视元素的综合运用

电视读报原本是和电视特性不相配的，它不像其他电视节目有情节、有冲突、有现场，缺少利用电视摄录设备制作出的电视新闻的现场感和直观性。电视画面要求生动活泼、富有变化，而读报节目的镜头往往比较呆板，常常是一个人、一个画面贯穿始终，没有精彩的故事画面，出现在荧屏上的报纸版面也多半字迹不清，容易让观众产生单调、乏味的感觉。所以也有人说它牺牲了电视本身具有的优势，将其简化为和广播节目一样。其实，如果适当在读报节目中运用多种电视元素的综合，则可在很大程度上避免这种尴尬。凤凰台的《有报天天读》在这方面就做得很好，有声音、音乐、字幕等穿插其中，下面还有字幕滚动新闻，避免了半个小时从头读到尾的沉闷。如音乐有栏头曲，各个小板块的开场音乐，并且经常在小板块之间放一首与形势或季节相关的歌曲片段和画面（如2010年3月1日是歌曲《春风吻上我的脸》的片段），节目最后在一段熟悉的二胡声中，配上一句诙谐的"有话想说，给我一只'猫'"的女画外音。这些都使《有报天天读》节目生动活泼，效果很好。

（四）内容选取的多样性

这是指编排的读报内容要丰富多彩，不管是消息还是评论，都要尽可能地将当天报纸的各方面精彩的内容"一网打尽"。电视读报节目的开办，本来就是补电视新闻的不足，特别是来自报纸的各种评论，是对本台电视新闻节目很大的补充。政治、经济、科教、文化、军事、外交等等，不仅要有国内报纸的内容，也应有国外报纸的内容。在一些问题上，最好是把各种交锋的观点都介绍出来，要相信观众的承受力、判断力，只选取一方的观点是片面的，不利于开阔观众的视野。凤凰卫视这方面也做得比较好，它地处香港，在很大程度上利用了体制优势。如在报道朝鲜核问题六方会谈时，《有报天天读》在一次读报的一个单元中介绍了九篇报纸的新闻：

英国《卫报》：美朝无意延续六方会谈

韩国《朝鲜时报》：朝表示六方会谈会有害无益

新加坡《联合早报》：六方会谈仍有作用

台湾《中国时报》：六方会谈后北韩决定强化核武

韩国《朝鲜时报》：北韩无理是一贯行径

新加坡《星洲海峡时报》：中国必须继续出手把北韩拉回到谈判桌上

香港《亚洲周刊》：北韩不再信任中国

北京《国际先驱导报》：日本是六方会谈赢家

香港《信报》：朝鲜半岛非核化可带旺亚洲经济

通过这九篇报纸新闻的介绍，阐述了各方的观点，给电视机前的观众提供了一个多元的世界，让人了解到朝核问题的复杂性。凤凰卫视最大限度地使用自己的话语权，这也是《有报天天读》成功的重要因素之一。目前，网络发达，上网也很方便，每天一大早各家报纸都纷纷上网络版，需要读报栏目的编辑或读报人去认真细致地选择，满足观众的需求。

第四节　电视新闻编辑应注意的问题

一、避免各元素运用中的不足

1. 注意字体的准确使用。给电视新闻添加字幕是司空见惯的编辑手段，便于观众对新闻的理解。但对于字体及颜色的恰当运用，往往容易被忽略。从心理学的角度来考虑，不同的字体及不同的颜色所带来的感情色彩和暗示效果是截然不同的。在具体的字幕制作中，运用什么字体及使用什么颜色要根据事件的性质、新闻的类型而定，要尽可能地做到搭配合理，不要千篇一律。字体及色彩要符合画面背景色调及整个电视新闻的主体基调。过多的字体颜色，会影响新闻的观赏性。关于字体的感情色彩，参看第六章的标题字体及第七章的版面色彩部分。

2. 避免主体画面过多重复使用。在新闻报道中，尤其是会议报道，有时候会经常看到一些主体画面被重复使用,影响观众的信息接受量,会造成他们对编辑的厌烦情绪,同时,又浪费了时间。这主要是源于记录的新闻画面镜头少而文字过多的原因。因此,编辑可提醒记者在前期采访时,尽量多拍摄各种镜头,收集相关的文字资料,并充分利用电视制作手段,以利于在编辑过程中丰富电视语言,从而扩大信息量,提高收视效率。

3. 注意声音的处理。声音元素在电视报道中占有举足轻重的地位,画面制作再精良,如果声音的处理不到位,也会严重影响播放效果。编辑要注意避免声音衔接的高低不平,并且要注意配音和背景声音的处理得当,背景声如果恰如其分,会给新闻增色不少,可以增强现场感和真实感。但背景声音如果超过了配音声音,则会造成主次不清的问题。

二、避免电视栏目策划的不足

当前电视新闻栏目的运行总的势态良好,也应认识到其表现出的不足,主要有三方面:

1. 栏目间的独立往往带来某些内容的雷同。电视栏目的运作是相对独立与封闭的,导致栏目之间缺乏沟通与交流,同质同构的现象时有出现。常见的情况是,一些纪实影像如相同的镜头、相同的叙事、相同的解说词等,往往在本台的一些栏目中出现,所不同的只是各栏目播出的时间长短不同,甚至有时候在一个栏目下的版块节目中,也有这种雷同,这是栏目经营中应注意的。对于电视栏目编导来说,选题的成功意味着节目的大半成功,定选题、找素材成为编导最重要的工作之一。如果各自栏目的选题与节目构想等,在整个台对栏目运营的统筹下,经常交流沟通,能最大限度地避免一些撞车或雷同。

2. 栏目个性不突出,包含内容过杂。不少电视台都有这种状况,各种栏目的名称不同,其中的一些内容往往差异不明显,于是有人戏言:"栏目是个筐,什么都往里装。"这显然与业界明确的栏目定位、特性不相符。

比如,一些栏目以电视杂志或综艺栏目为名,题材范围外延得过广、过杂,使栏目定位模糊、对象不清,似乎没有特定的观众对象。这类栏目的设置忽略了不同的观众的需求,没有顾及不同观众的兴趣爱好、职业年龄、文化层次等。

一些栏目的特色不鲜明,缺乏对素材的精当筛选,导致其中不少内容乏味。这种现象通常是因为栏目制作者缺乏创新意识、盲目跟风。如有的电视编导随波逐流,看见别人的什么内容火了,马上跟着效仿,不顾及自身栏目的定位、节目形态和业已形成的观众识别符号,老是拾人牙慧,必然会失去自己的个性。

有的栏目缺乏全面的规划和系统的论证,致使在实践中不断变更节目的理念与操作。王晴川曾在《〈新闻调查〉,定位何在》一文中,对《新闻调查》作了一番评析。他认为《新闻调查》选题"太散、没有自己的个性",几乎无所不包。如《我记忆中的开国大典》是追忆往事的历史文献片;《垃圾分类难在何处》是引人深思的话题类节目;有些节目像新闻纪录片,有些像科技专题片。他认为,尽管《新闻调查》在今天看来仍不失为一档优秀的大型新闻性栏目,但其选题散乱、体裁多样的问题值得重视,它不仅容易模糊节目的定位和特色,而且对于实现节目的定位策略和栏目风格会带来不利影响。

3. 过多依赖于技术运用。当代高新技术不断发展,使电脑技术的运用、电视节目形式的美化如虎添翼,观众经常被电视节目中新颖的技术表现所吸引,对更好地欣赏内容有帮助。但电脑技术的运用也存在着局限性,如有的节目制作人由于过分依赖技术条件,忙于形式的追逐变换,使形式大于内容,这会适得其反,抑制编辑的主观个性,也是需要引起注意的。

第十一章 网络新闻编辑

第一节 网络新闻及其编辑特点

一、网络新闻的崛起

网络新闻是从传播媒介的角度区分出来的一种新闻形态，也是互联网上的新闻传播活动中的一个概念。所谓网络新闻，是指通过互联网发布、传播的新闻，其内容和形式与传统新闻大同小异。网络新闻有广义和狭义之分，广义的网络新闻是指在互联网上包括博客、播客等“草根”传播的所有新闻性信息及其评论，狭义的网络新闻则是指网络媒体所传播的新闻报道及其评论。

网络新闻是起步较晚但发展极为迅速的一种新闻形态。网络新闻媒体发轫于1987年创办于美国的《圣何塞信使报》，其成为世界上第一家网络报纸。随着20世纪90年代中期万维网和浏览器的推出，互联网用户的规模迅速扩大，传统新闻媒体掀起了创办网络版的浪潮。中国的网络媒体起步略晚。1995年北京和上海建立了国际节点，完成了与因特网的互联和与国内公用数据网的互联，邮电部同年宣布ChinaNet向社会开放，提供所有因特网服务，中国网络新闻媒体由此从无到有，从小到大逐步发展起来。

拉开中国报纸电子化序幕的是《杭州日报》，它于1993年12月6日首先进行电子化尝试，开创了我国网络新闻传播的先河。1995年1月12日，国家教委投资的《神舟学人》成为中国内地第一份在网上创办的电子杂志。同年12月，《中国日报》、《中国贸易报》创办了网络版，成为国内首批创办网络版的传统新闻媒体。随后中国报纸、电台和电视台创办的网络版迅速增加，绝大多数上了网，不过它们的内容大多照搬母体，实际上是其母体的翻版。

随着技术的发展和认识的提高，一些媒体的网络版开始对母体的内容进行筛选并使用其他媒体的内容，这些网络版逐步成为相对独立、符合网络传播运作规律的网站，走向独立化的明显特征就是由“某网络版”改为“某某网”、“某某在线”等名称。从2000年开始，中国网络新闻媒体进入大型新闻网站崛起的阶段，一些依托于单一传统新闻媒体的新闻网站加大了与母体各部门的合作,人民网、新华网等大型中央新闻网站的形象得到强化,与其他地方大型新闻网站一道,迅速成为中国网络新闻传播的生力军。由于国际互联网行业在2001年普遍不景气,商业网站随着资产市场的缩水出现了一股萎缩、合并甚至倒闭的狂潮。大型新闻网站因其独特优势,即传统媒体的信息、人力、财力等支援,拥有母体在历史上形成的信誉以及相当大的政策优势,取得了空前规模的发展。新华网、人民网、新浪网、千龙网等大型网站加强了新闻报道的时效性、权威性和全面性,成为国内商业网站和海外网站获取中国新闻的主要渠道,其新闻品牌得以确立。

网络新闻传播的特点主要表现在以下几个方面:

1. 新闻发布的及时性。在获知最新消息后,网站进行发布所花费的时间,仅仅是文字录入和将其插入站点所用的时间。对于一则新闻,从收到播发只需要几分钟,最大限度地缩减了后期制作花费的时间,这则新闻同样可以包括图片,但却不需要去套色印刷。电视广播可以达到同样的速度,但限于节目表的安排,除了重大事件很难及时播发,这也是网络对传统媒体构成威胁的一个原因。传统媒体兴办网络版,其主要目的之一就是要通过网络的高时效来弥补自己在这方面的不足。如《人民日报》网络版就实行24小时滚动更新新闻,读者可以看到从0:00到24:00不同时间贴上去的新闻,可以及时地了解发生在世界各地的新闻。而且,在每一条新闻后面都有更新的具体到分钟的时间,使读者在连续滚动的新闻中可以知道事件的最近发展状态。

2. 新闻报道的全面性。与传统媒体相比,网络新闻的表达能够做到更为明确、充分。因为它可以充分运用网络多媒体技术所能提供的表达信息内容境界的极致,从而能够使受众更深入地认知发生于自然界和人类社会的各个系统中的事件。如果说传统媒体报道的是事件中的精华,那么网络新闻则可以更广泛,多一些事件发生中的细节及以事件为中心所辐射开来的相关内容。在报道一个事件时,由于传统媒体的时空有限,常常是展示事实和解读事实感觉不够到位。而网络通过超链接功能,可以很快让受众查到该事件的相关报道和背景资料,从而使受众可以整合认识。链接技术使网络新闻呈现出一种无限性,新闻信息在网络中可以得到充分的拓展和延伸。

3. 新闻信息的易检性。报纸、广播电视的新闻是把关人基于各方权衡考虑后选定的,彼此的新闻信息除了在极重要的新闻上可能重复外,其他的新闻内容不尽相同。社会是一个信息的海洋,受众可能只是需要一杯水,有时要找一条特别关心的新闻,得把好多份报纸翻遍才行,而且也很浪费时间,这对于身处快节奏现代社会的人们来说,是很难想象的。但基于计算机技术应用背景下的网络,使受众检索自己所需要的信息异常便利。不管受众想要检索历史事件还是现时新闻,只要在搜索框内输入关键词,就可以立即找到相关内容。还有一些网站的搜索框是按年份、月份、日期来设计的,只要给出时间范围,立即就能列出该时间段的所有新闻。无论哪一种都快捷简便,网络新闻不受时空和文本的限制。

4. 新闻视野的开阔性。互联网上没有了空间上的距离,使无国界传播成为可能。网络新闻传播具有全球化的特征,随时向全球发布最新信息。网络新闻打破了传统意义上新闻的概念,不再是生硬的文字,它通过视频、留言板、超链接等手段使新闻变得更为有趣和生动,不仅解决了新闻乏味的问题,而且解决了新闻深度不够的问题,尤其是一些突发新闻,在传统媒体时代人们很难在几分钟内得到关于这一事件的深层次的东西,但现在可以很快从网络上搜寻到相关的背景资料甚至是视频。网络新闻的这种多媒体的特点,不仅吸引着广大的受众,而且改变着受众的阅读兴趣和习惯,使他们不仅满足于知道新闻,而且想要去挖掘新闻背后的故事,这在一定程度上也是扩展了新闻的市场。

5. 新闻需求的多元性。阅听网络新闻的可能是媒体网络版原有的受众,也可能是来自世界任何角落的网民。受众的多样化、复杂化表现出新闻需求的多元性。不同年龄、不同行业和不同文化层次的受众对新闻的需求在某些层面上是特定的向度。而在社会信息化的时代,信息的更新变得相当迅速,受众的新闻需求也日新月异。随着受众自身知识结构的变化,对媒体提供的新闻呈现出多样化的需求。传统媒体通常有其特定的辐射范围,而网络则是全球性的,网络新闻需要从不同的侧面、不同的层次来满足可以预见的最广泛的受众对新闻的需求。

6. 新闻传播的互动性。传统媒体的受众来信、来电是受众与新闻工作者进行交流的一种方式,但相互之间总是不够方便且沟通也不太及时,同时也忽视了受众之间的交流。与传统媒体的点对面的传播方式不同,网络可以更多地实现传播者与受众、受众与受众之间的交流。传者与受者的交流可以通过邮件、论坛乃至实时聊天室来完成。如 2008 年 6 月 20 日,国家主席胡锦涛到人民日报社,通过人民网“强国论坛”同网民交流;2010 年 2 月 27 日,国务院总理温家宝在“两会”召开前夕,到新华网与网民交谈并接受政府网与新华网的采访。他们与网民交流互动的视频,都及时通过网络传播了出去,他们与观众交谈时的音容笑貌,也适时地展现在网民眼前。受者与受者之间进行的交流,使得媒体编辑可以更大量、快速、全面地了解受众的观点,了解传播的效果和受众的需要,适时对传播内容或方式作出调整,以期获得最佳效果的传播。受众也可以将自己的新闻需求和对新闻事件的看法及时地反馈给媒体,通过这种自主参与,来对媒体进行部分的干预,当然这需要受众在某个问题上达成了意识上的共识。如很多网站在新闻结束后都有“我要评论”、“我来说两句”或“到BBS交流”等多种让受众可以即时发表意见的图标。

应该说，网络新闻的这些特点，也给一些受众带来了一定的选择困惑：不是没有新闻可以看，而是因为有太多的新闻，他们面对的选择更多，很多垃圾信息也会进入他们的视野，这就对受众自身的素质提出了高要求，同时，也对传统的新闻编辑提出了新的挑战。

二、网络新闻编辑的特点

本书第一章中谈到过新闻编辑的特点，包括编辑是新闻传播活动的组织者、把关人、加工者、发言人，这几点对网络新闻编辑同样适用。由于互联网是新兴媒介，是高新技术的综合体，网络编辑也相应具有新的特色。从上面网络新闻的特点也可发现，在新闻编辑原有特点的基础上，赋予了网络新闻编辑一些新的特征。

1．非线性化编辑。线性编辑是指传统媒体的编辑对所采集的大量新闻素材（含文字、图片、声音、影像等）进行整理，从中选出新闻报道所需要并能容纳的部分，再按先后顺序组合成新闻成品的工作方式。这种编辑过程比较复杂，并会“牵一发而动全身”，新闻作品的容量也有较多限制。网络的编辑与此有所不同，是一种非线性的编辑方式。新闻编辑过程中，编辑可根据实际需要任意穿插新内容、删除不必要的东西，随时调整组合方式和报道长度，也可以对新闻信息进行无限的复制和长期的保存。它采用多媒体、超链接的编辑方式，新闻信息的链接不再仅仅是线性的，而是网状的；新闻报道的文本不再仅仅是线性文本，而是超文本结构的。这种非线性化编辑，减少了编辑工作的环节而提高了传播的速度。

2．高技术化编辑。当前的互联网作为新一代传媒，是电脑、电视、录音机、电话机、游戏机、传真机、打印机等各种传播媒介性能的大荟萃。所以网络媒体其实是一个高科技支撑的信息服务和应用的平台，是由网络技术、Web技术、电子文档技术、多媒体技术以及数据库技术作支撑的高科技媒体。数字化技术使作品的修改变得十分便捷，使作品表现出了一种无限延伸的状态，时时处于更新之中。超文本技术摆脱了线性束缚，在数据中又包含与其他数据的链接，单击文档中加以标注的一些关键单词和图像，就能打开另一个文本，使得编辑可以为读者提供丰富的新闻背景资料，加深了报道的深度和力度。多媒体技术的应用是网络新闻的一种特殊的表现形式，使得受众的感官得到进一步的延伸，编辑可以用其来更全面地展现新闻，给读者以强烈的视觉冲击力，从而增强传播效果。

3. 全动态化编辑。网络媒体与传统媒体相比,时效性是其魅力之一。大千世界一直在发生着新闻,有些新闻是可以事先知晓的,媒体可以预先安排报道形态,如每年在北京召开的全国"两会"。但媒体常常也要面对一些突发性新闻,传统报纸媒体在遇到突发性新闻时,往往只能进行滞后刊登。广播、电视可以及时传播,但限于节目表的安排,不能做到及时全面的报道。网络媒体则不同,它是一种动态化的编辑形态。如上海东方网在报道一位身份不明者徒手攀登"中国第一高楼"金茂大厦的时候就是一种动态化的编辑状态。该网编辑部考虑到当天没有其他重要新闻,就临时决定将报道全部放在"今日关注"中,对其进行强化处理。编辑部在新闻进行中不断地接听两位记者打来的电话,一边接听一边录入,有关编辑人员亦紧张地搜集相关资料,可以说整个编辑部在那段时间都是动态的。

还有学者讲得更详细,徐世平在《网络新闻实用技巧》中认为网络新闻编辑具有以下特点:(1) 快速。网络新闻具有即时和海量特点,每天都有上万乃至数十万条信息涌入网络,如果不进行快速选择和编辑就不可能保证基本的发稿量。(2) 实时。网络要即时发布信息,必须 24 小时不间断承载信息发布工作。因此新闻编辑应时时在线。(3) 动态。网络新闻是即时传播,在进行编辑时要求所报道的信息是动态的,尤其是重大的连续性报道,在编辑过程中会随时对已报道的新闻更新,网络的非线性特点有利于进行动态编辑,只需新内容覆盖原来的新闻就可以。(4) 整合。网络新闻的内容多,表现形式多样,编辑在安排版面时需考虑新闻的重要性和容量进行整合配置,达到容量和质量的统一。(5) 协调。网络新闻的面广量大程度深,需要不同的编辑协同合作,如新闻、娱乐、评论版等的编辑,既要对海量的信息按其重要性合理配置,还要使自己和其他版的风格相近,各个编辑既是独立的又是相连的,编辑活动是一个协调的过程。(6) 压力。新闻的来源包括能够使用互联网的人,每个人都能进行创作,其内容不仅是传统记者所关注的领域而是涉及生活的任何方面,有的不是一篇文章而是一句话甚至几个字,要在众多的信息源中挑选出有价值的新闻来比较费力,因此编辑的把关压力也大。

三、网络新闻编辑的主要范畴

网络新闻的编辑工作,是对新闻进行编辑行为的具体过程。和其他媒体的新闻如报纸新闻、广播电视新闻等的编辑一样,网络新闻编辑所涉及的方面也很多,如新闻策划、报道组织、图文编辑、音频视频编辑、资料收集等等。从总的方面来看,网络编辑一般可分为三大范畴:

一种为宏观组织型编辑。这类编辑是网络新闻传播的核心、灵魂，通常处在新闻业务的负责人位置。他要从整体上把握本网站的新闻传播战略，指挥与协调各个编辑之间的工作，使新闻业务的编辑形成一个高效运作的团队，顺利完成新闻传播任务。宏观型编辑每天都要关注本网站的运行是否正常，并注意浏览其他各个主要媒体的重要内容及其网页。一旦发现本网站所需要的信息内容，要立刻奉行“拿来主义”，组织人员以最快的速度下载或录入，借鉴过来为己所用。宏观组织型编辑还要随时了解同行的发展动向，比较学习，扬长避短，及时调整本网站的新闻传播策略，并且要策划报道选题、组织撰写评论等。

一种为具体操作型编辑。这类编辑是在网站具体岗位上处理新闻稿件。每天汇集到网站的信息浩如烟海、非常庞杂，而由网站发布出去的新闻，都要经过编辑对原始状态的信息进行去粗取精、去伪存真的“再创作”加工，即使是那些写得比较好的稿件，或是在别的媒体已刊播出的内容，也要经过本网站的编辑的再加工。因为每个网站都有自己的传播宗旨，有自己的定位，有自己特定的受众群，任何材料都是为我所用，须符合本网站的传播需求。这一类型的编辑在日常业务中，主要是审阅各种各样的稿件，慧眼识珠，确定最符合本网站需要的部分，以适当的媒体符号形式精心加以强化突出，如润色文稿、剪裁图片、配置栏目、制作标题等。特别是在目前新闻同质化较为突出的情况下，制作出简洁明快、吸引读者眼球的标题对网站来说是很重要的，因为那样可以增加新闻的点击率，而点击率对网站的重要性来说是不言而喻的。可以说，具体操作型编辑是网络新闻的主要输出者，也是网站保持正常运行的主力军。

一种为资料集纳型编辑。这类编辑的职责是广泛开辟信息源，搜罗各种信息资料为本网站所用。在互联网时代资源是开放共享的，每天形形色色的海量信息源源不断地涌现出来，需要有专门的编辑去集纳。这是一个庞大的工程，在集纳的过程中需根据自己网站的特色，对各种各样的信息进行筛选、分类、整理、存入，替网站的新闻传播建立丰富优质的资料库，为进一步的新闻编辑加工做充足的准备。这类编辑每天的具体工作内容，是接触大量的报纸、期刊、广播、电视和网络媒体，尽可能多地收集来自四面八方的各种资料，多多益善，并整理分类输入资料库。在新闻市场竞争日益加剧的势态下，任何一家网站都需要不断地更新内容，才能吸引受众不断点击访问，而这就需要非常丰富的信息量为基础。这类编辑的工作也是很辛苦的。

第二节　网络新闻的内容类型

一、稿件的一般处理

1. 网络新闻的选择

报纸、广播、电视等传统媒体对稿件的需求,特别是新闻方面,绝大部分都是来自于本媒体的记者采写,以及各大新闻通讯社的新闻稿。由于报纸的版面、广播电视的节目时间有限,所需稿件量不是很大,所以传统媒体的编辑对稿件的选定,基本上是一种编辑思路下的固有的操作。而网络的海量存储功能和网络新闻的 24 小时不断滚动更新,与传统新闻媒体的稿件来源相比,网络版新闻用稿量要大得多。虽然其稿源也相对更多,但其中包括了众多网民的来稿,这些来稿中虽不乏精品,从总体上看却良莠不齐。由于稿量大,编辑选择上花费的工夫也更大。

具体来讲,网络新闻稿来源主要有以下几方面:一是新闻从业者的稿件。许多网络媒体很大程度上依赖于传统媒体和通讯社的稿件,虽然真实性较可靠,网站在转载时也应进行一定的选择,并注明来源。依附于传统媒体的网站有采访权,一些单独的网站也可以派自己的记者采访新闻,但新闻量不是很大。二是网站的约稿。许多网站都经常向固定的一些专家、学者约稿,并有一些自由撰稿人。每当发生重大事件或出现某些热点话题,他们的稿件都比较及时,分析也较深刻,能有不错的点击率。三是网民的稿件。这方面网民通过电子邮件发来的稿件多为述评性的,时效性强,贴近生活,语言通俗。网民的稿件还包括在网民论坛、BBS、个人博客等地方发布的稿件。四是网站的转载稿。这类稿件主要是编辑通过搜索引擎在其他网站或是从报刊等传统媒体上发现适宜本网站传播的稿件,选取到自己的网站上发表。

网络新闻编辑对来自这几方面的稿件进行选择,总的来讲与第三章“稿件选择”中讲的一些要求大体是相同的,一般从三方面来进行判断:第一是社会效果评价。对新闻的社会评价,包括对可能产生的政治、经济、军事、法律、文化、道德等各方面的社会效果的评价。其中政治上的评价占最重要的地位。第二是新闻价值评价。新闻评价内容是多方面的。对于网站来说,仍然主要考察新闻是否具有报道价值,即新闻是否真实,是否时新,是否重要,是否接近,是否显著,是否有趣等等。第三是网站需要。主要从网站自身的实际需要来考察,网络可以容纳众多的新闻,但是新闻报道需要保持平衡。现在有些网站一味对新闻求全,而对新闻缺少整合,导致报道失衡,从而产生了不良的传播效果。网站的需要必须和本网站的特色结合起来考虑，如人民网与一般的地方新闻网站或者一些政府的网站，对新闻的需求是不同的。对不适合本网站刊登的新闻，往往再有趣也只能舍弃。目前有的网站大量传播一些低俗的新闻，热衷于绯闻、庸俗、暴力、犯罪、冲突、灾祸、炒作等，需要在选稿时把关，掌握好尺度。

2. 网络新闻的修改

本书第四章谈到新闻的修改从修正内容、精简篇幅、拾遗补缺、改写原稿几方面去把握，这几点对网络新闻稿的修改同样适用。但根据网络更大众化的特点，在进行新闻稿件的修改时，还应考虑到网络新闻的通俗性、易读性。因为坐在电脑屏幕前阅读新闻，有静止不动的空间限制，没有阅读报纸那样方便、随意，注意力更集中，这样也容易造成视觉疲劳。为读者着想，网络新闻要特别强调新闻的易读性、易理解性。

由于网上的信息较其他媒体更包罗万象、形形色色而泥沙俱下，编辑要对稿件花更多的时间去分析辨别。在修改稿件时，应特别注意稿件的来源，越详细越好，以确保稿件的真实性。近年来出现的假新闻，从网上流出是最多的。有的不真实的新闻或真真假假的新闻在选稿时漏过去了，在修改稿件的环节严加把关，往往也可以减少这种情况的发生。

3. 网络新闻的标题

网络新闻的标题制作要求，与本书第五章“标题制作”讲的基本相同，即在选择词语方面有概括事实要准确、评价事实要恰当、表明态度要适度等要求。根据网络的特点，网络新闻标题的制作还有一些自身的特点：

第一是突出重点。由于网上信息量大，很多网民在打开新闻网页时只是浏览标题，不会逐一打开阅读。编辑要突出最有新闻价值的东西，如最重要的新闻要素，或最具冲突性、刺激性的地方，或最有趣味性的内容，让受众眼前一亮，才会吸引他点击打开细看。

第二是具体通俗。标题直陈主要事实，通俗易懂，尽量不做虚题，不必像报纸那样讲究生动，运用一些修辞手段把标题制作得精美，让读者去品味。面对网络中海量的新闻信息，读者没有那么多的时间去赏析挑选，也不可能去浏览每条具体的新闻，更多的是选择性的注意阅读，即快速通过标题的具体实在的信息掌握要旨，再决定是否点开进行阅读。

第三是简洁明快。网页的固定性使空间有限，新闻首页上面本来就是众多标题的排列汇集，因此新闻标题务求简洁明了，用简单句准确表达新闻信息。不要用复合型的标题、复句之类冗长的语言、句子，网页放不下，如果变成两三行，不仅会占地方挤掉别的新闻，而且读者也会不耐烦。能用简称的就用，如大家都较熟悉的国名、地名、单位等。许多网站都有滚动新闻提要的栏目,这个栏目的标题就更讲究言简意赅、一目了然,否则读者来不及看清就滚动过去了。如人民网在 2010 年 2 月 23 日上午 10 点 52 分到 59 分的 7 分钟之间,来回滚动的就达 14 条新闻:

- 湖北石首老板长沙离奇身亡　亲友春节街　……[10:59]
- 浙江 5 名失踪儿童遗体找到　亲戚看了一　……[10:59]
- 珠三角企业加薪吸引　工人最高月薪达 2　……[10:59]
- 加油站要"不务正业" 沈阳开始尝试"　……[10:58]
- 北京部分打工子弟学校面临拆迁　赔偿诉　……[10:58]
- 存单竟然变保单　湖北蔡甸女服务员"被　……[10:57]
- 前妻身捆保险箱携子告前夫贪腐　大义灭　……[10:56]
- 美球迷票选最被高估球员　麦迪居首皇帝　……[10:55]
- 中国足协取消违纪行为追述有效期限制严　……[10:54]
- 江苏省 2010 年高考体检取消乙肝项目　……[10:54]
- 两会观察:中国构建可持续发展的能源体系　……[10:53]
- 黑龙江省大雪、暴雪将临　降雪天气将持　……[10:53]
- 哈尔滨公务员上班玩游戏　市民可直接投　……[10:52]
- 一天租金一百万　天价"空中四合院"竟　……[10:52]

由于受栏目的固定宽度的限制,这些标题一行都放不下,就把后半句中的一些话都省略了,读者对此会表示理解,而且也仍然能理解标题中的主要信息,知道这些标题都通过超链接与新闻正文相连,想详细了解就直接点击。有些网站有时还在新闻标题前加个"new"或者"hot"等来对新闻进行新或者热的提示。新闻标题在主页上是单一型的实题,在具体的新闻文章内,也可以适当仿照报纸,采用复合型的标题。

二、网络新闻专题

在网络时代,每当发生重大事件,受众可以通过浏览网页的即时发布获知最新的消息。但因动态消息的零碎,受众难以比较完整地了解事件的全貌,网络新闻专题发挥超链接的优势,可以弥补这一不足。所谓网络新闻专题,就是以特定的主题或事件为中心,集众多的材料来从广度和深度上对新闻事实进行全面报道和解读。当前新闻的竞争已是相当激烈,新闻专题也就成了网络竞争中的重点内容。近年每每发生重要新闻,各大网站都会迅速推出新闻专题来吸引受众,增加点击率，许多受众此时也通过网络的新闻专题，来详细把握事态的发展。常见的网络新闻专题，主要有以下几类：

1. 人物类专题。主要是对新闻人物的经历、行为活动以及他人的评价进行详细的介绍，特别是通过对人物资料的超链接，让受众对人物有比较全面的了解。如 2009 年我国的几位著名人物钱学森、季羡林、任继愈等的去世，各大网站都很快制作了他们的专题。受众在这些新闻专题中，可以看到钱学森、季羡林、任继愈的非凡的经历，他们在各自的领域做出的卓越贡献，以及各界人士对他们的深切悼念等等。网站的人物专题是人们详细了解新闻人物的丰富的资料库，在网络新闻专题中是比较受读者欢迎的。

2. 事件类专题。对发生的热点事件或突发性事件，详细地阐述事件发生的来龙去脉，并对事件中的一些重点人物也进行介绍，为网民全面了解事件的前因后果提供方便。通常的事件专题都是即时发生的事件，事态的最新进展背景等要以最快的速度、最全面的内容上网。如 2010 年 1 月 15 日中美洲国家海地发生的大地震，各大网站不断更新灾情，各国包括中国的驰援救灾情况、最新统计的伤亡人数等，都做得比较成功。

3. 主题类专题。一般是对可预知的事件所做的新闻专题，如北京奥运、新中国成立 60 周年、2010 虎年春节、“两会”等，各网站都很重视提前策划，进行充分的准备，制作专题。这些专题既全面又富有深度，让网民们在网上随意点击，从这些新闻专题中享受到了新闻大餐，传播效果都不错。

4. 栏目类专题。围绕特定的新闻主题制作的网络新闻专题，如体育专题、影视专题，有的持续时间长，侧重于知识性、服务性，如股市专题等。这类专题的制作，体现了网络编辑的主观能动性，不是“等米下锅”，而是主动出击，丰富网站的内容，增加点击率。如 2010 年 2 月 13 日到 3 月 1 日，在加拿大温哥华举行的冬奥会期间，新浪网专门制作了《温哥华冬奥会》的新闻专题（见图片 11-1），每天在这个栏目进行全面详细的冬奥会专题报道。

此外，还有一些热门话题，如“周老虎”、“躲猫猫”、“春运火车票实名购票”等。一些网站以“XX 视点”命名的深度报道栏目，如新华网的“新华视点”、人民网的“人民视点”等，也都属于新闻专题范畴。网络新闻专题需要选取好的题材，并进行出色的制作。许多专题都事前进行策划。栏目的设计要富有表现力和便捷性，包括基本信息、相关分类的栏目、多媒体栏目和互动链接栏目等。此外，可调动网民的积极性共同参与进来，网络专题中的网络调查、网络论坛、留言板等都是一种鼓励网民参与的手段，编辑往往也可从中得到某些启发或发现新的线索，进一步丰富网络新闻专题的内容。

图片 11-1　新浪网"温哥华冬奥会"新闻专题

三、网络新闻评论

网络时代信息荟萃、鱼目混珠,网站需要进行一些引导。网民也希望从网上听到各种声音,特别是一些权威专家的解读,并希望发表自己的意见,与他人交流。网络新闻评论逐渐流行开来,从最初的文字发展到视频的多媒体评论,成为各大网站吸引点击率的重要因素,一些著名的网站专门设置了新闻评论的网页,各界人士都可在上面发表对时局的看法。如新华网的"发展论坛"(见图片11-2)比较著名,荟萃了各方面的各种言论。一般来说,网络新闻评论的作用一是更好地解读新闻,如为受众指点迷津、揭示新闻的内在意义等,二是更好地进行舆论的引导和监督。

网络新闻评论的类型主要有以下几种:

1. 网站自身的评论。代表网站对新闻发表的评论,一般是网站的编辑、记者或依附的传统媒体发表的各种意见。如评论员文章、编者按、编后、述评等,人民网的"人民时评"就受到大众的欢迎。由于网上信息的充分,一般对媒体来说,要想获得独家新闻是很有难度的,所以现在很多网络媒体都积极寻求独家时评,以此吸引受众阅读。

2. 专家学者的评论。这里的专家或学者指的是在某一领域或问题上有专门研究的人士,并非要是专业的研究人员。由于专家分析问题有更深刻的洞察

图片 11-2　新华网《发展论坛》

力和更系统的分析，能在评论中给人更多的启发意义，受到受众的欢迎。目前网络的专家评论有增多的趋势，所占的比重也越来越大。网站对于专家的选择要符合专家的概念，不能随便找一个来凑合。随着新闻竞争的激烈和网络时评的流行，网站需要专家，需要培养自己的专家队伍。专家评论有两种情形：一种是在网上开设专栏，专家自由选题；一种是通过网站、网民、专家三方互动完成的评论，如嘉宾访谈形式。

3. 网民的评论。网络上网民的评论五彩斑斓，他们对任何事、任何人都可以发表自己的意见，因而其评论比较分散，大多是出于自发自愿的性质。其形式表现，一是各大网站都开辟了评论专栏，如新华网设立的“新华网评”，人民网的“人民时评”，除专家学者发表的言论外，也有网民在其中各抒己见，畅所欲言。二是许多网站在新闻报道的后面都有读者发表评论的链接，以“我要评论”或“我来说两句”等形式即时在网上发表自己的看法，没有数量的限制，有的热门新闻后面甚至有上万条短小的网民评论。三是博客评论现在越来越普及，并有其他网民跟帖发表意见，成为网络评论的重要形式。对于众多网民的讨论，网络管理部门除了进行必要的监管之外，还要对这些丰富的评论资源进行整合，这种整合不是简单地去选择利好的评论，而是尽可能呈现出评论整体上的原貌，这也有利于我们了解民意的主要方向。有时对于一些较高质量、具代表性的网民评论，还可以将其放置在网站的显要位置，以扩大影响。这种做法不仅可以扩大网站的影响力，而且也符合网络社会互动的实际。如人民网的“人民时评”专栏集萃中的网友之声专栏等，就是很好的例子。

第三节　网络新闻编辑的具体业务

早期的网站只是将传统媒体的信息通过复制、粘贴移到网站上来就可以了，因此有的人认为网络新闻编辑不可能像传统媒体的编辑一样，深入地研究信息并及时有效地进行取舍，只需要将新闻文字和图片整合一下就可以吸引受众，不需要太多的编辑业务。随着新闻市场的饱和以及来自网站同行的竞争，网络新闻的编辑越来越受到重视，网络新闻同样需要精心编辑文字、图片，并增加了音频和视频新闻以及链接，以更迅速、更丰富、更系统的编辑方式和方法来为网民提供全面的新闻信息服务。

网络新闻的具体编辑业务，是根据网络新闻的分类来进行的。互联网是一个集视、听、读、写于一体的多媒体，从其新闻的类别来看，目前一般将网络新闻分为文字部分、图片部分、声音部分、视频部分等。因此网络新闻编辑的活动也相应的有文字编辑、图片编辑、音频编辑、视频编辑、超链接编辑的工作。前四种是对一种新闻形态的编辑，超链接则是对整体的一个融合编辑，是有广度与深度的链接，这对编辑来说需要有一定的知识积累和编辑能力。

传统媒体十分注重文字和图片的编辑，特别是文字。但在网络时代文字只是新闻形式当中的一种，甚至在很大程度上不再是占统治地位的新闻形态，网民有时更多的是通过现场画面、同期声来获得信息。因此视频和音频、链接等的编辑工作就显得极为重要。

一、网络新闻的文字与图片

网络新闻的文字与图片，仍是当前网络新闻报道的主体内容。

（一）网络新闻的文字编辑

网络新闻的文字编辑和传统媒体的文字编辑有很多相似之处，如在编辑的过程中都会对新闻进行修正、精简、增添和改写等。修正不仅是消除一些文字方面的错误，更主要的是编辑要把握信息包含的事实、观点等方面的内容，确保提供的信息是真实的、客观的。精简是指删除信息中冗长的、多余的部分。增添是指在新闻中补入必要的相关新闻和背景资料、知识、细节等方面的内容，使新闻锦上添花。改写是编辑过程中最有难度的一项工作，它主要是改变新闻的主题、导语、结构、篇幅等方面。对网络编辑还要有一个全局意识的要求，能够将相同的新闻、资料整合到新闻专题中，或者是将一些内容相似但侧重点不同的信息，进行分类处理。特别是标题的制作更是重要，直接关系到读者是否点击阅读新闻，这一点前面已经讲到，在此不再赘述。

网络新闻在文字上应当平易朴实，以开门见山、直接提供信息为宜，尽量减少稿件中一些为了生动而运用的修辞，避免造成读者阅读的不便，影响传播效果。稿件的篇幅、段落、句子都不宜过长。据有人研究，中文字符的句子，一个句子的长度控制在20个字以内阅读较好。较长的稿件，可使用超文本链接的方式化短，也可多加小标题缩短。结构上可多采用倒金字塔的形式，把重要内容放在前面，让读者在最短时间获得报道的主要信息。网络新闻的文字编辑是最基本的编辑技术之一，但是仍然需要一定的耐心和敏感度。虽然网络新闻不再仅仅是文字的单调的叙述，但在目前网络新闻仍然以读为主的情况下，文字编辑在网络新闻编辑中的地位还是无可替代的。

（二）网络新闻的图片编辑

图片在网络新闻中起着非常重要的作用。文字是一种线性的展开；图片是一种非线性的展开，能够直观地展示人物的喜、怒、哀、乐，更好地记录正在发生的事实。人们只消一瞥图片就能了解新闻，还能了解文字所难以展现的动作和表情、环境等。关于图片的选择，本书第七章已有叙述，这里要谈的是有关图片的发布，这与报纸是不同的。在网络上发布包括储存图片，应遵循一定的规则。

1. 网络图片的基本格式。网络图片的基本格式有BMP格式、JPEG格式和GIF格式等。BMP是Windows格式操作系统中的标准图像文件格式，特点是包含的图像信息比较丰富，但占用磁盘的空间大。JPEG格式是网页上最通用的格式之一，其压缩技术先进，能去除多余的数据，同时能展现丰富的图像，可以用最少的磁盘空间获得较好的图像质量。GIF格式是用来交换图片的，特点是压缩比高、磁盘占用空间较少，得到广泛的应用，大量的彩色动画文件多为这种格式，只是不能存储超过256色的图像。

2. 网络图片的应用参数。如果是数码相机拍摄的图片，由于曝光度不同，要对图片进行相应的补光。图片大小是浏览速度的关键，其单位是字节，当前网络浏览的速度比较理想的图片大小为50K左右，JPEG格式的图片较为适合网络的发布。另外还要考虑图片的分辨率，通常网络上的图片像素为72dpi、图片宽带在400—500像素就可以了。

3. 网络图片的发布位置。网页的版位与报纸版位意义相同，上重于下、左重于右。在报纸的版面上各个地方都可以安置图片；网页上的图片放置，通常是左上角摆放滚动的新闻图片，也有个别把滚动的新闻图片摆放在右上角的。由于网页的阅读是从上往下拉的方式进行，新闻主页上除了左右上角的滚动图片外，还可在下左下右设置一些小的栏目，各栏目中也可安排图片，但要比页面上方滚动的图片小。

二、网络新闻的音频与视频

网络新闻的音频同广播电台播出的新闻是相同的，它们在编辑的时候也应符合广播受众的特点，如尽量使用短句，不使用模糊语言等。网络新闻的视频如同把电视搬到了电脑上，在内容的文字处理、声画协调的统一上也是相似的。它们的编辑工作流程包括采集素材、编辑素材、制作压缩、刻录光盘或上传网上。

采集素材就是把摄像机的音视频信号数字化后，以文件的形式记录在储存的设备中，并自动加上时间码，信息储存方法是将大段的音视频分为几小段采集和储存，便于在视频编辑软件中重新组织素材。编辑素材是对采集到磁盘的素材进行剪切，作前期处理，如画面的修改，画面的速度、色度与亮度的调整等。制作发布就是把选择好的素材按编辑顺序安排在音视频的轨道上，随时修改、加入或剪除素材，制作过程中编辑根据自己的意图任意安排素材并可进行预览，反复修改直到完成。最后把制作好的新闻压缩，放到指定的位置或上传到网上。

三、网络新闻的背景链接

网络链接，是指网络用户通过点击鼠标从一个网面或网站跳到另一个网面或网站，是获取网上各种信息的便利技术手段。网络新闻的背景资料链接，为受众提供了更多、更全面的信息，满足了受众的多样化需求，也是网站重要的竞争手段。

网络新闻的背景链接一般包括新闻中涉及的时间、地点、人物、事件、原因、知识等。由于网络新闻的多媒体特点，任何相关的知识都可以在同一个新闻的链接下面出现，这些链接可以说是无所不包的。链接的来源主要有：一是本网站的既往报道、评论。把本网站既往对同类或近似的各种报道做成超链接，这是新闻背景资料链接一个重要的资源库。二是其他媒体的相关报道，包括各网站、报纸、杂志的报道与言论。它们对相关时间或人物的报道与本网站不会全部相同，特别是报纸杂志的深度报道及评论质量高，目前也是网络链接资料的重要来源。三是网民的相关报道。网民对许多新闻事件或人物的意见、博客评论，在既往的新闻专题中出现较多，这些链接可提供大量信息，可以满足受众多视角的需求。[①]

网络中的信息量大且内容庞杂，编辑要进行分析，从中找出与本报道相关的

① 参见秦州主编：《网络新闻编辑学》，第166—186页。

背景资料并适当控制数量。链接条数少,受众觉得不过瘾;链接条数多了,又会淹没重要的信息,浪费受众的时间。因此要做好新闻背景资料的链接,对编辑来说并不是件容易的事。一般有这样一些链接:(1) 相关的时间链接,即与新闻同时或最接近发生时间的新闻事件的链接。(2) 相关地点的链接,即与新闻发生地有关的信息,如历史、自然环境、风土人情、政治文化、经济生活等的介绍。如2010年1月15日海地发生大地震,许多网站都迅速介绍关于这个中美洲小国的各种情况。(3) 相关人物的链接。与新闻人物有关的情况,如成长经历、成为英雄或堕落的行为以及社会评价等,帮助受众较全面地了解新闻人物。(4) 相关的事件链接,指与新闻事件有关的信息,包括新闻事件发展的过程,与此相关的其他报道等。如2010年2月10日的足球东亚四强赛上,中国队3比0战胜韩国队,改写了32年来国足"逢韩不胜"的历史,各大网站都有中韩足球队几十年来交锋的恩恩怨怨的链接。(5) 相关原因的链接。链接与新闻发生原因相关的信息,如新闻发生的背景、原因、有关分析等。

四、网络新闻编辑的禁忌

随着网民的不断增多,网络在现实生活中的作用越来越大,网络编辑在工作中需要遵守规则,应自觉关注一些"禁忌"。①

一忌工作马虎粗糙。有的编辑图省事,喜欢原封不动地拷贝报纸的新闻标题。网页的页面与报纸的版面是不同的,并非所有的报纸标题都适合做网络的标题。尤其首页、频道页或栏目页的新闻标题是独立出现,读者只有点击标题才能进入页面读到内容,这就要求网络的标题必须包括新闻内容的最基本要素,不求文采生动而求准确明晰,以帮助读者迅速决定是否点击阅读。所以,网络编辑在转载报纸新闻时,若其标题过短或者所包括的新闻要素过少,则需对其进行修改。

二忌频道或栏目杂志化。当前社会发展变化迅速,现实中的不确定性因素增多,国际国内的热点问题层出不穷,新闻网站必然要对此作出迅速反应。很多网站的编辑在各新闻频道设置了"聚焦"、"视野"、"特别报道"等深度报道栏目。适当设置这样的栏目,有利于对一些重大事件、热点问题进行解释分析、深度透视。但是,有些频道这类栏目设置得过多,栏目下的长稿也太多,短消息、动态性新闻的量不足,更新也不够及时,以致频道或栏目呈现杂志化倾向。美国斯坦福大学和波恩特新闻学院组成的一个研究小组,利用眼球跟踪技术和录

---

① 参见闻学峰:《网络新闻编辑五忌》,《新闻实践》2004年第6期。

像设备对网民的新闻阅读行为进行了研究，他们发现：网络新闻读者的阅读很肤浅，只是在特定的选题下才会深入阅读，读者平均每次上网时间约34分钟，79%的阅读新闻是浮光掠影的。网络新闻传播的全时性特点，要求编辑重视动态新闻并及时更新。长稿件太多有悖于读者的阅读行为和习惯，也浪费编辑的时间和精力，影响新闻的及时更新。

三忌片面追求本地化。这主要是针对地方新闻网站而言。近年来一些地方新闻网站相继采取"本地化"策略，作为一种运作方式，地方新闻网站在目前资金、技术、人才等方面远弱于商业网站和中央级新闻网站的现实条件下，"本地化"策略有其可行性和合理性。但如果从网络新闻报道这个层面来看，在实施"本地化"策略的网站中，有的理解得比较狭隘，因而在操作上就难免失当，不利于拓展读者的视野。而且，也没有充分发挥网络的优势，浪费了网络资源。

四忌炒作软新闻。尽管不少读者上网喜欢读些软新闻，但这并不代表他们只需求软新闻，也并不代表他们主要是需求软新闻。读者的需求是广泛的，同一读者的需求也是多层次的。当下一些网站追逐明星、炒作绯闻、制造伪话题、热衷犯罪新闻等低俗的东西，引起受众的反感。这应当引起所有新闻网站编辑的重视。

五忌违规传播。俗话说："家有家法，行有行规。"作为互联网行业，也有自己的规则，不可突破。如早在2004年6月，中国互联网协会、互联网新闻服务工作委员会就制定颁布了《互联网站禁止传播淫秽、色情等不良信息自律规范》；2005年9月，国务院新闻办公室、信息产业部联合发布了《互联网新闻信息服务管理规定》，其中的第十九条规定了网站发布的新闻信息不得含有的11条内容。[①] 这些明文规定就是禁忌，网站的新闻编辑都要自觉遵守，不可违反。从2009年下半年起，政府有关部门开展治理网站的行动，关闭了一些网站，就是因为它们违规传播，对社会造成了消极的影响。所有网站的编辑都应当牢牢记取其教训。

第四节　网络新闻的版面编排

和报纸版面一样，网络媒体也有版面语言，其主要体现是稿件在网页的空间位置上。一般说来处于网页左方和上方的信息强势较大，因为这部分信息往往

① 详见《互联网新闻信息服务管理规定》，国务院新闻办公室、信息产业部2005年9月25日联合发布。

最先博得读者的眼球关注，所以一般网站都将重要的新闻放在这个位置。另外，网络媒体上各网页之间的关系是分层次的，一些网页会先被读到，一些网页则可能较晚出现，前面的网页自然比后面的网页更具强势。

读者最先浏览到的是主页，因此大多数网络媒体都在主页上设立了重要新闻一栏，而一般性的新闻则安排在稍后的频道页里。这样，读者能从阅读的顺序中体会到稿件重要与否。纸质印刷媒体中标题的字体大小、排列方式、色彩等手段，也在网络新闻的版面评价中应用。如新华网的头条新闻的标题，就通常采用了比其他新闻标题大得多的黑体字。搜狐网的新闻报道中，最重要的几条新闻标题的颜色通常是红色，在其他新闻蓝色标题的衬托下显得格外醒目。有的网站在发布新闻时，还由编辑在该新闻标题的旁边直接贴出评价或示意的符号如"NEW"，表示该新闻刚刚出炉；"COOL"表明该新闻具有一定的可读性或新闻价值；"！"则提醒读者加以关注。甚至还可以通过技术手段，把新闻标题制成发光移动、变换色彩动画等效果字符。[①]

网络新闻版面的编辑设计是十分重要的。好比一个酒店，光有很好的厨师和饭菜还不行，需要有新颖别致的门面，以吸引初来乍到的客人，领略了其特色内涵，就会频频光顾了。网络新闻的版面就是网站新闻的门面，门面装修得好，再加上厚实的内容，就能够长久地受到受众的喜爱。

一、网络新闻版设计的一般原则

报纸版面在进行整合的时候会十分注意美学原则，因为美观的版面可以让受众心情愉悦，并且提高媒体自身的审美定位。由于网络新闻编辑可以应用到的资源更为丰富，编辑更具有随意性，美学原则就显得格外重要。

1. 版式平衡。平衡性原则不是要求各个栏目之间仅仅保持版面面积上的平等，而是要在网页版面编辑的时候，给受众以视觉上的平衡感。这种平衡包括栏目版面面积的平衡、版面色彩的平衡、文字报道与图片报道和视频音频报道之间的平衡。版面总体的平衡感可以通过暖色调与冷色调之间的调配和各栏目版面面积的协调来把握。如在版面色彩平衡里，时政新闻类专题应体现出硬新闻的一种庄重、理性的基调。暖色系里主要有红紫、红、橘、黄橘、黄等颜色，通常体现在一些娱乐类的新闻里；冷色系里主要有蓝绿、蓝青、蓝、蓝紫等颜色，灾难新闻、人物离世等内容中常常采用。冷色调与暖色调是相对而言的，在使用上有时并不严格区分或对立。

---

① 参见新浪博客：71blog，http://71blog.blog.163.com/blog/static/57945552200855954147 47/。

2. 重点突出。在页面的众多栏目中应设置一个或几个重点栏目,吸引受众注意,通过重点栏目的引导将受众引向深入阅读。重点栏目要放置在受众最急于获知的信息的版位,通常是在页面的上部,这样可避免受众用鼠标向下滚动搜索信息的过程,从而在受众的阅读第一时间就向他推介了重要新闻信息。如人民网、新华网、光明网等的首页,头条新闻仿照报纸头版,大照片放在左上方。

3. 布局合理。在对网络版面进行安排的时候,避免堆砌得满满当当,要注意在版面上留白。但凡版面设计比较成功的网页,几乎都会合理运用空白。一般来说,在横着的版面中,空白的运用是分阶梯状的:上半部和下半部版面之间用空白带适当地隔开,或是用两个空白带将整个版面隔出三个部分;在竖着的版面中,用一个或两个空白带作为版面的间隔。空白的使用使网络版面流畅明快、布局清晰,冲淡和避免了版面色彩过多可能造成的布局紊乱。如果版面用某种色彩做底色,则不会是新闻版面,因为通常版面底色采用彩色,给人一种私人化的空间和休闲的感觉,这是与受众长久以来对网络的阅读习惯密切关联的。所以,网络新闻版一般是运用白色做底色,一些新闻专题也有选灰色做底色的。

4. 富有特点。具有个性特点的网页,可以吸引受众的眼球,扩大点击率。从栏目的设计、标题的放置、按钮的编排、色彩的选用等方面都需要匠心独运、勇于创新,显示出个性特点来。特点就是优势,是引起受众在浏览网站时选择性注意的法宝之一。如果众多新闻网站的网页都千篇一律,无疑会减弱竞争力,因为受众觉得随便打开哪个网站都可以看。新浪网作为全球信息丰富的华文网站,其网页设计就有特色,首页上栏目多样,超量的信息荟萃,安排得井井有条。如最左边窄栏是广告,往右一点是视频新闻提要,重要时政新闻提要统一安排在中右上方,非常醒目。

二、网络新闻的首页

网络新闻版面的设计,应当以特定的信息传播效率的高低作为评判的准则。"如果版面设计与其所传递的新闻信息内容相悖,就会削弱新闻信息的传播质量;反之,如果版面设计与其所传播的新闻信息相辅佐,就会增强和提高版面信息的传播效果,使版面的功能性和艺术性得到最充分的体现。"[①]网络新闻的版面,从表面上看和报纸版面一样是平面性的,但它与报纸相比有自己非常突出的优势,它可以利用很多的媒体表现方式,比如最简单的就是超链接。超链接使网络新闻版面的层次从形式上看是一版,从深层结构上来说却是N个版面。新闻

① 秦州:《网络新闻编辑学》,第188页。

网站都有一个首页，首页上可以链接的内容便使网络新闻具有多层次的特点。那么，对网络新闻版面的首页进行设计时，首先应考虑到它的多层次性。

所谓新闻首页，指新闻网站中用来发布新闻的第一个页面，以及相关链接新闻的页面，它是基于互联网传输平台来传播新闻信息的导读网页。可以说，一个网站的新闻首页吸引住目标网民的"主打产品"是新闻。如果新闻没有吸引力，那么，新闻首页也就失去了存在的必要性。只有新闻受到人们的欢迎，新闻首页才能体现出它的价值。新闻首页的功能基本上是建立在对网络新闻微观变化和宏观走向的把握上。网络新闻是新闻首页的根基，新闻首页则是网络新闻的总和。网络媒体是以网页（频道）为基本单元划分内容类别，读者以屏幕为浏览面阅读网页信息。受众访问一家新闻网站，首先进入视线的是首页的第一屏。因此，要用好网页的第一屏以增强新闻感染力，使首页设计成为新闻网站精心策划的重点。

主次分明、信息有序、动静相宜、节奏合理是网络新闻的主页面在设计时要重点考虑的。页面布局首先遵循主次分明的原则，主次不分、信息混杂的页面不能引导阅读的视线，向受众推荐不了重要的、值得特别关注的新闻信息。只有主次分明地进行信息呈现，才能有重点、有节奏、层次分明地传递、推荐新闻，表达网络编辑对新闻的判断。首页上提示的新闻信息，应注意按与链接信息的内在价值和相关联系，进行有序的编辑，对信息进行分类与组合。虽然网页设计可以很随意地不断翻新、网页信息内容的放置位置可以很随意地不断调整，但应以渐变的方式进行创新变化，以使受众逐渐适应网页设计的变化。

网页上静的东西是文字，动的部分是视频、音频等。要做到动静相宜，需要音频、视频和文字的合理布局。网页页面的节奏同报纸版面的节奏一样，既包括页面信息内容的内在节奏，也包括页面信息呈现形式所体现出来的外在节奏。页面的节奏应当依据传递信息、促进信息传播效果的目的来设计，以受众为中心决定内容的密集疏放。

三、网络新闻的层次设计

一个网站与首页相连的网页有许多子页面，如果没有简单、明晰的层次标准来使众多的页面分门别类地联系在一起，网民将很难快速找到他想要的新闻信息。因此，网页的层次安排非常重要。网络新闻在编辑的过程中应注意分层和分类的合理性，这样可以使受众便于搜索，易于接受。如果层次分得不合理，不仅会使网页版面繁杂，而且会使网页的流畅度降低，进而削弱网页的影响力。网站是由多个页面按照一定层次结构组成，访问者根据各个网页之间的链接关系选择性地浏览信息,有的先看,有的后看,有的不看。所以,页面之间的逻辑关系直接影响到对信息的取舍。

在编排网络新闻时,要注意将新闻信息分层,让不同层次的新闻在不同层次的页面上调用。新闻的调用层次体现了新闻的重要程度。网站由位于不同层次的网页组成,其中首页具有信息强势,是浏览者必须访问的。注意将新闻信息按照重要程度分级,并置于不同调用层次的页面上。一般将信息根据栏目板块的内容分解成若干逻辑单元,根据重要性和概括性分层,利用分层构造信息块之间的组织结构,最后从美学和功能性两个方面分析评价系统。大多数信息单元可以根据重要程度排序,并根据单元之间的相互关系分层排列。

一个网站的信息层次关系通常是:最上层为网站主页或者首页,高度概括网站的整体内容,然后从抽象到具体,从必选项到可选项,依此为菜单、正文内容页。如果网站的链接层次太浅,容易造成大量的菜单页面集中在一个层次;如果链接层次太深,又容易造成信息被层次所淹没。因此,编辑通常考虑选择一个既能快速获取信息又能够有效组织信息的平衡结构。一般的门户网站常采用三次点击,即任何信息的获得在不多于三次点击之后找到,同时,又和版面编辑中的一步到位原则相结合,对于首页上最重要的信息,不需经过第二层目录的过渡,就直接到达相关的正文。

因此,设计网站结构时应在广度和深度之间求取平衡,使得链接漫游过程简便。基于准确和速度的考虑,主页上的链接项目避免过多,限于一些高级的类别即可,如报纸的重要新闻标题以及和其他相关网站的链接等。所提供的信息也不要安排在一层又一层的页面之下,因为穿越四五个以上的链接就会使人感到不便;打开页面太多,屏幕下方出现的框框也显得拥挤;要想回到原始页面要不停地点击关闭,有时候不注意就把网络都关闭了。超链接的目的是便于受众更广泛地阅读,让人不论处于哪个页面都能够便捷地通往其他页面。此外,提供诸如“上一页”、“下一页”、“回首页”等链接方法,对受众会起到良好的引导作用。

四、网页设计的结构特点

网页的结构特点,包括页面的区域划分和立体结构两部分。前者在二维空间表现,后者反映了网页的超链接特点及其网页的层级结构。

(一) 页面区域

页面区域一般依次分为头区、导航区、内容区、侧区、尾区几大区域。它们的功能不同,在色彩的运用上也各有讲究。

头区一般在网页上部,由网站 logo、用户登录区等部分组成。Logo 通常应与页面其他地方不同,可使用与网页不同的字体图案、色彩。一般用深色比较显眼,便于用户一眼就能看到。

导航区指导航菜单所在的区域,大多数网站的导航区在头区下面和内容区上面,是由网站首页进入各频道或栏目的入口。导航区通常背景颜色暗一些,然后用具有较高对比度的字体颜色,将网页内容明显区分开来,突出导航菜单本身。也有的不用底色,白底而导航菜单用彩色字体。也有的网站导航区没有置于上方而在侧面,如雅虎、新加坡联合早报网等的导航菜单都放在左侧。

内容区是信息的表达空间,处于网页中部,是网页的主体部分,其背景通常明亮而文字较暗,两者的对比度强,便于浏览阅读。

侧区在网页左右侧,一般是附加信息如分类广告要目,颜色上应与主内容区有不同的背景色,以明显区别。新浪网的左侧即是这种安排。有的网站网页侧栏也放新闻专题栏目,也有的网站没有侧栏。

尾区位于网页的最下端,一般是放置网站的联络信息、经营许可证等,是非重点区域,因此一般不强调用色。

(二) 网页的层级结构

网页的层级结构来自网络的超链接的特点,访问一个网站总是从它的首页开始,逐次进入其下级页面。不同层级的网页表现出内容的详略程度,好比登山,顺着台阶拾级而上,越往上走视野越开阔,到了山顶眺望,景色尽收眼底。网站有无穷多的页面,一般分为四个层级:

1. 网站首页。网站的首页是网站内容的总目录, 也是网站最新的内容和最热门信息的精粹展示台。网站首页作为网站的“面孔”,其功能比报纸的头版丰富得多,其导航菜单包含了社会生活的所有方面,其作用可说远远超过报纸的头版。网站首页也是网站一级域名的对应页,网页的层级关系通常体现在各级页面的域名上,如人民网首页(图片 11-3)的域名也是网站的域名,为“www. people. com. cn”。

2. 频道首页。频道首页是根据网站内容的不同主题所进行的第一次归类划分的汇总,即是对网站首页导航区的每个菜单的扩展。一个综合性的网站都有若干个频道,也就会有若干个频道的首页,它是网站的二级对应页。如人民网的新闻频道(图片 11-4),其二级域名为“news. people. com. cn”。

3. 栏目首页。栏目首页是根据频道首页中级的不同主题的内容,再次进行下一个主题层次的归类划分的总汇。栏目首页的数量比频道首页要细,是三级域名的对应页。如人民网新闻频道的专题新闻栏目首页(图片 11-5)的三级域名为“www. people. com. cn”。

图片 11-3　人民网网站首页

图片 11-4　人民网新闻频道首页

图片 11-5　人民网新闻专题栏目首页

4. 内容页面。内容页面是受众最终阅读新闻具体内容的页面，是网站内容的最后落脚点，每一条新闻的详细内容，都在这上面，如人民网 2010 年 2 月 21 日的一条报道，见图片 11-6。

五、网页的常用版式

这里主要是指新闻网站首页与频道首页及栏目首页的版式，通常有以下两种：

1. 三纵分割型版式，也可称为三列分割型版式。这种版式借鉴了报纸的模块式版面的特点，是目前许多新闻网站最为常用的。这种版式就是把网面固定纵向分割为宽度不等的三部分，各部分的主题不同，通常中间是重点经营区域，新闻提要都在这个部分。例如，新浪网的新闻频道首页，左边的一列主要是新闻图片和文娱、体育类新闻视频的提示，中间一列是热门时事新闻标题，这也是最重要的部分，右边的一列是新闻专题和专栏。如新浪网 2010 年 2 月 22 日的新闻频道首页，见图片 11-7。这种版式看上去整齐干净、规矩严谨，各部分文稿与照片安排方便，由上而下似层层抽屉，简洁清爽，便利阅读，现已为各大网站普遍采用。

图片 11-6　人民网具体新闻内容页面

图片 11-7　新浪网 2010 年 3 月 7 日新闻频道首页

2. 门联布局型版式。这只是一种象形的说法。这种版式的特点是，页面左侧是导航区，右侧是广告，两侧的宽度相等，占主要面积的中部区域，基本上是新闻和评论的标题。左右两侧形状酷似一幅门联相对。网页的这种模样让人熟悉,也给人一种亲切感。如新加坡联合早报网的首页就运用了这种版式,见图片11-8。

图片 11-8　联合早报网的首页

附录一

中华人民共和国国家标准标点符号用法

(中华人民共和国国家标准 GB/T 15834-1995)

国家技术监督局1995年12月13日发布,1996年6月1日施行

1. 范围

本标准规定了标点符号的名称、形式和用法。本标准对汉语书写规范有重要的辅助作用。

本标准适用于汉语书面语。外语界和科技界也参考使用。

2. 定义

本标准采用下列定义。

句子 sentence 前后都有停顿,并带有一定的语调,表示相对完整意义的语言单位。

陈述句 declarative sentence 用来说明事实的句子。

祈使句 imperative sentence 用来要求听话人做某件事情的句子。

疑问句 interrogative sentence 用来提出问题的句子。

感叹句 exclamatory sentence 用来抒发某种强烈感情的句子。

复句、分句 complex sentence, clause 意思上有密切联系的小句子组织在一起构成一个大句子。这样的大句子叫复句,复句中的每个小句子叫分句。

词语 expression 词和短语(词组)。词,即最小的能独立运用的语言单位。短语,即由两个或两个以上的词按一定的语法规则组成的表达一定意义的语言单位,也叫词组。

3. 基本规则

3.1 标点符号是辅助文字记录语言的符号,是书面语的有机组成部分,用来表示停顿、语气以及词语的性质和作用。

3.2 常用的标点符号有16种,分点号和标号两大类。

点号的作用在于点断,主要表示说话时的停顿和语气。点号又分为句末点号和句内点号。句末点号用在句末,有句号、问号、叹号3种,表示句末的停顿,

同时表示句子的语气。句内点号用在句内,有逗号、顿号、分号、冒号4种,表示句内的各种不同性质的停顿。

标号的作用在于标明,主要标明语句的性质和作用。常用的标号有9种,即引号、括号、破折号、省略号、着重号、连接号、间隔号、书名号和专名号。

4. 用法说明

4.1 句号

4.1.1 句号的形式为“。”。句号还有一种形式,即一个小圆点“.”,一般在科技文献中使用。

4.1.2 陈述句末尾的停顿,用句号。例如:

(a) 北京是中华人民共和国的首都。

(b) 虚心使人进步,骄傲使人落后。

(c) 亚洲地域广阔,跨寒、温、热三带,又因各地地形和距离海洋远近不同,气候复杂多样。

4.1.3 语气舒缓的祈使句末尾,也用句号。例如:请您稍等一下。

4.2 问号

4.2.1 问号的形式为“?”。

4.2.2 疑问句末尾的停顿,用问号。例如:

(a) 你见过金丝猴吗?

(b) 他叫什么名字?

(c) 去好呢,还是不去好?

4.2.3 反问句的末尾,也用问号。例如:

(a) 难道你还不了解我吗?

(b) 你怎么能这么说呢?

4.3 叹号

4.3.1 叹号的形式为“!”。

4.3.2 感叹句末尾的停顿,用叹号。例如:

(a) 为祖国的繁荣昌盛而奋斗!

(b) 我多么想看看他老人家呀!

4.3.3 语气强烈的祈使句末尾,也用叹号。例如:

(a) 你给我出去!

(b) 停止射击!

4.3.4 语气强烈的反问句末尾,也用叹号。例如:

我哪里比得上他呀!

4.4 逗号

4.4.1 逗号的形式为“,”。

4.4.2 句子内部主语与谓语之间如需停顿,用逗号。例如:

我们看得见的星星,绝大多数是恒星。

4.4.3 句子内部动词与宾语之间如需停顿,用逗号。例如:

应该看到,科学需要一个人贡献毕生的精力。

4.4.4 句子内部状语后边如需停顿,用逗号。例如:

对于这个城市,他并不陌生。

4.4.5 复句内各分句之间的停顿,除了有时要用分号外,都要用逗号。例如:据说苏州园林有一百多处,我到过的不过十多处。

4.5 顿号

4.5.1 顿号的形式为“、”。

4.5.2 句子内部并列词语之间的停顿,用顿号。例如:

(a) 亚马逊河、尼罗河、密西西比河和长江是世界四大河流。

(b) 正方形是四边相等、四角均为直角的四边形。

4.6 分号

4.6.1 分号的形式为“;”。

4.6.2 复句内部并列分句之间的停顿,用分号。例如:

(a) 语言,人们用来抒情达意;文字,人们用来记言记事。

(b) 在长江上,瞿塘峡像一道闸门,峡口险阻;巫峡像一条迂回曲折的画廊,每一曲,每一折,都像一幅绝好的风景画,神奇而秀美;西陵峡水势险恶,处处是急流,处处是险滩。

4.6.3 非并列关系(如转折关系、因果关系等)的多重复句,第一层的前后两部分之间,也用分号。例如:我国年满十八周岁的公民,不分民族、种族、性别、职业、家庭出身、宗教信仰、教育程度、财产状况、居住年限,都有选举权和被选举权;但是依照法律被剥夺政治权力的人除外。

4.6.4 分行列举的各项之间,也可以用分号。例如:

中华人民共和国行政区域划分如下:

(一) 全国分为省、自治区、直辖市;

(二) 省、自治区分自治州、县、自治县、市;

(三) 县、自治县分乡、民族乡、镇。

4.7 冒号

4.7.1 冒号的形式为“:”。

4.7.2　用在称呼语后边,表示提起下文。例如:

同志们,朋友们:现在开会了。

4.7.3　用在"说、想、是、证明、宣布、指出、透露、例如、如下"等词语后边,表示提起下文。例如:

他十分惊讶地说:"啊,原来是你!"

4.7.4　用在总说性话语的后边,表示引起下文的分说。例如:

北京紫禁城有四座城门:午门、神武门、东华门和西华门。

4.7.5　用在需要解释的词语后边,表示引出解释或说明。例如:

外文图书展销会

日期:10 月 20 日至 11 月 10 日

时间:上午 8 时至下午 4 时

地点:北京朝阳区工体东路 16 号

主办单位:中国图书进出口总公司

4.7.6　总括性话语的前边,也可以用冒号,以总结上文。例如:

张华考上了北京大学,在化学系学习;李萍考进了中等技术学校,读机械制造专业;我在百货公司当售货员:我们都有光明的前途。

4.8　引号

4.8.1　引号的形式为双引号"“”"和单引号"‘’"。

4.8.2　行文中直接引用的话,用引号标示。例如:

(a) 爱因斯坦说:"想象力比知识更重要,因为知识是有限的,而想象力概括着世界上的一切,推动着进步,并且是知识进步的源泉。"

(b)"满招损,谦受益"这句格言,流传到今天至少有两千年了。

(c) 现代画家徐悲鸿笔下的马,正如有的评论家所说的那样,"神形兼备,充满生机"。

4.8.3　需要着重论述的对象,用引号标示。例如:

古人对于写文章有个基本要求,叫做"有物有序"。"有物"就是要有内容,"有序"就是要有条理。

4.8.4　具有特殊含意的词语,也用引号标示。例如:

(a) 从山脚向上望,只见火把排成许多"之"字形,一直连到天上,跟星光接起来,分不出是火把还是星星。

(b) 这样的"聪明人"还是少一点好。

4.8.5　引号里面还要用引号时,外面一层用双引号,里面一层用单引号。例如:

他站起来问:“老师,‘有条不紊’的‘紊’是什么意思?”

4.9 括号

4.9.1 括号常用的形式是圆括号“( )”。此外还有方括号“[ ]”、六角括号“〔 〕”和方头括号“【】”。

4.9.2 行文中注释性的文字,用括号标明。注释句子里某种词语的,括注紧贴在被注释词语之后;注释整个句子的,括注放在句末标点之后。例如:

(a) 中国猿人(全名为“中国猿人北京种”,或简称“北京人”)在我国的发现,是对古人类学的一个重大贡献。

(b) 写研究性文章跟文学创作不同,不能摊开稿纸搞“即兴”。(其实文学创作也要有素养才能有“即兴”。)

4.10 破折号

4.10.1 破折号的形式为“——”。

4.10.2 行文中解释说明的语句,用破折号标明。例如:

(a) 迈进金黄色的大门,穿过宽阔的风门厅和衣帽厅,就到了大会堂建筑的枢纽部分——中央大厅。

(b) 为了全国人民——当然包括自己在内——的幸福,我们每个人都要兢兢业业,努力工作。

4.10.3 话题突然转变,用破折号标明。例如:

“今天好热啊!——你什么时候去上海?”张强对刚刚进门的小王说。

4.10.4 声音延长,象声词后用破折号。例如:

“呜——”火车开动了。

4.10.5 事项列举分承,各项之前用破折号。例如:

根据研究对象的不同,环境物理学分为以下五个分支学科:

——环境声学;

——环境光学;

——环境热学;

——环境电磁学;

——环境空气动力学。

4.11 省略号

4.11.1 省略号的形式为“……”,六个小圆点,占两个字的位置。如果是整段文章或诗行的省略,可以使用十二个小圆点来表示。

4.11.2 引文的省略,用省略号标明。例如:

她轻轻地哼起了《摇篮曲》:“月儿明,风儿静,树叶儿遮窗棂啊……”

4.11.3　列举的省略,用省略号标明。例如:

在广州的花市上,牡丹、吊钟、水仙、梅花、菊花、山茶、墨兰……春秋冬三季的鲜花都挤在一起啦!

4.11.4　说话断断续续,可以用省略号标示。例如:

"我……对不起……大家,我……没有……完成……任务"。

4.12　着重号

4.12.1　着重号的形式为"."。

4.12.2　要求读者特别注意的字、词、句,用着重号标明。例如:

事业是干出来的,不是吹出来的。

4.13　连接号

4.13.1　连接号的形式为"—",占一个字的位置,连接号还有另外三种形式,即长横"——"(占两个字的位置)、半字线"-"(占半个字的位置)和浪纹"～"(占一个字的位置)。

4.13.2　两个相关的名词构成一个意义单位,中间用连接号。例如:

(a) 我国秦岭—淮河以北地区属于温带季风气候区,夏季高温多雨,冬季寒冷干燥。

(b) 复方氯化钠注射液,也称任-洛二氏溶液(Ringer-Locke solution),用于医疗和哺乳动物生理学实验。

4.13.3　相关的时间、地点或数目之间用连接号表示起止。例如:

(a) 鲁迅(1881—1936)中国现代伟大的文学家、思想家和革命家。原名周树人,字豫才,浙江绍兴人。

(b) "北京——广州"直达快车

(c) 梨园乡种植的巨峰葡萄今年已进入了丰产期,亩产1000公斤～1500公斤。

4.13.4　相关的字母、阿拉伯数字等之间,用连接号,表示产品型号。例如:

在太平洋地区,除了已建成投入使用的HAW-4和TPC-3海底光缆之外,又有TPC-4海底光缆投入运营。

4.13.5　几个相关的项目表示递进式发展,中间用连接号。例如:

人类的发展可以分为古猿—猿人—古人—新人这四个阶段。

4.14　间隔号

4.14.1　间隔号的形式为"·"。

4.14.2　外国人和某些少数民族人名内各部分的分界,用间隔号标示。例如:

列奥纳多·达·芬奇

爱新觉罗·努尔哈赤

4.14.3　书名与篇（章、卷）名之间的分界，用间隔号标示。例如：

《中国大百科全书·物理学》

《三国志·蜀志·诸葛亮传》

4.15　书名号

4.15.1　书名号的形式为双书名号“《》”和单书名号“〈〉”。

4.15.2　书名、篇号、报纸名、刊物名等，用书名号标志。例如：

（a）《红楼梦》的作者是曹雪芹。

（b）你读过鲁迅的《孔乙己》吗？

（c）他的文章在《人民日报》上发表了。

（d）桌上放着一本《中国语文》。

4.15.3　书名号里边还要用书名号时，外面一层用双书名号，里边一层用单书名号。例如：

《〈中国工人〉发刊词》发表于1940年2月7日。

4.16　专名号

4.16.1　专名号的形式为“____”

4.16.2　人名、地名、朝代名等专名下面，用专名号标示。例如：

司马相如者，汉蜀郡成都人也，字长卿。

4.16.3　专名号只用在古籍或某些文史著作里面。为了跟专名号配合，这类著作里的书名号可以用浪线“～～”。例如：

屈原放逐，乃赋离骚，左丘失明，厥有国语。

5. 标点符号的位置

5.1　句号、问号、叹号、逗号、顿号、分号和冒号一般占一个字的位置，居左偏下，不出现在一行之首。

5.2　引号、括号、书名号的前一半不出现在一行之末，后一半不出现在一行之首。

5.3　破折号和省略号都占两个字的位置，中间不能断开。连接号和间隔号一般占一个字的位置。这四种符号上下居中。

5.4　着重号、专名号和浪线式书名号标在字的下边，可以随字移行。

6. 直行文稿与横行文稿使用标点符号不同。

6.1　句号、问号、叹号、顿号、分号和冒号放在字下偏右。

6.2　破折号、省略号、连接号和间隔号放在字下居中。

6.3　引号改用双引号“『』”和单引号“「」”。

6.4　着重号标在字的右侧，专名号和浪线式书名号标在字的左侧。

附录二

中华人民共和国国家标准校对符号及其用法

（中华人民共和国国家标准 GB/T 14706-93）

1　主题内容与适用范围

本标准规定了校对各种排版校样的专用符号及其用法。

本标准适用于中文(包括少数民族文字)各类校样的校对工作。

2　引用标准

GB 9851　印刷技术术语

3　术语

3.1　校对符号 proofreader's mark

以特定图形为主要特征的、表达校对要求的符号。

4　校对符号及其用法示例

编号	符号形态	符号作用	符号在文中和页边用法示例	说　明
			一、字符的改动	
1	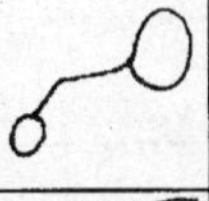	改　正	增高出版物质量。 提 改革开改 放	改正的字符较多，圈起来有困难时，可用线在页边画清改正的范围 必须更换的损、坏、污字也用改正符号画出
2		删　除	提高出版物物质质量。	
3	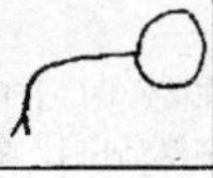	增　补	要搞好校工作。 对	增补的字符较多，圈起来有困难时，可用线在页边画清增补的范围
4	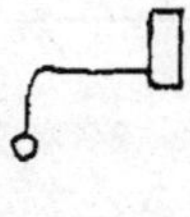	改正上下角	16＝42 2 H_2SO4 4 尼古拉 费欣 · 0.25＋0.25＝0 5 . 举例 2×3＝6 : X Y＝1∶2 :	

续表

编号	符号形态	符号作用	符号在文中和页边用法示例	说　明
			二、字符方向位置的移动	
5		转　正	字符颠倒要转正。	
6		对　调	认真经验总结。 认真验结经总。	用于相邻的字词 用于隔开的字词
7		接　排	要重视校对工作， 提高出版物质量。	
8		另起段	完成了任务。明年……	
9	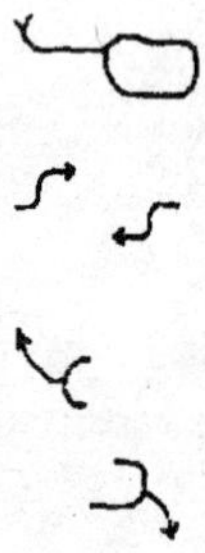	转　移	校对工作，提高出 版物质量要重视。 "。以上引文均见中文新版《 列宁全集》。 编者　年　月 …… 各位编委：	用于行间附近的转移 用于相邻行首末衔接字符的推移 用于相邻页首末衔接行段的推移
10	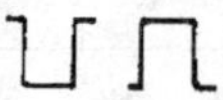 或 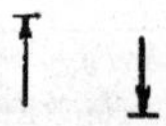	上下移	序号 | 名　称 | 数量 01 | 显微镜 | 2	字符上移到缺口左右水平线处 字符下移到箭头所指的短线处
11	 或 	左右移	要重视校对工 作，提高出版物质量。 3 4　5 6　5 欢呼　歌　唱	字符左移到箭头所指的短线处 字符左移到缺口上下垂直线处 符号画得太小时，要在页边重标

续表

编号	符号形态	符号作用	符号在文中和页边用法示例	说　明
12	═ ‖	排　齐	校对工作非常重要。 必须提高印刷质量，缩短印制周期。　　国家标准	
13	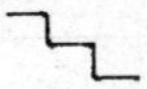	排阶梯形	RH_2	
14		正　图	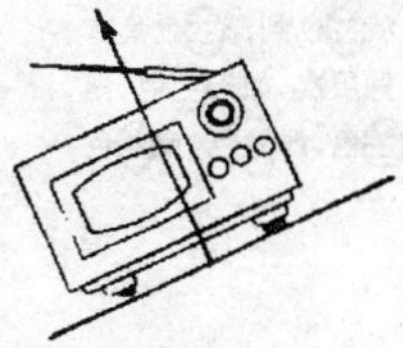	符号横线表示水平位置，竖线表示垂直位置，箭头表示上方

三、字符间空距的改动

编号	符号形态	符号作用	符号在文中和页边用法示例	说　明
15	∨ ＞	加大空距	一、校对程序　∨ 校对胶印读物、影印书刊的注意事项：　＞	表示在一定范围内适当加大空距 横式文字画在字头和行头之间
16	∧ ＜	减小空距	二、校对程　序　∧ 校对胶印读物、影印书刊的注意事项：　＜	表示不空或在一定范围内适当减小空距 横式文字画在字头和行头之间
17	# # # #	空 1 字距 空 1/2 字距 空 1/3 字距 空 1/4 字距	第一章校对职责和方法 1. 责任校对	多个空距相同的，可用引线连出，只标示一个符号
18	Y	分　开	Good morning!	用于外文

续表

编号	符号形态	符号作用	符号在文中和页边用法示例	说　明
四、其　他				
19	△	保　留	认真搞好校对工作。	除在原删除的字符下画△外，并在原删除符号上画两竖线
20	○＝	代　替	○色的程度不同，从淡○色到深○色具有多种层次，如天○色、湖○色、海○色、宝○色…… ○＝蓝	同页内有两个或多个相同的字符需要改正的，可用符号代替，并在页边注明
21	○○○	说　明	第一章　校对的职责　改黑体	说明或指令性文字不要圈起来，在其字下画圈，表示不作为改正的文字。如说明文字较多时，可在首末各三字下画圈

5　使用要求

5.1　校对校样，必须用色笔（黑水笔、圆珠笔等）书写校对符号和示意改正的字符，但是不能用灰色铅笔书写。

5.2　校样上改正的字符要书写清楚。校对外文，要用印刷体。

5.3　校样中的校对引线要从行间画出。墨色相同的校对引线不可交叉。

附录三

互联网新闻信息服务管理规定

中华人民共和国国务院新闻办公室、中华人民共和国信息产业部令第37号

《互联网新闻信息服务管理规定》现予公布,自公布之日起施行。

2005年9月25日

第一章 总 则

第一条 为了规范互联网新闻信息服务,满足公众对互联网新闻信息的需求,维护国家安全和公共利益,保护互联网新闻信息服务单位的合法权益,促进互联网新闻信息服务健康、有序发展,制定本规定。

第二条 在中华人民共和国境内从事互联网新闻信息服务,应当遵守本规定。

本规定所称新闻信息,是指时政类新闻信息,包括有关政治、经济、军事、外交等社会公共事务的报道、评论,以及有关社会突发事件的报道、评论。

本规定所称互联网新闻信息服务,包括通过互联网登载新闻信息、提供时政类电子公告服务和向公众发送时政类通讯信息。

第三条 互联网新闻信息服务单位从事互联网新闻信息服务,应当遵守宪法、法律和法规,坚持为人民服务、为社会主义服务的方向,坚持正确的舆论导向,维护国家利益和公共利益。

国家鼓励互联网新闻信息服务单位传播有益于提高民族素质、推动经济发展、促进社会进步的健康、文明的新闻信息。

第四条 国务院新闻办公室主管全国的互联网新闻信息服务监督管理工作。省、自治区、直辖市人民政府新闻办公室负责本行政区域内的互联网新闻信息服务监督管理工作。

第二章 互联网新闻信息服务单位的设立

第五条 互联网新闻信息服务单位分为以下三类:

(一)新闻单位设立的登载超出本单位已刊登播发的新闻信息、提供时政类电子公告服务、向公众发送时政类通讯信息的互联网新闻信息服务单位;

（二）非新闻单位设立的转载新闻信息、提供时政类电子公告服务、向公众发送时政类通讯信息的互联网新闻信息服务单位；

（三）新闻单位设立的登载本单位已刊登播发的新闻信息的互联网新闻信息服务单位。

根据《国务院对确需保留的行政审批项目设定行政许可的决定》和有关行政法规，设立前款第（一）项、第（二）项规定的互联网新闻信息服务单位，应当经国务院新闻办公室审批。

设立本条第一款第（三）项规定的互联网新闻信息服务单位，应当向国务院新闻办公室或者省、自治区、直辖市人民政府新闻办公室备案。

第六条 新闻单位与非新闻单位合作设立互联网新闻信息服务单位，新闻单位拥有的股权不低于51%的，视为新闻单位设立互联网新闻信息服务单位；新闻单位拥有的股权低于51%的，视为非新闻单位设立互联网新闻信息服务单位。

第七条 设立本规定第五条第一款第（一）项规定的互联网新闻信息服务单位，应当具备下列条件：

（一）有健全的互联网新闻信息服务管理规章制度；

（二）有5名以上在新闻单位从事新闻工作3年以上的专职新闻编辑人员；

（三）有必要的场所、设备和资金，资金来源应当合法。

可以申请设立前款规定的互联网新闻信息服务单位的机构，应当是中央新闻单位，省、自治区、直辖市直属新闻单位，以及省、自治区人民政府所在地的市直属新闻单位。

审批设立本条第一款规定的互联网新闻信息服务单位，除应当依照本条规定条件外，还应当符合国务院新闻办公室关于互联网新闻信息服务行业发展的总量、结构、布局的要求。

第八条 设立本规定第五条第一款第（二）项规定的互联网新闻信息服务单位，除应当具备本规定第七条第一款第（一）项、第（三）项规定条件外，还应当有10名以上专职新闻编辑人员；其中，在新闻单位从事新闻工作3年以上的新闻编辑人员不少于5名。

可以申请设立前款规定的互联网新闻信息服务单位的组织，应当是依法设立2年以上的从事互联网信息服务的法人，并在最近2年内没有因违反有关互联网信息服务管理的法律、法规、规章的规定受到行政处罚；申请组织为企业法人的，注册资本应当不低于1000万元人民币。

审批设立本条第一款规定的互联网新闻信息服务单位，除应当依照本条规定条件外,还应当符合国务院新闻办公室关于互联网新闻信息服务行业发展的总量、结构、布局的要求。

第九条　任何组织不得设立中外合资经营、中外合作经营和外资经营的互联网新闻信息服务单位。

互联网新闻信息服务单位与境内外中外合资经营、中外合作经营和外资经营的企业进行涉及互联网新闻信息服务业务的合作,应当报经国务院新闻办公室进行安全评估。

第十条　申请设立本规定第五条第一款第(一)项、第(二)项规定的互联网新闻信息服务单位,应当填写申请登记表,并提交下列材料:

(一) 互联网新闻信息服务管理规章制度;

(二) 场所的产权证明或者使用权证明和资金的来源、数额证明;

(三) 新闻编辑人员的从业资格证明。

申请设立本规定第五条第一款第(一)项规定的互联网新闻信息服务单位的机构,还应当提交新闻单位资质证明;申请设立本规定第五条第一款第(二)项规定的互联网新闻信息服务单位的组织,还应当提交法人资格证明。

第十一条　申请设立本规定第五条第一款第(一)项、第(二)项规定的互联网新闻信息服务单位,中央新闻单位应当向国务院新闻办公室提出申请;省、自治区、直辖市直属新闻单位和省、自治区人民政府所在地的市直属新闻单位以及非新闻单位应当通过所在地省、自治区、直辖市人民政府新闻办公室向国务院新闻办公室提出申请。

通过省、自治区、直辖市人民政府新闻办公室提出申请的,省、自治区、直辖市人民政府新闻办公室应当自收到申请之日起20日内进行实地检查,提出初审意见报国务院新闻办公室;国务院新闻办公室应当自收到初审意见之日起40日内作出决定。向国务院新闻办公室提出申请的,国务院新闻办公室应当自收到申请之日起40日内进行实地检查,作出决定。批准的,发给互联网新闻信息服务许可证;不批准的,应当书面通知申请人并说明理由。

第十二条　本规定第五条第一款第(三)项规定的互联网新闻信息服务单位,属于中央新闻单位设立的,应当自从事互联网新闻信息服务之日起1个月内向国务院新闻办公室备案;属于其他新闻单位设立的,应当自从事互联网新闻信息服务之日起1个月内向所在地省、自治区、直辖市人民政府新闻办公室备案。

办理备案时,应当填写备案登记表,并提交互联网新闻信息服务管理规章制度和新闻单位资质证明。

第十三条　互联网新闻信息服务单位依照本规定设立后,应当依照有关互联网信息服务管理的行政法规向电信主管部门办理有关手续。

第十四条 本规定第五条第一款第(一)项、第(二)项规定的互联网新闻信息服务单位变更名称、住所、法定代表人或者主要负责人、股权构成、服务项目、网站网址等事项的,应当向国务院新闻办公室申请换发互联网新闻信息服务许可证。根据电信管理的有关规定,需报电信主管部门批准或者需要电信主管部门办理许可证或者备案变更手续的,依照有关规定办理。

本规定第五条第一款第(三)项规定的互联网新闻信息服务单位变更名称、住所、法定代表人或者主要负责人、股权构成、网站网址等事项的,应当向原备案机关重新备案;但是,股权构成变更后,新闻单位拥有的股权低于51%的,应当依照本规定办理许可手续。根据电信管理的有关规定,需报电信主管部门批准或者需要电信主管部门办理许可证或者备案变更手续的,依照有关规定办理。

第三章 互联网新闻信息服务规范

第十五条 互联网新闻信息服务单位应当按照核定的服务项目提供互联网新闻信息服务。

第十六条 本规定第五条第一款第(一)项、第(二)项规定的互联网新闻信息服务单位,转载新闻信息或者向公众发送时政类通讯信息,应当转载、发送中央新闻单位或者省、自治区、直辖市直属新闻单位发布的新闻信息,并应当注明新闻信息来源,不得歪曲原新闻信息的内容。

本规定第五条第一款第(二)项规定的互联网新闻信息服务单位,不得登载自行采编的新闻信息。

第十七条 本规定第五条第一款第(一)项、第(二)项规定的互联网新闻信息服务单位转载新闻信息,应当与中央新闻单位或者省、自治区、直辖市直属新闻单位签订书面协议。中央新闻单位设立的互联网新闻信息服务单位,应当将协议副本报国务院新闻办公室备案;其他互联网新闻信息服务单位,应当将协议副本报所在地省、自治区、直辖市人民政府新闻办公室备案。

中央新闻单位或者省、自治区、直辖市直属新闻单位签订前款规定的协议,应当核验对方的互联网新闻信息服务许可证,不得向没有互联网新闻信息服务许可证的单位提供新闻信息。

第十八条 中央新闻单位与本规定第五条第一款第(二)项规定的互联网新闻信息服务单位开展除供稿之外的互联网新闻业务合作,应当在开展合作业务10日前向国务院新闻办公室报告;其他新闻单位与本规定第五条第一款第(二)项规定的互联网新闻信息服务单位开展除供稿之外的互联网新闻业务合作，应当在开展合作业务10日前向所在地省、自治区、直辖市人民政府新闻办公室报告。

第十九条　互联网新闻信息服务单位登载、发送的新闻信息或者提供的时政类电子公告服务，不得含有下列内容：

（一）违反宪法确定的基本原则的；

（二）危害国家安全，泄露国家秘密，颠覆国家政权，破坏国家统一的；

（三）损害国家荣誉和利益的；

（四）煽动民族仇恨、民族歧视，破坏民族团结的；

（五）破坏国家宗教政策，宣扬邪教和封建迷信的；

（六）散布谣言，扰乱社会秩序，破坏社会稳定的；

（七）散布淫秽、色情、赌博、暴力、恐怖或者教唆犯罪的；

（八）侮辱或者诽谤他人，侵害他人合法权益的；

（九）煽动非法集会、结社、游行、示威、聚众扰乱社会秩序的；

（十）以非法民间组织名义活动的；

（十一）含有法律、行政法规禁止的其他内容的。

第二十条　互联网新闻信息服务单位应当建立新闻信息内容管理责任制度。不得登载、发送含有违反本规定第三条第一款、第十九条规定内容的新闻信息；发现提供的时政类电子公告服务中含有违反本规定第三条第一款、第十九条规定内容的，应当立即删除，保存有关记录，并在有关部门依法查询时予以提供。

第二十一条　互联网新闻信息服务单位应当记录所登载、发送的新闻信息内容及其时间、互联网地址，记录备份应当至少保存60日，并在有关部门依法查询时予以提供。

第四章　监 督 管 理

第二十二条　国务院新闻办公室和省、自治区、直辖市人民政府新闻办公室，依法对互联网新闻信息服务单位进行监督检查，有关单位、个人应当予以配合。

国务院新闻办公室和省、自治区、直辖市人民政府新闻办公室的工作人员依法进行实地检查时，应当出示执法证件。

第二十三条　国务院新闻办公室和省、自治区、直辖市人民政府新闻办公室，应当对互联网新闻信息服务进行监督；发现互联网新闻信息服务单位登载、发送的新闻信息或者提供的时政类电子公告服务中含有违反本规定第三条第一款、第十九条规定内容的，应当通知其删除。互联网新闻信息服务单位应当立即删除，保存有关记录，并在有关部门依法查询时予以提供。

第二十四条 本规定第五条第一款第(一)项、第(二)项规定的互联网新闻信息服务单位，属于中央新闻单位设立的，应当每年在规定期限内向国务院新闻办公室提交年度业务报告；属于其他新闻单位或者非新闻单位设立的，应当每年在规定期限内通过所在地省、自治区、直辖市人民政府新闻办公室向国务院新闻办公室提交年度业务报告。

国务院新闻办公室根据报告情况，可以对互联网新闻信息服务单位的管理制度、人员资质、服务内容等进行检查。

第二十五条 互联网新闻信息服务单位应当接受公众监督。

国务院新闻办公室应当公布举报网站网址、电话，接受公众举报并依法处理；属于其他部门职责范围的举报，应当移交有关部门处理。

第五章 法律责任

第二十六条 违反本规定第五条第二款规定，擅自从事互联网新闻信息服务，或者违反本规定第十五条规定，超出核定的服务项目从事互联网新闻信息服务的，由国务院新闻办公室或者省、自治区、直辖市人民政府新闻办公室依据各自职权责令停止违法活动，并处1万元以上3万元以下的罚款；情节严重的，由电信主管部门根据国务院新闻办公室或者省、自治区、直辖市人民政府新闻办公室的书面认定意见，按照有关互联网信息服务管理的行政法规的规定停止其互联网信息服务或者责令互联网接入服务者停止接入服务。

第二十七条 互联网新闻信息服务单位登载、发送的新闻信息含有本规定第十九条禁止内容，或者拒不履行删除义务的，由国务院新闻办公室或者省、自治区、直辖市人民政府新闻办公室给予警告，可以并处1万元以上3万元以下的罚款；情节严重的，由电信主管部门根据有关主管部门的书面认定意见，按照有关互联网信息服务管理的行政法规的规定停止其互联网信息服务或者责令互联网接入服务者停止接入服务。

互联网新闻信息服务单位登载、发送的新闻信息含有违反本规定第三条第一款规定内容的，由国务院新闻办公室或者省、自治区、直辖市人民政府新闻办公室依据各自职权依照前款规定的处罚种类、幅度予以处罚。

第二十八条 违反本规定第十六条规定，转载来源不合法的新闻信息、登载自行采编的新闻信息或者歪曲原新闻信息内容的，由国务院新闻办公室或者省、自治区、直辖市人民政府新闻办公室依据各自职权责令改正，给予警告，并处5000元以上3万元以下的罚款。

违反本规定第十六条规定，未注明新闻信息来源的，由国务院新闻办公室或者省、自治区、直辖市人民政府新闻办公室依据各自职权责令改正，给予警告，可以并处5000元以上2万元以下的罚款。

第二十九条　违反本规定有下列行为之一的，由国务院新闻办公室或者省、自治区、直辖市人民政府新闻办公室依据各自职权责令改正，给予警告，可以并处3万元以下的罚款：

（一）未履行备案义务的；

（二）未履行报告义务的；

（三）未履行记录、记录备份保存或者提供义务的。

第三十条　违反本规定第十七条第二款规定，向没有互联网新闻信息服务许可证的单位提供新闻信息的，对负有责任的主管人员和其他直接责任人员依法给予行政处分。

第三十一条　国务院新闻办公室和省、自治区、直辖市人民政府新闻办公室以及电信主管部门的工作人员，玩忽职守、滥用职权、徇私舞弊，造成严重后果，构成犯罪的，依法追究刑事责任；尚不构成犯罪的，对负有责任的主管人员和其他直接责任人员依法给予行政处分。

第六章　附　　则

第三十二条　本规定所称新闻单位是指依法设立的报社、广播电台、电视台和通讯社；其中，中央新闻单位包括中央国家机关各部门设立的新闻单位。

第三十三条　本规定自公布之日起施行。

参考文献

书目

郑兴东主编:《报纸编辑》,武汉大学出版社 2000 年版。

郑兴东、陈仁风、蔡雯著:《报纸编辑学教程》,中国人民大学出版社 2001 年版。

叶春华著:《报纸编辑学》,福建人民出版社 1988 年版。

方汉奇主编:《中国新闻事业通史》(三卷),中国人民大学出版社 1992—1998 年版。

蔡雯著:《新闻编辑学》,中国人民大学出版社 2006 年版。

赵鼎生著:《西方报纸编辑学》,中国人民大学出版社 2002 版。

白庆祥著:《中外新闻名著鉴赏大辞典》,新华出版社 2001 年版。

秦州主编:《网络新闻编辑学》,复旦大学出版社 2007 年版。

黄奇杰编著:《报刊编辑案例评析》,浙江大学出版社 2008 年版。

许必华主编:《新闻摄影学概论》,新华出版社 1999 年版。

黄匡宇著:《广播电视学概论》,暨南大学出版社 2005 年版。

吴郁主编:《播音学简明教程》,中国传媒大学出版社 2004 年版

孙琳琳著:《电视新闻编辑》,东北大学出版社 2008 年版。

蔡凯如、黄勇贤等著:《穿越时空:广播电视概论》,新华出版社 2003 年版。

王朝闻著:《美学概论》,人民出版社 1984 年版。

楼昔勇著:《美学导论》,华东师范大学出版社 1996 年版。

于忠善编选:《历代文人论文学》,文化艺术出版社 1985 年版。

《车尔尼雪夫斯基论文学》,上海译文出版社 1979 年版。

《罗丹艺术论》,人民美术出版社 1978 年版。

《朱光潜美学文集》,上海文艺出版社 1982 年版。

邓利平著:《负面新闻传播的多维视野》,新华出版社 2001 年版。

邓利平著:《审美视野中的新闻传播》,新华出版社 2002 年版。

邓利平主编:《报纸业务新理念探析》,兰州大学出版社 2005 年版。

吴飞、周勇、邓利平、谭云明著:《新闻编辑学》,浙江大学出版社 2008 年版。

期刊

《中国记者》、《新闻战线》、《国际新闻界》、《现代传播》、《新闻知识》、《记者摇篮》、《新

闻三昧》、《中国新闻周刊》、《瞭望周刊》、《半月谈》等

报纸

《人民日报》、《光明日报》、《中国青年报》、《参考消息》、《工人日报》、《法制日报》、《新闻出版报》、《文汇报》、《北京青年报》、《南方周末》、《新华日报》、《扬子晚报》、《现代快报》、《南京日报》、《南京晨报》、《报刊文摘》等

网站

新浪网、新华网、人民网、凤凰网、雅虎网、新语丝、联合早报网等

后　记

撰写一本新闻编辑学方面的书籍，将自己的教学心得与大家分享，是我多年从事新闻教学与科研的夙愿。虽然目前关于新闻编辑学的书籍已有不少，也都各有所长，给人以许多启发，但总觉得还不满足，自己对此还尚有话可说。纵观近些年新闻编辑学方面的书籍，多侧重于对某一类媒体如报纸、广播或电视、网络的编辑单独研究，将它们综合起来阐述的极少。而在电子媒体崛起特别是网络流行的年代，新闻市场的竞争愈加激烈，编辑作为新闻运作的灵魂，要求越来越高，技能的综合性也越来越强。将各类媒体都综合起来研究，在总结它们的基本编辑理念相似的背景下，再阐述它们各自的编辑特点，以图学生在学习新闻编辑课程的时候，尽量在有限的篇幅里拓展他们的视野，掌握更多一点的知识。因此，我在撰写时尽量全面些，将新闻领域的报纸、图片、期刊、广播、电视、网络的新闻编辑"一网打尽"，以突出本书的特色。由于出版社篇幅要求的通盘考虑，有些内容特别是涉及电子新闻媒体的编辑方面，仅谈及了要旨部分，尚不能详细展开。

在这里，我要感谢我在新闻编辑教学上的两位引路人——中国人民大学新闻学院的郑兴东教授和复旦大学新闻学院的叶春华教授。两位前辈都是我国新闻编辑学研究的权威专家，也是改革开放后新闻编辑学学科的奠基者（本书第一章第一节中已有提及），而我也有幸先后追随两位先生学习：1985 年，我作为大学本科中文系毕业后留校的新闻专业教师，到复旦大学新闻系进修一年，我的指导老师便是叶春华教授。当时我对新闻编辑学可说懵懵懂懂，完全是门外汉。聆听了叶老师一学期的新闻编辑课，使我对这门学科逐渐了解并产生了兴趣，其间还几度得到叶老师的直接指导。后来数年间，也几次收到叶老师馈寄的新著，并关心我的教学情况。可以说，叶春华教授是在新闻编辑教学上最早扶我上马的人。而 1997 年我报考中国人民大学新闻学院攻读博士学位，报考的导师便是长期心仪的新闻编辑学权威郑兴东教授。有幸考入中国人民大学新闻学院读博，在郑老师身边的三年学习，直接得益于郑老师的耳提面命，学业上得到导师的多方栽培，顺利获得了新闻学博士学位。虽不敢说得到了郑老师的真传，但对新闻编辑学的领悟无疑是更进了一层。因此,我撰写的这本书,也是向郑老师和叶老师两位新闻编辑学的前辈致敬。

在本书的撰写过程中,我的几位一年级研究生收集了部分资料并进行了初稿写作:惠子,广播电视部分;范旸,期刊部分;任咪娜,网络部分。在此,也要向她们三位表示感谢。

我还要向北京大学出版社的周丽锦女士致谢。我与丽锦女士素昧平生,她在审阅了寄去的提纲及先行撰写的其中一章后,欣然同意出版并迅速寄来了合同。由于事务繁忙,我未能按时完成书稿,丽锦女士没有一丝责备,反嘱我安心写作,鼓励我顺利完成。她的耐心让我感动,在这里,谨向丽锦女士致以衷心的谢忱!

我还要感谢本书的责任编辑徐少燕女士。徐编辑非常认真、严谨,对书稿精心校阅,发现了许多疏漏之处并予润色,为本书增色不少。我要真诚地道一声:徐编辑,辛苦了!

作者于秦淮河畔南京大学港龙园

关于教学课件的说明

为了适应教学现代化的要求，本书作者精心制作了配套的教学课件，需要用的老师可以直接从网上免费下载。下载的网址是：

http://www.pup.cn/dl